档案文献·乙

国民参政会纪实(续编)

重庆市政协文史资料研究委员会
中共重庆市委党校 编
中国第二历史档案馆

主　　编：孟广涵
副 主 编：周永林　周　勇　刘景修

重庆出版集团 重庆出版社

图书在版编目(CIP)数据

国民参政会纪实:续编/重庆市政协文史资料研究委员会,中共重庆市委党校,中国第二历史档案馆编. —重庆:重庆出版社,2016.1
ISBN 978-7-229-10815-1

Ⅰ.①国… Ⅱ.①重… ②中… ③中… Ⅲ.①国民参政会—史料 Ⅳ.①D693.74

中国版本图书馆 CIP 数据核字(2015)第 301763 号

国民参政会纪实(续编)
GUOMIN CANZHENG HUI JISHI(XUBIAN)

重庆市政协文史资料研究委员会　中共重庆市委党校
中国第二历史档案馆　编

责任编辑:林　郁
责任校对:何建云
装帧设计:重庆出版集团艺术设计有限公司　吴庆渝　陈　永

重庆出版集团
重庆出版社　出版

重庆市南岸区南滨路 162 号 1 幢　邮政编码:400061　http://www.cqph.com
重庆出版集团艺术设计有限公司制版
自贡兴华印务有限公司印刷
重庆出版集团图书发行有限公司发行
E-MAIL:fxchu@cqph.com　邮购电话:023-61520646
全国新华书店经销

开本:740mm×1030mm　1/16　印张:31　字数:458 千
2016 年 1 月第 1 版　2016 年 1 月第 1 次印刷
ISBN 978-7-229-10815-1
定价:62.00 元

如有印装质量问题,请向本集团图书发行有限公司调换:023-61520678

版权所有　侵权必究

《中国抗战大后方历史文化丛书》

编纂委员会

总 主 编：章开沅
副总主编：周　勇

编　　委：（以姓氏笔画为序）
山田辰雄　日本庆应义塾大学教授
马　振　犊　中国第二历史档案馆副馆长、研究馆员
王　川　平　重庆中国三峡博物馆名誉馆长、研究员
王　建　朗　中国社科院近代史研究所副所长、研究员
方　德　万　英国剑桥大学东亚研究中心主任、教授
巴　斯　蒂　法国国家科学研究中心教授
西村成雄　日本放送大学教授
朱　汉　国　北京师范大学历史学院教授
任　　竞　重庆图书馆馆长、研究馆员
任　贵　祥　中共中央党史研究室研究员、《中共党史研究》主编
齐　世　荣　首都师范大学历史学院教授
刘　庭　华　中国人民解放军军事科学院研究员
汤　重　南　中国社科院世界历史研究所研究员
步　　平　中国社科院近代史研究所所长、研究员
何　　理　中国抗日战争史学会会长、国防大学教授
麦　金　农　美国亚利桑那州立大学教授

玛玛耶娃	俄罗斯科学院东方研究所教授
陆　大　钺	重庆市档案馆原馆长、中国档案学会常务理事
李　红　岩	中国社会科学杂志社研究员、《历史研究》副主编
李　忠　杰	中共中央党史研究室副主任、研究员
李　学　通	中国社会科学院近代史研究所研究员、《近代史资料》主编
杨　天　石	中国社科院学部委员、近代史研究所研究员
杨　天　宏	四川大学历史文化学院教授
杨　奎　松	华东师范大学历史系教授
杨　瑞　广	中共中央文献研究室研究员
吴　景　平	复旦大学历史系教授
汪　朝　光	中国社科院近代史研究所副所长、研究员
张　国　祚	国家社科基金规划办公室原主任、教授
张　宪　文	南京大学中华民国史研究中心主任、教授
张　海　鹏	中国史学会会长,中国社科院学部委员、近代史研究所研究员
陈　　　晋	中共中央文献研究室副主任、研究员
陈　廷　湘	四川大学历史文化学院教授
陈　兴　芜	重庆出版集团总编辑、编审
陈　谦　平	南京大学中华民国史研究中心副主任、教授
陈　鹏　仁	台湾中正文教基金会董事长、中国文化大学教授
邵　铭　煌	中国国民党文化传播委员会党史馆主任
罗　小　卫	重庆出版集团董事长、编审
周　永　林	重庆市政协原副秘书长、重庆市地方史研究会名誉会长
金　冲　及	中共中央文献研究室原常务副主任、研究员
荣　维　木	《抗日战争研究》主编、中国社科院近代史研究所研究员
徐　　　勇	北京大学历史系教授
徐　秀　丽	《近代史研究》主编、中国社科院近代史研究所研究员
郭　德　宏	中国现代史学会会长、中共中央党校教授
章　百　家	中共中央党史研究室副主任、研究员
彭　南　生	华中师范大学历史文化学院教授

傅　高　义　美国哈佛大学费正清东亚研究中心前主任、教授
温　贤　美　四川省社科院研究员
谢　本　书　云南民族大学人文学院教授
简　笙　簧　台湾国史馆纂修
廖　心　文　中共中央文献研究室研究员
熊　宗　仁　贵州省社科院研究员
潘　　洵　西南大学历史文化学院教授
魏　宏　运　南开大学历史学院教授

编辑部成员(按姓氏笔画为序)

朱高建　刘志平　吴　畏　别必亮　何　林　黄晓东　曾海龙　曾维伦

总　序

章开沅

　　我对四川、对重庆常怀感恩之心，那里是我的第二故乡。因为从1937年冬到1946年夏前后将近9年的时间里，我在重庆江津国立九中学习5年，在铜梁201师603团当兵一年半，其间曾在川江木船上打工，最远到过今天四川的泸州，而启程与陆上栖息地则是重庆的朝天门码头。

　　回想在那国破家亡之际，是当地老百姓满腔热情接纳了我们这批流离失所的小难民，他们把最尊贵的宗祠建筑提供给我们作为校舍，他们从来没有与沦陷区学生争夺升学机会，并且把最优秀的教学骨干稳定在国立中学。这是多么宽阔的胸怀，多么真挚的爱心！2006年暮春，我在57年后重访江津德感坝国立九中旧址，附近居民闻风聚集，纷纷前来看望我这个"安徽学生"（当年民间昵称），执手畅叙半个世纪以前往事情缘。我也是在川江的水、巴蜀的粮和四川、重庆老百姓大爱的哺育下长大的啊！这是我终生难忘的记忆。

　　当然，这八九年更为重要的记忆是抗战，抗战是这个历史时期出现频率最高的词语。抗战涵盖一切，渗透到社会生活的各个层面。记得在重庆大轰炸最频繁的那些岁月，连许多餐馆都不失"川味幽默"，推出一道"炸弹汤"，即榨菜鸡蛋汤。……历史是记忆组成的，个人的记忆汇聚成为群体的记忆，群体的记忆会汇聚成为民族的乃至人类的记忆。记忆不仅由文字语言承载，也保存于各种有形的与无形的、物质的与非物质的文化遗产之中。历史学者应该是文化遗产的守望者，但这绝非是历史学者单独承担的责任，而应是全社会的共同责任。因此，我对《中国抗战大后方历史文化丛书》编纂出版寄予厚望。

抗日战争是整个中华民族(包括海外侨胞与华人)反抗日本侵略的正义战争。自从19世纪30年代以来，中国历次反侵略战争都是政府主导的片面战争，由于反动统治者的软弱媚外，不敢也不能充分发动广大人民群众，所以每次都惨遭失败的结局。只有1937年到1945年的抗日战争，由于在抗日民族统一战线的旗帜下，长期内战的国共两大政党终于经由反复协商达成第二次合作，这才能够实现史无前例的全民抗战，既有正面战场的坚守严拒，又有敌后抗日根据地的英勇杀敌，经过长达8年艰苦卓绝的壮烈抗争，终于赢得近代中国第一次民族解放战争的胜利。我完全同意《中国抗战大后方历史文化丛书》的评价："抗日战争的胜利成为了中华民族由衰败走向振兴的重大转折点，为国家的独立，民族的解放奠定了基础。"

中国的抗战，不仅是反抗日本侵华战争，而且还是世界反法西斯战争的重要组成部分。

日本明治维新以后，在"脱亚入欧"方针的误导下，逐步走上军国主义侵略道路，而首当其冲的便是中国。经过甲午战争，日本首先占领中国的台湾省，随后又于1931年根据其既定国策，侵占中国东北三省，野心勃勃地以"满蒙"为政治军事基地妄图灭亡中国，独霸亚洲，并且与德、意法西斯共同征服世界。日本是法西斯国家中最早在亚洲发起大规模侵略战争的国家，而中国则是最早投入反法西斯战争的先驱。及至1935年日本军国主义者通过政变使日本正式成为法西斯国家，两年以后更疯狂发动全面侵华战争。由于日本已经与德、意法西斯建立"柏林—罗马—东京"轴心，所以中国的全面抗战实际上揭开了世界反法西斯战争(第二次世界大战)的序幕，并且曾经是亚洲主战场的唯一主力军。正如1938年7月中共中央《致西班牙人民电》所说："我们与你们都是站在全世界反法西斯的最前线上。"即使在"二战"全面爆发以后，反法西斯战争延展形成东西两大战场，中国依然是亚洲的主要战场，依然是长期有效抗击日本侵略的主力军之一，并且为世界反法西斯战争的胜利作出了极其重要的贡献。2002年夏天，我在巴黎凯旋门正好碰见"二战"老兵举行盛大游行庆祝法国光复。经过接待人员介绍，他们知道我也曾在1944年志愿从军，便热情邀请我与他们合影，因为大家都曾是反法西斯的战士。我虽感光荣，但却受之有愧，因为作为现役军人，未能决胜于疆场，日本就宣布投降了。但是法国老兵非常尊重中国，这是由于他们曾经投降并且亡国，而中国则始终坚持英勇抗战，并主要依靠自己的力量赢得最后胜利。尽管都是"二战"的主要战胜国，毕竟分量与地位有所区别，我们千万不可低估自己的抗战。

重庆在抗战期间是中国的战时首都，也是中共中央南方局与第二次国共合作的所在地，"二战"全面爆发以后更成为世界反法西斯战争远东指挥中心，因而具有多方面的重要贡献与历史地位。然而由于大家都能理解的原因，对于抗战期间重庆与大后方的历史研究长期存在许多不足之处，至少是难以客观公正地反映当时完整的社会历史原貌。现在经由重庆学术界倡议，并且与全国各地学者密切合作，同时还有日本、美国、英国、法国、俄罗斯等外国学者的关怀与支持，共同编辑出版《中国抗战大后方历史文化丛书》，堪称学术研究与图书出版的盛事壮举。我为此感到极大欣慰，并且期望有更多中外学者投入此项大型文化工程，以求无愧于当年的历史辉煌，也无愧于后世对于我们这代人的期盼。

在民族自卫战争期间，作为现役军人而未能亲赴战场，是我的终生遗憾，因此一直不好意思说曾经是抗战老兵。然而，我毕竟是这段历史的参与者、亲历者、见证者，仍愿追随众多中外才俊之士，为《中国抗战大后方历史文化丛书》的编纂略尽绵薄并乐观其成。如果说当年守土有责未能如愿，而晚年却能躬逢抗战修史大成，岂非塞翁失马，未必非福？

2010年已经是抗战胜利65周年，我仍然难忘1945年8月15日山城狂欢之夜，数十万人涌上街头，那鞭炮焰火，那欢声笑语，还有许多人心头默诵的杜老夫子那首著名的诗："剑外忽传收蓟北，初闻涕泪满衣裳！却看妻子愁何在？漫卷诗书喜欲狂。白日放歌须纵酒，青春作伴好还乡。即从巴峡穿巫峡，便下襄阳向洛阳。"

即以此为序。

庚寅盛暑于实斋

（章开沅，著名历史学家、教育家，现任华中师范大学东西方文化交流研究中心主任）

序

周 勇

"中国人民抗日战争的胜利,成为中华民族走向复兴的历史转折点。"[①]

"这一伟大胜利,彻底粉碎了日本军国主义殖民奴役中国的图谋,洗刷了近代以来中国抗击外来侵略屡战屡败的民族耻辱;重新确立了我国在世界上的大国地位,中国人民赢得了世界爱好和平人民的尊敬;开辟了中华民族伟大复兴的光明前景,开启了古老中国凤凰涅槃、浴火重生的新征程。这一伟大胜利,也是中国人民为世界反法西斯战争胜利、维护世界和平作出的重大贡献。"[②]

抗日战争时期,重庆是中国的战时首都、中共中央南方局所在地,是以国共合作为基础的抗日民族统一战线的重要政治舞台,是世界反法西斯战争东方战场统帅部所在地,为中国人民抗日战争和世界反法西斯战争的胜利作出了巨大的历史贡献。以重庆为中心的中国西部地区,是中国抗战的大后方,大后方人民在浴血奋战的抗战历史中,创造出独具特色的抗战历史文化。抗战大后方历史文化发展的主导力量,是中国共产党倡导和推动建立的以国共合作为基础的抗日民族统一战线。

为纪念中国人民抗日战争暨世界反法西斯战争胜利60周年,2008年以来,在中共重庆市委的领导下,重庆市实施了"重庆中国抗战大后方历史文化研究和建设工程"。在此背景下,我们根据以重庆为中心的抗战大后方历史特点,专门设计以抗战时期国共合作为题的重大研究项目,获得了中宣部的批准立项。历时八年,我们承担并开展了国家交给我们的"第二次国共合作及其经验研究",取得了一系列新进展、新成果。纳入《中国抗战大后方历史文

[①] 胡锦涛:《在纪念抗日战争胜利60周年大会上的讲话》(2005年9月3日),《人民日报》2005年9月4日。

[②]《习近平在中共中央政治局第二十五次集体学习时强调,让历史说话用史实发言,深入开展中国人民抗日战争研究》(2015年7月30日),《人民日报》2015年7月31日。

化丛书》的"第二次国共合作及其经验研究系列"就是这些成果的集中体现。

时值上述成果完成并即将出版之际,中共中央政治局于2015年7月30日就中国人民抗日战争的回顾和思考,进行了第二十五次集体学习。中共中央总书记习近平在主持时强调:长期以来,对中国人民抗日战争的研究,取得了许多重要成果;"同时,同中国人民抗日战争的历史地位和历史意义相比,同这场战争对中华民族和世界的影响相比,我们的抗战研究还远远不够,要继续进行深入系统地研究。""要坚持用唯物史观来认识和记述历史,把历史结论建立在翔实准确的史料支撑和深入细致的研究分析的基础之上。"为此他要求"要加强国家层面的统筹协调,按照'总体研究要深、专题研究要细'的原则,制订中长期规划和具体工作方案,确定研究重点和主攻方向。"[1]

这一重要讲话是对中国人民抗日战争研究的顶层设计,意味着抗战研究将作为中国近现代历史学科的"显学"而成为常态,进入重点推进的新阶段。

在本课题结题的时候,这一讲话既是对既往研究的充分肯定,更是对未来深入研究的方向引领。

一、项目体系

大家看到的"第二次国共合作及其经验研究系列"是国家哲学社会科学基金特别委托项目"第二次国共合作及其经验研究——以中共中央南方局和抗战大后方为中心"(项目批准号:09@ZH012,简称"特别委托项目")的最终成果。

这一项目的申报始于2008年重庆市酝酿"重庆中国抗战大后方历史文化研究和建设工程"之际,得到了中央领导同志和中央宣传部、中央文献研究室、中央党史研究室、国家新闻出版总署、军事科学院等单位的大力支持。这一项目由重庆市委宣传部和西南大学联合申报,以周勇教授为首席专家,由中共重庆市委抗战大后方历史文化工作协调小组及其办公室牵头,整合国内及全市研究力量,协同实施。

---

[1]《习近平在中共中央政治局第二十五次集体学习时强调,让历史说话用史实发言,深入开展中国人民抗日战争研究》(2015年7月30日),《人民日报》2015年7月31日。

在此背景下，这一课题所涉及的一批重要的研究及工作项目被列为"特别委托项目"的子课题，有的被重庆市哲学社会科学规划领导小组办公室列为重庆市社科规划的重大项目，形成了以"第二次国共合作"为核心主题，以"特别委托项目"为中心，以重庆社科项目为延伸，以全国范围研究力量为骨干，强调基础研究与应用研究相结合、历史研究与史料搜集相结合、学术研究与应用研究相结合，主次分明、层次清晰的立体式项目结构，以达成研究力量多元、优势互补的研究体系。从而很好地发挥了中央和地方的学术引擎"双驱动"作用，呈现相互支撑、协同创新、成果互补的良好局面，为完成这一国家社科规划重大项目打下了坚实基础。

这些项目主要有：

2009年："第二次国共合作的形成与发展研究"（中央党史研究室李蓉主持，批准号：2009-ZDZX02）、"第二次国共合作国际国内环境研究"（西南大学张国镛主持，批准号：2009-ZDZX01）、"第二次国共合作政策与策略研究"（重庆市委党校胡大牛主持，批准号：2009-ZDZX03）、"第二次国共合作模式与机制研究"（西南大学潘洵、鲁克亮主持，批准号：2009-ZDZX04）、"第二次国共合作的分歧、冲突与谈判研究"（西南大学张守广、谭刚主持，批准号：2009-ZDZX05）、"第二次国共合作的成效与影响研究"（西南大学刘志英、杨如安主持，批准号：2009-ZDZX06）、"第二次国共合作破裂以来的国共关系的演变研究"（北京大学牛军主持，批准号：2009-ZDZX07）、"第二次国共合作的历史经验及其对当前发展两岸关系的指导意义研究"（重庆市委宣传部苟欣文主持，批准号：2009-ZDZX08）。

2010年："抗战大后方与周恩来研究"（中央文献研究室廖心文主持，批准号：2010-ZDZX03）、"抗战时期国共合作档案文献资料汇编"（西南大学潘洵主持，批准号：2010-ZDZX11）、"重庆谈判档案文献汇编"（重庆中国抗战大后方研究中心刘志平主持，批准号：2010-ZDZX12）、"国民参政会档案文献资料汇编"（重庆中国抗战大后方研究中心黄晓东主持，批准号：2010-ZDZX13）、"政治协商会议档案文献资料汇编"（重庆中国抗战大后方研究中心何林主持，批准号：2010-ZDZX14）、"中共南方局党史资料汇编"（重庆市委党史研究室徐塞声主持,批准号:2010-ZDZX10)。

2011年:"董必武与抗战大后方研究"(西南政法大学俞荣根主持,批准号:2011-ZDZX01)、"红岩千秋——南方局口述历史资料集"(重庆中国抗战大后方研究中心刘志平主持,批准号:2011-ZDZX02)。

2012年:"西部12省区市抗战大后方党史系列研究"(重庆市抗战大后方历史文化研究会周勇主持,批准号:2012-ZDZX02)。

2013年:"中共南方局与抗战大后方社会研究"(西南大学陈跃主持,批准号:2013-ZDZX02)、"中国共产党抗战大后方文献选编"(重庆红岩联线管理中心朱军、刘志平主持,批准号:2013-ZDZX05)、"抗战大后方八路军办事处档案文献汇编"(重庆红岩联线管理中心朱军、吴绍阶主持,批准号:2013-ZDZX06)、"中国抗战时期中间党派档案文献选编"(重庆市政协学习与文史委员会杨力主持,批准号:2013-ZDZX07)、"中国共产党抗战大后方活动研究"(重庆工商大学洪富忠主持,批准号:2013-ZDZX10)、"抗战时期中国共产党在重庆的舆论话语权研究"(重庆大学张瑾主持,批准号:2013-ZDZX28)。

2014年:"中国共产党抗战大后方文献研究"(西南大学中国抗战大后方研究中心刘志平主持,批准号:2014-ZDZX06)、"抗战时期美国与中共关系档案资料汇编"(西南大学张凤英主持,批准号:2014-ZDZX19)。

二、研究的意义和价值

立项研究"第二次国共合作及其经验",旨在深化考证研究,增进历史认同,解决遗留问题,构筑政治互信,探索合作新路。

自20世纪20年代以来,中国共产党和中国国民党就是中国政治舞台上影响中国近代历史进程的两大政党。虽然两大政党在政治纲领、政治信仰方面存在重大差异,但却有过两次比较成功的合作,对国家进步、民族复兴产生了重要的推动作用。令人遗憾的是,抗日战争结束以后,国共两党发生了严重的政治对抗,乃至兵戎相见,这种状况一直延续至今。

中共中央提出:"两岸应该本着建设性态度,积极面向未来,共同努力,创造条件,通过平等协商逐步解决两岸关系中历史遗留的问题和发展过程中产生的新问题。"①

在新的历史条件下,中共中央进一步提出,要"让历史说话,用史实发言,深入开展中国人民抗日战争研究";特别提出,要"推动海峡两岸学术界共享史料、共写史书,共同捍卫民族尊严和荣誉"②。为此,史学工作者应当恪守"一个中国"原则,尊重历史,求同存异,追求最大共识,增进政治互信,为推动两岸和平统一作出贡献。

因此,今天我们研究第二次国共合作的意义和价值就在于:

(一)有利于充分认识中国共产党是领导中国人民争取民族独立和人民解放的坚强核心和全民族抗战的中流砥柱,充分认识中国共产党在抗战大后方的卓越历史地位和巨大作用,深刻反映中国共产党倡导和推动建立的以国共合作为基础的抗日民族统一战线的形成和发展历程,继承和弘扬红岩精神

抗战时期,中国共产党领导的革命斗争,逐渐形成了两条战线、两个战场。一个是敌后抗日根据地的武装斗争,一个是中国共产党倡导和推进建立的抗日民族统一战线。特别是以重庆为中心的大后方,国际国内形势风云激荡,政治斗争纷繁复杂。中共中央南方局在党中央的正确领导下,始终高举抗日和民主的旗帜,坚持国共合作,牢牢把握抗日民族统一战线的领导权,正确处理统一战线中的阶级关系,凝聚民族力量,推动全民抗战,既为抗战胜利作出了重要贡献,又为民主党派阵营的形成和新中国建立后的中国共产党领导的多党合作政治格局的开创,奠定了坚实的基础。同时,在党中央领导下,以周恩来同志为代表的南方局老一辈无产阶级革命家,培育了以崇高思想境界、坚定理想信念、巨大人格力量和浩然革命正气为本质的红岩精神,体现了中国共产党精神风范中的核心价值。红岩精神同井冈山精神、长征精神、延安精神一样,都是中国共产党人和中华民族的宝贵精神财富。深入研究第二次国共合作及其经验,就是要加强对中国共产党在抗战大后方的地位和作用

---

① 胡锦涛在纪念《告台湾同胞书》发表30周年座谈会上的讲话(2008年12月31日),《人民日报》2009年1月1日第1版。

②《习近平在中共中央政治局第二十五次集体学习时强调,让历史说话用史实发言,深入开展中国人民抗日战争研究》(2015年7月30日),《人民日报》2015年7月31日。

的研究,梳理中国共产党倡导和推进建立的抗日民族统一战线的发生、发展历史轨迹,厘清各民主党派成长历史和经验教训,深入研究抗日民族统一战线形成的机制和方法。大力弘扬红岩精神,有利于在新的历史时期进一步坚持中国共产党的领导,坚持和完善中国共产党领导的多党合作和政治协商制度,增强民族凝聚力,加强民族大团结,为实现中华民族的伟大复兴提供强大的精神动力。

(二)有利于充分认识第二次国共合作的重大意义和深远影响,增强新时期发展国共关系和两岸关系的责任感和自觉性

1931年九一八事变后,面对空前严重的民族危机和国内日益高涨的抗日浪潮,中国共产党和中国国民党及时调整政策,以民族利益为重,捐弃前嫌,求同存异,毅然再次合作,共赴国难,实现了中华民族的空前团结,并最终取得了近百年来第一次民族解放战争的完全胜利,开启了中华民族走向复兴的伟大转折。通过对大陆、台湾及其他地区和国家保存资料的参照对比、梳理考证和重新解读,进一步研究抗战时期国共两党艰难曲折的合作历程,还原第二次国共合作的历史真实;系统论证第二次国共合作取得的重大成果及其对抗日战争的伟大胜利、对中华民族走向复兴的伟大转折、对国共两党的发展所产生的深远影响;总结梳理抗战结束后,两党政治对立、国家分裂对民族复兴和国家利益造成的严重伤害,将有利于我们充分认识国共两党"合则对国家有利,分则必伤民族元气"的经验教训,进一步增强新时期发展国共关系和两岸关系的责任感和自觉性。

(三)有助于化解歧见,增加互信,解决历史遗留问题,为实现祖国和平统一排除历史认知障碍

抗战时期第二次国共合作的历史,既是国共两党求同存异、相忍为国的集中体现,也是两党智慧较量和实力斗争的充分展示。第二次国共合作取得了抗战的胜利,推动了民族的复兴,同时也对国共两党产生了重要的影响。中国共产党通过与国民党的合作、与广大中间党派的合作,努力争取实现抗日和民主两大目标,获得了空前的发展,建立了一系列根据地,拥有了强大军队,党员人数剧增,赢得了广大人民群众的支持,成为全国性大党,为中国人

民抗日战争暨世界反法西斯战争的胜利作出了重大贡献,初步得到国际社会的了解,也为新中国政治制度奠定了重要的基础。中国国民党通过合作抗日,取得了中国历史上成功抵御外敌入侵、胜利还都的"不曾有的先例"(冯友兰语)。然而,长期以来,国民党和台湾方面并不认同国共合作,甚至完全不提"国共合作",其中重要原因,就是把国民党在大陆的失败完全归咎于国民党在抗战时期所谓的"容共政策",认为在两次国共合作中,国民党都吃尽苦头,终以中华民国退出中国大陆为代价,因此决不能再搞"国共合作"。这种对国共合作历史及经验教训的认识误区,实际上已成为国民党和台湾当局的一个历史包袱,也是阻碍当前发展两党和两岸关系的制约因素。因此,深化对第二次国共合作历史的研究,以科学的历史观正确认识第二次国共合作的历史、成果、影响及经验教训,有助于增进国共两党、海峡两岸的历史认同,逐步解决两岸关系中的历史遗留问题,构筑两岸政治互信的基石,从而排除祖国和平统一的历史认知障碍。

(四)有助于借鉴历史经验,在新的形势下积极探索发展两岸、两党关系的新内容、新形式与新机制

经过30多年的改革开放,中国的面貌发生了历史性变化,中国同世界的关系也发生了历史性变化。随着国家综合国力的整体增强,中华文化走向世界,中国的国际地位和影响力正在进一步提升,两党交流合作、两岸共谋发展迎来了新的国内和国际环境。两岸关系历经风雨坎坷,随着国民党在台湾执政地位的重新确立,台湾局势发生积极变化,两岸关系也迎来难得的历史发展机遇。历史研究的终极目的不仅是知晓过去,更是理解现在,指引未来。抗战时期以国共合作为核心的党际合作、朝野合作,最终表现为团结御侮、民族复兴,表现了中华民族生生不息的顽强生命力,尤其突出地表现了中华民族持久坚韧的民族凝聚力。研究第二次国共合作的历史,就是为发展两党关系和两岸关系提供历史的借鉴。这有助于站在新的历史起点上,探索基于民族凝聚力、建立党际政治互信与政治合作的制度性框架,乃至于更深入、更广泛层次的合作策略、合作模式与合作机制(如基于一个国家之下的不同政权、不同政党之间的合作),探索发展两党关系和两岸关系的新内容、新形式、新

模式,有助于促进结束两党、两岸的政治对立,实现祖国的早日统一。

(五)有助于深化对中国近代史、抗日战争史、中华民族复兴史、国共两党关系史、民主党派史的研究,进一步从学理和法理上遏制"台独",促进祖国统一

正确的历史经验教训建立在科学的理论指导和最基本的史实研究基础之上。没有客观、深入和系统的研究,不可能实事求是地弄清楚长期影响着两党感情的种种历史矛盾和冲突的来龙去脉。仅仅满足于早已设定的政治结论,既不利于学术研究,也不可能正确地总结历史上的经验教训。深入研究第二次国共合作的历史,要坚持中国化马克思主义的指导,要注重现实关怀,坚持学术标准,在还原历史的真实上狠下功夫;需要在已有学术研究成果的基础上,立足新形势,拓宽新领域,挖掘新史料,构建新体系,提出新思考;在历史研究中再攀学术高峰,从而深化对中国近代史、抗日战争史、中华民族复兴史、国共两党关系史、中国民主党派史的认识。更为重要的是,抗战历史文化研究,特别是第二次国共合作历史研究的基本前提是"一个中国"原则。因此,研究国共合作的历史就是对"一个中国"的论证,是对"一个中国"原则的坚持。因此,基于科学和理性基础上的研究,就是从学理和法理方面遏制"台独",这是海峡两岸学界对促进祖国统一最实在的贡献。

三、国内外对第二次国共合作研究现状述评

(一)国内(含台湾地区)研究现状

自20世纪80年代以来,中国史学界对国共两党关系史的研究日益深入,硕果累累。其中对第二次国共合作的研究,成绩尤为显著。

发表的论文,据不完全统计,截至目前为止,以"第二次国共合作"为主题在CNKI学术期刊网上进行检索,有研究论文1200余篇,其主要侧重在共产国际和第二次国共合作、第二次国共合作形成的历史过程和涉及的人物、对抗日战争胜利所起的巨大作用和意义、第二次国共合作期间国共两党的历次谈判、第二次国共合作为什么没能实行党内合作、抗日战争时期中共是否取得合法地位、第二次国共合作期间两党关系发生根本变化的标志、第二次国

共合作破裂主要标志和过程、西安事变,等等。另外,中国中共党史学会选编的纪念抗日战争胜利40周年论文集《抗日民族统一战线与第二次国共合作》(中国文史出版社,1987年版)、第一至第五届全国国共两党关系史学术讨论会论文集等,均收入大量有关第二次国共合作的论文。

　　出版的资料集,主要有:中共党史资料征集委员会编辑的《第二次国共合作的形成》(中共党史资料出版社,1989年版);中央统战部、中央档案馆编辑的《中共中央抗日民族统一战线文件选编(上、中、下)》(档案出版社,1985年版);重庆市政协文史资料委员会、重庆市委党校、红岩革命纪念馆合编的《抗战时期国共合作纪实(上、下)》(重庆出版社,1992年版);中共湖北省委党史资料征集编研委员会、中共武汉市委党史资料征集编研委员会编的《抗战初期中共中央长江局》(湖北人民出版社,1991年版);南方局党史资料征集小组编的《南方局党史资料(1—6)》(重庆出版社,1986—1990年版);重庆市政协文史资料研究委员会的《国民参政会纪实(上、下、续)》(重庆出版社,1985、1987年版);中共重庆市委党史工作委员会、重庆市政协文史资料研究委员会、红岩革命纪念馆合编的《重庆谈判纪实》(重庆出版社,1983年版);中共重庆市委党史研究室、重庆市政协文史资料委员会、红岩革命纪念馆合编的《重庆谈判纪实增订本》(重庆出版社,1993年版);重庆市政协文史资料研究委员会、重庆市委党校合编的《政治协商会议纪实》(重庆出版社,1989年版);中共代表团梅园新村纪念馆编辑的《国共谈判文献资料选辑(1945.8—1947.4)》(江苏人民出版社,1980年版);中央档案馆编辑的《中共中央文件选集》(内部本第10—13册,中央党校出版社,1985—1987年版);中央档案馆编辑的《中共中央文件选集》(公开本第11—16册,中央党校出版社,1991—1992年版);中央文献研究室和中共南京市委编辑的《周恩来1946年谈判文选》(中央文献出版社,1996年版),以及中共中央文献研究室、中央档案馆合编的《建党以来重要文献选编(1921—1949)》(其中涉及1931—1945年抗战时期的共15册,即第8—22册,中央文献出版社,2011年版)。另有西安事变资料多种,皖南事变资料多种。

　　出版的专著主要有:张梅玲的《干戈化玉帛——第二次国共合作的形成》

（中国广播电视出版社，1991年版），郝晏华的《从秘密谈判到共赴国难——国共两党第二次合作形成探微》（北京燕山出版社，1992年版），杨奎松的《失去的机会？战时国共谈判实录》（广西师范大学出版社，1992年版），李良志《度尽劫波兄弟在——战时国共关系》（广西师范大学出版社，1993年版），黄修荣《抗战时期国共关系纪事（1931—1945）》（中共党史出版社，1995年版）和《国共关系70年纪实》（重庆出版社，1994年版）等。

此外，国共关系史、国共合作史以及中共党史、中国国民党党史著作中均有大量篇幅论述第二次国共合作问题。此方面的著作主要有：林家有的《国共合作史》（重庆出版社，1987年版）》，王功安、毛磊主编的《国共两党关系史》（武汉出版社，1988年版），杨世兰等主编的《国共合作史稿》（河南出版社，1988年版），张广信的《国共关系史略》（陕西教育出版社，1989年版），唐培吉等的《两次国共合作史稿》（浙江人民出版社，1989年版），苏仲波、杨振亚主编的《国共两党关系史》（江苏人民出版社，1990年版），李良志、王顺生的《国共合作历史与展望》（福建人民出版社，1990年版），秦野风等的《国共合作的过去与未来》（黑龙江教育出版社，1991年版），王功安、毛磊主编的《国共两党关系通史》（武汉大学出版社，1991年版），马齐彬主编的《国共两党关系史》（中共中央党校出版社，1995年版），范小方、毛磊的《国共谈判史纲》》（武汉出版社，1996年版），杨奎松的《国民党的"联共"与"反共"》（社会科学文献出版社，2008年版）等。

从20世纪80年代后期到90年代前期，国共合作研究曾一度形成高潮，发表了大量的研究论文和学术专著，也涌现出了李良志的《度尽劫波兄弟在——战时国共关系》，杨奎松的《失去的机会？战时国共谈判实录》，王功安、毛磊的《国共两党关系通史》和马齐彬的《国共两党关系史》等质量较高的著述。90年代中期以后，出现了杨奎松的《国民党的"联共"与"反共"》，这部著作使用了国共双方大量可靠、翔实资料，论述严密，多有创见，被称为研究国共关系的"开先河之作"。

但总体而言，抗战期间国共关系研究无论在史料史实方面，还是在观点创新方面,取得突破性进展的研究成果并不多,①尤其是对国民党方面的研究相当欠缺,而低水平重复的现象大量存在,研究的视野还有待超越,研究的领域还有待拓宽,研究的史料还有待发掘,专题研究还有待深入。特别是作为第二次国共合作主要机构的中共中央南方局和重要活动舞台的抗战大后方,一直没有受到研究者的重视,这不能不说是第二次国共合作研究的重大缺陷。

台湾地区和国民党方面长期否认国共合作,1956年蒋介石撰写《苏俄在中国》,总结失败的原因、教训,认为"对共党谈判和共军收编,乃是政策和战略上的一个根本错误"。无论是国民党还是民进党,都把国民党丢掉中国大陆归因于所谓的国民党"容共政策"。陈永发的《中国共产革命七十年》(台北联经出版事业公司,1998年版)、张玉法的《中华民国史稿》(台北联经出版事业公司,2001年修订版)和《中国现代史》(东华书局,2001年增订版),都有较大的篇幅论述国共在抗日战争中的联合与斗争,但仍然仅仅是从国民党的立场来分析国共关系,具有相当的片面性。

(二)国外研究现状

国外涉及第二次国共合作研究的著述不多。日本学者波多野善大开风气之先,对国共合作进行了专题研究,并形成了一部专著《国共合作》(罗可群译,广东档案史料丛刊增刊,1982年版),这也是目前所见国外最早的一部直接研究第二次国共合作历史的学术著作。日本山田辰雄(齐福霖译)的《中国对国民党史的研究——以国共合作为中心的重新探讨》也对国共合作进行了探讨。奥夫钦尼科夫的《中国抗日民族统一战线的形成和发展》(莫斯科,1985年版)是苏联学者论述国共合作的代表性作品,但过分强调苏联和共产国际的作用。美国方面有范力沛的《敌与友:中共党史中的统一战线》(斯坦福大学出版社,1976年版),比较系统地论述了中共党史中的统一战线问题。而涉及国共关系,尤其是在中美关系中涉及国共关系的论述很多,包括易劳逸的《毁灭的种子:战争和革命中的中国(1937—1949)》(斯坦福大学出版社,1948年版)、齐锡生的《抗战期间的国民党中国:军事失利与政治崩溃(1937—

---

① 参见杨奎松:《抗战期间国共关系研究50年》,载《抗日战争研究》1999年第3期。

1945)》(密歇根大学出版社,1982年版)、迈克尔·沙勒的《美国十字军在中国(1938—1945)》《马歇尔使华》(美国,1976年版)、苏姗娜·佩伯的《中国的内战:政治斗争(1945—1949)》(《剑桥中国史》第13卷,剑桥大学出版社,1986年版)、赫伯特·菲斯的《中国的纠葛——从珍珠港事变到马歇尔使华美国在中国的努力》(普林斯顿大学出版社,1953年版)、肯尼思·休梅克的《美国人与中国共产党人》(康奈尔大学出版社,1971年版)、约翰·斯图尔特·谢伟思的《美亚文件与中美关系史上的若干问题》(加州大学伯克利中国研究中心,1971年版)、约瑟夫·W.埃谢里的《在中国失掉的机会——美国前外交官约翰·W.谢伟思第二次世界大战时期的报告》(纽约,1974年版)、巴巴拉·W.塔奇曼的《史迪威与美国在华经验(1941—1945)》(麦克米伦公司,1978年版)等。英国有关第二次国共合作的著述包括嘉韦的《第二次统一战线的起源:共产国际和中国共产党》,论述了共产国际对中国共产党统一战线提出的影响;沈奎功的《中国共产主义者的强大道路:抗日民族统一战线(1935—1945)》,论述了中国共产党抗日民族统一战线的形成和发展过程;方德万的《中国的民族主义和战争》也对国共合作抗日有所涉及。国外研究也在美、苏等国对国共关系影响的研究方面取得了不少的成果。但总体而言,国外对国共合作的研究,由于受到意识形态、史料等多方面的影响,专题性的研究不多,也不深入。

综上所述,中外学术界对第二次国共合作已经进行了大量研究,取得了重要的成就。但是,还有大量的空白需要填补,还有许多问题需要深入,还有相当的史料需要发掘,尤其是对代表中共与国民党交往,具体实施第二次国共合作的中共中央南方局的研究,总体还相对薄弱;对国共合作舞台的大后方的研究,还处在起步阶段。因此还有相当大的空间可以施展,这是当今学人,尤其是作为第二次国共合作重要政治舞台的抗战大后方和国共合作主要机构的中共中央南方局所在地的研究机构和研究学者必须担任的历史责任。

四、项目的总体框架

本项目的基本理念是"中国立场,国际视野,学术标准,一流水平,进入西方主流社会,服务全国大局"。即:坚持国家民族立场,超越国共两党视野,站在前人研究的基础之上，以中共中央南方局与抗战大后方为中心，立足新形势，拓宽新领域，挖掘新史料，构建新体系，提出新思考，分专题深入研究第二次国共合作的国际国内环境、政策与策略、形成与发展、模式与机制、分歧与谈判、成就与影响，系统总结分析第二次国共合作的历史经验和对当前发展两岸关系的现实指导意义，服务于推动两岸关系和平发展、实现中华民族伟大复兴的大局。为此我们努力：

尊重历史事实。即从客观历史实际出发，在史料搜集、挖掘和考订上狠下功夫，通过史料的发掘来还原历史的真实。一方面要发掘和运用国共双方现存而尚未很好使用的历史档案；另一方面也要用好已经公开但利用不够的档案文献，特别是中共中央南方局档案和《新华日报》《群众周刊》等大量反映国共合作的文献资料。必须立足让史实说话。

拓宽研究领域，加强对过去较少关注或忽视的第二次国共合作的政策与策略、模式与机制、成就与影响的研究（如成就方面过去较多关注政治层面、文化层面，而对经济层面、社会层面、外交层面关注不多），特别是过去比较忽略、比较肤浅的对国民党及其政策的研究；注重构建研究框架，从纵向的发展历程研究转入横向的专题性研究。

关注历史与现实的结合。史学的任务不仅是回顾、复原历史，还要通过历史研究展望未来，探索历史发展的规律，为推进社会进步服务。

以中共中央南方局和抗战大后方为中心进行研究。中共中央南方局是抗日战争时期和解放战争初期中共中央派驻国民政府统治中心重庆的代表机关，在第二次国共合作中扮演了极其重要的角色，而抗战大后方是第二次国共合作最重要的活动舞台。以中共中央南方局和抗战大后方为中心进行研究，有助于深化对第二次国共合作诸多方面的认识。

项目研究的整体布局为三个部分：

（一）从八个方面对项目主题进行整体的深入研究

第二次国共合作国际国内环境研究；

第二次国共合作的形成与发展研究；

第二次国共合作政策与策略研究；

第二次国共合作的模式与机制研究；

第二次国共合作的分歧、冲突与谈判研究；

第二次国共合作的成果与影响研究；

第二次国共合作破裂以来国共关系的演变；

第二次国共合作的历史经验及其对当前发展两岸关系的指导意义。

以上内容是本项目研究的核心,也是本项目的代表性成果。

(二)对项目涉及的历史进行多侧面专题研究

中国共产党抗战大后方活动研究；

抗战大后方各省市党史研究；

中共南方局与抗战大后方社会研究；

抗战大后方与周恩来研究；

抗战大后方与董必武研究；

抗战时期中国共产党在重庆的舆论话语权研究。

以上内容围绕项目主题展开,是对主题所涉及的若干重大领域的挖掘,是从点和线上形成对主项目研究的深化。

(三)史料的搜集与整理

中国共产党抗战大后方文献；

中共中央南方局历史文献；

抗战大后方八路军办事处档案文献；

抗战时期国共合作档案文献资料；

国民参政会档案文献资料；

中共南方局口述历史资料；

重庆谈判档案文献；

政治协商会议档案文献资料；

中国抗战时期中间党派档案文献。

以上内容是本项目研究的特色,是整个学术研究创新的基础,也是主项目得以深化的前提。

五、项目研究的基本内容

(一)核心研究的基本内容

核心研究由八个子课题构成

子课题之一:第二次国共合作国际国内环境研究

学术界至今尚未对该问题进行过全面系统的研究,若有也只是研究某一具体问题,没有就第二次国共合作整体系统的国际国内环境进行研究。因此我们认为,对第二次国共合作环境进行系统研究是一次新的学术尝试,本课题以求全面准确把握第二次国共合作的"生态环境"、环境表征和历史使然,为第二次国共合作的历史走向找出合乎历史逻辑的解释。这对第二次国共合作的研究是一个创新。

本子课题是整个课题研究的基础。我们力求深入系统地对第二次国共合作形成、运行和发展的外部环境和内部环境进行研究,为整个课题研究提供客观依据;同时也极大地拓宽了整个课题研究的领域,丰富和深化对整个课题的研究广度和厚度。作者把这种环境分为国际环境、国内环境、党际环境三个方面,从三个层次展开,即纵向研究影响第二次国共合作形成、发展过程中的国内外环境变化,并探究二者之间的关系;横向研究国共合作阶段决策的国内外环境及其对国共之间的影响;对比研究国共两党合作过程中各自受国内外环境变化的关系,探寻其中的规律,总结经验。

——第二次国共合作的国际环境。主要包括:一是德意日法西斯的侵略尤其是日本帝国主义对中国的侵略,这是促成第二次国共合作最主要的外部因素;二是英美等西方资本主义国家始终从自身战略利益权衡得失,在这一外部环境的影响下,国共合作始终充满变数;三是苏联为维护其自身利益,支援中国抗战和支持国共合作,牵制日本和中苏之间的博弈,支持建立广泛的反法西斯统一战线等。尽管美英和德意日进行过某种交易,甚至牺牲中国的一些利益,但根本上还是支持国共合作的,这是从积极方面促成国共合作的外部环境。

——第二次国共合作的国内环境。首先是政治环境,包括第一次国共合作的影响、各中间党派的诉求、地方实力派力量、社会贤达以及汪伪势力等因素和力量对第二次国共合作的影响。其次是经济环境。经济是基础,它对政治决策有影响作用。主要研究国共两党合作中的经济联系,以及这种经济联系对政治合作的影响。三是军事环境。两党军事力量的对比和消长,是影响第二次国共合作的重要条件。当共产党力量比较强势时,蒋介石国民党就要想方设法加以围剿;当共产党军事力量变弱时,蒋介石国民党同意改编;当双方军事斗争的矛头指向日本帝国主义侵略时,国共两党合作显得比较友好;当共产党军事力量再次发展后,蒋介石国民党又采取了军事摩擦,削弱共产党军事力量;当共产党军事力量再次减弱时,蒋介石国民党又伸出了橄榄枝,国共两党关系出现了微妙变化;当共产党力量再次强大时,国民党再也按捺不住了,于是有了后来的军事斗争,直到全面内战。四是文化环境。

——第二次国共合作的党际环境。主要是国民党、共产党、中间党派三个方面的相互影响。对于国民党来讲,作为执政党,自然要考虑处于反对党地位的共产党内外政策的变化。所以,共产党态度及政策的变化,必然会影响到国民党对共产党的态度等,从而成为一种外部环境;对于共产党来讲,处于执政地位的国民党内外政策的变化,也会影响到共产党对国民党态度的变化等,也会成为共产党制定政策和策略的外部环境;对于中间党派来说,他们虽然也处于在野地位,但他们是一支不可忽视的政治力量,或多或少能够影响国民党、共产党的政策和策略,也成为国民党、共产党的外部环境。特别需要指出的是,有时候,国民党的不同派别、共产党内部的不同意见,都可能成为一种影响决策的因素。

子课题之二:第二次国共合作的形成与发展研究

本子课题的基本任务是从历史的角度对国共第二次合作的发生、发展到结束的全过程进行系统的史实考察,给读者以第二次国共合作的完整印象,对其他子项目的研究提供史实支撑,同时形成国共第二次合作史的完整框架。

对第二次国共合作的历史,学界已经形成了一大批成果。但还没有出版将第二次国共合作作为独立的对象进行系统而全面研究且分量轻重的学术著作。特别是随着新的大量可靠、翔实的历史档案的披露和许多重要人物的日记、回忆录的公开,重新对第二次国共合作的形成与发展进行系统全面的史实梳理和深化研究就尤为迫切。

本子课题的研究着重于:与时俱进,站在21世纪的高度审视历史事件;实事求是,重视史料的掌握与运用;站上巨人的肩膀,在史学界已经取得成果的基础上前行;观水观澜,把握历史进程的关键环节。因此,在认真吸收与整合前人研究成果的基础上,重点利用中共南方局与抗战大后方等新史料,就第二次国共合作的接洽与会晤、推进与发展、合作与摩擦、破裂与对立重新进行了深入细致的梳理和研究,详细叙述了国共从分到联,再从联到分的过程,力争客观真实地描述国共两党领导人既为民族独立,也为主义、事业的坚持与妥协,最终以民族利益为重,捐弃前嫌,共赴国难,实现第二次合作并最终取得伟大的抗日战争的胜利。

在此基础上,作者形成了两个基本判断:一是国共第二次合作的历史,起于1935年中国共产党发表《八一宣言》,终于1947年3月8日中国共产党中央级人员吴玉章撤离重庆。二是国共第二次合作全过程的基本线索由八个关键环节构成,即:中共提出《八一宣言》和国民党响应——西安事变实际上结束了国共的内战——《国共合作宣言》的公开发表使中共实际上有了合法的名分——国民党五届六中全会和晋西事变所标志着的变化——林彪代毛泽东同蒋介石会谈和国民党五届十中全会表明两党关系的改善——抗战胜利后国共在新的基础上继续合作——国民党进攻中原解放区是由政治解决到军事解决的转折——中共代表团撤离是合作渠道的完全断绝。

基于以上基本判断,作者把第二次国共合作的进程分为七个阶段:1. 酝酿阶段:起于《八一宣言》发表,终于西安事变之前;2. 形成阶段:起于西安事变和平解决,终于《关于国共合作宣言》发表;3. 展开阶段:起于国共合作宣言发表之后,终于国民党五届六中全会和晋西事变之前;4. 波折阶段:起于1939年11月国民党五届六中全会和晋西事变,终于1942年10月林彪代毛泽东同蒋介石会谈之前;5. 持续阶段:起于1942年10月林彪代毛泽东同蒋介石会谈,终于抗战胜利;6. 继续阶段:起于重庆谈判,终于1946年6月国民党政府军进攻中原解放区之前;7. 终结阶段:起于1946年6月国民党政府军进攻中原解放区,终于1947年3月中共代表团撤出南京、上海、重庆。

子课题之三:第二次国共合作政策与策略研究

在以往的研究中,对第二次国共合作的政策与策略缺乏系统与深入的研究。本子课题围绕国共第二次合作的政策和策略展开,通过回顾和总结第二次国共合作进程中的国共两党关于合作的相关政策和策略的演变,分析其演变的主客观条件和相应的机制,力求全面深入并系统地梳理、准确理解把握合作双方在政策和策略上的演变过程和基本规律,进而为后面的几个子课题研究提供更加充分的客观依据。本子课题是整个研究课题中的创新点之一。

中共的政策和策略是旗帜鲜明的。作者将其概括为:以抗日民族统一战线包括抗日、民主两大根本任务,以在各方面工作中发展进步势力、争取中间势力、孤立反共顽固势力的战略任务为总政策,以区别对待各种政治势力而采取的又联合又斗争、以斗争求团结为总策略。以总政策和总策略指导而形成并体现为"三三制"政权、减租减息和交租交息、提高与普及民众文化和民族自尊心、大力发展中共武装力量等,以形成包括政治、经济、文化、军事等具体政策的分层级的政策和策略体系。其基本的运作程序是:总政策指导各方面战略任务,形成带有方向目标性的方针性政策和为实现方针性政策而采取的总策略。方针性政策和总策略决定各项目标的具体政策。其简化的程序是:总政策→总策略(方针性政策)→具体政策。可以说,毛泽东在政策、策略混用的纷繁表述中,厘清了政策和策略的分野与程序体系结构,具体指导了当时政策策略的策划和运用,为后世留下大量生动具体的"案例"。共产党的国共合作政策和策略,从总的方面讲,更多地注意在坚持抗战、动员群众、"发展壮大"方面着力,这是一笔厚重的思想财富,值得好好研究。

国民党绝口不提其政策策略规定,但其政策策略事实上却是客观存在的。国民党在抗战中的总政策是以"三民主义暨总理遗教"为"最高准绳","在本党及蒋委员长领导之下","全国人民捐弃成见,破除畛域,集中意志,统一行动",以"求抗战必胜,建国必成"的战略总目标;具体政策,如政治方面是组织国民参政会、实现县自治、改善各级政治机构、整饬纲纪、严惩贪官污吏。虽说从表现上并不涉及中共和各抗战小党派,但其"捐弃成见"就是要求中共等党派必须归属国民党当局在思想上、政治上的统一领导,即"溶共"等政策和策略内涵已包含其中。因此,其总政策可概括为抗战、反共、统一,而其策略包含在总政策中,又通过具体政策体现反映出来。由此可以推知,在反共总政策与推进参政会这类具体政策之间,有一套具体政策和策略在起作用。从反共目标和结果的关系看,从基本历史事实即政策实践的结果看,这套策略就只能是容共、溶共、限共等。所以,国民党政策规定的方式、程序仍然是:总政策→策略(方针或指导性政策)→具体政策。可以看出,国民党的国共合作政策和策略,从总的方面来讲,更多地是从依靠政府、"内部控制"的方面着力,缺乏动员群众等方面的思路。

在实践中,第二次国共合作只是发表政治宣言,有工作平台(国民参政会),但没有具体约束机制的合作方式,只能根据国共各自政策和策略采取"遇事协商"[①]的方式开展活动了。

纵观抗战时期的国共关系,其合作所依据的政策和策略,是国共两党各自拟订的;两党的"合作"政策目标,除抗战外,很多重大问题上是南辕北辙的,所以后来摩擦不断;正因为有了抗战这一共同点,才使合作得以形成并延续到最终。所以,研究第二次国共合作的政策和策略,基本内容就只能是以国共历史过程为经,以不同阶段的形势演变为纬,着力展现抗战中国的基本政策和策略及其演变和作用。

子课题之四:第二次国共合作的模式与机制研究

从模式与机制的角度去研究第二次国共合作,也是过去学术研究中较少关注或忽视的。本子课题从这一新的视角,全面回顾了第二次国共合作的模式和机制,即:1.第二次国共合作模式的磋商与确立。包括两党的初步合作模式、两党关于正式合作模式的反复磋商和两党合作模式的初步形成。2.第二次国共合作的活动平台。包括抗战初期的国防参议会、《新华日报》与《群众周刊》、国民参政会、军委会政治部第三厅与文化工作委员会,以及抗战胜利后召开的政治协商会议。3.第二次国共合作的联络机制。包括国防会议

[①]周恩来在中共六届六中全会上的发言记录,1938年9月30日。转引自金冲及主编的《周恩来传(1898—1949)》,人民出版社、中央文献出版社1989年版,第396页。

及战区的划分、八路军(新四军)驻各地办事处(通讯处)和军事委员会驻延安联络参谋等。4.第二次国共合作的协商机制。包括政治谈判和军事谈判等。

在此基础上,作者分析了第二次国共合作确立后的两党合作模式和机制,探索第二次国共合作时期的两党合作模式和机制的产生、发展与破裂的演变历程与轨迹。本子课题是整个研究课题中的创新点之一。

子课题之五:第二次国共合作的分歧、冲突与谈判研究

目前学界虽对第二次国共合作的分歧有所注意与研究,但对国共政治分歧、军事冲突和国共谈判的研究相对不足。本子课题通过对抗战时期第二次国共合作的分歧、冲突与谈判进行全面系统研究,全面深入分析国共合作的特殊性和复杂性,努力加深和拓宽第二次国共合作研究的深度和广度。可以说,这是一个"问题阈"研究。

抗战时期,国共两党在政治、军事方面存在分歧和冲突,两党遇事协商谈判,两党甚至分分合合,这是第二次国共合作的常态和特点。

双方的分歧、冲突和谈判,主要围绕军队、政权、政党这三个基本问题展开。

双方的基本分歧在于:蒋介石、中国国民党及国民政府,在政治和理论上,完全缺乏关于国共合作及抗日民族统一战线的观念,并对于抗日民族统一战线形势及格局下的国共关系作出了不切实际的错误认知。这种错误认知,导致蒋介石、中国国民党及国民政府在抗战时期乃至于战后一系列重大军政处置上的严重失误,使国共两党在以抗战和建国为现实目标的第二次国共合作中冲突不断,险象环生。这种矛盾、冲突愈演愈烈的状况,既不利于战时团结抗日,也不利于战后合作建国,并导致最后两党关系的破裂。

双方的冲突表现在政治、军事、思想文化等各个方面:政治上,国民党方面掌握着中央政权,在政治上长期占据有利地位。国民党以中央政府名义,强调军令政令统一和训政体制,要求中共交出军队,取消根据地政权。国民党拒绝从法律上承认中共合法地位,长期以"文化团体"对待中共。军事上,国民党不断制造摩擦、冲突,并对陕甘宁边区实行封锁;思想文化上,强调三民主义,认为共产主义不适合中国国情等。中共方面,强调其作为政党的独

立性,并在团结、民主、抗战、建国的旗帜下,要求国民政府允许其扩编军队并补充饷弹,承认根据地民选政权,承认中共及一切抗日党派的合法地位,战时合作抗战,抗后合作建国;要求国民党实行真正民主,最后提出"联合政府"的政权主张,否认国民党一党专政的合法性。中共强调,现阶段当然信奉三民主义,但将来还是要致力于共产主义的事业。

双方的谈判大致上分为战时和战后两个阶段:第一次和第二次谈判围绕防区及中共军队的扩编、边区政权的范围等具体问题展开,第三、四、五次围绕"联合政府"问题展开,第六次重庆谈判围绕"和平建国"问题展开,第七次围绕和平民主及政协会议展开。双方主张在谈判中呈现渐行渐远的总体趋势。

国共双方的分歧、冲突和谈判,为中国近代以来艰难演进的现代化进程开拓出了相对宽阔的发展空间。政治上,民主观念得到广泛传播并深入人心,并在抗战胜利后诞生出政治协商会议这样崭新的政治协商形式。军事上,敌后游击战从普通的战术形式演变为军事战略,并成功开辟出由中国共产党领导的敌后战场,创建了一系列敌后根据地,根据地、游击区和深入敌占区的武工队形成了人民战争的汪洋大海,使侵略者深深陷入无边的泥淖而不能自拔。中华民族的解放事业也由此迎来了云开日出的万道霞光,并最终迎来了抗战的胜利,民族伟大复兴的转折点终于到来。

子课题之六:第二次国共合作的成果与影响研究

在以往的研究中,对第二次国共合作所取得的成就,较多关注政治与文化层面,而对经济、社会、外交层面关注相对较弱。本子课题在吸收前人研究成果的基础上,对以国共合作为基础,国内各党派、各民族实现了空前的民族团结,在政治、军事、经济、文化、外交等众多领域开展的合作与取得的成就进行系统梳理与深入研究,重点加强对以往研究薄弱的国共在经济、外交领域中的合作进行探讨,进而分析国共合作分别对国共双方所产生的不同影响。本子课题是整个研究课题中的创新点之一。

第二次国共合作在政治上的成效主要表现在:第二次国共合作的实现,成为抗日民族统一战线的基础,尤其是克服了合作抗日历程中,曾反复出现的不利于团结抗日大局的各种投降、分裂、倒退的危机,坚持了抗日、团结、进步的大局,赢得了抗战的最终胜利。

在军事上的合作成效主要表现在:国共合作建立后,两党坚持持久战以空间换时间,两个战场相辅为用,两党在战略方针、战役战斗、军事训练等方面上形成了多层面的战时军事合作关系,最终取得了对日作战的胜利。

在经济上的合作成效主要表现在:国共合作的建立,使国共两党停止了军事对抗,国民党解除了对共产党所辖区域的经济封锁,结束了国统区和根据地在此之前长时期的经济隔绝状况,缓和了封锁与反封锁的尖锐斗争,开始了有限度的经济领域的合作,为全民族抗战提供了基本的物质基础。

在外交上的合作成效主要表现在:国共合作的建立,使得国共捐弃前嫌,共同倡导、推动了世界反法西斯统一战线的建立;极大拓展了民间外交的空间,国共合作背景之下的民间外交成为国家总体外交的重要组成部分;不平等条约的废除与国家地位的提高,使得中国不断增强和提升着自己在世界的影响力和国际地位;国共还携手参与了建立联合国等涉及战后国际秩序安排的重要外交行动,最终迎来了中华民族由衰败到复兴的伟大转折。

在文化上的合作成效主要表现在:国共合作的建立,使一切不愿做亡国奴的文化工作者都联合起来,组成了我国近代文化史上最广泛、最持久的抗日文化统一战线。即便是在相持阶段到来后,国民党对内对外政策策略发生改变,对抗战进步文化实行专制主义和高压政策的时候,共产党始终坚持"相忍为国"的大局意识和"又联合又斗争"、"以斗争求团结"的策略原则,国民党也最终坚持了民族大义并作出了一些妥协,从而使国共合作"摩而不裂"。因此,在国共合作的大背景下,抗日进步文化运动始终占据主导地位,从而为取得抗日战争的最后胜利作出了独特而重大的贡献。

子课题之七:第二次国共合作破裂以来国共关系的演变

本子课题主要研究第二次国共合作破裂后,国共两党政策、策略的变化,两党、两岸之间的接触和交往及其演变,分析不同历史时期国共关系变化的内外因素,探讨国共关系的未来发展走向。研究第二次国共关系破裂后国共关系的演变,是理解和通往国共两党、两岸未来关系的桥梁和纽带。

本子课题着重研究：1.第二次国共合作破裂后国共双方的激烈对抗,包括内战的爆发、北平谈判和国民党政权的覆灭。2.海峡两岸对峙局面的形成,包括美国插手台湾事务、第三次国共合作的提出、国共两党的秘密接触。3.国共关系的缓和与两党交流的重启,"一国两制"构想的提出与隔岸政治对话,九二共识与"汪辜会谈"。4."台独"与反"台独"的斗争,"台独"的起源,台湾的"民主化"与台独的发展,民进党执政与台独势力的猖獗。5.国共关系的新篇章,两岸经贸关系的发展,国共两党党际交流的重新建立,国民党在台湾的再度执政。

本子课题的成果将以研究报告的方式呈现。

子课题之八：第二次国共合作的经验及其对当前发展两岸关系的指导意义

本子课题的研究主要基于2008年3月台湾局势发生积极变化,两岸关系迎来难得历史机遇的新形势。

本子课题在全面总结与借鉴第二次国共合作给我们留下的宝贵历史经验的基础上,认真探讨其对当前发展两岸关系的指导意义,积极推动两岸关系的良性发展,通过共同努力,切实做到共创双赢,促进祖国统一的早日实现。

在新时期,研究和总结抗战时期第二次国共合作的历史经验,将有利于我们对海峡两岸关系的认识,对推进祖国早日实现和平统一具有积极的现实意义。主要是：

统一的民族观念是推动国共两党合作的社会基础;

有利的国际国内形势是实现国共合作的外在环境;

共同的认识目标(即"九二共识")是促成国共两党合作的政治前提;

正确的策略方针是达成国共两党合作的关键所在;

适当的合作机制是建立国共两党合作的正确途径;

必要的妥协和让步是实现国共两党合作的重要条件。

(二)专题研究的基本内容

1.中国共产党抗战大后方活动研究。本课题侧重于对中共在大后方的作用进行研究,进而提出了中共在大后方地位和作用的观点。作者认为,中国共产党在大后方发挥了彪炳史册的重大作用,大后方既是中国抵御日寇入侵的最后战略基地,也是抗日民族统一战线政策的实践地,也是抗战期间中共实现自己的政治抱负最重要的活动舞台之一。为此,中共努力宣传坚持抗战、反对投降的政治理念,相忍为国,维系国共合作,为抗战胜利奠定政治基础;团结一切可以团结的力量,努力争取中间势力,为抗战胜利壮大进步力量;推动抗战文化发展,为抗战胜利凝聚精神力量;开展民间外交,推动建立国际反法西斯统一战线,为抗战胜利营造有利中国的国际环境。从中共在大后方的历史作用及其发挥作用的主要方式来看,中共在大后方主要是通过立场宣告、以方向引领为主的政治指导方式发挥作用,而成为大后方政治方向的引领者和指导者。

2. 抗战大后方各省市党史研究。本课题主要研究包括中国共产党第七次全国代表大会大后方代表团和中国共产党在抗战大后方地区各省市党的活动。中国共产党第七次全国代表大会设置了大后方代表团,这是党中央对以周恩来为书记的南方局在大后方八年工作的充分肯定,也客观地反映中国共产党在南方地区领导抗战而不懈奋斗的历程。我们依据这批档案史料,对大后方代表团的面貌进行了呈现。同时,本课题对中共在大后方重庆、四川、云南、贵州、广西、陕西、甘肃、宁夏、青海、新疆等省市的活动进行了全面系统的梳理和反映。两大部分共同构成了中国共产党在抗战大后方的历史全貌。

3. 抗战大后方与周恩来研究。研究周恩来的论著不少,但迄今为止,还没有一部全面反映周恩来在抗战大后方的著作,这个课题立项研究是一个创新。课题将以现有研究成果为基础,大量补充在周恩来传记、年谱中没有使用的档案史料,力图全面、真实地反映周恩来在以重庆为中心的抗战大后方的革命斗争生涯和建立统一战线的丰功伟绩,同时,也将涉及这一时期他在延安等方面的活动。本课题以周恩来为主,对其他领袖人物及其所涉及的方方面面也将适当反映,使读者看到的是活跃在抗日民族统一战线大舞台上的周恩来,是中国共产党和各抗日党派群体中的周恩来,而不仅仅是单独的周恩来个人。全书将以纪实体的风格,适当配置历史照片,力求图文并茂。这将是一部以丰富的档案史料为显著特色的著作,也是一部迄今为止最为权威地,反映周恩来在抗日战争时期的历史著作。

4. 抗战大后方与董必武研究。董必武是中共南方局仅次于周恩来的主要领导人。当时,周恩来常奔走于重庆与延安之间,以军委会政治部副主任名义巡视战区,还去莫斯科治病等,南方局就由董必武主持工作。迄今为止,没有一部全面反映董必武在抗战大后方的著作,更缺乏撰写这部著作所需要的基础性历史资料。因此,本课题首要的任务就是搜集抗战时期董必武在重庆撰写的著述、诗文、电稿、信函等,其次是搜集已经发表的有关董必武在抗战时期的生平、思想的回忆和研究文章。在此基础上,再对董必武在抗战大后方的历史活动进行深入系统的研究。

5. 抗战时期中国共产党在重庆的舆论话语权研究。重庆是国共合作的主阵地,舆论话语权是考察第二次国共合作的重要领域。中国共产党在重庆的新闻传播活动,对国共关系、战时中国时局、全民族的抗日战争、中美关系均产生了深远的影响,也是第二次国共合作的"晴雨表"。本课题在充分吸取前人研究成果的基础上,运用传播学、舆论学、历史学、政治学、社会心理学等多学科的理论和方法,运用丰富的中外文第一手历史文献,以抗战大后方中心城市重庆及其周边区域为空间,以国民政府移驻重庆时期为研究历史时段,全面系统地探讨在这一时空下,中国共产党在重庆的舆论话语权变迁及其重大意义。研究认为,国共关系是考察中国共产党在重庆时期舆论话语权的重要历史语境。国共两党对于战时合作关系的认识差异,直接影响着两党新闻宣传喉舌的话语权的走向,也必将面临大众对于其话语的接受度。中共一开始就明确了从国家民族高度看待与国民党的关系。抗日民族统一战线的建立,为中共进入大后方和在重庆建立起自己的舆论阵地创造了条件。在与各党派各方面交流和宣传中,中共的政策主张得到了前所未有的认同和支持,重庆为中共发出自己的声音提供了巨大的话语空间。

(三)史料搜集与整理的基本内容

1. 中国共产党抗战大后方文献搜集整理。抗日战争时期,中国共产党对大后方工作发了一系列重要的主张、指示,形成了丰富的关于大后方工作的文献。但是,迄今为止,还没有一部这样的文献选编。我们编纂中国共产党抗战大后方文献,就是要以此梳理中国共产党关于抗日民族统一战线的理论与实践,梳理中国共产党关于第二次国共合作的理论、路线、方针、政策,梳理中国共产党在大后方建设坚强的党组织的成功经验,从而充分认识中国共产党是领导中国人民争取民族独立和人民解放的坚强核心和全民族抗战的中流砥柱,充分认识中国共产党在抗战大后方的卓越地位和巨大作用,充分认识中国共产党倡导和推动建立的以国共合作为基础的抗日民族统一战线的艰难历程和宝贵经验,充分认识中国共产党在大后方培育和形成的红岩精神,是中国共产党和中华民族的宝贵精神财富。收入的文稿,起自1931年9月,截至1945年9月,包括中共中央及中央有关领导机构作出的关于抗战大后方工作的决定、指示,毛泽东等中共中央领导人、中共中央有关机构负责同志关于抗战大后方工作的报告、讲话、谈话、电报、书信、题词等,全面系统地反映中国共产党关于抗战大后方工作的指导思想和方针政策。

2. 中共中央南方局历史资料搜集整理。南方局党史资料的收集整理,已经进行了30年。重庆出版社1990年出版的《南方局党史资料》(六卷本)是其代表作。囿于当时的条件,由中央档案馆保存的档案史料相当部分并没有收入。后来,这部分档案文献由原中共中央党史资料征集委员会南方局党史资料征集小组移交给了中共重庆市委,保存在重庆市委党史研究室。近年来,根据中共中央关于加强南方局历史资料研究编写工作的指示精神,我们将这部分档案进行了全面系统的整理,历时六年。我们将这部分档案与此前出版的《南方局党史资料》合并起来重新编辑,成为目前关于中共中央南方局历史最为完整系统的文献资料,为研究第二次国共合作提供了翔实的史料。这些年来,南方局老同志撰写了一批回忆录,弥补了档案文献之不足;近年来我们对南方局老同志的子女进行了系统的采访,形成了一批珍贵的口述史资料,这些也将结集出版。

3. 第二次国共合作历史资料搜集整理。这些年来,我们按照第二次国共合作的发生、发展、曲折、直到最后破裂的历程,做出了四题八卷、500万字的全景式专题资料著作,计分《抗战时期国共合作纪实》《重庆谈判纪实》《政治协商会议纪实》和《国民参政会纪实》。编者本着"实事求是"原则,按照历史发展顺序,以事件本末为中心,采取融大陆、台湾国共两党,中、美两国政府档案、报刊资料,以及当事人的回忆文章为一体的纪实性体例编成。本书的编辑始于20世纪80年代。30年来,关于这段历史的资料又有了进一步的公开披露。编者寻访于中国大陆和美英俄日荷等国及台湾地区,将所得史料补充于其中,从而极大地丰富了这部史料,也将深化对第二次国共合作的研究。

4. 抗战时期中间党派档案文献搜集整理。中间党派是在抗日战争这一民族危亡的时期产生、发展起来的国共两党以外的政党和派别,以民族资产阶级、小资产阶级为其社会基础,以知识分子为主体,有独立的政治主张或利益诉求。在面对外族入侵,中华民族面临生死存亡之际,各中间党派站在救亡图存、爱国民主的立场,坚持团结抗日,积极提出各自的抗战、民主、团结的主张,开展抗日救国和民主宪政活动,对推动全民族抗战,为取得抗战最后胜利作出了重大贡献。中间势力有很大的力量,往往可以成为中共和国民党顽固派斗争时决定胜负的因素。因此,中国共产党总结出"发展进步势力,争取中间势力,孤立顽固势力"这一巩固和发展统一战线基本经验。我们组织搜集了反映中国抗战大后方各中间党派主要政治主张的文献资料。这些党派主要是组成中国民主政团同盟的几个党派,如中华民族解放行动委员会(第三党,中国农工民主党前身)、中国青年党、中国国家社会党、全国各界救国联合会和中国人民救国会、中华职业教育社、中国乡村建设协会,以及其前身统一建国同志会和改组后的中国民主同盟,等等。这些史料的搜集整理,有利于梳理中间党派与国共两党关系的演变及中国各主要中间党派的发展变化脉络;有利于清晰地呈现中国各党派对中国发展道路的判断、比较和选择;有利于厘清抗战后中国走上中共领导的多党合作与人民民主国家发展道路的深厚历史根源;有利于坚持和完善中国共产党领导的多党合作和政治协商制度;有利于借鉴历史经验,促进祖国和平统一;也有利于深化对中国近代史、抗日战争史、中华民族复兴史、各主要中间党派和各民主党派历史的研究。

六、项目的主要创新点和特色

(一)登高行远,站在国家民族立场审视两党合作的历史

历史学研究必须忠于历史。抗日战争已经结束70年了,我们今天面临着海峡两岸和平发展的国内环境和开放的国际环境。在这个环境中进行学术工作,对于忠于历史有了更好的条件,是我们这一代史学工作者的幸运。因此,使我们有可能在抗战研究中,转变"国共对立"的战场思维范式,而树立"国家民族利益和国家民族立场"的文化思维范式。如此,便能秉持国家民族的立场,增强中华民族的情怀,顺应历史潮流,把握发展趋势,在这样的高度上去研究历史,评价历史,才能洞察时事,超越创新,建功民族,成就自己。

为此,我们先后两次组团到台湾考察搜集抗战历史资料和学术交流,我们在重庆和台北与国民党高层,特别是中国国民党主席马英九、名誉主席吴伯雄和副主席林丰正、吴敦义,以及国民党文化传播委员会党史馆等就合作开展抗战历史研究深入交换意见,了解双方对历史的认知,从而也对一些问题有了新的认识,甚至共识。也便有了2009年8月13日,中共重庆市委宣传部和中国国民党党史馆签署《关于抗战文化交流备忘录》。这是60年来中国国民党党史馆与中国共产党有关组织就抗战历史文化研究交流合作达成的第一份文件。

就在本系列图书即将出版的时候,2015年7月30日,中共中央政治局就中国人民抗日战争的回顾和思考进行第二十五次集体学习。中共中央总书记习近平在主持学习时强调,深入开展中国人民抗日战争研究,必须坚持正确历史观、加强规划和力量整合、加强史料搜集和整理、加强舆论宣传工作,让历史说话,用史实发言,着力研究和深入阐释中国人民抗日战争的伟大意义、中国人民抗日战争在世界反法西斯战争中的重要地位、中国共产党的中流砥柱作用是中国人民抗日战争胜利的关键等重大问题。特别是他提出,"要推动海峡两岸史学界共享史料、共写史书,共同捍卫民族尊严和荣誉。"这"三共"的前提就是共同的立场,这就是"国家民族利益与国家民族立场"。习近平总书记的讲话,是对我们这些年秉持"国家民族利益和国家民族立场"进行抗战历史研究的肯定,也对我们进一步研究指出了明确的方向。尽管这件事情是需要付出极大努力的。

(二)放眼世界,以全球的视野观察两党合作的历史

我曾经提出过"重庆史也是中国史、世界史"的观点,即要有全球视野和全局思维,才能在重庆史研究上有所作为。在这个项目中,我们提出以中共中央南方局和大后方为中心。南方局是中共设在重庆的党的秘密机构,负责处理国共关系,维系统一战线大局并领导南方各省党的工作;大后方是抗战时期以重庆为中心的西部广大地区,重庆是中国国家政权意义上的政治、军事、经济、文化和外交的中心,更由于中国与西方大国结盟,使中国各党各派与世界发生着密切的联系。这在中共党史和抗战史上,都是具有全局意义的,也因为如此,中国抗战史、中共党史和国共合作历史与世界反法西斯战争史紧密相连。但既往的研究,有就事论事的情况,有知其然而不知其所以然的情况,把一个全局的历史,搞成了一部地方历史;把全球背景下的角逐,搞成了纯粹是国共两党的争斗。其实,中国的抗日战争,并不只是中日之间的事情,而是亚洲的事,是世界的事。同理,国共合作的进程并不简单地是国民党和共产党的事,而是中国的事,也是世界的事。

因此,在这个项目中,我们努力把发生在重庆和大后方的历史事件,放在国内和国际的环境中去考察,努力以重庆和大后方为研究对象,去研究中国和世界的历史。这就要求研究者努力培养宏观、开阔的国际视野和中国胸怀,即以世界的眼光看中国,用中国的视角看世界。洞悉世界,而不囿于中国一域,更不能画地为牢。这种视角的转变,是学术得以创新的一大途径。

我们整体上作了对国共合作环境的研究,努力从国际视野的角度去研究国共关系,这使我们收获了许多新成果,比如,美军观察组进驻延安是第二次世界大战时期美国国家战略的重要组成部分。这是太平洋战争爆发以后,围绕赢得东方战场的胜利这个核心问题,美国为了自己的国家利益,与中国(包括国民党、共产党及各派政治力量)、英国和苏联等国角逐的产物,是中国为了自己的国家利益,包括国民党和共产党为了自身的利益,与美国、苏联力量角逐的产物,从而成为中国抗日战争与世界反法西斯战争发生直接联系的军

事行动,成为第二次世界大战东方战场的重大事件,更成为中国共产党融入世界反法西斯战争的重要标志和与美国关系史上的里程碑。

(三)纵横观察,从多角度深入剖析两党合作的历史

第二次国共合作是中国近现代史、抗日战争史和中共党史上的老课题,已经取得了相当丰硕的学术成果;但也感觉视野单一,还需努力扩大,以加深对这段历史的认识。我们这一轮的研究,就是努力站在前人的肩上,从整体上对"第二次国共合作"再作一次系统的研究,收获更多的新成果。主要包括三方面的努力;一是在整体设计上,如前所述,对第二次国共合作作全球视野的俯瞰;二是把第二次国共合作作为一个独立的对象,进行系统而全面的研究,我们的定位是"第二次国共合作及其经验研究",既注重本体,又注重经验总结,落脚点是为现实服务;三是设计了一批新的角度,对第二次国共合作进行系统的研究,主要是国际国内环境、国共合作历史进程、政策与策略、模式与机制、分歧冲突与谈判、成果与影响这六个方面,努力对第二次国共合作进行纵向的梳理和横向的展开,从而构成了当下对这一历史现象的许多新认识。

(四)突破狭隘,在与境外交流中努力实现国共合作史料的丰富性

目前,中国抗战大后方的历史资料分散保存于中国大陆、台湾地区和战时盟国(美国、英国、俄罗斯),以及日本国内。多年以来,影响第二次国共合作研究水平提升的一个重要原因是资料的偏狭;随着国门的逐渐打开,随着台湾地区对大陆的开放,随着时间的远去,大批档案得以开放,不少史料陆续披露,更随着思想的解放和实事求是的研究态度的进一步确立,再加之数字技术的兴起,加快了档案文献的数字化,以及互联网的互联互通,我们完全有可能从崭新的视野去研究国共合作的历史。

这就需要整合力量和资源,建立一个与此相适应的史料搜集整理体系,为此,我们设计了"抗战大后方海外档案史料征集暨青年学者培养计划",组织专家学者到美国、英国、俄罗斯、荷兰、日本和台湾地区搜集史料,至于零星的学者访问和资料搜集活动,已成常态;同时,将征集到的档案史料进行系统编辑出版,惠及学界,滋养研究,也成为我们的学术追求。

这项工作得到了国家新闻出版部门的支持,2009年国家新闻出版总署批准了重庆申报的"中国抗战大后方历史文化丛书"为国家出版重点项目。本课题首席专家周勇教授为负责人,以档案文献、学术专著、通俗读物、电子出版物等为主要形态,以反映中国抗战大后方历史文化为核心内容,以中国大陆、台湾地区和海外保存的档案文献合集出版为特色。其中关于国共合作的内容占三分之一以上,主要有《抗战时期国共合作纪实》《中国共产党关于抗战大后方工作文献选编》《中共中央南方局历史文献汇编》《国民参政会纪实》《重庆谈判纪实》《政治协商会议纪实》《中国抗战大后方中间党派文献资料选编》《中国共产党抗战大后方历史》《国共合作重庆谈判图史》《抗战时期中国共产党在重庆的舆论话语权研究》,等等。这些图书的出版为我们的研究,乃至国内外的学者研究第二次国共合作提供了准确的全面的史料基础。

(五)中流砥柱,以中共中央南方局为视角深化两党合作历史研究,彰显中国共产党在大后方的地位和作用

几十年来,中外学术界对于以延安为中心的抗日根据地的研究,已经取得了巨大的进步和相当的共识。但是,对于中国共产党在大后方和沦陷区的研究则比较浅表和零碎,使独具特色的中国共产党在抗战大后方的历史淹没于抗日战争史的宏大叙述之中,忽视了中共在大后方独特的历史作用和贡献。以至于在有的人看来,"大后方"就等于国民党,研究"大后方"就等于研究国民党。这固然与"非白即黑"的落后惯性思维有关,也与没有研究清楚身在大后方的中国共产党、大后方的抗日民族统一战线、大后方的中间党派等丰富的历史有关,也与提升历史认知的丰富性、复杂性有关。当我们承担了国家哲学社会科学特别委托项目"第二次国共合作及其经验研究——以中共中央南方局和抗战大后方为中心"后,感到很有必要专门对中国共产党在大后方的历史进行必要的梳理和深入的研究,以更加清晰、完整地认识这段历史,更加深刻地彰显中国共产党对抗日战争与世界反法西斯战争作出的巨大贡献,更加准确地定位中共在抗日战争中的地位作用。

我们认为,"大后方"既是抗日战争时期各派政治势力普遍使用的概念,也是中国共产党话语体系中的基本概念。中国抗战大后方是在中国共产党

倡导建立的抗日民族统一战线旗帜下,国共两党合作抗战的重要政治舞台。中国共产党是中国抗日战争的政治指导者[1]、抗日民族统一战线的倡导者和推动者,是抗日战争的中流砥柱。中共在抗战大后方的政治、经济、文化、军事、外交等方面同样发挥了重要作用。

可喜的是,我们的努力已经在国内外学术界产生了积极的反响,我们撰写的《抗战时期毛泽东对大后方的政治指导——兼论毛泽东与第二次国共合作的关系》入选2013年"全国党史界毛泽东同志诞辰120周年学术研讨会"[2];著名汉学家、荷兰莱顿大学教授彭轲(F.N.Pieke)也将研究的视野转向中共中央南方局,与我们合作研究中共的统一战线历史及其影响。

(六)全局俯瞰,以抗战大后方为中心拓展研究的视野与途径

由于深化研究"第二次国共合作"的需要,"抗战大后方"概念第一次出现在国家哲学社会科学规划项目之中。这是学术的突破,更是思想的解放。因此,我们对"大后方"的基本问题进行了系统的研究。

我们认为,1937年中国人民抗日战争全面爆发以后,中国的政治版图逐渐呈现出一分为三的态势,即以延安为中心的抗日根据地,以上海为中心的沦陷区,以重庆为中心、由中国国民党统治的中国西部地区,这是中国抗战的大后方。

我们认为,推动和加强对中国抗战大后方历史文化的研究,这是深化中

---

[1] 关于"中国共产党是中国抗日战争的政治指导者"的表述,是作者基于历史与现实的考量第一次提出来的。源于延安革命纪念馆基本陈列对延安在抗日战争中的地位作用的表述。经过全国爱国主义教育基地"一号工程"的建设,2009年,延安革命纪念馆新馆建成并开放,其基本陈列调整为六个部分:一、红军长征的落脚点;二、抗日战争的政治指导中心;三、新民主主义的模范试验区;四、延安精神的发祥地;五、毛泽东思想在全党指导地位的确立;六、夺取全国胜利的出发点。其中将延安定位于"抗日战争的政治指导中心"是关键。据报道,这一陈列大纲和陈列方案,先后经过中共中央文献研究室、中共中央党史研究室、中国人民解放军军事科学院、中国国家博物馆、中国人民军事博物馆的充分论证、反复修改。时任中共中央政治局常委李长春等中央领导同志亲临视察,作出重要指示。2006年5月,中共中央宣传部审批通过了陈列大纲和方案(见2009年8月25日延安日报:《认真践行科学发展观 精心打造时代精品工程——全国爱国主义教育示范基地"一号工程"延安革命史陈列布展纪实》)。延安是"抗日战争的政治指导中心",这是中央对延安及中共在抗日战争中的历史地位的新表述,表现了实事求是的思想路线和国家民族的宽广襟怀,使这一研究达到了新境界。这也反映了包括作者在内的学界的心声,故作上述表述。

[2] 参见《全国党史界毛泽东同志诞辰120周年学术研讨会论文集》,中央党史出版社2014年版。

国抗战史、第二次世界大战史研究的一个新途径。可以更加深刻地认识和准确把握抗日民族统一战线的进程,揭示近代中国政治发展的大趋势;研究中国抗战大后方的历史,可以还原二战真相,进一步揭露日本侵华的战争罪行;可以还原中国战时首都的面貌,从而全面准确地认识和把握这段历史;可以全面展现中国战场的全貌,更加准确地反映中国在世界反法西斯战争中的作用和作出的巨大贡献。[①]

为此,从1999年起,以本项目核心团队为基础,我们联合中国社科院近代史所、哈佛大学、牛津大学、剑桥大学、日本和台湾学术机构,连续在重庆举办了相关的国际、两岸学术研讨会,将"中日战争共同研究"这个国际性研究平台的中国举办地定在重庆,从而吸引了世界的目光,把过去零星的学术研究,形成了整体而固定的研究群落,而且后继有人。在此基础上,我们对中国抗战大后方研究的基本问题进行了研究。[②]这是一次顶层设计,也标志着"中国抗战大后方研究板块"正式形成,并被认为"重庆所做的大后方方面的研究是实事求是的","这是一件功德无量的事。"[③]

本项目最终成果的陆续发表,意味着项目研究的结束。但是,对于第二次国共合作研究而言,则意味着新的阶段的开始。

[①] 周勇:《抗日战争研究视角、方法与途径的探讨——以大后方研究为例》,《抗日战争研究》2012年第3期。
[②] 周勇:《关于抗战大后方研究的几个基本问题》,《重庆大学学报》(哲学社会科学版)2015年第6期。
[③] 杨天石:《重庆做了件功德无量的事》,《重庆日报》2013年9月15日。

总结历史经验　促进祖国统一
——为《国民参政会纪实》出版而作

孟广涵

　　1985年是抗日战争胜利40年。中国的抗日战争,是在中国共产党倡导的抗日民族统一战线旗帜下,以国共两党合作为基础的全民族抗战,是一百多年来,中国人民反对外敌入侵第一次取得完全胜利的民族解放战争。中国的抗日战争,是世界反法西斯战争的重要组成部分,中国人民在这场战争中,作出了巨大的牺牲和不可磨灭的历史贡献。中国抗日战争的胜利,推动了全世界一切殖民地和附属国争取国家独立和民族解放的斗争,产生了深远的影响。为了纪念抗日战争胜利40周年,重庆市政协文史资料研究委员会、中共重庆市委党校、中国第二历史档案馆合作编辑了《国民参政会纪实》上、下卷和续编。

　　国民参政会是中国人民抗日战争的产物,是第二次国共合作的产物,它在中国抗战史上发生过相当重要的政治影响。"九一八"事变后,日本帝国主义开始了变中国为其殖民地的重要阶段。值此国难当头,中国共产党禀承民族大义,号召停止内战、一致对敌,提出了抗日民族统一战线的主张,发表了一系列的抗战纲领、宣言、方针和政策。但是,国民党顽固派坚持"攘外必先安内"的政策,拒不接受这些倡议。经过曲折斗争和国共两党的多次谈判。到1937年7月7日卢沟桥事变发生,中国的全国性抗战开始了。同年9月国共两党实现了第二次合作,建立了抗日民族统一战线。为了动员和团结全国各族人民,进行全面抗战,中国共产党及其他党派及无党派爱国人士,强烈要求建立民意机关,实行抗日民主。

在全国人民的要求下,中国国民党临时全国代表大会于1938年4月通过了《设国民参政会案》。接着,中国国民党第五届中央执行委员会第四次全体会议通过了《国民参政会组织条例案》。同月,国民政府公布了《国民参政会组织条例》。1938年6月21日和6月17日,国民政府分别公布国民党中央执行委员会遴选的正、副议长和第一届国民参政会参政员名单,并于同年7月6日在武汉举行第一届第一次会议。随后,国民参政会即迁往重庆。1947年在南京召开了第四届第三次会议,1948年3月宣告结束。历时九年又八个月,开过四届十三次会议,其中十一次会议是在重庆召开的。

国民参政会成立,全国人民为之一振,热切盼望它能成为一个战时的真正民意机关。国民党说国民参政会是反映民意的决定国家大政方针的代表机关。在国民参政员和舆论界中,有的认为国民参政会是民意机关,有的认为是准民意机关,有的认为是个反映民意的机关,有的说它不是民意机关。汉口《新华日报》则认为它是相当民意机关的初步形成,但尚不是普通民主国家的代议机关。

试就国民参政会的产生、性质、职权和作用进行分析,它的成立并没有完全实现人民的愿望,它还不是一个真正的民意机关,只是一个最高的咨询机关。首先,国民参政员的产生,不是经过选举,也不是通过协商,而是由国民党中央执行委员会聘请。就是议长、副议长,也是由国民党中央执行委员会指定的。在参政员中多数是国民党员,比例一届比一届增加,到四届三次会议召开时,国民党员占到80%以上。其次,国民参政会的性质。根据《国民参政会组织条例》第一条规定:"国民政府在抗战期间,为集思广益,团结全国力量起见,特设国民参政会。"这就是说,国民参政会是由国民政府设置,并附属于国民政府的。其三,职权与作用。它的职权是由国民党中央执行委员会授予的。按照《国民参政会组织条例》第五条、第六条、第七条规定,它具有决议政府施政方针之权,提出建议于政府之权,听取政府施政报告暨向政府提出询问案之权，嗣后又增加了调查权和初审国家预算权。似乎职权不少，权力不小，但都是虚的，没有一项是实的，而且不仅没有立法权，也没有对政府的监督权。《条例》中虽然规定政府之施政方针于实施前应提交国民参政会决议，但同时又规定，这些决议要经过国防最高会议通过才有效。国民参政会的决议对政府并没有任何约束力，提出的建议案，也只不过是建议而已。至于后来增加的调查权和初审预算权，只是调查政府交办事项，调查结果办与不办权在政府，初审预算权更是从来没有行使过。

综上所述，国民参政会还不是一个尽如人意的民意机关。但并不能因此而否认它在当时表现出的我国各党派、各民族、各阶层、各地域团结的进展，和促进全国各种政治力量为抗日救国所起的作用。这样一个容纳各方人士的政治机关的设立，在抗战初期，标志着我国政治生活走向民主制度的一个进步，它让各党派和无党派人士有了一个发表意见的机会和场所，振奋了全国人民的抗战精神，适应了时代的需要。同时，国民党的抗战纲领和中国共产党的抗日纲领的精神基本相符。所以，中国共产党中央决定派毛泽东、陈绍禹、秦邦宪、林祖涵、吴玉章、董必武、邓颖超等七人，接受国民政府的聘请参加国民参政会，并以最积极、最热忱、最诚挚的态度参加国民参政会工作，拥护蒋介石和国民政府，加强民族团结，坚持持久抗战，争取最后胜利。

同时也要指出，国民参政会的民主是很有限度的。当时，国共两党已经实现了第二次合作，但共产党和其他党派的参政员并不是以"党派代表"的资格出席，只许以地区和经济、文化团体代表的名义出现，一切重大问题仍然决定于国民党中央执行委员会；加之，国民党的一些主要当权者，并没有放弃反共和限共的方针，这就为国民参政会成立之时便埋下了分裂的种子，随着形势的发展，国民参政会的性质和作用，也相应地发生变化。

国民参政会初期，即1938年7月至1940年4月第一届国民参政会会议期间。总的说来，国民参政会内，除了少数暗藏的投降派外，在参政员中，不分党派、民族，不分阶层、地域，济济一堂，商讨了坚持抗战到底、争取国家民族最后胜利的国策，承认了抗日民族统一战线的主张。通过了拥护蒋介石和国民政府实施《抗战建国纲领》的提案。广大参政员积极热情地为抗战献计献策,表现了抗日民主的政治气氛,振奋了民族精神,澄清了国际视听,给敌人的挑拨离间阴谋以有力的回击,发挥了它团结抗战、反对分裂投降的重要作用。这是国民参政会的鼎盛时期。随着形势的发展和国民党当局的政治需要,国民参政会内部也出现了摩擦和分裂的端倪。

国民参政会中期,即1941年3月至1944年9月第二届和第三届会议期间。这一时期,国民参政会在团结抗战方面,还是不同程度地发挥了一定作用。蒋介石在第二届二次会议的开幕词中所表示的,凡是寸地尺土,必要全力保卫,不能放松一步的决心,得到了中国共产党和全国人民的拥护。但是由于国民党顽固派不断制造反共决议,掀起反共摩擦,逮捕、杀害进步人士和爱国青年,查封进步书店,制造皖南事变,围歼奉最高统帅部北移的新四军皖南部队9000余人,逮捕军长叶挺,打死副军长项英,囚禁新四军干部数百人,等等,在全国人民的心扉上投下了分裂的阴影,使抗战局势面临严重的危机。中国共产党以大局为重,相忍为国,坚决执行了"坚持抗战,反对投降;坚持团结,反对分裂;坚持进步,反对倒退"的正确方针,同国民党顽固派进行了有理、有利、有节的斗争,团结了一大批中间力量,使抗日民族统一战线的主张和政策,更加得到了各党派、无党派人士和全国各族人民的广泛支持,挽救了国共合作,挽救了抗日民族统一战线。国民党顽固派虽然在抗战期间发动了三次反共高潮,但未能与共产党完全破裂,才使抗日战争得以坚持下去,直至最后的胜利。

国民参政会后期,即1945年7月至1948年3月第四届国民参政会和结束期间。抗战后期,特别是抗战胜利后,国民党顽固派妄图独吞胜利果实,继续实行一党专政,阴谋发动内战,消灭异己力量,从而国民参政会也就成了他们制造反共舆论,推行反共政策,鼓吹发动内战,粉饰独裁统治的御用工具。从1945年7月第四届第一次会议起,共产党参政员不得不拒绝出席会议以示抗议。留在国民参政会内的反对独裁、坚持民主的进步人士,继续进行斗争。在全国人民的反对和国际舆论的压力下,国民党被迫与共产党达成停战协议,召开了政治协商会议。但是,他们一方面与共产党谈判,一方面积极准备内战,不久撕毁政协决议,单方面召开国民代表大会,发动全面内战。这时,国民参政会已经成了一辆不能再拉的"破车",在开过第四届第三次会议之后,于"行宪国大"开幕前草草收场。

国民参政会的产生和历史进程告诉我们:只要实行国共合作,坚持团结抗战,国民参政会就兴旺,就会得到人民的拥护;反之,破坏国共合作,实行反共独裁,国民参政会就衰败,就会遭到人民的反对。国共两党"合则两利,分则两损"的严峻事实,已为历史所证明。

研究国民参政会的性质、作用和演变,对于研究抗日战争史、总结第二次国共合作的历史经验,有着十分重大的历史意义和现实意义。《国民参政会纪实》的出版,将为我们提供大量的、翔实的、珍贵的历史资料,对于海峡两岸历史学界分析、研究国民参政会这一历史事件,从而推动统一祖国、振兴中华,将大有裨益。我们憧憬着炎黄子孙长期所盼望的祖国统一的美好日子到来。

论国民参政会

周永林　周勇　刘景修

国民参政会,是抗日战争时期由国民政府组织成立的包括国民党、共产党及其他抗日党派和无党派人士代表的全国最高咨询机关。它是第二次国共合作的产物,它的存在及其演变在中国近代史特别是抗日战争史上,具有重要的政治影响。

国民参政会于1938年7月在武汉成立,同年迁到重庆,1946年迁回南京,1948年3月结束,总共开过四届十三次会议。十年中,它在抗日民族统一战线的旗帜下,以国共合作为基础,团结国内各抗日党派和无党派人士,经历了中华民族反对日本帝国主义武装侵略并取得完全胜利的历程。随后,由于国民党当局执意重新发动内战,国民参政会被中国人民摆脱外国帝国主义和国内封建主义、官僚资本主义统治,走向独立、民主、社会主义新时代的伟大洪流所淹没。研究国民参政会的历史,对于研究抗日战争史和第二次国共合作史,研究国民党、共产党及其他党派对抗日战争的政治主张、军事战略、经济政策,研究中国近代史、中共党史、中华民国史都有十分重要的价值。特别是对于阐明国共关系史上"合则两利,分则两损"的历史经验,促进两岸合作交流,实现统一祖国、振兴中华的宏伟目标,更有非常重要的现实意义。

对国民参政会的研究,可以追溯到国民参政会成立的初期,分属不同阶级、不同党派的学者,都对它进行了不同程度的评价。国民党方面的学者对国民参政会始终给予了完全肯定的评价,他们认为国民参政会是"过渡的人民代表机关"①,是"非常时期的民意机关"②。到台湾地区以后,这种论点成为绝大多数著作的基调,认为它是"代表人民参政的中央民意机关",是"一股支技抗战建国的巨大力量";是"全国团结统一的象征和凝结素","促进了经济建设,协成了民主政治",是抗战史和中国近代史上"应该大书特书"的篇章③,并且编辑出版了《国民参政会史料》④。但在台湾地区,也有少数学者不完全同意这种看法,认为参政会只不过是"训政时期的一个临时咨议机构"⑤。一些海外学者更对国民党政府提出批评,认为在国民参政会中,国民党"未能顺应民心,在抗战的同时推行急要的政治、经济、社会的革新,使其失去了影响中国历史发展的领导地位"⑥。

  大陆学者对国民参政会的研究经历了一曲折发展的过程。早在抗战时期,就有人对它进行了初步探索,认为国民参政会具有两重性,即既是"供政府咨询的机关",又是一个"相当民意机关"⑦。解放以后,由于左倾思想对学术研究工作的干扰,国民参政会研究处于停滞状态,直到进入80年代,才又重新活跃起来。1983年出版了《国民参政会资料》⑧,近两年又发表了几篇论文⑨。这些年来编纂的通史和专史著作,也用了一定篇幅介绍国民参政会概况,这些同志普遍认为,国民参政会仅仅是一个"咨询机关",只在初期起过一些积极作用,后来成为国民党独占的机关和御用工具,在国民参政会的阶段划分及其评价上存在分歧。同时,国民参政会史料的编辑出版,既为研究工

---

①范予遂:《国民参政会·序》,独立出版社1938年版,第1页。
②童蒙圣:《国民参政会·编前记》,独立出版社1938年版,第3页。
③马起华:《抗战时期的政治建设》,见《近代中国》总第35期。
④国民参政会史料编纂委员会编:《国民参政会史料》,兴台印刷厂1962年版。
⑤张玉法:《中国现代史》(下),台湾华东书局1981年版,第626页。
⑥徐乃力(加拿大新勃朗斯维克大学教授):《中国的"战时国会":国民参政会》,见薛光前主编:《八年对日抗战中之国民政府——一九三七年至一九四五年》,台湾商务印书馆1978年版,第332页。
⑦华西园:《国民参政会的产生发展与前途》,见《群众》周刊1938年2卷16期。
⑧该书收集了1938年国民参政会成立至1945年中国共产党声明不参加第四届国民参政会的部分史料,由四川大学卓兆恒等编,四川人民出版社1982年版。
⑨陈明钦、杨淑珍:《国民参政会浅析》,见《西南师范学院学报》1984年第1期;陈瑞云:《国民参政会述略》,见《史学集刊》1984年第3期;周勇:《皖南事变与二届一次国民参政会》,见《四川省纪念抗日战争胜利四十周年学术讨论会论文集》(二),四川省社科院出版社1985年版;陈明钦:《围绕二届一次国民参政会的斗争》,见《西南师范学院学报》1985年第3期。

作提供了方便,但又因不尽全面系统,深入研究尚嫌不足。

我们认为,国民参政会大体经历了三个阶段,即初期(1938年至1940年,第一届会议时期)、中期(1941年至1944年,第二、三届会议时期)和后期(1945年至1948年,第四届会议及结束时期)。本文拟就国民参政会成立及其演变的三个阶段,作一概要论述,就教于海内外的专家和同行。

一

国民参政会是国共合作的产物,是在中国共产党倡导的抗日民族统一战线旗帜下,国共两党共同努力的结果,它的成立适应了全中国人民渴望实行政治民主,实现全民族全面抗战的要求。

中国的抗日战争是一个半殖民地弱国反对帝国主义强国的伟大的民族解放战争,只有实行全民族的全面持久抗战,才能赢得这场战争。改革政治机构,实行政治民主,是实现全面抗战的基本前提和保证,中国共产党人为此进行了不懈的努力。

"九一八"以后,国民党当局不但对外奉行不抵抗政策,而且对内继续实行法西斯专政,"围剿"红军,压制抗日民主运动,眼看大好河山日益沦丧,抗战形势岌岌可危。早在1933年1月,中国共产党就提出了"立即保证民众的民主权利"[1]的要求。接着在1935年的《八一宣言》中,又明确提出"组织全中国统一的国防政府"作为救亡图存的临时领导机构。在这个国防政府的主持下,经过民主选举,由各界、各抗日党派和团体、海外侨胞和少数民族的代表组成"全民代表机关"[2]来讨论议决抗日救国的各种问题。同年12月,中共瓦窑堡会议确定了建立抗日民族统一战线的基本策略。1936年8月又致书国民党,进一步郑重宣言,中国共产党"赞助建立全中国统一的民主共和国,赞助由普选选举出来的国会,拥护全国人民和抗日军队的抗日救国代表大

---

[1]《中华苏维埃临时中央政府、工农红军革命军事委员会为反对日本帝国主义侵略华北,愿在三条件下与全国各军队共同抗日宣言》(1933年1月17日),见《六大以来党内秘密文件》(上),人民出版社1980年版,第317页。

[2]《为抗日救国告全体同胞书》(1935年8月1日),见《六大以来党内秘密文件》(上),人民出版社1980年版,第681页。

会,拥护全国统一的国防政府",并且明确反对国民党单方面召开的国防会议和国民大会。中国共产党同时提出,国防会议(即全国抗日救国代表大会)必须是各党、各派、各界代表组成的"决定抗日救国大计的权力机构",并由此产生国防政府,国民大会则是全国人民普选产生的"最高权力机构"[①]。

  同年12月的西安事变由于中国共产党的推动而得以和平解决,迫使蒋介石接受了停止内战、改组国民政府和国民党、联合共产党、保障民主权利、一致抗日的主张,为第二次国共合作建立了必要的前提。1937年2月,国民党召开五届三中全会,中国共产党致电大会,提出了著名的"五项国策"和"四项保证",再次要求"召集各党各派各界各军的代表会议,集中全国人才,共同救国"[②]。在这次会议上,宋庆龄、何香凝等提出恢复孙中山的三大政策,呼吁国共合作。会议决议将"武装剿共"改为"和平统一",确定修改选举法、扩大民主、开放言论、释放政治犯等,从而实际上接受了国共合作抗日的主张。随后,国共两党代表开始谈判第二次合作问题。这是中国共产党在争取政治民主,实现全民抗战的斗争中取得的重大成就,也是国民党顺应历史潮流的明智之举。1937年"七七"事变以后,以国共合作为中心的抗日民族统一战线正式形成,中国进入了全国军民进行对日抗战的新时期。

  中日民族矛盾是中国抗战时期的主要矛盾。严酷的现实使包括国民党在内的各抗日党派和全国军民,都站在爱国主义的旗帜下,实行"地无分南北,年无分老幼"的全民族抗战。而"九一八"以后的历史告诉人们,只有国内团结一致,集中全民族的智慧和力量,才能赢得这场弱国对强国的反侵略战争。中国的抗战是世界反法西斯战争的重要组成部分,整个世界进步力量都希望中国人民团结一致,打败日本法西斯。而实现全国的团结和力量的集中,需要一个相应的机构。这些客观形势是执政的国民党不得不考虑并注意解决的。从主观上讲,首先,国民党并没因国共合作的建立而放弃其"军政—训政—宪政"的建国方针,而提出了"抗战与建国并行"。根据这一方针,在

[①]《中国共产党致中国国民党书》(1936年8月25日),见《六大以来党内秘密文件》(上),人民出版社1980年版,第775—776页。
[②]《中共中央给中国国民党三中全会电》(1937年3月10日),见《六大以来党内秘密文件》(上),人民出版社1980年版,第798页。

国内政治方面，就要以地方自治为基础，"组织国民参政机关，团结全国力量，集中全国之思虑与识见，以利国策之决定与推行"①，为抗战胜利以后，"结束军事，推行宪政"②作准备。其次，国民党还企图在抗战的前提下，高喊"以国家民族为唯一前提，以求得抗战胜利为第一要务"③，强化法西斯专政，削弱分化和瓦解其他抗日党派，独占抗战胜利果实。因此，国民党政府在积极组织正面战场对日作战的同时，着手进行政治改革。

1937年8月，国防最高会议成立。它是战时国防军事最高决策机构，下设国防参议会，参议员由国防最高会议主席指定或聘任（初为24人），以收"集思广益"，支持抗战之效。④当时被邀作为参议员的有毛泽东、周恩来（中共，毛未到，由周代表）、沈钧儒、邹韬奋（救国会）、左舜生、李璜（青年党）、晏阳初、梁漱溟（乡建派）、黄炎培、张伯苓、胡适、傅斯年（教育界）、施肇基（外交界）、蒋方震（军事家）、马君武、徐谦（国民党元老）等人。国防参议会于8月17日在南京举行了第一次会议。⑤12月31日，迁到武汉的国防最高会议决定将国防参议会"扩充"为75人，除原有全体参议员外，新增国民政府五院秘书长，各省、直辖市、少数民族和华侨代表，以及政府特邀代表。⑥这个组织及职权都非常简单，每周由国防最高会议副主席汪精卫主持召开一两次会议，主要听取政府有关报告，讨论政府交议的事项，参议员也可书面或口头提出提案，由汪精卫口头上传众人的意见和下达政府的决策。任何议案的决定权均在国防最高会议，参议会不过是"咨询机关"⑦而已。尽管如此，国防参议会大致容纳了国内各抗日党派的主要领导人，使他们能够坐到一起"参政"，讨论抗日大计。它虽然带有明显的国民党虚与应付的色彩，但这一事件本身却预示着民主政治和对日抗战的密切关系，成为后来国民参政会的"胚

---

①张其昀：《党史概要》（三），（台北）"中央"文物供应部1979年版。
②《中国国民党临时全国代表大会宣言》，见《新华日报》1938年4月3日。
③蒋介石：《在国民参政会第一届第一次会议上的讲话》（1938年7月6日），见《国民参政会文献汇编》，民团周刊社1938年版。
④《国防最高会议条例》，见《近代中国》总第35期。
⑤《周勇访问梁漱溟先生记录》（1984年4月19日）。
⑥《国防最高会议致国民政府函》（1938年1月7日），见《近代中国》总第35期。
⑦邹韬奋：《参政会的胚胎》，见《抗战以来》，香港华商报出版部1941年版。

胎",具有积极作用。

对于国民党抗战问题上的进步,中国共产党人本着真诚的态度表示赞扬和欢迎。但同时也指出,国民党在发动民众、改革政治、改组政府、国共关系等问题上还没有根本的改变,这对于抗日战争是极为不利的。单纯的政府抗战只能取得个别胜利,只有全面的全民族抗战,才能彻底战胜日寇。而目前,必须使"国民党政策有全部的和彻底的转变"①。1937年8月,中共中央政治局召开洛川会议,提出了中国共产党的全民族全面抗战的路线,制定了《抗日救国十大纲领》。会议《决定》指出,争取民主是抗战准备阶段的任务,但由于国民党的不愿意和民众动员的不够,这一任务没有完成。现在,准备抗战的阶段已经过去,实行抗战的阶段已经到来。目前最中心的任务是,动员一切力量争取抗战的最后胜利。尚未完成的争取民主的任务"必须在今后争取抗战胜利的过程中去完成"②。

经过几个月的抗战,尽管中国军队进行了英勇顽强的抵抗,但没有能够阻挡日军大举进攻的步伐,国土沦丧,军事失利。1937年11月,国民政府被迫迁都重庆,军事指挥机关迁往武汉。12月,南京失守。危急的抗战形势迫切需要全中国人民团结一致、坚持抗战。根据国共合作成立以后的形势和全民族全面抗战路线的需要,中国共产党再次调整了自己的政策,提出了"巩固国共两党精诚团结,贯彻抗战到底,争取最后的胜利"的口号,并将过去提出的建立"民主共和国",召开"国防会议",组织"国防政府"的政策,改为"充实和加强中国统一的国民政府"③,即在现今国民党执政的国民政府基础上吸收各抗日党派团体代表参加政府工作,使之"充实和加强"。此后,中国共产党人争取政治民主的斗争主要围绕着建立民意机关,以增强政府和人民的互信和互助而进行。这一调整,对于巩固国共团结、争取中间势力和国际舆论、防

---

①毛泽东:《为动员一切力量争取抗战胜利而斗争》(1937年8月25日),见《毛泽东选集》(合订本),第326页。
②《中共中央关于目前形势与党的任务的决定》(1937年8月25日,洛川会议),见《六大以来党内秘密文件》(上),人民出版社1980年版,第858页。
③《中共中央对时局宣言》(1937年12月25日),见《六大以来党内秘密文件》(上),人民出版社1980年版,第898页。

止日寇离间、克服国内投降情绪,都发生了极大的作用。

还在1937年10月,毛泽东同志在接见英国记者贝特兰时,就谈到了建立民意机关和政府实行民主集中制的关系。① 随着抗战形势的发展,建立民意机关,实行政治民主,日益成为全国人民的共同愿望。1938年春,国民党决定召开临时全国代表大会,讨论议决抗战大计。3月1日,中国共产党在给国民党临全大会的《提议》中正式提出了"健全民意机关"的主张。中共认为,"民意机关的建立已经成为刻不容缓的当务之急"。关于民意机关的形式,"或为更扩大的国防参议会,或为其他形式均无不可";关于作用和职权,不仅要有对政府的建议和咨询权,而且要有"商量国是和计划内政外交的权力"。关键是要"真能包括各抗日党派、各军队、各有威信的群众团体的代表即包括真能代表四万万五千万同胞公意的人才"②。

1938年3月29日至4月1日,国民党临时全国代表大会在武昌召开。鉴于军事形势的危机和外交上的孤立,国民党也深感有必要加强国内团结,寻求各方支持,因此,在会上胡健中等37人提出了《组织非常时期国民参政会,以统一国民意志,增加抗战力量案》,提案要求,国民参政会由原选国大代表的1/3和中央特聘的专家会员组成,它拥有很大的、近乎英国下院的职权,政纲政策初步决定权、预决算初审权(此两项须由中央党部最后决定),对行政院及各部长官任免的同意权,国家大计的建议质询权。③ 与此同时,国民党中央执委会也提出了《国民参政会组织法大要案》。④ 3月31日,两案合并讨论,大会决议:设立国民参政会,其职权和组织方法由国民党中执会研究制订。⑤ 会议将此事正式列入大会通过的国民党抗战时期的纲领性文件《抗战建国纲领》,"组织国民参政机关,团结全力量,集中全国之思虑与识见,以利国策之决定与推行"⑥。4月7日,国民党五届四中全会再次研究国民参政会

---

① 《毛泽东选集》(合订本),第354页。
② 《中共中央对国民党临时全国代表大会的提议》(1938年3月1日),见《中共党史参考资料》(四),人民出版社1979年版。
③ 《革命文献》第76辑,第335页。
④ 《近代中国》总第35期,第23页。
⑤ 《最近本党历次大会重要决议案》,中央训练团编印。
⑥ 《抗战建国纲领及临全大会宣言》,生活书店编印。

等问题,潘公展等提出了《国民参政会会员之产生法案》。会议将三案合并讨论,修正通过了《国民参政会组织条例》(当月公布),决定由中央常务委员会核定参政员名单。6月16日,中执会修订组织条例(增加参政员名额),通过了中常会提出的正、副议长和参政员名单,并于17日正式公布。同日,国防参议会举行第六十四次会议后,宣告结束,除个别人外,所有参加国防参议会的各界人士均遴选为国民参政会参政员。受聘的200名参政员包容了各抗日党派的领袖和各方面代表人士。[①]

根据《国民参政会组织条例》,参政员由各省市代表、蒙藏代表、华侨代表、"各重要文化团体或经济团体"中"著有信望或努力国事信望久著"的人员担任(现任官史除外),其名额由地方政府和国防最高会议提出,交国民党中执会议定,任期一年。其职权是:议决实权(议决政府施政方针)、听取政府报告和询问权、提案权。后又增加了调查权(调查政府交办事项)、审议权(初审国家总预算)。参政会设正、副议长各一人,由国民党中执会选任。国民党认为,以职权而论,国民参政会的性质已不是政治上的咨询机关,也非法律上的技术机关,"实为反映民意决定国家大政方针之代表机关"[②],并一再宣称,这是他们实行三民主义,集中全国才力智慧,以达抗战必胜、建国必成的前提。

国民党临全大会《宣言》和《纲领》受到了全国大多数人民的欢迎。中国共产党也表示了积极赞助和拥护的态度,但同时又保持着清醒的头脑。第一次国共合作破裂以后,国民党对共产党就采取了镇压和"围剿"的政策,"九一八"以后,又坚持"攘外必先安内",甚至在西安事变和平解决和"七七"以后,它事实上承认了共产党的合法地位,建立了第二次国共合作的情况下,也没有放弃反共、限共的方针,也没从法律、法令上承认共产党和其他抗日党派

[①] 1932年"一·二八"事变以后,国民党政府一度迁都洛阳,于1932年4月7日举行"国难会议",决议筹备召集"国民代表机关"。同年10月,国民党四届三中全会通过了《定期召集国民参政会》的议案,规定该会于1933年内召开。同时还通过了国民参政会组织和选举法。但是,这一议案并未付诸实施。这个训政时期的"民意机关"与抗战时期国共合作的"国民参政会"有很大区别,两者并无继承关系。

[②] 社论《参政会定期召集》,《中央日报》1938年6月18日。

的合法地位。它在政治上的改革始终和共产党的要求相距甚远,这在国民参政会的组建上表现得非常明显。首先,它不允许共产党和其他党派参政员以"党派代表"的资格出席,而只许以地区和经济、文化团体代表的名义出现,并要求他们在参政会内"不发高论,不出难题","服从多数,抛弃成见",不得有"防碍国家行政统一及抗战建国需要之各种主张与议案"[①]。其次,国民党代表占了参政员的绝大多数。据第一届200名参政员的统计,国民党89人,占44.5%,无党派人士89人,占44.5%(其中相当一批倾向国民党),其他五个抗日政党仅有22人,只占11%(共产党7人,青年党7人,国社党6人,社民党1人,第三党1人)。越到后来,国民党员越多,到第四届时,竟高达84%。第三,参政员均由国民党中央遴选,尽管具有一定的代表性,但并不能完全代表人民的意志。第四,参政会通过的所有决议,都必须经国防最高会议批准后,才能交有关部门实行。因此,参政会的决议对政府没有多少约束力。因此,虽然国民参政会的建立是国民党在实行民主政治、抗战建国方面的一个进步,但它在很大程度上只能是由国民党控制的咨询机关。

尽管如此,中国共产党仍从全民族的利益出发,着眼于抗战大局,对国民党的纲领和政策进行了客观的实事求是的评价,认为国民党纲领的基本精神是坚持抗战直到胜利,符合中国政治发展的总方向,与中共的纲领基本一致,因此,应采取"主动的积极拥护并促其具体实施"的方针。这样做既可取得全国人民的同情和拥护,又可得到国民党内人士的赞许,推动国民党的继续进步,充分表示中国共产党对于国共合作的诚意。至于其中的不足之处,也应在这个基本方针下,给"以充实与发展",对其错误"以侧面的解释与适当的批评"[②]。本着这个精神,中共中央正式决定:毛泽东、陈绍禹、秦邦宪、林祖涵、吴玉章、董必武、邓颖超接受政府聘请,参加国民参政会。毛泽东等中共七参政员发表了题为《我们对于国民参政会的意见》的声明。声明指出,国民参政会的召开,是"我国政治生活走向民主制度的一个进步",是"我国各党

[①] 社论《为参政员诸公进一言》,《扫荡报》1938年7月1日。
[②] 《中共中央关于国民党临全大会后的策略问题致长江局电》(1938年4月27日),见《六大以来党内秘密文件》(上),人民出版社1980年版,第942页。

派、各民族、各阶层、各地域的团结统一的一个进展"。尽管它不是尽如人意的全权的人民代表机关,但仍不失其在当时的作用和意义,即"进一步团结全国各种力量为抗战救国而努力",成为"使全国政治生活走向真正民主化的初步开端"。声明阐述了中共抗日救国的基本主张后表示,中国共产党除继续努力争取建立一个"普选的、全权的人民代表机关"外,"将以最积极、最热忱、最诚挚的态度去参加国民参政会的工作",真诚地希望在参政会内与国民党、其他党派和无党派的参政员"紧密的携手和共同的努力","友好和睦地商讨决定"抗战建国大计,以达到战胜日寇,建立独立、自由、幸福的新国家的目标。①

中间党派和人士始终是主张坚持抗战,反对投降的。但在抗战初期,他们企图依赖国民党政府抗战,热衷于议会政治。他们对于国民参政会的成立表示了无保留的热烈拥护和欢迎。尽管他们并不认为参政会已经是真正的民意机关,但他们普遍认为,参政会是"民主的曙光",是"民主政治的发端",他们希望国共两党的争端"与其决于枪杆,不如决于票数,与其决于疆场,不如决于议场"②;他们要求国民党政府尽量采纳、切实执行参政会的决议,"打破过去决而不行,行而不彻的积弊"③。

国际进步舆论也对国民参政会的建立以极大的关注。苏联《真理报》说,参政会对于巩固与扩展统一战线、进一步团结抗战有重要意义。它表明中国"联合反日统一战线之伟大力量业已形成"。它的巩固与扩展,是抗战最后胜利的保证。④ 一些国际援华组织、华侨团体也纷纷致电大会,表示祝贺。

在举国上下团结抗战、争取民主的热烈气氛中,1938年7月6日,国民参政会第一届第一次会议在武汉召开。

二

在国民参政会初期(1938年7月至1940年4月第一届会议期间),国民

---

① 《新华日报》1938年7月5日。
② 曾琦:《关于国民参政会的谈话》,《新华日报》1938年6月26日。
③ 沈钧儒:《关于国民参政会的谈话》,《新华日报》1938年6月25日。
④ 塔斯社莫斯科7月9日电,译载《新华日报》1938年7月11日。

党和共产党、其他党派和无党派参政员中的大多数,在国民参政会上都积极热情地为抗战献计献策。国民参政会发挥了团结全国军民、坚持全民族抗战、反对妥协投降的作用。随着形势的发展,参政会内部出现了摩擦和分裂的端倪。

(一)加强全民族团结,拥护《抗战建国纲领》

经过 11 个月的抗战,日军占领了中国华北和长江下游地区。1937 年底占领南京,1938 年沿江西上,进攻当时中国政治军事中心武汉,6 月占领安庆、潜山、太湖、马当要塞,7 月初进占湖口,继续沿长江南北直扑武汉。"冠深祸亟,神州有陆沉之忧。"第一届国民参政会这时在武汉召开,自然为当时国内外瞩目。大敌当前,全国人民和世界进步舆论迫切要求参政会巩固与加强全民族和各党派的团结,而日寇和汉奸走狗则拼命散布国共两党在参政会中一定分裂的"预言",希望由此引起整个中国抗日力量的分裂。在统一战线内部也出现了部分动摇和离心倾向。因此,毛泽东同志指出,一届一次参政会应该肩负起团结全国人民,"坚持抗战,坚持统一战线,坚持持久战"[①]的重任。

与第一次国共合作相比较,在第二次国共合作建立过程中,尽管中国共产党努力争取,仍然未能达成和建立统一战线的纲领和组织形式,这不利于全面的全民族抗战。当时,国民党作为中国第一大党和执政党,领导着全国的抗日战争,其《抗战建国纲领》的基本精神与中共抗日纲领一致,为全国人民所拥戴。根据对国民党抗战纲领"主动积极拥护,促其具体实施"的方针,除毛泽东外,中共参政员陈绍禹、秦邦宪、董必武、吴玉章、林祖涵、邓颖超都出席了会议,并由陈绍禹领衔提出了《拥护国民政府实施抗战建国纲领案》,号召全国军民积极帮助政府,为全部实现《抗战建国纲领》而努力奋斗。同时,希望国民政府尽快根据该纲领制定具体详明的实施办法,公布全国。这一提案充分表示了中共对加强国共合作抗战的诚意,反映了绝大多数参政员的心声。一经提出,就提到全体参政员的一致拥护,有 67 位各党派领袖和无

---

① 毛泽东:《致一届一次国民参政会电》(1938 年 7 月 5 日)。

党派知名人士联署,成为本次会议之中,联署人数最多、代表性最广的提案。此外,郑震宇、王家桢也提出了类似的提案。大会将三案合并讨论。中共代表陈绍禹,青年党代表曾琦,蒙古新疆及各其他党派、地区的代表等相继发言,竭诚拥护,全场爱国情绪热烈高涨,最后,全体起立鼓掌通过,"掌声雷动,历数分钟不止"①。大会决议,"民族存亡系于目前之奋斗","惟有精诚团结,艰苦奋斗,一面抗战,一面建国,始能免沦于奴隶灭亡之境,而跻于自由平等之域","切望国民政府制定实施办法,督促各级政府,切实施行……以取得抗战最后的胜利,而达到建国之成功"②。

在会上,中共参政员董必武、陈绍禹、秦邦宪、吴玉章等还分别提出了保卫武汉、军队建设、改善县区政治机构的提案,邹韬奋、褚辅成、王造时、许德珩、傅斯年、梁漱溟等人还就动员民众、实行地方自治、设立地方民意机关、救济难民、乡村工作等提出了议案,并获得通过。这对于补充和完善《抗战建国纲领》起到了积极作用。

大会最后宣言,全体参政员与全国人民一定"拥护国民政府,拥护最高统帅,拥护抗战建国纲领"。我"中国民族必以坚强不屈之意志,动员其一切物力人力,为自卫为人道,与此穷凶极恶之侵略者,长期抗战,以达到最后胜利之日为止"③。

一届一次参政会在抗日民族统一战线的旗帜下,第一次集全国各抗日党派和无党派人士、各地各界代表于一堂,充分显示了全民族的大团结,再次确定了万众一心"抗战到底"的国策,回击了日寇汉奸的挑拨和破坏,极大地鼓舞了中国人民的抗战热情,坚定了全国军民的抗战意志,赢得了世界人民的同情和赞扬。

(二)痛斥妥协谬论,声讨汪逆叛国

抗战以来,中国就存在一股妥协投降的势力,身任中国国民党副总裁、国民政府国防最高会议副主席、国民参政会议长,主持后方党政工作的汪精卫,

---

① 《大公报》1938 年 7 月 13 日。
② 《国民参政论坛》1938 年第 2 期。
③ 《国民参政会文献汇编》,民团周刊社 1938 年版。

就是这股势力的代表。在他周围,还有周佛海、梅思平、陶希圣、高宗武、彭学沛、陈公博、李圣五等人。其中陶希圣、李圣五是参政员,彭学沛是参政会副秘书长(一届一次),陈公博是参政会国民党党团指导员。

当南京失守,政府迁到武汉时,汪派分子就露骨地宣传"亡国论"。在一届一次参政会上,汪派参政员李圣五提出了"注意德意邦交"的提案,遭到大多数参政员的痛斥。① 会后参政会迁到重庆,汪派妥协论调更加甚嚣尘上。一届二次参政会前夕,汪精卫连续对海通社、路透社记者发表谈话,大放"和平"烟幕,制造投降舆论。他鼓吹中日"和平"只是早迟而已,"吾人愿随时和平","如日本提出议和条件,不妨害中国国家之生存,吾人可接受之为讨论之基础……一切视日方所提之条件而定"②,把可耻的投降论调说得头头是道。与此同时,国民党党报上的"和平"言论连篇累牍,骤然剧增。汪精卫又召集汪派骨干统一思想,策划逃离重庆,叛国投降。加之外电盛传汪精卫正与日本议和,蒋介石即将辞职,更促使了形势的恶化。当时,日军正猛攻武汉,失守已成定局,国内人心浮动。汪派的投降活动鼓舞了汉奸亲日派,加剧了抗日营垒中不坚定分子的动摇,危害抗日民族统一战线,稍有良知的中国人无不痛心疾首。由于国民党当局对报刊舆论的控制,所有斥汪言论无法刊出。一时间,重庆笼罩在妥协投降的乌烟瘴气之中。

10月下旬,广州、武汉相继失守,抗战大业和统一战线面临严峻的考验。时值中共召开六中全会,十年内战的深刻教训和国家民族的深重危机使中国共产党人认识到,为了完成中华民族当前的紧急任务,需要国共两党长期合作。因为国共合作是统一战线的基础,是抗战建国大业胜利完成的保证。它"具有坚定的科学基础和理论根据,因此就能够由希望变成事实"③。本着这一精神,中共中央指示各级组织,"某些亲日分子已经开始活动和平妥协",但"蒋委员长的抗战是坚决的",我们应该"反对一切和平妥协的活动","克服动摇和悲观失望的情绪","诚心诚意的拥护蒋委员长,拥护国民政府巩固国

---

① 《黄炎培日记摘录》(1938年7月13日),中华书局1979年版。
② 《汪精卫集团投敌》,上海人民出版社1984年版,第189、190页。
③ 《中共扩大的六中全会决议案》(1938年11月6日),见《六大以来党内秘密文件》(上),人民出版社1980年版,第1004页。

共合作,坚持抗战"①。这即是说,对执政的国民党内部要区别对待,既要坚决反对妥协投降的亲日派,又要坚决拥护领导抗战的国民政府。这是一个问题不可或缺的两个方面。为了贯彻中共中央这一指示,中共参政员陈绍禹、秦邦宪、林祖涵、吴玉章、董必武、邓颖超都赶往重庆出席了10月28日召开的一届二次国民参政会。

会议开幕之日,毛泽东同志致电汪精卫,指出,当此"全国抗战进入最严重新阶段"的时候,最首要的任务就是"坚持抗战,坚持持久战",特别是要"坚持举国上下精诚团结之民族统一战线"。这是使我民族国家"转弱为强之关键,开展胜利局面之枢纽"②。毛泽东提出的这"三个坚持"与他致一届一次参政会电的精神是一致的。所不同的是,这次在坚持"统一战线"前加上了"举国上下精诚团结之民族"一语,这实际上是对汪精卫妥协投降活动的批评,告诫他不要破坏已经形成的全国上下精诚团结的抗战局面。随后,中共六参政员提出了《拥护蒋委员长和国民政府,加紧民族团结,坚持持久战,争取最后胜利案》。提案痛斥汉奸亲日派妥协投降的无耻谰言,明确重申"蒋委员长为领导抗战建国的民族领袖,国民政府为领导抗战建国的最高行政机关,我全国军民一致信任和拥护"③。该案引起强烈反响,有67人联署,占出席人数的55.3%,创造了国民参政会历史上提案联署人数的最高纪录。华侨参政员陈嘉庚先生未能莅会,他从新加坡发来一份电报提案:"日寇未退出我国土之前,凡公务员对任何人谈和平条件,概以汉奸国贼论。"④言辞犀利,痛快淋漓,直斥汪精卫投降要害。与此同时,中共参政员陈绍禹、吴玉章、林祖涵还分别提出了克服困难渡过难关、推动欧美制裁日寇、严惩汉奸民族叛徒的提案;国民党和无党派参政员也提出了拥护蒋委员长、痛斥"议和空气"的提案。旅居海外的华侨也连电参政会,"谣言和平,侨胞愤慨,中途妥协,等于

---

①《中央关于广、汉失守后给各级党部的指示》(1938年10月28日),见《六大以来党内秘密文件》(上),人民出版社1980年版,第1000页。
②毛泽东《致汪精卫、张伯苓电》(1938年10月28日)。
③《第二届国民参政会特辑》,新华日报社1938年版。
④陈嘉庚:《致汪精卫电》(1938年10月25日)。

灭亡","抗战始足图存,同侨誓死拥护"①。尽管当时汪精卫身为议长,不顾舆论谴责,唆使其党羽反对这些提案,并企图掀起"和战"问题讨论,但大会仍通过了《拥护蒋委员长决议案》,号召"全国国民应在蒋委员长领导之下,坚决抗战,决不屈服,共守弗渝"②。这些提案和决议案,一扫汪派制造的乌烟瘴气,全国军民为之振奋,它挫败了汪精卫企图破坏抗战、破坏团结,利用参政会作媚敌工具的阴谋,同时也暴露了他妥协求和的嘴脸。

一届二次参政会闭幕后不到50天,身为议长的汪精卫就公开叛国投敌了。全国人民一致声讨,要求参政会继续揭露汪精卫反蒋反共的阴谋,正式通过要求国民政府明令通缉汪逆归案法办的决议。1939年1月1日,国民党中央以"违反纪律,危害党国"的罪名开除了汪精卫的党籍,撤销其国民参政会议长职务,改由国民党总裁蒋介石担任。一届三次会议上,中共参政员林祖涵等提出了《拥护蒋委员长严斥近卫声明并以此作为今后抗战国策之唯一标准案》。一届四次会议前夕毛泽东等中共七参政员又向大会提出,中国政治方面第一项任务就是"动员全国力量反对妥协投降,扩大反汪运动,肃清抗战营垒中的暗藏汪系余孽及一切妥协投降分子"③。在会上,董必武等提出《拥护抗战到底,反对妥协投降,声讨汪逆,肃清汪派活动,以巩固团结争取最后胜利案》;张一麐、郭英夫、王卓然、邹韬奋、胡元倓、谭文彬等也分别提出议案,要求参政会通电讨汪。一届三、四、五次会议分别通过了《拥护政府抗战国策决议案》、《声讨汪逆兆铭电》、《声讨汪逆兆铭南京伪组织电》,重申抗战到底的既定方针,历数汪精卫叛国罪行及其倒行逆施,"卖国求荣","丑态百出,丧尽天良,不知羞耻",表示了参政会"全体一致决议声讨","一致斥伐,以昭大义"的严正立场。④

---

① 《雪兰莪奥侨大会临时主席、巴生华侨筹赈会致第一届第二次国民参政会电》(1938年10月26、28日)。
② 《国民参政会第二届大会纪要》,抗战文献社1938年版。
③ 毛泽东等:《我们对于过去参政会工作和目前时局的意见》(1939年9月8日),见《新华日报》1939年9月9日。
④ 《国民参政会第四次大会纪录》。

(三)实行政治民主,掀起宪政高潮

抗战开始以后,国民党实际上承认了各抗日党派的合法地位,实现了国内各党派空前的团结,形成全国军民的抗日高潮。1939年1月国民党召开五届五中全会,虽说其主要方针仍然是"继续抗战和联共抗战",但其整个内外政策的消极面明显增加,对共产党的政策由"联共和防共"向"溶共"转变,因此,"侈言精诚团结,而讳言国共合作"①,以致反对共产党和压制中间党派的言论活动与日俱增,抗日营垒出现严重危机。

对此,中共仍以民族大义、团结抗战为重,赞助国民党政策的积极方面,"婉转说理,积极严肃"地批评其消极方面。② 在一届四次参政会前夕,毛泽东等中共七参政员发表了《我们对于过去参政会工作和目前时局的意见》,在充分肯定前三次参政会成就的基础上,提出了解决抗战危机的全面方案。中共参政员认为:在政治方面,应扩大反汪运动,肃清汪系余孽;加强战时政府,容纳各党派人才;实行战时民主,保障人民权利;惩治贪官污吏,实行地方自治;成立劳资仲裁机关,改善工农生活。在军事方面,发展敌后游击战争,积小胜成大胜,建立新的国防军,坚持抗战,准备反攻。在经济方面,要破坏敌人的建设,开发而实现我们的生产和节约。在财政方面,坚决改变腐败作风,彻底实行战时财政政策。在外交方面,坚持独立自主,尽量孤立日寇,努力增加外援。在党派合作方面,首在"明令保障各抗日党派之合法权利","严令禁止对共产党及其他抗战党派之歧视压迫行为","不以党派私见摒弃国家有用人才"③。整个方案的核心是改革政府,要求更多的民主。中间党派也在政治上对国民党发生动摇,始将解决国内政治问题的注意力转向政权问题。

在一届四次会议开幕式上,蒋介石提出会议主要讨论解决"集中人才,建设后方","加强军事,争取胜利","注意国际形势,推进战时外交"三个问题,为会议定调子。④ 但是在会前协商酝酿的基础上,中国共产党、青年党、国社

---

①《新华日报》1939年8月22日。
②《中央关于国民党五中全会的指示》(1939年2月25日),见《六大以来党内秘密文件》(上),人民出版社1980年版,第1014页。
③《新华日报》1939年9月9日。
④《国民参政会第四次大会纪录》。

党、第三党、救国会、职教社的参政员却提出了实行政治民主、改革现行政府的六个提案,国民党参政员也提出了一个提案。这七个提案成了会议主题。中国统一战线内的三种政治势力,在参政会上第一次公开交锋。代表进步势力的中国共产党要求政府解决目前影响国共关系和统一战线的迫切问题,"明令保障各抗日党派合法地位","取消所谓防制异党活动办法","严禁因党派私见,而摒弃"各抗日党派之党员。[1] 中间势力的青年党、国社党、第三党、救国会、职教社普遍强烈要求"结束党治,立施宪政",承认各党派合法地位。国社党提出成立"战时行政院,以求全国行政之全盘改革";青年党甚至要求政府在国民大会召开以前,赋予国民参政会以"制宪"之权,连行政院都应对它负责。[2] 代表顽固势力的国民党则表现得消极被动,其提案不满百字,简单而笼统,提出"遵照"国民党五大决议,"定期召集国民大会,制定宪法,开始宪政,虚与应付"[3]。

根据《议事规则》,这七个提案由第三审查委员会(内政)讨论审查。因为观瞻所系,改为"扩大会议",全体参政员均可参加自由讨论。会议由黄炎培主持。9月15日,经大会讨论一天,未见结果,当晚继续辩论。这场"舌战"以共产党和中间派为一方,以国民党为另一方。争论的焦点是保障各抗日党派合法地位和结束党治问题。前者坚持写入决议案中,后者则大谈"不必要"。你来我往,"唇枪舌剑,各显身手,好像刀光闪烁,电掣雷鸣"[4],直到凌晨两点半,勉强通过两条"治本办法",方才散会。次日上午继续论战,又通过两条"治标办法",形成了《召集国民大会,实行宪政决议案》,在下午大会上通过,"交政府切实执行"[5]。

所谓"治本方法",即请政府明令定期召集国民大会,制定宪法,实行宪政;由议长指定若干参政员,组成宪政期成会,协助政府,促成宪政。所谓"治标办法",即请政府明令宣布,除汉奸外的全国人民,"在法律上其政治地位一

---

[1]《国民参政会第四次大会纪录》。
[2]《国民参政会第四次大会纪录》。
[3]《国民参政会第四次大会纪录》。
[4] 邹韬奋:《关于宪政提案的一场舌战》,见《韬奋文集》,三联书店1979年版。
[5]《黄炎培日记摘录》(1939年9月19日),中华书局1979年版。

律平等",充实和改进政府行政机构,以集中全国各方人才,从事抗战建国工作。① 会上还由蒋介石指定参政员成立了宪政期成会。会后,国民党五届六中全会宣布1940年11月12日召开国大。

这项决议案是一个相互斗争和妥协的产物。国民党当时并无诚意真正实施宪政,在会议期间就一再宣传,实施宪政就是"国民能崇法守法,国民的代表能扶助政府推行法令",并明确指出,这里的"法"就是《训政时期约法》。② 因此,国民党实施宪政诺言的实质仍然是一党专政。他们接受参政会的宪政决议案,无非是应付舆论而已。中间党派历来真诚地追求在中国建立西方资产阶级的民主政治,因此他们认为这项决议至少是向着这个理想目标又前进了一步。黄炎培就是这种观点的代表。他认为,这将"是建国之根基,是民治的起点","各党代表争论虽烈,而卒获圆满结果",他作为主持讨论提案、制定决议案的审查委员会主席,"总算对参政会尽了一分心"。③

中国共产党通过参政会要求国民党解决迫切而具体的妨碍国共合作抗战的"各党派地位合法"等问题,并没提出空泛的实施宪改的口号。当多数党派在会上提出实施宪政提案,参政会通过相应决议,以及随后掀起宪政运动的高潮时,中共则采取了拥护、支持和"积极主动地参加和领导"④的态度。中共认为,参政会的这项决议虽然"空洞",与中共的立场相距甚远,但"仍不失为进步的决议",因为它毕竟反映了全国人民的迫切需要。中共应积极参加宪政运动,"站在拥护参政会进步决议的立场上批评一切坏现象、坏事、坏人"⑤,在统一战线基础上成立国民宪政促进会,与参政会的宪政期成会取得联络⑥。而中共关于宪政问题的根本主张是,以"几个革命阶级联合起来对于汉奸反动派的专政"为核心的"新民主主义宪政"。毛泽东同志告诫全党和

---

① 《中央日报》1939年9月19日。
② 社论《今日之宪政问题》,《中央日报》1939年9月14日。
③ 《黄炎培日记摘录》(1939年9月16日),中华书局1979年版。
④ 《中央关于推行宪政运动的第二次指示》(1939年12月1日),见《六大以来党内秘密文件》(上),人民出版社1980年版,第1072页。
⑤ 《中央关于第四届参政会的指示》(1939年10月2日),见《六大以来党内秘密文件》(上),人民出版社1980年版,第1068页。
⑥ 《中央关于推进宪政运动的第二次指示》(1939年12月1日),见《六大以来党内秘密文件》(上),人民出版社1980年版,第1072页。

全国人民,这样的宪政"决不是容易到手的,是要经过艰苦斗争才能取得的"①。

一届四次参政会实施宪政决议案,主要反映了中间党派的意志,它为国民党所利用。由于它适应了全国人民要求政治民主的愿望,易为各方面接受,因此受到普遍欢迎。中国共产党积极参加、推动和领导了这场运动,及时指明了在中国实行宪政的新民主主义方向,使得会议以后,在大后方和抗日民主根据地掀起了第一次全国性宪政运动的高潮。中间党派在运动中得到了锻炼,开始动摇了对国民党的幻想并加速其离心倾向。会议结束不久,中间党派参政员联合起来,成立了统一建国同志会,成为一种独立的政治力量。抗日民族统一战线内部的阶级力量开始发生变动。尽管由一届四次参政会发端的这场宪政运动最终被国民党顽固派扼杀,但它仍然给中国现代政治史特别是抗日战争史以积极而深刻的影响。

(四)摩擦分裂,初显端倪

如果说1937年9月国民党发表《中国共产党为公布国共合作宣言》和对宣言的谈话,标志着以国共合作为中心的抗日民族统一战线正式形成的话,那么1938年7月国民参政会的成立则标志着国共合作、团结抗战高潮的到来。然而,1939年1月国民党召开五届五中全会,国民党内外政策发生了重大转变,从军事和政治上向共产党进攻。国共斗争开始升级,国共团结又面临着危机。中国共产党仍以民族大义为重,提出了"坚持抗战,反对投降;坚持团结,反对分裂;坚持进步,反对倒退"的三大政治口号,并制定了统一战线的策略方针和对顽固派进行斗争的原则,坚持和维护统一战线,因此在参政会上,中共采取了克制的态度,只是由于国民党的公开挑衅,到1940年4月的一届五次会议,国共的摩擦才开始在参政会上公开。

抗战时期,国民党打着"国家至上"、"民族至上"的旗子,和"军令、政令统一"的招牌,发动过多次反共高潮。这套理论集中地体现在国民政府向一届三次国民参政会提出并由蒋介石亲自宣读的《国民精神总动员纲领》之中。

---

① 毛泽东:《新民主主义的宪政》,见《毛泽东选集》第三卷。

这是国民党五中全会以后政治限共的主要表现之一。

《纲领》提出,所谓国民精神总动员,就是要求全国人民树立同一目标、确定同一道德、坚定同一信仰,并为之奋斗牺牲。其中心是"三个口号",即"国家至上,民族至上";"军事第一,胜利第一";"意志集中,力量集中"。它的理论是"前期抗战,军事与精神并重",而目前"第二期即后期之抗战,则精神尤重于军事"。① 它明白地道出了进入相持阶段,国民党转向消极抗日、积极反共以后,其政策的转变——在抗战的同时进行反共、反人民的活动,其实质是宣扬"一个党,一个主义,一个领袖"的法西斯理论。这个《纲领》是反共高潮的理论根据。与此同时,在讨论审查共产党参政员董必武提出的《加强民权主义的实施,发扬民气以利抗战案》时,国民党参政员群起围攻,对董案滥施刀斧,特别是删去其核心条款"政府应给各党派以法律上之保障"。董必武为此连续两次退席抗议。② 会议结束时,蒋介石再次宣称,抗战时期"一切制度悉隶于军政之下,政府一方面用兵力扫除国内之障碍,一方面宣传主义,以开化全国之人心",绝无宪政甚至训政可言。③

对于国民党在参政会上的反共活动,共产党采取了克制和维护团结的态度,没有激化矛盾。中共中央两次指示党内,《国民精神总动员纲领》具有抗日和防共的两面性④,我们的立场是拥护其中积极的东西,"来实际解释与发挥我党坚持抗战的正确路线"。随后中共又发表《告全党同志书》,毛泽东发表《国民精神总动员的政治方向》一文,重新解释"三个口号",号召人民坚持团结、抗战到底。⑤

对于国民党制造的摩擦流血事件,共产党历来以"巩固国共合作"为目的,采取严格自卫的立场,实行"摩而不裂"⑥。1939年11月国民党五届六中

---

① 《国民精神总动员纲领》,《新华日报》1939年3月12日。
② 《国民参政会第三次大会纪录》;《黄炎培日记摘录》(1939年2月18日),中华书局1979年版。
③ 《国民参政会第三次大会纪录》。
④ 《中央关于国民精神总动员的指示》(1939年4月5日),见《六大以来党内秘密文件》(上),人民出版社1980年版,第1016页。
⑤ 《中央关于国民精神总动员的第二次指示》(1939年4月27日),见《六大以来党内秘密文件》(上),人民出版社1980年版,第1021页。
⑥ 毛泽东:《反投降提纲》(1939年6月10日),见《六大以来党内秘密文件》(上),人民出版社1980年版,第1038页。

全会以后,其政策由政治限共为主转变为以军事限共为主,发动第一次反共高潮。中国共产党一方面"在有理有利的条件下坚决反抗"其军事进攻,另一方面"力争时局好转,克服时局逆转"。① 在1940年4月初一届五次参政会前夕,再次向参政会表示了"加强国内团结"、"加强国共两党团结"的愿望,表示"愿意出以诚心诚意来商讨"国共纠纷,以便"求得圆满的解决"。② 但是,国民党并没理会共产党维护国共合作的诚意,而是采取了在参政会公开指责共产党及其军队,进一步扩大和激化国共矛盾的做法。

在1940年4月2日一届五次国民参政会的第一次大会上,国民政府军政部长何应钦就作了题为《冬季攻势开始以来,晋冀鲁各省所发生之不幸事件》的军事报告,连篇累牍地攻击共产党、八路军"自行对消抗战力量,并给敌军以抽调转用之自由",并宣称要将共产党"严加处分,以谢国人"。③ 中共参政员董必武立即起身,指出何应钦报告"多与事实不符",驳斥了他的诬蔑。乡建派参政员梁漱溟,也起而询问政府如何处理国共摩擦事件。何应钦在答复中再次指责八路军"在抗战期中之一切行动,尚未脱离中共党团支配,亦未绝对服从最高统帅部";指责陕甘宁边区政府等抗日民主政府"破坏行政系统,违背现行法令,利用军队,造成割据"。他重申了国民党取消陕甘宁边区,八路军必须"绝对服从军令"的立场。何应钦最后威胁说,今后"如再有轨外行动,必照军纪予以严厉之制裁"④,为其今后制造全国性反共投降突然事变埋下伏笔。

这是国民党第一次在参政会上利用政府报告的形式进行公开反共活动。由于国民党在会议的第一天就摆开了国共对立的架势,从而给会议投下了浓重的阴影,引起了其他党派参政员极大的忧虑和不安。许德珩、陶行知、莫德惠、陈嘉庚、张一麐、仇鳌、刘王立明、晏阳初等纷纷发表谈话,呼吁国共加强团结、停止摩擦。4月15日,第十八集团军正、副总司令朱德、彭德怀,新四军

---

①《中央关于目前时局与党的任务的决定》(1940年2月1日),见《六大以来党内秘密文件》(上),人民出版社1980年版,第1087页。
②社论《在第五次参政会前面》,《新华日报》1940年4月2日。
③《国民参政会第五次大会纪录》。
④《国民参政会第五次大会纪录》。

正、副军长叶挺、项英致电国民参政会,驳斥何应钦对共产党、八路军的诬蔑,严正指出,目前的反共活动,实际上是投降的准备。"反共之极,势必至于投降。而投降之前,尚必倡言反共。"抗日民族统一战线内部投降反共分子的存在,是目前中国抗战危机的标志。①

但是国民党一意孤行,不久就发动了第二次反共高潮,抗日民族统一战线面临着分裂的危险,抗战形势再度陷入空前危机。在团结抗战高潮中诞生的国民参政会也走到了自身发展演变的十字路口上。

三

在国民参政会中期(1941年3月至1944年9月,第二届和第三届会议期间),与其军事上的反共高潮相配合,国民党在参政会中逐渐排挤进步势力,欺骗社会舆论,制造反共摩擦,使国共合作濒于破裂的边缘。共产党参政员"坚持抗战、团结、进步,反对投降、分裂、倒退",进行有理、有利、有节的斗争,团结争取了一大批中间力量,使党的抗日民族统一战线主张和政策,得到各方面的广泛支持和拥护,从而维护了国共合作团结抗战的大局,使抗日战争自始至终在以国共合作为中心的抗日民族统一战线的旗帜下进行,并取得了彻底胜利。同时,中国共产党也在抗日战争中逐渐成熟,它于抗战后期在参政会上首次提出的成立"联合政府"的主张,为争取抗战的最后胜利和指导人民解放战争,产生了巨大的作用。

(一)国共两党的重大斗争,参政会历史的重要转折

1941年1月的皖南事变,是全国性突然事变,也是国民党顽固派全面破裂国共合作的开始。中国共产党提出两个"十二条",拒绝出席二届一次国民参政会,公开揭露国民党顽固派的反共投降行径,团结教育了中间势力,打破了日军趁国民党进攻共产党之机进一步浑水摸鱼的企图,从而制止了国民党顽固派的分裂活动,挽救了国共合作,巩固了统一战线。这场国共间的大斗争,开始成为抗战时期国共关系和中国政治的重大转折,也是国民参政会历

---

① 《朱德、彭德怀、叶挺、项英致国民参政会电》(1940年4月15日)。

史性转折的重要标志。

皖南事变前夕,中共顾全大局,对国民党发动的第二次反共高潮采取了"缓和"的态度。皖南事变发生,第二次反共高潮达到顶峰,中共中央及时将"缓和"的态度转到尖锐对立和坚决斗争的立场,决定"政治上取攻势,军事上暂时仍取守势力"[①]。

政治上的攻势首先表现在中共公开揭露国民党顽固派反共投降的阴谋计划及其实质,重建新四军,提出解决事变的具体办法("前十二条"),反击顽固派的进攻。由于皖南事变在全国激起了大规模的抗议运动,并受到国际舆论的普遍谴责,因而使国民党内部产生深刻危机。处于内外交困中的蒋介石,只好从政治进攻转入防御,被迫暂时改变其初衷,缩小皖南事变的严重意义,为自己下台制造借口。随后,中国共产党的政治攻势,主要围绕二届一次国民参政会进行。

国民党1940年召开国大实施宪政的诺言告吹以后,决定修订组织条例,于1941年3月1日继续召集第二届国民参政会。修改后的组织条例规定:将最高国防委员会指定议长的"议长制",改为由国民党提出候选人,参政会选举五个主席组成主席团的"主席团制",以便于拉拢分化中间党派。同时,将参政员名额由200人增加到240人,一方面新增了大批反动分子(仅国民党员就有140余人,占58%),还拉入了中共叛徒张国焘;另一方面,又取消了部分进步人士,救国会参政员邹韬奋为此愤而辞职,出走香港,以示抗议。与此同时,国民党又改组了他们控制参政会的秘密组织国民参政会党团指导委员会及其干事会。党团指导委员会由蒋介石指派叶楚伧、朱家骅、陈立夫、王世杰、李文范、张厉生、梁寒操、谷正纲、段锡朋为指导员,负责指挥国民党在参政会中的活动。下设干事会,由洪兰友任书记,孔庚、齐世英等24人为干事。将140余名国民党参政员分为12个小组,参加参政会活动。会前,国民党从党团的运用和纪律、会场联系、通讯方法、活动方式、发言注意事项、会员联络,以及对其他党派和方面情报的刺探等,对其参政员进行了训练,从而大

---

① 《毛泽东关于对蒋介石的策略致彭德怀、刘少奇、周恩来电》(1941年1月25日),见中共党史丛书《皖南事变》(资料选辑),中央党校出版社1982年版,第192页。

大加强了对国民参政会的控制。他们的目的在于：一方面给国民党的反共政策披上合法的外衣，"使中央所定之主张及各项政策，得透过民意机关而成为国民之公意，以加强推行力量"①；另一方面，又压制各抗日党派的活动，决定"对于各党各派之应付工作亦当预为准备"，"指定人员刺探各党各派参政员之动静"，"就目前政治经济问题及新四军事件切实研究"，抢先提案，"藉收先发制人之效"②。

1941年2月7日，毛泽东敏锐地预计到，蒋介石制造皖南事变，反共"计划全部破产，参政会又快要开了。（他）非想个妥协办法，（否则）更加于他不利"③。事实正是如此，国民党正企图诱骗中共参政员出席会议，以粉饰皖南事变以来抗战营垒内部存在的重大裂痕，减少国内外各方对蒋介石的谴责。因此，中国共产党决定彻底揭露国民党反共阴谋，彻底粉碎第二次反共高潮。2月15日，毛泽东等中共七参议员将中共解决皖南事变的十二条办法（"前十二条"）正式提交国民参政会秘书处，公开声明："在政府未予裁夺前，泽东等碍难出席。"④同时又抄送给20多位各党派有正义感的参政员，取得了他们的谅解和支持。

公函送出后，引起国民党的恐慌，中间党派也向国民党施加压力。国民党谈判代表张冲接连打电话、发公函给周恩来，要求中共收回公函并以蒋介石势必"翻脸"相威胁。周恩来不为所动，严词拒绝。2月25日，张冲又以三点让步来诱骗中共出席。28日，蒋介石使出最后一招，亲自提议周恩来为参政会主席团候选人。中共中央电示周恩来，"公函不但不能撤回，还须广为散发"，"张冲所提条件不能接受"，"非十二条有满意解决并办理完毕确有保证之后，决定不出席参政会"⑤。

当时，中间党派主张成立各党派委员会，专门从政治上讨论国共关系和民生问题。中共的态度是，为了团结中间党派、为难国民党，也可以在参政会

---

① 朱家骅：《关于成立国民参政会党团指导委员会给蒋介石的请示报告（底稿）》（1941年2月）。
② 《二届一次国民参政会党团干事会第一次会议决议》。
③ 《毛泽东致周恩来电》（1941年2月7日）。
④ 《新华日报》增刊1941年3月10日。
⑤ 中共党史丛书《皖南事变》（资料选辑），中央党校出版社1982年版，第213、214、220页。

外成立这样的组织来讨论党派纠纷和"前十二条",而不直接要求参政会讨论解决。蒋介石趁机利用中间党派联合组织党派委员会的心情,企图略作让步,以便分化瓦解之。蒋介石在2月20日宴请参政员时,同意了他们的要求,还提出增加委员人数,以便网罗更多的中间党派成员,27日再作让步姿态。蒋介石的拉拢和哄骗,增加了中间党派对他的幻想,使其对拥护中共不出席参政会的立场发生动摇。接连几天,黄炎培、张澜、褚辅成、梁漱溟、张君劢、左舜生、沈钧儒、章伯钧等人,轮番前往曾家岩50号,力劝中共再作让步,出席参政会。他们共同表示:只要共产党出席,蒋若再失信,愿与中共同进退。

在蒋介石急切哄骗中共出席参政会为之捧场的同时,白崇禧等以军事进攻相恐吓,亲日顽固派则以妥协投降来压迫,哄、吓、压三策并用,骗局昭然若揭。中共惟有拒绝出席参政会才是揭穿骗局的惟一正确方法。

3月1日上午,国民参政会第二届第一次会议在重庆浮图关国民大会堂举行开幕式。按大会议程,开幕式后即举行预备会议,选举大会主席团。因中共不出席,经黄炎培等人提议,预备会延期一天举行,由黄炎培等再劝中共出席。

3月1日晚,中共中央书记处讨论参政会问题,反复分析形势后认为,"我若出席,则过去有理有利的政治攻势完全崩溃,立场全失,对我一切条件他可完全置之不理","因此决不能无条件出席。但明令保证的条件是决不会答应的,因此须决心不出席"。[①] 为了表示中共顾全大局、团结抗战的诚意,进一步揭露国民党顽固派的反共行径,团结教育中间派,3月2日,中共作出让步,由董必武、邓颖超致函国民参政会秘书处,提出中共解决皖南事变的临时解决办法("后十二条"),明确表示,只有政府全部采纳,并有明确保证,中共参政员才能出席会议,但仍未被国民党政府接受。至此,中共参政员最后拒绝出席二届一次参政会。该会于3月2日上午举行,原被提为主席团成员候选人的周恩来被取消,选举蒋介石、张伯苓、张君劢、左舜生、吴贻芳组成主

[①]《皖南事变》(资料选辑),中央党校出版社1982年版,第228页。

席团。

中国共产党拒绝出席参政会赢得了广大进步势力的尊重。而蒋介石则在世人面前狼狈不堪,因此操纵参政会,报复共产党。3月4日,何应钦在参政会上作军事报告,重弹蒋介石1月27日在中央纪念周上讲话的老调,说皖南事变及其处理,只在"军政军令"范围之内,绝非"党派问题"、"政治问题"。当晚,蒋介石召集国民党的参政员打气说,"我在抗战开始时便已准备了防范他们(共产党)的兵","仅在西北一地,就有二十师以上的军队去那里等候他们","我可以断言,至多三个月便可以消灭他的主力",但目前的政治形势不允许我们这样,对共产党只能"取守势力"。① 3月6日,他又在大会上就中共七参政员拒绝出席参政会一事发表演说,采取一拉一打的两面政策:一方面诬蔑共产党先后提出的两个"十二条"解决办法,与日寇向中国提出的侵略条件以"并无二致","令人悲痛伤心",对"十二条"中涉及的军事、政治、党派问题进行了辩解;另一方面,又不得不作出"保证","以后决无剿共的军事"。② 随后,又操纵参政会通过了王云五等64人提出的反共拥蒋动议,并由秘书处电告中共参政员。3月7日,《新华日报》发表《中共参政员未出席本届参政会真相》一文,被国民党当局无理扣压,该报遂以留标题开"天窗"的方式抗议揭露。3月8日,中共七参政员电复参政会秘书处,同样采取一拉一打两面政策,回击蒋的进攻,再次声明:"泽东等接受政府之聘请,为团结抗战也。皖南事变以来,加于国共间之裂痕实甚深重,苟裂痕一日未被消灭,则泽东等一日碍难出席政府所召集之任何会议。"③尽管如此,参政会在3月9日的大会上,仍选举中共参政员董必武为驻会委员会委员。10日,二届一次参政会闭幕。同日,《新华日报》不经国民党当局检查出版增刊《中共七参政员不出席参政会之全部文献》,公布了中共未能出席参政会的真相。

皖南事变后,由于中共在政治上的全面进攻,迫使蒋介石从政治上的进攻转入防御。共产党进而利用出席参政会一事,先后提出两个"十二条",使

---

① 蒋介石:《关于共产党问题对第二届参政员中本党同志训词》(记录稿,1941年3月4日晚)。
② 《国民参政会第二届第一次大会纪录》。
③ 《新华日报》增刊1941年3月10日。

蒋介石不得不顾虑全国分裂的危险。这时国际上日蒋矛盾并没有解决，蒋介石不可能同时既反共又抗日；英、美不愿蒋介石发动内战，放松抗日；苏联援华的力量及态度，也使蒋介石不得不慎重考虑。在国民党内部，"政学系"幕僚派及某些重要将领不积极赞成蒋介石反共，而参与反共的桂系又被蒋介石趁机夺去部分地盘，蒋桂矛盾在发展。所有这一切，都逼迫蒋介石在从政治上的进攻转入防御以后，再退一步，停止这次反共高潮，缓和国共关系。所以，尽管他们在参政会上作反共讲演，通过反共决议，但参政会仍选董必武为驻会委员，会后蒋介石又约周恩来谈话。蒋介石在参政会上的最后一战，实则是为顾全面子的退兵之战。中国共产党有理、有利、有节的斗争，终于打退了第二次反共高潮。

围绕参政会的这场国共斗争是两党力量的大检阅，它不但导致了国共力量的消长，而且促使中间阶级开始向左转。中间党派认识到，以妥协求团结，不但得不到团结，还会丧失共产党已有的地位，丧失中间党派的地位。他们不顾国民党的高压，会议刚一结束，就将统一建国同志会改组成为中国民主政团同盟。中间阶级向左转，这是统一战线内部阶级力量发生有利于进步势力的变化的标志之一。

从此以后，在抗战的前提下，国共斗争成为参政会中期历史的主要内容。

（二）国民党利用参政会反共，共产党参政员退席抗议

在二届一次参政会后的三年中，参政会内的国共关系经历了"缓和—紧张—缓和"的过程。这是受国际国内形势制约的中国政治的反映。

在国际上，1941年，苏德战争、太平洋战争爆发，苏、美、英三国协定的签订，形成了世界反法西斯统一战线。在东方就是要建立反日统一战线。中国作为其中的一员，"内部团结一致，改革政治军事"[①]，是战胜日本的必要前提，也是支持英、美战胜日本的重要条件，而与英、美合作也是抗战胜利的重要条件。加之，日本对国民党正面战场接连进攻，同时制造谣言，挑拨国共关系。因此，国际形势需要国共团结，而国内形势又为国共团结提供了可能。

[①]《中共中央关于建立太平洋反日统一战线的指示》(1941年12月9日)，见《中共党史教学参考资料》(三)，人民出版社1979年版，第11页。

首先,国民党面临着财政经济的严重困难和农民的反抗斗争;其次,抗日根据地和中共力量缩小;第三,远东慕尼黑危险消失后,中共及时调整政策,停止了反投降宣传,避免刺激国民党,争取其坚持抗战;第四,国民党的反共政策遭到国内外谴责,迫其改变策略。因此,1942年11月国民党的五届十中全会放松军事"剿共",而加强政治斗争,提出了"政治解决"国共问题的方针。它表示时局开始好转。[1]

在这个总的缓和的背景下,中共参政员出席了1941年底1942年初的二届二次、三届一次参政会,对国民党的一些做法采取了"忍耐"的态度。如中共以释放叶挺作为出席二届二次参政会的条件,经蒋介石答应并由张群担保,虽然国民党食言而肥,直到会议结束也没释放叶挺,但中共仍如约出席了会议。又如第三届参政会进一步排挤进步参政员(吴玉章、沈钧儒、陶行知、邹韬奋、王造时、史良、梁漱溟、罗隆基、陈嘉庚、王卓然等),增加反动分子。中共仍本团结抗战的态度,顾全大局出席了会议。对国民党提出的解决财经难题的措施,给予了必要的支持。

国民党的"政治解决"是迫于形势,不得已而为之,是等待时机、消灭中共的策略。到1943年春,当德国对苏联发动新的攻势,日本顽强抵抗美军进攻,英、美联军久不开辟第二战场,日本对蒋再度诱降的时候,蒋介石又回到"军事解决"的方针上,于当年5月至7月发动了以进攻边区为主的第三次反共高潮,形势再度紧张。中共采取针锋相对的方针,在增加必要军事力量的同时,展开强大的宣传攻势,动员影响国内外舆论,迫使蒋介石改变进攻边区的计划,制止了第三次反共高潮。

军事进攻的停止,并不意味着政治进攻的放弃。9月6日至13日,国民党召开五届十一中全会,反诬中共"破坏抗战,危害国家"[2],并通过了反共决议案,在此形势下,决定9月18日召开三届二次国民参政会。会前,胡宗南连续不断地向陕甘宁边区作试探性、挑衅性进攻,国民党在大后方又策动所

---

[1]《中央关于国民党十中全会问题的指示》(1942年11月29日),见《中共党史教学参考资料》(三),人民出版社1979年版,第75页。
[2]《国民参政会第三届第二次大会军事委员会军事报告之一部》附录,军委会办公厅1943年印。

谓"民众团体"电请毛泽东取消"封建割据"的共产党及其边区政府。与此同时，各方面又盛传国民党将利用参政会通过反共决议，发动反共运动。国内政治形势空前紧张，中共参政员董必武拟不出席。但开会前夕，参政会秘书长王世杰（国民党中委）一再声明由蒋介石"作主"①，决无利用参政会反共之意，并前往"敦劝"董必武出席会议。16日，中共中央书记处电示董必武，可以出席，如遇反共决议"或当场抗议，或退席后再提书面抗议"②。董必武遂报到出席。

大会第四天，9月21日，何应钦在军事报告中再度攻击中共"夹击我军"，"煽动叛变，分化军力，实行割据，擅立政权，反抗政府，破坏政令，惨杀人民，残害官吏，私设银行，擅发纸币，种运鸦片，走私资敌"③。何应钦刚刚讲完，董必武就起身质问，并依据事实逐条驳斥，宣传共产党的抗日主张。他指出，何应钦身为军政部长，本该代表政府检讨一年来的抗战军事工作，但却连篇累牍地攻击共产党制造摩擦，只字不提敌后抗战，这是对共产党领导敌后军民艰苦抗战伟大业绩的抹杀。其次，何应钦列举的共产党"不法行为"，或为片面之词，或为无中生有。例如，国民党于学忠部在鲁南受到日军攻击，是在共产党军队的帮助下才得以退出重围，可何应钦反诬共产党十八集团军袭击于部。第三，国民党一再宣称对中共"宽大为怀"，但事实上，抗战以来，国民党不但不给共产党只针片药，而且连国际友人专为十八集团军募集的药品、器械，也扣留不发。哪有"宽大"可言?! 第四，蒋介石自诩以"公"以"诚"治理中国，但观言察行，则言行不一。④ 董必武的发言，使中间派参政员大开眼界，何应钦也无言以对，参政员中的国民党CC分子王普涵、李汗鸣、王亚明等破坏议事规则，叫嚷捣乱，致使会议无法正常进行。非国民党参政员对此极为愤慨。董必武当即指出，这是国民党"有组织有计划的利用参政会反共

---

① 董必武：《关于出席和退席三届二次国民参政会的经过》（1943年12月28日），见《董必武选集》。
② 《南方局党史资科·大事记》1943年9月16日。
③ 《国民参政会第三届第二次大会军事委员会军事报告之一部》，军委会办公厅1943年印。
④ 董必武：《关于出席和退席三届二次国民参政会的经过》（1943年12月28日），见《董必武选集》。

之阴谋"①,声明退席,并不再出席,以示抗议。国民党一面封锁董必武退席消息,一面操纵参政会通过了对何应钦军事报告的决议案,威胁中共必须"严守纪律,不再有妨碍统一,影响抗战的举动"②,并破例公开发表。

对于国民党利用参政会反共,董必武在退席当晚即向中外记者披露,公之于世。10月5日,毛泽东为延安《解放日报》撰写了社论《评国民党十一中全会和三届二次国民参政会》,全面揭露国民党反共、反人民的阴谋,驳斥和回击蒋介石、国民党在两会上对中共的诬蔑和攻击。毛泽东指出,国民党的所作所为,"把一个表示团结抗日的国民参政会,变成了制造反共舆论,准备国内战争的国民党御用机关"③。毛泽东还分析了国民党发展的三个方向,希望国民党在抗战胜利就要到来的伟大时代中"有以善处"。

中国共产党的反击取得了明显的成效。参政会结束后,蒋介石派王世杰(参政会秘书长)、邵力子找董必武谈话,提出停止相互争论,表示无意对边区用兵,主张重开国共谈判。中共中央决定适可而止。10月5日,指示一切宣传机构暂停批评揭露国民党,以示缓和。④ 这再次维护了国共两党团结合作抗日的大局。

(三)公开国共谈判,成立联合政府

在抗战期间,中国共产党一方面和其他党派一道参加国民参政会,另一方面又直接和国民党进行谈判,但谈判内容仅限于两党内部。直到抗战后期,国共谈判才首次在三届三次国民参政会上公之于世,这表明中国各派政治力量的消长,预示着中国政局的重大变化和国民参政会历史的再次转折。

1944年5月,中共派林伯渠(参政员)为代表,与国民党代表王世杰、张治中(国民政府军委会政治部长)在西安进行抗战以来的第三次国共谈判(后移往重庆)。促成国共重开谈判的主要原因是国民党力量的下降、共产党力量的上升及美国对华政策的调整。在国民党正面战场上,1944年再度出现一溃千里的局面,在国统区国民党的黑暗统治有增无减,民主运动再度活跃,

---

① 《董必武就参政会上反共是有组织、有计划的问题致毛泽东、周恩来电》(1943年9月23日)。
② 《大公报》1943年9月27日。
③ 《毛泽东选集》(合订本),第877页。
④ 《毛泽东关于暂时停止揭露国民党以示缓和致董必武电》(1943年10月5日)。

国民党面临着严重政治危机。在共产党方面，敌后战场战绩累累，已经成为抗日的主要战场，解放区政治民主，生机勃勃。面对国共力量的重大变化，美国统治集团调整了对华政策，并对国民党施加压力，要求对"共产党问题"寻求"和平的解决"，对国民党政府实行民主改革。这个背景使得谈判一开始就在长期谈判的国共悬案之外加上了改革全国政治制度的问题。

中共的谈判条件分为全国政治改革和国共悬案两大部分。其中关于全国政治改革有三条：一是实行民主政治，保障言论、出版、集会、结社和人身自由；二是开放党禁，承认中共和各抗日党派合法地位，释放政治犯；三是实行名符其实的人民地方自治。两党悬案主要是军事、边区等问题。国民党则提出军事、边区、中共地位三个问题，要"取消"4/5的共产党部队，"接管"解放区抗日民主政权，不承认共产党合法地位，只字不提其他全国政治改革问题。两党主张，相距甚远。在谈判中，国民党代表阳奉阴违、虚与应付，甚至专门制订监视、利诱、胁迫林伯渠的计划，企图使林"表示愿意脱离延安"①。尽管中共代表一再表示解决问题的诚意，委曲求全、再三让步、打破僵局，但直到8月，谈判仍无进展，只好停止。这种情况，使国际上苏、美、英人士和国内的中间党派、地方实力派和国民党中的有识之士都十分清楚地看出，蒋介石"绝无解决问题诚意……只是作出谈判姿态给中外看"②，从而进一步激起他们对国民党统治的强烈不满。

随着中共力量的发展壮大，中间势力的日益左倾，以及国民党倒行逆施的加剧，中共逐渐形成了成立"联合政府"的主张。1944年9月，中共中央指示在重庆的林伯渠、董必武、王若飞："目前我党向国民党及国内外提出改组政府主张时机已经成熟。"认为，它一定会受到国内各中间党派、地方实力派、国内外进步人士，甚至盟邦政府中开明人士的赞成。指示说，这"应成为今后中国人民中的政治斗争目标，以反对国民党一党统治，及其所欲包办的伪国民大会与伪宪"③。要求在取得中间党派和进步人士同意的前提下，将改组政

---

①《林祖涵来渝后我方应付对策》，国民党中执委档案，见《中国现代政治史资料汇编》第3辑第24册。
②《林伯渠、董必武、王若飞致毛泽东电》(1944年6月5日)。
③《中共中央给林伯渠、董必武、王若飞的指示》(1944年9月4日)。

府的主张和步骤制成提案,正式提交即将召开的三届三次国民参政会。

9月5日,三届三次国民参政会在重庆召开。根据参议员王云五、胡霖的要求,主席团决定请政府代表和中共代表林伯渠向大会报告国共谈判情况。

抗战以来,国共谈判内容从未向社会公布,这次,国共代表将在参政会上公开报告谈判情况,立刻引起整个社会的密切关注。中共决定,由林伯渠出席报告国共谈判,另以中共中央名义向参政会提出改组政府提案,双管齐下。事前在与中间党派磋商时,他们认为,蒋介石决不会接受中共的主张,中共中央的提案势必在参政会内引起激烈争论,使他们不便表态。他们主张由林伯渠在报告中以个人名义顺便提出改组政府的主张,达到"鲜明的向全国人民提出我们今后争取的目标"即可。中共事先也估计到"国民党目前绝难接受"①,为争取中间派的支持,中共接受了他们的要求。

9月15日,中共代表、参政员林伯渠和国民党代表、军委会政治部长张治中分别向大会公开报告了四个月来国共谈判的经过,再次阐述了各自的主张。会场气氛"热烈紧张,达于空前","座无虚席,立无隙地"②。林伯渠最后说,中共盼望问题的尽快解决,希望国民党政府一切从抗战民主团结利益出发,接受中共的合理要求。他提出,克服目前抗战危机与准备反攻的"救急办法"只能是将国民党政府"改弦更张",这就是"立即结束一党统治的局面,由国民政府召开各党各派、各抗日部队、各地方政府、各人民团体的代表,开国事会议,组成各抗日党派联合政府"③。

中共关于成立"联合政府"的主张,引起了国民党的极度恐慌。一方面,在会内由蒋介石作报告,强调所谓"军令统一,政令统一"④,顽固坚持一党专政,拒不接受"联合政府"的主张。17日,国民党又在中共参政员林伯渠、董必武没有出席的情况下(当日,林、董以"因事不克出席"为由,抗议国民党的诬蔑和攻击)操纵大会通过拥护蒋介石报告的决议,声称"本会亦以为……国家军政之完全统一,实属刻不容缓。誓愿竭其全力,协助政府,俾政治解决之

---

①《中共中央给林伯渠、董必武、王若飞的指示》(1944年9月4日)。
②《新民报》1944年9月16日。
③《中共代表林伯渠在三届三次参政会上的报告》,见《解放日报》1944年9月22日。
④《国民参政会第三届第三次会议纪录》。

方策,能于最短期内底于成功"①。另一方面,由国民党中央社在发布林、张发言稿时乱改林伯渠报告的内容,特别是删去了"组织联合政府"一段,妄图封锁消息。美国人对中共主张表示了极大的兴趣。11月初,美国总统私人代表赫尔利飞赴延安与中共领袖毛泽东讨论这一问题,最后达成一份草案,中心内容是改组国民政府,成立"联合政府和联合军事委员会",承认中共的合法地位②,表明了他们希望促成"联合政府"实现和迫使国民党作某些让步的意向。中间党派和无党派知名人士则一致拥护中共的主张,批评国民党。参政会结束的第二天,9月19日,中国民主政团同盟改组为民主同盟,提出了"立即结束一党专政,召集各党派会议,成立联合政府"的政治主张。③ 第三党领袖章伯钧认为,这次会议"更可显示国民党作风的卑下,这种作风如果继续下去,不但谈判无希望,中国的政治也将永无上轨之日"④。9月24日,重庆各党派、各阶层代表500多人参加宪政座谈会,强烈要求废除国民党一党专政,成立民主"联合政府"⑤。他们还发表文章谈话,要求政治民主。广大工人、学生还举行游行等活动,抗议国民党的黑暗统治,响应共产党的号召,国统区出现了民主运动的新高潮。从此以后,成立民主"联合政府"的主张成为中国共产党和全中国人民的政治目标,成为抗战胜利前后国共斗争的焦点。

在抗日战争时期,由于国共合作的建立,中国停止了大规模内战,发动了对日作战,但是,由于国民党坚持反共、反人民政策。因而又存在着局部的内战,抗日民族统一战线就在团结抗战与分裂摩擦中艰难地发展。抗战时期的国民参政会就是统一战线曲折发展的缩影,是国共关系与中国政治演变的缩影。

---

① 《国民参政会第三届第三次会议纪录》。
② 张治中:《我与共产党》,文史资料出版社1980年版,第45页。
③ 中国民主同盟:《对抗战最后阶段的政治主张》,见《中国民主同盟历史文献》,文史资料出版社1983年版。
④ 国民党《参字情报》第十四号(1944年9月19日)。
⑤ 《重庆各党派各阶层代表集会要求改组政府》,《解放日报》1944年10月17日。

四

国民参政会后期(1945年7月至1948年3月第四届会议期间),国民党在抗战胜利前夕就准备发动内战,抢夺胜利果实,在参政会内进一步增加反动分子,排挤进步人士,维护一党独裁,抵制"联合政府"。在解放战争中,国民参政会完全成为国民党鼓动内战、制造分裂的御用工具。随着解放战争形势的发展,那个曾经在抗战时期起过团结全国人民、实现全民族抗战的国民参政会,最终为中国人民所唾弃,只得草草收场。

(一)国民党坚持召开国大,共产党声明不参加参政会

1945年春,世界反法西斯战争和中国抗日战争的胜利已成定局,战后中国的前途成为中国各派政治力量斗争的焦点。中国共产党主张成立"联合政府",使抗战的胜利成为人民的胜利,建设独立、自由、民主、统一和富强的新中国。而国民党则力图使抗战胜利成为大地主大资产阶级的胜利,他们高喊"还政于民"、"实施宪政"的口号,维护一党专政,把中国引向黑暗。在实现这个目标的过程中,国民参政会对国民党有重要意义。

"九一八"以来,中国进步势力和中间势力就为实现民主宪政而斗争。国民党从来标榜国民参政会是实现宪政、召开国大的过渡机构。在两种命运的大搏斗中,国民党需要参政会这个"民意机关"拥护它的反动国策,以造成万众拥护的假象,名正言顺地在"宪政"的幌子下继续维护一党独裁,抵制中共关于"联合政府"的主张,因此国民参政会内部需要进一步"净化"。他们首先修改了参政会《组织条例》,根本不与中共和其他党派协商,就指派公布了参政员名单。这次调整,参政员总数由240名增加到290名,增加名额几乎全由国民党占有,同时进一步排挤进步参政员。对于中共提议的恢复救国会参政员名额(沈钧儒、陶行知、史良等),增加文化名人(郭沫若、茅盾等)均不理睬,只是象征性地恢复了中共吴玉章,新增了周恩来。这样一来,国民党占了参政员的84%,中共、民盟均不及国民党的百分之四五。国民参政会几乎为国民党独占。与此同时,蒋介石悍然宣布1945年11月12日召开国民大会,经1945年5月召开的国民党六大确认,决定提交第四届国民参政会审议通过。

6月16日,中共中央负责人郑重声明,鉴于国民党拒绝中共成立"联合

政府"的主张,变本加厉地破坏团结抗战,拒不承认中共的合法地位,特别是一意孤行召开一手包办、分裂人民、准备内战的所谓国大,并企图在国民参政会上强迫通过许多实施国民党反动决议的具体办法,其结果将会酿成内战爆发,它只会有利于日寇,而有害于中华民族,因此,中共决定不参加第四届国民参政会,"以示抗议"①。救国会领袖沈钧儒、史良也主张民盟的参政员不出席会议。由国民党内爱国民主分子组成的中国国民党民主同志联合会负责人发表谈话,一针见血地指出了国民党这套把戏的实质是"假国民参政会之名,以制造国民大会,复假国民大会之名,以遂行独裁统治"。这样的参政会已经"由点缀门面渐变为(国民党的)御用机关"②。

　　国共关系的再度紧张和斗争的升级,引起中间势力的忧虑。他们既不满意国民党的一党专政,同时,对国民党仍有不同程度的幻想,希望中共让步,恢复国共团结。为了揭露国民党独裁内战的政策,进一步阐明自己的主张,争取中间势力,中共邀请代表中间势力的参政员褚辅成、黄炎培、冷遹、王云五、傅斯年、左舜生、章伯钧访问延安,商讨国内政治问题。7月4日,中共与六参政员(王云五因病未去)形成两点一致意见:一、停止国民大会进行;二、从速召开政治会议。中共建议,在国民党停开国大的前提下,召开由国民党、共产党、民盟及其他无党派人士组成的政治会议,讨论结束一党专政,成立"联合政府",召集国民大会等全国政治问题③。

　　国民党根本不理共产党的正确主张和中间党派恢复国共团结的诚意,一意孤行,要7月7日召开的国民参政会讨论国大问题。在开幕式上,蒋介石说,决定国大召开日期"自应由国民党负责",但同时又做出一副超然的样子说,至于有关具体事项,"在未听取诸君意见以前,政府不作任何决定……不提任何具体方案","政府准备以最诚恳坦白的态度,聆听诸位对这些问题的意见"。他要求全体参政员"排除一切党派的意见",站在所谓国家民族立场上发合理主张④,即拥护国民党继续一党专政。7月13日,参政会内国民党

———————————

①《中共中央负责人声明不参加第四届国民参政会》,见《解放日报》1945年6月17日。
②国民党中央调查统计局档案(一)三-145。
③《中国共产党关于停止国民大会从速召开政治会议的建议》(1945年7月4日)。
④《国民参政会第四届第一次大会纪录》。

团开会布置控制讨论会场,要求一律以国民党决议为准,因此,7月14日讨论国大问题时,国民党凭借人多势众,盛气凌人,公然诬蔑中共,侮辱中间党派。有的说"我劝各位(中间党派领袖)不要再去巴结共产党了";有的要求主席团开除黄炎培等人;更多的是叫嚣"不开国民大会也分裂,开也分裂,目前不过是假和平假妥协,不开只是不表面化而已",因此"非开不可";有的更露骨地说"假宪政总比训政好"①,国民党参政员孔庚、李鸿文等分别提出了"如期召开国大"的提案,字里行间充满了不惜分裂内战的杀机。

国民党的这些行径引起中间势力的愤慨,中国共产党的主张赢得了他们的支持。黄炎培、冷遹、江恒源公开声明,在各方意见尚未融通的情况下,召开国大,"后患将不堪设想",因此决定不参加讨论。②章伯钧发表谈话,采纳中共主张,要求国民党"悬崖勒马","放弃"召开国大的决定,"迅速召开政治会议"③。左舜生、邵从恩、王又庸等人分别提出缓期召开国大,左、邵两案都要求在召开国大之前,先开政治会议。即使在国民党内,也有少数人不赞成其中央的主张。钱端升、周炳琳认为,国大日期及职权都是次要的,首要的应实行代表的"普选",以及"最确切最有效的保障人民群众身体、言论及政治结社自由"④。

中间势力在参政会内的呼声,与中国共产党在会外强大的政治攻势融为一体,挫败了国民党在参政会上强行通过召开国大具体办法的企图。当时,抗战最后胜利并没实现,蒋介石不得不顾及到国际舆论的谴责,因此在参政会上以退为进,在通过的决议中,没有决定国大的日期、代表、职权问题,而是送交"政府斟酌情形决定"⑤。虽说它的实质仍是拥护国民党六大的决议,决不会改变内战危机空前严重的局势,但毕竟是对蒋介石为所欲为的一种遏制。

国民参政会的历史再次出现了重大转折。

---

①《新华日报》1945年7月15日。
②《新华日报》1945年7月15日。
③《新华日报》1945年7月19日。
④《新华日报》1945年7月20日。
⑤《国民参政会第四届第一次会议纪录》。

(二)拥护国民党,推翻政协决议

抗战胜利以后,蒋介石一面进行"谈判",一面挑动内战。但是,在中国共产党针锋相对的斗争面前,他发动大规模内战的企图不但没能得逞,反而激起国统区人民反内战运动的兴起和民主党派的普遍建立,加之美、英、苏等国的压力,因此,在1946年1月,蒋介石被迫与中共达成停战协议,召集政治协商会议。在会上,经过激烈的斗争,在改组政府、施政纲领、军队、国民大会、宪法草案五个方面通过了有利于和平民主、有利于人民的决议。这是对国民党一党专制的否定。但是,这只是国民党迫于形势的韬晦之计,两个月后召开的国民党六届二中全会就完全推翻了政协决议。

国民党推翻政协决议,遭到共产党及各民主党派的严厉谴责,因此,国民党不得不再次玩弄参政会,把他们包办和独占的参政会吹捧为"最能表达人民公意的机关"①,以否定各党派平等协商的政协会议,企图在"民意"的幌子下,在参政会上通过拥护国民党六届二中全会的反动决议,使之公开化和合法化。因此3月17日六届二中全会闭幕后,紧接着3月24日又开四届二次国民参政会。

在大会、小会上,在一切涉及政协决议的地方,他们都对其进行恶毒的攻击和谩骂。有的说政协决议是"好一个为国为民的方案,好一张平分春色的支票,好一纸白纸黑字的天书",它"害死华北人民",中国老百姓"要为中国政治致痛哭的敬礼";更多的人攻击"政协不合法",因此,"政协决议要拿到参政会审查";有的干脆叫嚣"立即撤销政协会议"②;有的鼓动参政会通过对共产党的讨伐案。在一片乌烟瘴气中,4月1日,蒋介石作了一个总结性的发言,他宣称,"政治协商会议在本质上不是制宪会议,政治协商会议关于政府组织的协议案,在本质上不能代替约法"。"如政治协商会果真开成为这样一个性质的会议,我们政府与全国人民是决不能承认的。"③公开撕毁政协决议,决心与共产党和全国人民为敌。这番讲话获得在场的国民党反动分子的一

---

① 蒋介石:《第四届第二次国民参政会开幕词》,见《国民参政会第四届第二次会议纪录》。
② 《新华日报》1946年3月24日。
③ 《国民参政会第四届第二次大会纪录》。

片喝彩和一致拥护。第二天,参政会又专门就政协问题通过决议,与蒋介石的报告一唱一和。

在这次参政会上只能偶尔听到正义之声。因为一些民主党派参政员不愿与国民党为伍,根本就没来出席,但出席会议的许德珩、谭平山等人仍力斥反动分子的谰言,指出"政协成功对和平建国的重要作用"。许德珩还反驳道,"说政协会无法的根据",那么"参政会又有什么法的根据"?[①] 他们一发言就会遭到围攻,"直到正义之声止息,咆哮谩骂之声弥漫全场而后已"[②],就连国民党内的陶百川等人也不能逃此命运。在这个仅国民党徒就占74.5%的参政会上,除国民党有组织地在讨论政协问题的大会上有点虚张声势的"热烈气氛"外,其余会场皆冷冷清清,有时出席人员不及半数,讨论提案也敷衍了事,只例行地念一下就照例通过,以至于三天半通过了400件提案。

国民参政会作为国民党独占的御用工具,完全失去了它在抗战初期的光彩,已经日薄西山、气息奄奄。《新华日报》在一篇题为《休矣,参政会!》的文章中说,这是"反动逆流当中若干波澜中之一次起伏……大的更严重的冲击还在后面"[③]。国民参政会就像一个行将就木的老朽,只待回光返照,就最后撒手而去。

(三)高喊"和平",呼吁战争

四届二次会议后,参政会随国民政府还都南京。6月,国民党反动派在美帝国主义支持下悍然发动全面内战。11月,又不顾全国人民的坚决反对,一手包办召开了非法的分裂的"制宪国大"。进而于1947年初强迫中共撤退驻京、沪、渝的谈判代表、工作人员及其眷属,最后关闭了和谈大门,国共关系宣告破裂。

饱受八年战乱之苦的中国人民,对国民党的内战政策深恶痛绝,强烈要求实现国内和平。因此,和平问题自然成为1947年5月20日召开的四届三次也是最后一次国民参政会的中心议题。由于中共从四届一次会议起就不

---

①《新华日报》1946年3月24日。
②《新华日报》1946年3月31日。
③《新华日报》1946年3月31日。

参加,因此,参政会上关于和平问题的论争,就表现为国民党反动派同中间势力的斗争,它实质上反映了国民党反动派和全中国人民的斗争,表明了国民党反动派坚决与全国人民为敌的决心。

极少数中间派的参政员真诚地希望通过最后一次参政会来恢复国共和谈,谋求国内和平。民盟的张澜、黄炎培、梁漱溟,九三学社的许德珩、褚辅成,以及无党派人士邵从恩等,就是其中的代表。他们要求实现永久的和平,而不是两个战役之间的休战,他们希望和平不仅是一个宣传的攻势,而要求采取实实在在的具体行动。张澜等的提案是《政治解决党争,以停止内战,恢复和平案》,邵从恩的提案是《为促成和平,请由本会组织和平促成委员会案》。许德珩在大会上说,参政会在抗战时期是"团结力量"的机构,在抗战胜利后应是"团结和平"的机构。他谴责国民党政府"有关闭和平之门的意念"。他提出,参政会应以"超然公正"的态度,促成国共"恢复和谈","双方停战"。他强调,"今天不能再凭武力,必须和平",应以北洋军阀凭恃武力,最终失败的教训为戒。最后他呼吁,只有"和平能够救人民,和平能够救中国,和平能够救世界"①。国民党对他们的答复只有简单的"镇压"二字。会议期间就迫令民盟解散。中间势力对蒋介石的幻想彻底破灭。

国民党在会前就准备了关于"和平"的大量提案,会上又发表连篇累牍的讲话。他们把争取"和平"与消灭"内乱"相提并论,他们要求先"消弭内乱",再实现"和平",因此,他们的"和平"就是内战。刘蘅静说,对中共停战,不但不能实现和平,反而"必致全国大乱"。燕树棠补充,我"不忍言和平,亦不愿和谈",只希望政府"明令讨伐"中共。吴望伋更叫嚣,由"参政会制定和平方案带到中共区去,同时,把讨伐令带去问中共放不放下武器,如不放下,则予讨伐"②。梁上栋鼓吹,参政员的任务就是"有力出力,有钱出钱,帮助政府,戡平内乱,将共产党消灭"③。肖一山纠集100人提出要求中共"放下武力,来京会商和平"的临时动议。蒋介石在会上两次发表讲话,把国民党挑起内战、

---

① 《国民参政会第四届第三次会议全体审查委员会纪录》(1947年5月28日)。
② 《时事新报》1947年5月30日。
③ 《国民参政会第四届第三次会议全体审查委员会纪录》(1947年5月28日)。

破裂国共关系的责任全部推给中共,为自己辩解;把国民党军对中共的全面进攻和重点进攻,说成仅仅是"共产党迫使政府不得不"采取的"遏制破坏统一之武装行动"①,再次高唱"和平统一"、"政治解决",欺骗社会舆论。参政会场内充满了浓烈的火药味。

在"和平"高潮中,终于结出了"和平"之果:连续通过了"请政府速派大军清剿各地共匪"等项决议。鉴于内战前线的国民党军队不足、质量不高、情报不准、指挥不灵、军费不多,因而这些决议叫嚣:目前内战"军事重要不减抗战时期",要进一步扩大充实部队,"切实增加军费,提高待遇",同时,"充实地方武力,加以训练,并随时补充弹药,俾为国军之助"。要求国民党军队分路进"剿"热河、河北、山东、河南、安徽、湖北等解放区。会后又宣布将中共参政员除名。会议还通过了"速向美国政府切实磋商借款"用于内战的议案。②自此,国民参政会完成了国民党交给的二位一体的任务:要求借外债,鼓吹打内战。参政会完全成为呼吁战争的机关,伴随着反共内战的火药味和血腥气结束。

国民党反动派的罪恶行径只能激起中国人民更大规模的反抗斗争。参政会开幕当天,在天津,北洋大学学生致电参政会,要求国民党放弃一党独裁,在中共未出席之前,应暂停开参政会,否则"大会必将为人永弃"③。在南京,6000多爱国学生向参政会请愿,要和平、要吃饭,遭到国民党镇压,造成"五二〇"惨案,促使反饥饿、反内战、反迫害的学生运动进一步扩大。以此为契机,在整个国统区,形成了反对国民党腐败统治的"第二条战线"。6月,中国人民解放军由战略防御转入战略进攻,拉开了打倒蒋介石、解放全中国的序幕。

1947年6月7日,中共新华社发表社论指出,这样的参政会只能是"参卖国之政,参独裁之政,参内战之政",它已连同蒋介石政府一起,成为一辆已经抛锚、无可救药的破车,"破车不能再开"!④ 1948年3月28日,在国民党包

---

① 蒋介石:《在励志社召宴参政员时的讲话》,见《中央日报》1947年5月29日。
② 《国民参政会第四届第三次大会纪录》。
③ 《和平?战争?——参政会前夕的和平运动和舆论一般》,《国民公报》1947年5月22日。
④ 新华社社论《破车不能再开!》,见《人民日报》1947年6月7日。

办的"行宪国大"召开前夕,国民参政会最后收场。

五

如上所述,国民参政会作为党派合作的政治性组织,受整个中国政治的制约,国共之间的合作和斗争,是它十年历史发展的主旋律。除此之外,抗战时期的参政会还发挥过如下一些作用:

第一,动员人力,支持抗战。它表现为要求取缔反动的保甲组织、改善兵役实施办法、确保兵源和加强抗日宣传、增强民族意识、动员全民抗战、提高部队战斗力两个方面。

保甲制度是国民党独裁统治的基础,是束缚民众抗日的枷锁,其骨干分子多系地方土劣。它造成了壮丁征集过程中的种种流弊及草菅人命的黑暗现象,以致兵源减少,不少参政员对此进行了尖锐的批评,要求改革以至废除这一制度。在一届一次会议上,吴玉章、许德珩、褚辅成等分别提出了《改革区县政治机构与保甲办法案》、《从速设立省县及省县以下民意机构案》、《从速实行下级自治以发动民众当兵志愿案》①。一届二次会议上,梁漱溟提出《改善兵役实施办法建议案》,史良、黄炎培、王造时等要求"优待出征军人家属,抚恤伤亡,严立监督制度,重惩公务员舞弊",主张对保甲制度"根本予以废除"。陶行知在一届四次会上提出了《扩大壮丁志愿入伍运动以增加抗战力量案》,主张用加强政治宣传和教育的办法来动员壮丁志愿入伍,同时改善征兵办法提高士兵待遇,减少壮丁疾病及精神痛苦,落实对出征军人家属的优抚措施。

加强国民教育,培养民族意识,是动员全国军民坚持抗战的重要手段。沈钧儒等人在武汉失守后提出了《加强战地文化食粮输送工作案》,呼吁增加前线将士的精神食粮,提高"前线战士抗战之认识"。陶行知等提出《推行普及教育以增加抗战力量而树立建国基础案》,指出,"必须把民族意识的教育普及到敌人的后方去",普及游击战知识,做到"地失人在"。邹韬奋在一届

---

① 《国民参政会第一届大会纪录》。以下所引提案,均见各次会议记录,不一一注明出处。

三次会上提出"动员全国知识分子,扫除文盲,普及民族意识,以增强广大民众对于抗战建国之知识与参加",是发动群众参加抗战的重要工作。这些建议在社会上曾产生了广泛的影响。

第二,动员物力,推动战时经济建设。这集中地反映在对国民党政府战时经济政策的批评和建议上。从一届五次会议起,由于政治民主问题的下降,引起政治性提案的减少和财经提案的增多。这些财经提案大体分为四个方面:一是批评国民党政府贱价征粮以供军食的政策,要求统一办法,减少弊端,以纾民困;二是批评管制物价实行专卖的政策,牺牲了小商人的利益,要求改进制度,稳定物价,促进经济发展;三是要求鼓励手工业和其他工业生产,注重农林建设;四是确保大后方经济建设,发展西南、西北交通运输。此外,参政会还先后成立过川康建设期成会、经济动员策进会、经济建设策进会等专门组织,对于解决战时财经问题提出过详尽的参考意见。

第三,为中国共产党和其他党派同国民党的政治合作,提供了公开、合法、稳定的场所,客观上有利于抗日民族统一战线的巩固,而中国共产党的统战理论则通过在参政会上的实践得到了充分的检验、丰富和完善。

对于国民党,共产党参政员一方面拥护其抗战的大政方针,求同存异,维护国共团结;另一方面,针对其反共摩擦,相应采用退席抗议、有条件出席和不参加等手段,配合全党打退反共高潮的斗争。

对于中间党派,中共参政员始终努力争取、积极引导。在参政会上先后采用联合提案、参加联署、支持中间党派提案、摆事实讲道理、事前征求意见等方法,使中间党派充分了解共产党及其政治主张,从而放弃对蒋介石假民主、假宪政的幻想,最终与共产党"肝胆相照,荣辱与共"。中国共产党与中间党派在参政会上的合作经历,为后来共建新中国奠定了坚实的基础。

第四,为在中国实行民主政治提供了一个重要的合法讲坛和演习的场所。国民参政会并非是国民党标榜的"民意机关",更算不上民主政治的典范,但是,和中国封建专制政体相比,和民国以来的所谓"民主政治"相比,我们不能不承认,抗战时期的国民参政会从形式到内容都有一定程度的进步。在形式上,它容纳了中国各抗日党派,为它们提供了一个阐述各自政见的合法讲坛;在内容上,各在野党派有了参政的可能和机会(尽管是很有限的)。没有这个过程,国民党假民主、假宪政的面目不能彻底暴露;没有这个过程,共产党为国为民的一片赤诚,不能大白于天下,公诸于海内外,共产党关于新民主主义宪政的思想也不能深入人心,使全民为之奋斗;没有这个过程,绝大多数中间党派不会放弃对国民党的幻想,进而拥护共产党的领导。这个作用是蒋介石所始料不及的,以至于1948年3月28日面对人民解放军排山倒海的战略进攻,他在国民参政会结束的茶会上不得不承认:这是一个"错误之决定","至今引为遗憾"。[①] 从这个意义上讲,蒋介石做了一件"大好事",国民参政会在中国建立真正的民主政治的历程中,占有一定的地位,并作出了贡献。

国民参政会在国共合作的高潮中诞生,在团结抗战和摩擦分裂中发展,在反共内战的喧嚣中蜕变为国民党的御用工具。它曾经有过光荣的历史,对中国人民的抗日战争作过贡献,但最后却狂热地拥护内战,坚决地反对和平,留下了可耻的纪录,终为人民所唾弃,为时代所淘汰。它向历史表明:国共合作符合中华民族的根本利益,不论是国民党还是国民参政会,只有在爱国主义和国共合作的旗帜下,才能有所作为,才有光明的前途。

国民参政会的历史还表明:在光明与黑暗的搏斗中,中间党派只有团结在中国共产党周围,才能为中华民族的振兴作出贡献。正如民盟在总结历史经验时所指出的,"我们越靠近共产党,越能虚心接受共产党的领导,我们的组织就越能健全,我们的工作就越能发展,我们的影响就越能扩大,我们就越能担负起我们的责任,完成我们的使命"[②]。

这就是我们研究国民参政会的基本结论和它给我们的基本启示。

[①]《中央日报》1948年3月29日。
[②] 转引自《中国近现代政党史·前言》。

编辑说明

《国民参政会纪实》(上下卷)出版后,受到国内外学术界的重视。但由于客观条件的限制,还有一些十分重要的材料未能收录进去。在中国第二历史档案馆的大力支持和通力合作下,我们继续编辑出版了这部《续编》,对于国民参政会历史资料的收录、整理,就更加完整、全面、系统了。

本书主要包括以下三个部分:

一、档案选编。补充收录了国民参政会有关文电和各党派领袖、社会知名人士在历次参政会大会与驻会委员会上的重要提案;

二、参政员简介。收录了国民参政会历届参政员和主要职官的生平简介;

三、回忆录。收录了部分国民参政员撰写的关于参政会的日记和回忆文章。

在本书前面,我们撰写了《总结历史经验 促进祖国统一》和《论国民参政会》两篇论文,书末附录了台湾政治大学马起华教授、加拿大新勃朗斯维克大学徐乃力教授写的论文《国民参政会——战时中央民意机构》、《中国的"战时国会":国民参政会》。我们撰写的两篇论文,着重反映了编者对于国民参政会的看法;马起华教授、徐乃力教授的论文,大体上反映了近年来台湾地区和海外学术界关于国民参政会的研究现状。

档案选编,主要由中国第二历史档案馆提供,绝大部分是第一次公开发表;参政员简介,由中国第二历史档案馆万仁元、王玉文同志编撰;回忆录,除个别篇章外,都是由编者近年组织撰写的。

为了保持原貌,在不影响理解的情况下,对档案、回忆录、日记以及研究文章不进行修改。

我们再次感谢重庆出版社为本书出版付出的辛勤劳动。

我们诚恳期望海内外学者和各方面人士继续对本书提出批评、帮助。

编 者

目 录

总序 ·· 章开沅 1

序 ·· 周勇 1

总结历史经验 保进祖国统一
——为《国民参政会纪实》出版而作 ·· 孟广涵 1

论国民参政会 ································· 周永林　周勇　刘景修 1

编辑说明 ··· 1

第一部分　档案选编

一、文电、提案补遗

  1. 中国国民党临时全国代表大会组织非常时期国民参政会以统一国民意志增强抗战力量案 ·· 3

  2. 毛泽东致国民参政会正副议长汪精卫、张伯苓电（附：汪精卫、张伯苓复电） ·· 4

  3. 陈嘉庚致国民参政会议长汪精卫电 ·· 5

  4. 海外华侨拥护抗战，反对妥协致国民参政会第一届第二次会议电 ·· 5

  5. 朱德、彭德怀、叶挺、项英致国民参政会电 ································ 6

  6. 朱德、彭德怀、叶挺、项英致国民党中央、国民参政会电 ············ 7

  7. 新四军参谋处长萧正冈抗议国民参政会华北视察团将新四军彭雪枫、冯胜部列入伪军组织系统一览表致国民参政会函 ··············· 11

8. 南洋华侨学生为反对内战致国民政府、国民参政会电 …………… 11
9. 董必武关于出席和退席第三届第二次国民参政会的经过给中共中央的报告 ………………………………………………………………… 12
10. 中国国民党民主同志联合会发言人关于召开第四届国民参政会的谈话 …………………………………………………………………… 19
11. 刷新政本以利抗战案 ……………………………………………… 20
12. 加强战地文化食粮输送工作案 …………………………………… 21
13. 推行普及教育以增加抗战力量而树立建国基础案 ……………… 22
14. 请政府从速发展农村工业以应抗战建国之需要案 ……………… 25
15. 改善保甲制度案 …………………………………………………… 27
16. 请政府从速利用地方零星武力案 ………………………………… 28
17. 改善兵役实施办法建议案 ………………………………………… 29
18. 拥护蒋委员长严斥近卫声明并以此作为今后抗战国策之唯一标准案 ……………………………………………………………………… 31
19. 抗战建国之后方政治必须选任人才案 …………………………… 32
20. 动员全国知识分子扫除文盲普及民族意识以利抗战建国案 …… 33
21. 协助改善兵役建议案 ……………………………………………… 35
22. 加紧后方重要城市及工业文化区域之防空设备减少牺牲增强抗战建国之基本力量案 …………………………………………………… 36
23. 减轻人民诉讼负担案 ……………………………………………… 37
24. 拥护抗战到底反对妥协投降声讨汪逆肃清汪派活动以巩固团结争取最后胜利案 ………………………………………………………… 38
25. 严加肃清汪派卖国活动与汉奸言论案 …………………………… 40
26. 加强敌后游击活动以粉碎敌寇以战养战之阴谋案 ……………… 40
27. 组织华北视察团案 ………………………………………………… 42
28. 请政府重申前令切实保障人民权利案 …………………………… 43
29. 改善审查搜查书报办法及实行撤销增加书报寄费以解救出版界困难而加强抗战文化事业案 …………………………………………… 44

30. 请政府设法从速救济河北水灾以安民生以慰民心以利抗战案 …… 46
31. 扩大壮丁志愿应征入伍运动以增加抗战力量案 …………… 46
32. 请政府从速救济抗敌军人家属以励兵役案 ………………… 49
33. 请中央切实改进女子教育以适应抗战建国之需要案 ……… 50
34. 为决定立国大计解除根本纠纷谨提具五项意见建议政府请求采纳施行案 ………………………………………………………………… 51
35. 严禁违法拘捕迅速实行提审法以保障人民身体自由案 …… 55
36. 对于平抑物价问题之基本建议案 …………………………… 56
37. 请政府明令奖助民营基本工业并准投资工矿之公司股票得向国家银行折扣押现以资周转案 ……………………………………………… 58
38. 调节劳力整理交通改善金融与粮食管理以平抑物价案 …… 59
39. 设立中央儿童学园以倡导幼年社会教育案 ………………… 61
40. 控制商业银行游资及发行土地债券以收缩通货而安定物价案 … 62
41. 请政府明令各机关不得借故禁用女职员以符合男女职业机会均等之原则案 ……………………………………………………………… 63
42. 整饬禁政肃清烟毒以利抗战建国案 ………………………… 65
43. 加强实行民主以求全国团结而济时艰案 …………………… 66
44. 厉行法治以清正本定人心案 ………………………………… 67
45. 请政府恢复马寅初之职业自由以励直言而裨国政案 ……… 69
46. 请政府从速革新海关俾能负起其对国家之时代使命案 …… 70
47. 请推广蒙藏文宣传刊物以利抗战案 ………………………… 72
48. 请政府维护佛教以安民心而固团结案 ……………………… 73
49. 请政府刷新政治以慰民望而奠国基案 ……………………… 73
50. 请即实施民主以期抗战必胜建国必成案 …………………… 75
51. 重订国际贸易政策调整贸易委员会组织案 ………………… 75
52. 请政府从速严惩昆明学生惨案祸首禁止非法行为安慰员生以平民愤案 ……………………………………………………………………… 79
53. 请政府特派大员勘查昆明学生及教员因反对内战在校开会伤害究明

凶犯依法严惩以重人道而伸国法案 …………………………… 80

54. 再请政府实行民主以利抗战建国案 …………………………… 80

55. 请政府注意力行以安内和外案 ………………………………… 81

56. 建议调整大学师范教育案 ……………………………………… 82

57. 拟请建议政府指拨巨额专款于短期内培植大量中级技术人才及小学教师案 ……………………………………………………………… 83

58. 切实改善小学教员待遇促使专业化案 ………………………… 84

59. 请政府注重农林建设案 ………………………………………… 85

60. 彻查中央银行中央信托局历年积弊严加整顿惩罚罪人以重国家之要务而肃官常案 ……………………………………………………… 86

61. 为提议改进各部报告办法请公决案 …………………………… 87

62. 请政府迅速采取有效办法平抑物价以解人民倒悬案 ………… 87

63. 请采取有效办法杜绝地方摊派以纾民困而培国本案 ………… 88

64. 切实减轻人民负担以纾民困案 ………………………………… 89

65. 请政府约束军队澄清吏治以收人心案 ………………………… 89

66. 请取消保甲制度案 ……………………………………………… 90

67. 建议政府对于具有新理想新方法之教育在统一法令下酌察情形从宽准其试验案 …………………………………………………… 91

68. 解放大学教育保障学术自由案 ………………………………… 91

69. 请整理国字以便迅速扫除文盲案 ……………………………… 92

70. 拟请政府迅速取消开放外轮航行内河之议以维护本国航业案（附：反对开放京芜浔汉四口内河航行权理由书） …………………… 93

71. 确立蚕丝政策并早付实施案 …………………………………… 97

72. 请政府确立复兴渔业政策并实施有效救济案 ………………… 98

二、国民党在国民参政会中的活动

国民参政会党团指导委员会

1. 朱家骅就成立国民参政会党团指导委员会给蒋介石的报告（附：国民

参政会党团组织草案;国民参政会党团指导委员会组织系统表) ……… 100

2. 国民参政会党团指导委员会会议记录 …………………… 102

3. 国民参政会第二届第一次会议党团干事会第一次会议记录 …… 102

4. 国民参政会第二届第一次会议党团干事会第二次会议记录 …… 104

5. 国民参政会第二届第一次会议党团干事会第三次会议记录(附:第二届国民参政会内国民党员分组名单) …………………… 106

6. 国民参政会第二届第二次会议党团干事会第一次会议记录 …… 109

7. 国民参政会第二届第二次会议党团干事会第二次会议关于第三届国民参政员选举问题建议事项 …………………………… 110

其他活动

1. 蒋介石就第一届第一次国民参政会两项提案致国民参政会代电
………………………………………………………………… 110

2. 国民党政府处理国民参政会第一届第一次会议要求改革行政机构提案的有关文件(附:调整机构、集中人才以增加行政效率案) ……… 111

3. 国防最高会议办理邹韬奋提《请撤销图书杂志原稿审查办法案》复国民参政会函(附:战时图书杂志原稿审查办法修正要点;战时图书杂志原稿审查办法) ………………………………………… 117

4. 国民政府行政院关于陕甘宁边区不能单独召集参议会复国民参政会函 ……………………………………………………………… 121

5. 国民政府军事委员会关于华北视察团的有关问题给国民参政会秘书处的批复 ……………………………………………………… 121

6. 国民参政会秘书处复国民政府军事委员会函(附:国民参政会华北战区慰劳视察团简表;国民参政会华北战区慰劳视察团组织规则) ……… 121

7. 蒋介石就褚辅成拟向第二届第一次国民参政会提出根本解决政党问题的提案致国民参政会代电(附:抄二月五日褚慧僧先生函呈) ……… 123

8. 蒋介石关于共产党问题对出席第二届第一次国民参政会的国民党参政员训词 ……………………………………………………… 124

第二部分　参政员简介

583人，以姓氏笔画为序 …………………………………… 131

第三部分　回忆录

国民参政会的前身——国防最高会议参议会 …………… 211
第一届国民参政会亲历记 …………………………………… 213
国民参政会上的一个重要插曲 ……………………………… 259
国民参政会的一段回忆 ……………………………………… 261
参政员生活琐记 ……………………………………………… 263
救国会与国民参政会 ………………………………………… 266
张澜在国民参政会上 ………………………………………… 275
陈嘉庚在一届二次国民参政会上的电报提案 …………… 286
六参政员延安去来 …………………………………………… 299
国民参政会的收场 …………………………………………… 310
国民参政会日记（附：不堪回忆的参政会）……………… 312

第四部分　附录

国民参政会——战时中央民意机构（附表一：国民政府组织系统表；附表二：国民参政会组织形态表；附表三：国民参政会历届提案、决议统计表）
………………………………………………………………… 357
中国的"战时国会"：国民参政会（附表：国民参政会历届会期、地点及参政员出席人数）………………………………… 376

第一部分
档案选编

一、文电、提案补遗

1. 中国国民党临时全国代表大会组织非常时期国民参政会以统一国民意志增强抗战力量案（胡健中等37人提，1938年3月31日通过）

自抗战发动以来，全国国民在本党领导之下，齐心协力，抗敌御侮，以企求国家之独立，民族之解放，事迹昭然，堪垂千古。唯是民族国家在此危急存亡千钧一发之际，欲求国事万几，算无遗策，允宜遍集天下贤才、民众领袖，共襄大计，以济事功。且本党五全大会曾有召集国民大会之决议，兹当抗日战争爆发，国民大会既难召集，则设置国民参政会，以统一民众意志，增加抗战力量，似不可缓。谨拟具国民参政会组织原则如次：

一、国民参政会由下列二项会员组织之(1)由中央就原当选国民大会各省市各职业团体代表召集三分之一充任之。全体代表分为三组，每组任期一年。(2)中央聘请专家会员若干人，其数额不得超过前项会员总额四分之一。

二、国民参政会之职权如下：(1)抗战时期政纲政策之初步决定权；(2)预算决算之初审权；(3)对行政院院长、副院长及各部部长行使同意权；(4)其他有关国家大计之建议权、质询权。

三、国民参政会行使前条第(1)、(2)项之职权后，仍须送请中央党部为最后之决定。

四、国民参政会对行政院院长、副院长及各部部长人选如不同意时，得请另提人选，如第二次所提人选仍不得国民参政会之同意时，应移送中央党部解决之。

五、国民参政会之建议及质询事项，如行政院认为无法执行，或国民参政会认为不满意时，得移请中央党部解决之。

六、抗战停止，国家恢复常态或召集国民大会时，国民参政会应即解散。

以上六项原则,如经大会通过,应即交立法院拟定组织条例,迅速召集国民参政会。又本案如经通过,中央政治委员会之组织,应按照本案精神,重加定议。是否有当,敬候公决。

决议:

在非常时期,应设一国民参政会,其职权及组织方法,交中央执行委员会详细讨论,妥订法规。

(录自《中国国民党历次代表大会及中央全会资料》(下),1985年10月,光明日报出版社)

2. 毛泽东致国民参政会正副议长汪精卫、张伯苓电(1938年10月28日)

汪议长、张副议长惠鉴:

当全国抗战进入最严重之新阶段,我国民参政会适于此时举行第二次大会,献可替否,弼助国家民族,诚转弱为强之关键,开展胜利局面之枢纽也。窃以为驱逐日本军阀出中国,奠定抗战最后胜利基础,首在坚持抗战,坚持持久战,坚持举国上下精诚团结之民族统一战线。泽东因事羁身,未能出席本届大会,特电请假并贡愚见,伏乞垂察。

毛泽东　勘

附:

汪精卫、张伯苓复电

(1938年11月2日)

急。延安八路军司令部

毛泽东先生勋鉴:

勘电诵悉。除向大会报告外,东,大会已通过决议,拥护蒋委员长所宣示全面抗战持久抗战争取主动之政府既定方针。特复。

汪兆铭、张伯苓同叩,冬。

3. 陈嘉庚致国民参政会议长汪精卫电(1938年10月25日)

重庆　参政会

议长、秘书(长)公鉴：

东电悉。庚因事未能赴会,甚歉。兹有提案三宗,乞代征求参政员足数同意,并提请公决。

（一）日寇未退出我国土之前,凡公务员对任何人谈和平条件,概以汉奸国贼论。

（二）大中学校在抗战期间禁放暑假。

（三）长衣马褂限期废除,以振我民族雄武精神。

陈嘉庚叩　有

4. 海外华侨拥护抗战,反对妥协致国民参政会第一届第二次会议电

1）雪兰莪(吉隆坡)粤侨大会临时主席陈占梅(1938年10月26日)

重庆　分送国府主席林、委员长蒋、国民参政会：谣言和平,侨胞愤慨,中途妥协,等于灭亡。乞抗战到底,复地雪耻,全侨誓为后盾。

2）雪兰莪(吉隆坡)华侨文化界一百五十人(1938年10月27日)

国府林主席、蒋委座、参政会诸公钧鉴：和平谣炽,群情震愤,同人等誓死拥护政府,抗战到底。

3）雪兰莪(吉隆坡)华侨筹赈祖国难民委员会会长李孝武(1938年10月27日)

重庆　国民参政会公鉴：海外侨胞,拥护抗战,反对妥协。希本此旨,慎商国是。

4）香港中华艺术协进会、港九教师座谈会、中大同学北上服务团、中华儿童学会、妇女教育服务团、国华体育会等(1938年10月27日)

参政会勋鉴：粤港沦陷,流言四起,群情悲愤。恳政府坚持抗战到底国策,发表严正宣言,并惩办粤海守土失职军吏,及倡言中途妥协分子,以振人心,而利抗战。迫切陈词,伫待严命。

5)雪兰莪(吉隆坡)巴生华侨筹赈会(1938年10月28日)

国民参政会钧鉴:抗战始足图存,同侨誓死拥护。

6)南洋华侨协会代表大会主席(1938年11月1日)

委员长、国民政府林主席、国民参政会:海外华侨,拥护领袖抗战到底国策,反对和平谈判,建立民主政治。

7)旅越朱笃华侨救国会(1938年10月29日)

国民参政会:(略)敬向大会贡陈如下意见:

一、彻底拥护国民政府与蒋委员长领导全国,绝对坚持抗战到底,争取最后胜利。坚决反对任何中途妥协,屈服投降之阴谋与企图;

二、坚持抗日民族统一战线,消除妥协投降分子,肃清托派汉奸;

三、四、五(略)。

5. 朱德、彭德怀、叶挺、项英致国民参政会电(1940年4月15日)

国民参政会公鉴:

汪逆登场,全国震愤。伏读国民参政会通电及蒋委员长在参政会之演说,诛奸讨逆,大义凛然。

德等率部深入敌后,为保卫祖国而战,已历三年,深知敌伪阴谋在于分裂我内部团结,以求倾覆我国家,灭亡我民族,宰割我人民。近日以来,敌伪所至各地,竟敢高揭伪青天白日旗,遍设伪军伪党,号召和平反共。夫所谓和平,即投降也;反共,即灭华也,固已昭然若揭。然一部分丧心病狂之人,随声附和,亦复所在多有。欧战扩大,国际阴谋分子与敌伪沆瀣一气,企图建立所谓东方反共防线。抗战危机,千钧一发。当此之时,国内少数不明大义之徒,或策动投降,或实行反共,而以反共为投降之准备步骤。盖反共之极,势必至于投降,而投降之前,尚必倡言反共。汪精卫之计,则其明证也。故居今日而言抗战之危机,实不在敌伪之猖獗,而在我抗日防线内部投降反共分子之存在。敌人近在中条山脉附近设置无线电广播,倡言国共即将分裂,中国即将有内战。呜呼,是何言欤。夫敌之厚此我之薄,亲所痛此仇所快。

德等转战南北,不顾肝脑涂地,唯求全国继续团结,不中敌人奸计,消弭摩擦,反对内战,在我蒋委员长领导之下,合四万万五千万人之心为一心,坚持抗战局面,争取最后胜利。以我中华土地之广,人口之众,乘敌寇衰竭之时,遇欧战方酣之会,如能加紧团结而不自坏其长城,再接再厉而不自丧其勇气,则抗战未有不胜,建国未有不成。此德等不敏,誓率全军为祖国流最后一滴血,驱除敌伪,还我河山,虽赴汤蹈火,所不敢辞。尚祈各界先进,全国同胞,群策群力,共救危亡。临电不胜屏营企祷之至。

国民革命军第十八集团军　总司令　朱　德
副总司令　彭德怀
新四军军长　叶　挺
副军长　项　英
率所属全体将士同叩
删(十五日)印

6. 朱德、彭德怀、叶挺、项英致国民党中央、国民参政会电(1940年11月15日)

中央党部,行政院孔副院长,立法院孙院长,监察院于院长,考试院戴院长,司法院居院长、覃副院长,政治部张部长,军令部徐部长,教育部陈部长,农林部陈部长,经济部翁部长,交通部张部长,内政部周部长,外交部王部长,党政委员会程主任,赈济委员会许委员长,国民参政会钧鉴:

中央社、三民主义青年团总团部、国民外交协会、妇女慰劳会、反侵略大同盟钧鉴:

　　自接何白两总长皓电后,兹于佳日呈复一文,曰:

　　何参谋总长敬之、白副参谋长健生两公钧鉴:两公皓电,经叶参谋长转到奉悉。当以事关重大,处此民族危机千钧一发之时,为顾全大局挽救危亡起见,经德等往复电征获得一致意见,兹特呈复,敬祈鉴察,并祈转呈统帅核示祗遵。

　　(甲)关于行动者。职军所有部队莫不以遵循国策、服从命令、坚持抗战为唯一之任务。四年以来,抗御众多之敌军,收复广大之失地,所有战绩,为国人所共见，亦为委座历次明令所嘉奖。即如此次华北百团大战，自八月号日开始以来，已历两月有半，现方进入第二阶段，曾奉委座明令嘉勉备至。又如皖东皖南战役，粉碎敌之进攻，亦属最近期间之事。凡此所陈，非敢自扬其劳绩，实欲以明遵循国策，服从命令与捍卫民族国家奋斗到底之决心贯彻于全军之上下，而未敢有丝毫之乖离也。其中一部分曾与他军之一部分发生龃龉事端者，言之至堪痛心。其发生之后，因与消除之方策，德等早经迭次呈明在案。最近苏北事件，德等已有马（廿一）电详呈委座。鲁南事件亦有复杂原因，深堪注意，除令该地部队服从钧令约束行动外，拟请中央选派公正大员予以彻查。如属咎在职军，德等决不袒庇，愿受国家法律之处罚。如属咎在他方，亦祈按情处理，以明责任。古人有云：兼听则明，偏听则暗。而事理之正，贵得其平。况在艰苦异常之敌后抗战，多一分摩擦即多一分困难。自非不顾大局专以摩擦为能事者之人，未有不愿消弭纷争，团结对敌者。故德等主张彻底查明其是非曲直，期于永杜纠纷以利抗战。倘承俯允，乞赐施行。

（乙）关于防地者。中央提示案内所列办法，七八月间经周恩来同志传达后，德等以中央意旨所在惟有服从，而下属苦衷亦宜上达。缘华中敌后各部，多属地方人民为反抗敌寇保卫家乡而组织者。彼等以祖宗坟墓田园庐舍父母妻子所在，欲其置当前敌军奸淫焚杀之惨于不顾，远赴华北，其事甚难。委座庐山谈话及告沦陷区同胞书中所示，彼等又正衷心遵循，毫无违背。忽令离乡背井，驱迫上道，其事甚惨。自平江惨案、确山惨案发生后，新四军后方各处，如赣南、闽西、湘赣边区、晋东、皖西、豫南等地，其家属及留守人员横被摧残毫无保障。今又欲华中各部北移，彼等甚惧覆辙再寻，故无不谈虎色变。又该华北区水旱风虫敌五灾并重，树叶为粮，道途相望，该地军民已甚感维持之困难，有请南移者，有请他调者，德等方勉为抑止，告以苦捧，实亦甚难容纳其他之部队。以此种种，故请恩来转呈中央，请予允许大江南北各部队就原地抗战，一俟驱敌出国抗战胜利，自当移动以就集中之防地。兹奉电示，限期北移，德等再三考虑，认为执行命令与俯顺舆情，仍请中央兼筹并顾，对于江南正规部队，德等正拟苦心说服，劝其顾全大局，遵令北移。仍恳中央宽以限期，以求解释深入，不致激生他故，重增德等无穷之罪。对于江北部队，则暂时拟请免调,责成彼等严饬军纪,和协友军,加紧对敌之反攻,与配合正面之作战,以免操之过激,转费周章。德等对于此事深费苦心,欲顾全地方则恐违中央之命令,欲服从命令,则恐失当地之人心,而抗战胜利全赖人心之归属,两公高瞻远瞩,必不河汉斯言。目前正属奸伪思逞,谣言纷起之时,亟宜请饬各方,统一对敌,庶免为敌所乘,自召分裂离析之祸。切忌煎迫太甚,相激相荡,演成两败俱伤之局,既非中央本心,复违德等之始愿。我为鹬蚌,敌为渔人,事与愿违,嗟悔无及。此则德等腑肺之言,深愿为两公一吐者。两公虚怀若谷,全局在胸,必能维持调护,挽此艰难之局,固不待德等多言也。

(丙)关于编制者。职军孤悬敌后,欲求杀敌致果,达成统帅所付之战略任务,不得不遵循三民主义与抗战建国纲领所示原则。唤起民众,组织游击部队,因而超过原来编制,此任务与组织之联带关系,实亦所不得不然。然以现有五十万人之众,领四万五千人之饷,虽有巧妇,难以为炊,故不得不要求民众协助,因而于敌后之有敌寇而无友军之处,于驱除敌寇之后,建立抗日政权,以民众之衣粮,给民众之武力,御凶残之敌,保卫自己之家乡,诚有未可厚非者。虽衣单食薄,艰难奋战,历尽人间之辛苦,然不为法律所承认,不为后方所援助,则精神痛苦,无以复加。故有请中央允予扩充编制之举,中央亦为顾全事实起见,允予酌为扩编,如提示案内所示,职军闻之,实深庆幸。兹所求者,则请早日实行并请对编制额数酌予增加,仰慰前线将士之心,亦为国家培养一支可靠之抗战力量,非第楚弓楚得无庸怀轩轾之心,实亦卫国卫家正赖此干城之举。

(丁)关于补给者。敌后艰苦,具如上述。而子弹与医药物品等件,尤为缺乏。职军已各四个月未蒙发给颗弹片药。有一枪仅余四发五发子弹者,有一伤仅敷一次两次药物者。于是作战则专凭肉搏,负伤则仅听其自然。虽明知中央仍处艰难境地,然职军之特困不得不上达聪听,以求于艰难之中获涓埃之助。其他补给各项,均曾列款上陈,敬求一并核示。

(戊)关于边区者。陕甘宁边区二十三县一案,悬而未决者四年于兹。近且沿边区之周遭驻屯大军二十余万,发动民夫修筑五道之封锁线。西起宁夏,南沿泾水,东迄河曲,绵亘数省。规模宏大,耗巨额之经费,筑万里之长城,而于远道北来之青年学生及职军往来人员,时被扣留暗杀或被监禁集中营,以此道路惊疑,纷纷揣测,不曰大举进攻,即曰准备妥协。德等闻之刺耳,辩之辱唇。良以悬案未决,又加封锁,空穴来风,猜疑易启,亦无怪其然也。恳请中央对于悬案则予以解决,对于封锁则予以制止,释军民之疑虑,固千载之宏基,实为一举手一投足之劳耳。

(己)关于团结抗战之大计者。德等认为抗战至于今日,实争取最后胜利千载一时之机。盖帝国主义战争扩大持久之形势已成,日寇正忙应付太平洋严重问题,如能坚持团结抗战国策,不为中途之妥协,不召分裂之惨祸,则中华民族必能在最高领袖与中央政府领导之下争取独立解放之出路。惟德等鉴于近月以来国际国内之各种阴谋活动,诚有不能已于言者。颇闻日寇正在策动中国投降,软计与硬计兼施,引力与压力并重。德国则采劝和政策,欲诱中国加入三国同盟,而国内一部分人士复正在策动所谓新的反共高潮,企图为投降肃清道路。颇闻内外勾煽,欲以所谓中日联络"剿共"结束抗战局面,以内战代抗战,以投降代独立,以分裂代团结,以黑暗代光明,其事至险,其计至毒,道路相告,动魄惊心,时局危机,诚未有如今日之甚者。德等转战疆场,不惜肝脑涂地,苟利于国,万死不辞。所祈望者,惟在国内团结,不召分裂,继续抗战,不变国策。对于钧座所示各节,勉力遵行,而对部属徨骇,则加紧克服。亦求中央对于时局趋向明示方针,拒绝国际之阴谋,裁抑国内之反动,而于联日"剿共"内战投降之说予以驳斥,以安全国军民之心。复望改良政治,肃清贪污,调整民生,实行主义,俾抗战重心,置于自力更生基础之上。此皆国家民族之成败所关,万世子孙之生命所系,心所谓危,不敢不告,敬祈转呈委座采择施行,无任屏营待命之至。

等语。特此奉告,敬祈惠予指示,无任感盼。

第十八集团军总司令　朱　德

副总司令　彭德怀

新四军军长　叶　挺

副军长　项　英

同叩删(十五)

7. 新四军参谋处长萧正冈抗议国民参政会华北视察团将新四军彭雪枫、冯胜部列入伪军组织系统一览表致国民参政会函（1940年4月17日）

迳启者：

顷读贵会华北慰劳视察团报告书第五十页《豫东伪军组织系统一览表》内列有新四军第三支队司令彭雪枫部及新四军独立支队司令冯胜部两项。查彭支队司令雪枫所部在豫皖作战两年，早经敝军呈报层峰有案。且因杀敌有功，曾蒙卫司令长官嘉奖。冯司令胜所部亦属敝军。该报告书既在彭冯两部上标明新四军字样，何故仍列入豫东伪军一类。除报告军部外，特请转知贵会华北慰劳视察团即予更正。并希赐复，是所至祷。此致

国民参政会秘书处

新四军参谋处长萧正冈谨启
四月十七日

8. 南洋华侨学生为反对内战致国民政府、国民参政会电[①]

重庆。中央海外部转国民政府林主席、蒋委员长暨国民参政会：

我中华民族的神圣民族解放战争已蹈入第五个年头，由于政府当局及参政会诸公的英明领导，更由于全国各党派的精诚团结，更由于海内外同胞的热烈出钱出力，予日寇以严重的打击，奠定最后胜利的基石。今天，国际形势对我有利，友邦同情与援助日益增加，而日寇则更陷于孤立，同时被我四十多月来的英勇抗战消耗到筋疲力尽。所以虽然抗战正在相持阶段，困难还存在，只要我们坚持抗战团结进步，再接再厉，最后胜利必然是我们的。这是海内外同胞所一致深信的真理。

不幸的是，时至今天，正当抗战接近胜利的时候，违反抗战利益及人民要求的悲痛事件接二连三地出现，忠诚为国的杜重远先生、马寅初先生的被陷

[①] 此电原抄件无发报时间，据内容推断，时间当在1941年8月。——编者

被拘,全国生活书店被封闭,整批爱国青年被关在变相的监狱——集中营、劳动营,甚至遭活埋屠杀,防制异党活动办法到处流行,政治一天一天地黑暗,以及轰动中外的解散新四军事件,国共摩擦一天天地严重。消息传来正如晴天霹雳。我们海外学生,欲哭无泪,深恐内战重演,使抗战无法继续,前方将士的血白流,后方同胞的力白出,而结果仍不免是亡国奴。很明显的,这些事件全是暗藏在抗战阵营的汪派汉奸、亲日投降分子及自私自利而不长进的顽固分子一手造成的。他们用尽了挑拨离间、造谣中伤、歪曲事实、颠倒是非的无耻卑鄙的手段,配合日寇灭亡中国建立"东亚新秩序",成为日寇的忠实奴才,全民族的罪人。

我们是远离祖国的海外学生,我们是中国人,我们爱自己的祖国,同样地我们也爱自己的"第二故乡"南洋。现在,南洋正受到战争的严重威胁,而中国的抗战恰是粉碎日寇的南进保障南洋安全的伟大而且主要的力量。为了祖国同胞的自由解放,更为了我们本身及千万侨胞的幸福,我们海外学生坚决反对内战,反对投降妥协。因为正如蒋委员长所昭告我们的:反共就是投降,团结则存,分裂则亡。我们海外学生以万分的诚意,恳请祖国政府切实代表海内外同胞的利益与要求,明察秋毫,判辨忠奸,清除一切亲日投降分子出抗战阵营,实行革命的三民主义,坚持各抗日党派的合作(首先是国共合作),保障人民言论、出版、集会、结社的自由,实施宪政。毫无疑问的只有这样,最后胜利才必然到来,而我中华民族也一定能够胜利。谨此上陈。并望以抗战大计为重,妥于处置,则国家幸甚。民族幸甚。

南洋马来亚霹雳　怡保　地摩　端洛实兆远　太平
打巴　布先　拱桥　金宝　万岭
朱毛　万里望　丁和丰
华侨学生

9. 董必武关于出席和退席第三届第二次国民参政会的经过给中共中央的报告(1943年12月28日)

国民参政会第三届第二次大会,原定九月十八日开会,十三日至十七日为参政员报到期,由于胡宗南将黄河边上抗日的两军、六师、一炮兵旅、一重炮兵营调到陕甘宁边区的边缘上,连续不断地作了好几次试探性和挑衅式的进攻(七月七日、十二日、十四日、二十七日、二十八日、八月十八日),大后方报纸登载了各地所谓民众文化团体纷纷电请毛泽东取消共产党、取消边区、取消"封建割据"等消息(这些电讯都是经过中央社公布的),我党中央除一方面致电国民党中央呼吁制止内战外,积极动员准备自卫,同时无情地揭露了投降妥协分子发动内战的阴谋,国内政治形势空前的紧张。国民党十一中全会最中心的问题,即是商讨国共两党关系问题,中经几度变化,由于国际国内的许多条件,不利于投降妥协分子发动内战,终于在十三日决定以政治方法解决。但案由是"中共危害国家,破坏抗战"。这样最严重的罪名放在共产党身上,是不能容忍的。又听说国民党顽固派还要利用国民参政会通过一反动决议,借以表示"民意"。我处这种环境下,应否报列出席,经向我党中央请示后,接得毛泽东同志的指示,叫我报到出席后相机处理。

九月十六日《中央日报》有一篇申讨中共的社论出现。最后并说要我们答复。十七日上午七时,国民参政会秘书长王雪艇来,以个人资格劝我去报到出席。我答以:我留在重庆,并没有打算不出席,但因国民党骂得这样凶,参政会上如要作反共言论和决议,这必引起我的抗辩,我想不出席,让这些反共代表去骂个痛快算了,何必去寻这样毫无益处的麻烦呢?王雪艇说,他知道政府方面没有要在参政会来反共,蒋主席作主,蒋不会在会上讲什么。我说,蒋主席不会讲什么,我也相信,何总长是不是要讲些什么呢?王雪艇没有直接答复这一问题,只是说,蒋的意思是代表国民党的意见,此外个人意见在会上也难免提出。我说,参政员的意见是另一回事,我是指的政府方面的意见。王雪艇匆匆地说,别人已伸出手来了,你怎么好意思把手没在口袋里呢?时间很仓促,请你自己考虑吧。说完他就走了。我午后七时到参政会秘书处回访王,并说我出席参政会,来欢迎国民党的政治解决,假如有人利用参政会来宣传反共,我一定是要抗辩的。我于是报到了。

十八日上午九时,大会举行开会式,我出席了。国社党的领袖张君劢,青年党领袖之一左舜生,都没有出席。据说,他们也没有报到。秘书处把徽章和席次号费送给他们,他们不便拒绝,也就马马虎虎作为报到了。是日下午开大会,听政府报告。向来政府各部长报告是军事第一,由何应钦第一个代表政府到大会作报告。这次大会议事日程把他的报告推到第三日下午,后来因蒋介石设宴,又移后了一天,移到第四日的下午。另一向例是,国民党的问题多由何应钦在军事报告中提出。这一议事日程的变更,不能不引起若干推测,是否为着等待我党表示对国民党十一中全会决议的态度呢?这是国民党自己打算的问题,外人只是感到微有不同。

二十一日下午,第五次大会,何应钦代表军事委员会向大会作军事报告,报告时间约两小时,其中有四分之一讲我党和十八集团军的"不法行为"。他说那是不幸的事,他不能不向大会报告。他说,几年来中共和第十八集团军不顾大局,扩充实力,袭击友军,破坏抗战的事实,举不胜举。只就本年不幸事件说,就有苏北敌人进攻江苏韩德勤主席时,早被政府明令解散了的新四军,阻截韩主席,缴枪捉人,连韩主席也捉去了。中央虽问朱德总司令,朱总司令说是误会。敌人进攻鲁区于学忠总司令,十八集团军配合敌人袭击于部,致于部损失很大,终于不得不从山东退出来。山东省政府建设厅长兼鲁南行署主任秦启荣,遭受十八集团军袭击身毙。太行山之役,十八集团军阻断庞炳勋的退路,新五军孙殿英投降敌人,庞与部队隔绝,被敌人捉去。二十一军刘进部新预备第八师陈孝强,被敌扫荡时,十八集团军袭击陈部,致陈师长受伤被俘。这些都是特别大者。至于割据地盘,破坏统一,滥发钞票,破坏金融,大种鸦片,破坏禁令,都是几年来大家已经知道的事实。本年七月以来,诬蔑中央,信口谩骂,俨如村姑骂街,造谣说中央要进攻边区,传播中外,破坏中央威信。中共可用来骂人的工具很多,但骂是不能解决问题的。蒋主席顾及国内外形势,在本党十一中全会上指出中共问题是一政治问题,可用政治方法解决。本会同仁,须遵蒋主席的指示,仍以宽大为怀。希望中共及十八集团军悉心实践其一九三七年九月二十二日的四项诺言,放弃割据,不再袭击友军,以期军令政令之统一,在蒋主席领导下,完成抗建大业云云。

我在听了何应钦整个报告后,按照议事规则,对他提出口头询问(书面询问要五个参政员联署,我一时找不到其他参政员联署)。我说,今天很荣幸,听了何总长的报告,特别是把蒋主席在国民党十一中全会上对中共的方针,在本会上宣布出来,这是很好的。可惜何总长今天代表政府报告军事,检讨自上届大会以来的战事,在讲到十八集团军时,只讲十八集团军和友军摩擦,没有一个字提到抗战,好像十八集团军只是为与友军摩擦而成立的部队,除与友军摩擦外,再没有别的事情可说了。五年前,十八集团军奉到委员长的命令,深入敌后作战,那里敌人的扫荡是连续的,封锁是严密的,铁壁合围,三光政策,是大家都知道的。敌人是那样的残酷,那样的凶狠,武装是那样的齐全。十八集团军一入敌后,即同当地人民打成一片,极艰苦地支持着许多抗日游击根据地。政府四年多没有补足它一颗子弹,三年没有发它一文钱。纵然如此,十八集团军还是在敌后坚持抗战,牵制住敌人十几个兵团的兵力,粉碎了敌人迭次扫荡。这些成绩,我们都报告了军事委员会的,但何总长代表军委会作报告时,检讨一年来的战斗,为什么对十八集团军那样艰苦地在敌后作战一字不提,这难道说值不得一提吗?对于这样的成绩不提,这不是一件小事。这是对十八集团军几十万人抗战的抹杀,对敌后几千万人民抗战的冷淡。我不知何总长今天在本会检讨一年的战斗时,为什么不知敌后军民的抗战?这是一。

其次,何总长报告十八集团军和友军摩擦,十八集团军和某部分友军相处不好。只说摩擦的现象,没有谈摩擦的原因。这样说不能解释问题,更不能解决问题。何总长所举中共和十八集团军不法行为,有的仅是片面的事实,有的是毫无事实。

(甲)试就新四军和江苏韩德勤主席的关系来说。韩主席的部队,过去和新四军摩擦得很厉害,自从太平洋战争发生后,韩主席在苏北和新四军相安无事者一年多。今年一月,韩主席和新四军都得到日寇要来进攻的情报。韩主席派四位代表与新四军第三师师长黄克诚商量,协同动作,并云,韩主席防区太狭,受逼后,拟向黄师防区回旅。黄师长同意,并订有契约。一月中旬,敌人果向韩部驻地进攻。黄师协同韩部抵抗,血战四日,韩部不支,霍守义师颇有损失,向东退到黄师防区内。黄部给以粮食、医药、人伕的供给,霍师长曾致函道谢。韩率保安司令王光夏向西退到新四军第四师师长彭雪枫的防区,事先没有接洽。王光夏向来与新四军不和。王部到达彭师地区后,又捕捉地方上政治工作人员,惹起冲突。冲突结果,是王光夏司令输了。当时彭师不知韩主席也在其中,后来知道了,马上欢迎韩主席,送还人枪,并护送韩到他所要到的地方。如果诚心摩擦,何以不留住韩主席和所获的人枪,反而护送他出境呢？这件事的经过,我们原原本本地呈报了何总长,何总长为什么只报告新四军和韩主席误会冲突的一节,而关于他们相处很好,配合抗日,和霍师受黄师优待的事情,却一字不提呢？

（乙）于学忠总司令在鲁南抗日,和十八集团军并无大冲突。今年于部受敌攻击,退入鲁南,老实说,没有十八集团军给他帮助,他是不容易退出来的。十八集团军协同于部在鲁南作战的情形,我们也报告了何总长,为什么反说十八集团军袭击于总司令呢？

（丙）秦启荣的事,我已电延安去查询。有一点我须向大会说明的,就是秦启荣这位先生,是一个特别的人,他在鲁南一成立部队,就和我们摩擦起来。不久以前有过冲突,我只能电达延安,由延安而太行山总部,总部转山东纵队,再转到肇事地区部队去查,自然要经过较长的时间,我想不久就有回电的。

（丁）预备第八师陈孝强,受敌人压迫,曾退到太行山以南的地区,这是十八集团军驻扎的区域。太南区对陈孝强部供给粮食、医药、人伕,曾得到陈师长热烈感谢的信。后来陈师受到敌人的扫荡,陈孝强被俘。这笔滥账,又写在十八集团军项下,较为撇脱。我们曾把陈孝强感谢词抄呈军委会,不知道何总长曾经看否！

（戊）陕北种鸦片的消息,去年自西安传出来,《新华日报》曾公布了延安新华社对这些谣言的驳斥,并请全国全世界公正人士去调查,至今尚无人去查。但有一点请大家注意,凡是产鸦片的地方,就不能产粮食。陕甘宁边区人口不到二百万,除老弱妇女外,能生产者不过三四十万人。那里被重重封锁,老百姓自身要粮食吃,此外还有军队、公务人员、学生,需要不少的粮食,边区不仅自给,还供给北面榆林邓、高二部驻军的粮食。如果地方种了鸦片烟,哪里来的这许多粮食呢？何总长的报告,仅根据西安来的谣言,为什么不考虑一下《新华日报》辟谣的记载呢？

何总长说,延安造谣说中央派兵进攻边区。延安是否造谣,请看下述的事实。今年六、七月之交,胡宗南总司令把防守黄河边抗日的三个军,抽调二个军(第一、第九十军),另外一个炮兵旅,一个重炮兵营,增加到陕甘宁边区方面去。我们几次将这些部队的番号、原驻地点、新移地点,都告诉张治中部长转告何总长。朱总司令在七月四日、六日、七日,也都有电报告中央。七日胡部已开始炮击。就这些情况看,就胡宗南这种军事部署看,我不懂军事,不知军事家的观察如何,我们非军事家的人,只能说这是军事进攻。当然是否真的军事进攻,何总长自己知道。延安在受军事进攻的情况下,激荡之情是有的。在动武的时候,骂人变成了次要的问题。即就骂人来说,我们共产党被骂为奸党,十八集团军被骂为奸军,已几年了。重庆市有一份秘密而公开的小报叫《良心话》,骂我们何止于村姑骂街,什么谣言都造了出来。重庆有一条街,有三家书店,专门出反共的书籍,那里出版的小册子,不是几种,而是几百种,我们都忍着,没有作声。今年七月,延安方面因军事威胁而相骂,自然无好言。本席相信,何总长所说的骂总不能解决问题。但要停止骂,必须双方都停止,要想一方面停止,是做不到的。

上述这些事实,不知道何总长愿意倾听否？不管何总长愿意听不愿意听,何总长既提到这些问题,我不能不有补充的说明,这是第二个问题。

第三个问题,何总长说,政府对中共和八路军是宽大为怀。宽大诚然是一种好听的话,但我们共产党人和十八集团军,在事实上完全感觉不到。拿医药的例子来说,何总长说我们的友邦援助了我们大量的药品,但这些友邦援助我们大量的药品,十八集团军四年多没有领到一片。去年林彪师长来见蒋委员长,请求中央发给一点药品,当时是张治中部长引见的,委员长答应了,并嘱张部长转告何总长照给。以后林师长向何总长又当面请求药品。何总长说:"好,你们办个公事来我批。"林师长回寓所后,把公事办好送上去,几个月没有批示。今年六月六日,周恩来、林彪两同志见蒋委员长,亦有张部长在座,周、林请委员长发点药品,委员长又嘱咐张部长转告何总长发给。周、林次日即六月七日见何总长时又面请批示,何总长说好,马上就批,果然不错,次日就批下来了,批准发给我们。可是把请领药品名目的公文送上去后,如石沉大海,一直到现在,没有发。三年以前,有位英国朋友巴义华,曾到过华北,看到十八集团军医药最困难,特地跑回到他本国去,为我们募集了两卡车的药品和施手术的器材。他把两车药品和器材运到重庆,但领不到护照搬走。经卡尔大使帮忙,把护照领到,但运至三原,又全部被扣,至今尚未发还我们。对俘来的敌人,如果有伤和病,都要给他们医药去诊治。十八集团军纵有不满人意之处,他们都是中国人,都是抗日的部队,现在友邦援助我国的大量药品,于十八集团军无份,政府批准发给的药品,也不照给,外国人单独为十八集团军募援的药品,又扣着不准放行。这是否算得宽大呢?除非我们共产党人和十八集团军具有一种特殊的感觉外,怎能说这样的事实是宽大呢?难道说何总长所说政府的宽大为怀就是这样宽大的吗?

第四个问题,蒋先生以"公"与"诚"号召中国。当国的人真正是公与诚,中国的事没有弄不好的。大公可以服人,至诚可以感物。蒋先生高高在上,他纵有一番好意,但要在他下面做事的人能体会到并矢志奉行,才能见之于事实。凡事必须依照真正的公与诚去做,才能把中国弄好。我不知何总长有此同感否?

我作了上面四个问题的口头询问后,国民党的参政员王普涵、李汗鸣、王亚明等三人,对我的询问大加抨击。我在王亚明讲完之时,起来向主席,今天大会到底是讨论何总长的报告,还是讨论我的询问?我的询问应由何总长负责答复。讨论我的询问是违反议事规则的。若不能照规则进行,我声明退席。我于是退出会场。这次大会议程,还有一个报告,因我作了最长的询问而退席,国民党参政员大哗,主席宣布休会。

晚上,我又写一封信给国民参政会主席团,说明是日会场情形显然是有人想利用参政会来宣布反共。参政会是国内团结的一种标志,既有人利用他来破坏团结,我决不参加。特声明不再出席本届大会。

主席团于二十三日复我一信,对我二十一日在大会的询问有疑词,但劝我暂持雅量,仍继续出席。我对主席团的来信有异议,并说有人已决定利用参政会宣传反共,借以表示"民意",故我绝不出席。

我答复主席团后，并以复函大意告诉李幼椿先生，并告以第一组审查报告已列有反共决议。李先生复我一信，讲参政会审查军事报告，已将原决议中关于十八集团军的一段改成概括的两句话，乃请我出席。可见当局想欺骗我出席，不惜李先生也一同受骗。

我坚持着没有出席大会。果不出我之所料，他们破例通过了一项反共决议，后且又破例把军事决议公开出来，而军事决议中，把差不多三分之二的字数，花在反共的案子上。国民党的用意何在，不难想见了。

10. 中国国民党民主同志联合会发言人关于召开第四届国民参政会的谈话（1945年7月）

第四届国民参政会快要开会了。今年以来，从本党的六全大会到第四届国民参政会，以及行将召开的国民大会，是一般所谓本党一九四五年民主诺言实践阶梯。这项诺言是在全国人民一致要求民主团结与举世盟邦热切期待我国团结进步的呼唤中产生的，这项诺言的具体意义，其第一步便是尽速结束党治。

我们必须郑重指出，只有依据民主原则，立即实行各种必要的改革，才是诚意履践诺言的基础。也只有遵循民主方式，和平解决国内政治问题，乃为达到真诚团结的切实保障。这是两个先决条件。全国的人民都在以极大的忍耐注视着这两个先决条件的实现，并以之评衡所谓"民主诺言"的真伪。

事实如何呢？我们见到了人民基本自由权利之被剥夺日益加甚，这不啻为第一个考验的回答。由于六全大会之表里两歧，言行相反，致使政治的危机日益加深，这又不啻为第二个考验的说明。

本会对于六全大会，在召开之初曾致建议书，在开幕之后，又曾予以严正批判，谅早为国人所共见。兹对于即将开幕的第四届国民参政会之事件，我们愿以我们的意见贡献国人，并唤起警觉。

参政会由点缀门面渐变而为御用机关之后，其开会与否，本与国计民生无干，久已为各党各派及全国人民所不重视。但此次我们应该提起注意的是，六全大会制定了于本年十一月十二日召开国民大会的决议，并将召开国民大会的问题付与国民参政会商讨。而关于国民大会的代表及职权问题,则由中央执行委员会或中常会决定。这一套假国民参政会之名以制造国民大会,复假国民大会之名以遂行独裁之实的把戏,实足以加深时局的危机,促成国家的分裂。

我们所要求的国民大会,是在抗战胜利、军事结束、全国人民能本自由意志实行普选所产生而能代表民意之代表所组成的国民大会,我们坚决的相信,目前只有依据民主的原则,立即实行各种必须的改革,确实保障人民基本自由权利,并以民主的方式组织全国一致的民主政府,达成全国真正的团结,这才是解决国是,提早胜利的正道,其他,一切欺骗伪装、恐吓威胁的手段,都是徒增纠纷,自取灭亡。我们愿以无限的热忱,号召一切总理中山先生的忠实信徒,为实习总理未竟的革命事业而奋斗。

11. 刷新政本以利抗战案(张君劢等提)

自抗战开始,以迄于今,岁月已逾一载,而国事前途之危险,亦无有过于今日者。盖武汉既失,广州又先告不守,其在战局上所生之影响:平汉粤汉铁路交通,从此断绝,一也;数千万至一万万之对外贸易,失其运道之便利,二也;军火何恃香港为入口者,今后非改道不可,三也;甚且日人自武汉南下,由广州北上,使吾国军不复能保守长衡一线,四也;国际之观听,以胜败为转移,日人既入华南,英法更因而却步,五也。有此五端,则军事上、经济上、外交上,因此两地之失,所蒙损害,固已有目所共睹,有识所共见。而自本届开会以来,同人等听取政府报告内容,在军事上,抗战决心,固定犹昔,而未曾示以明确的挽救方法。在外交上,仰首以待外援,而苦予渺茫难期。在财政上,以疆土人民之日蹙,益见收入之减少。瞻念国家前途,其将局促于一隅之地,犹致亡国之惨祸乎?抑更力自振作,以图恢复乎?吾人苟默想四千年之华夏民族,坠败至此,其何颜以自立于天壤!更一念及民国缔造之艰辛,其何以对中山先生与诸先烈之灵于地下!然正以此民族历史之断续与国家之存亡,系于今后政府之设施。同人等不忍自安缄默,用敢献其愚者之虑,谨胪陈刷新政本三端于左:

第一,(由原提案人撤回)

第二,国政之进步,惟有以公开为纠正之法。近代民主国中。必有议会,议会中有人民代表行使其监督之权,政府自不敢怠忽,自没由隐匿,而庶政赖之以进步。十余年来之政治,虽有全国代表大会与立法院,究其地位,远不如各国宪法上之民意机关。同人等以为今后应扩充国民参政会权限,改为监督机关。即关于国防设备、军官训练、兵役施行,亦应一一提出于此机关而讨论之。至于预算权之应属于此民意机关,更无待论。此种机关既立。全国之心思才力冶于一炉,国家之施政大端,既经代表之讨论而赞可,则自可得民众之同心协力。此应请政府注意者二也。

第三,国家之治乱与政治之善恶,端视用人之当否。智德之人在位则国治,智德之人失位则国乱,此在平日已然,而况战争之中,若军事之运筹帷幄,外交之纵横捭阖,财政之酌剂盈虚,即尽全国之财而用之,犹虞不济。所谓天下为公,选贤与能,正谓此也。若今之用人之道,每因各种所属关系以为取舍,因此门户之树立益多,而人才水平日见下降。然此点非仅援引党外多少人即可补救,必政府本廓然之公心,对于各种政务,各种事项,严密检讨用人之当否,确立一秉至公之标准,以吸收全国之人才,然后国事有昭苏之望,此应请政府注意者三也。

抑同人等深如国事之危,危于累卵,战局之急,急于燃眉,若前线之守御,兵力之补充等等,果有办法,庶足以言后方之改革。惟军事之应付,属诸最高统帅之权,同人等未窥内容,不敢妄参谋议。顾武力之运用,与后方政治实有子母相生之关系,故就国本上重且大者贡其一得之愚。本所谓"心所谓危,不敢不告"之意,而略言之,以供政府之参考。

(1938年10月提交第一届第二次会议)

12. 加强战地文化食粮输送工作案(沈钧儒等提)

前方战士浴血抗战于战壕之中,除需要物质给养外,对于精神食粮之要求,尤为殷切。惟前线与后方消息隔绝,后方所出书报刊物未能送达前方,以致前方战士经月不知时事,实是影响其抗战认识。虽武汉未撤之前,政府机关及民众团体对于供给书报工作已甚努力推行，供给数量亦甚可观，但总以经费不足力量薄弱以及步调不齐，未能尽量分配，普及各线，以较敌方此项工作更觉瞠乎其后。实应加紧工作，以增强前线战士抗战之认识，而予以精神之安慰，兹略拟办法如左。

一、由政府就原有各种供给战地书报机关，组织统一机构，加紧工作，并尽量吸收民众团体已有经验之工作人员，参加工作。

二、由政府确定经费，经常支拨。

三、由政府令主管机关拨定运送车辆（卡车及机器脚踏车），分配各县往返输送。

四、由政府号召并奖励全国出版业著作人以及文艺团体学术机关等，编印通俗报纸刊物，交由统一机构输送前方。

（1938年10月提交第一届第二次会议）

13. 推行普及教育以增加抗战力量而树立建国基础案（陶行知等提）

理由：

一、现在蒋委员长已经展开全面抗战，我们必须普遍的在各方面的生活里引起一种利于抗战的变化。我们要用全面教育来配合全面抗战，以造成全面的军民合作，与各党派、各阶层、各宗教、各职业、各民族之全面团结，以争取最后之全面胜利。

二、武汉广州失守以后，敌人所得据点愈多，愈有机会制造汉奸，拿我们的人力财力来打我们。我们必须把民族意识的教育普及到敌人的后方去，粉碎敌人以华制华的阴谋。我们需用教育的力量来帮助做到"地失人在"之境界，以恢复所失之领土。而且在敌人后方所能施行的是游击战术，若没有游击教育与他配合起来，则民众与游击队摩擦，游击队与游击队摩擦，力量抵消，敌人乃能把我们各个击破。我们必须消灭这一个致命伤，必须把民族教育普及到敌人的后方去。

办法：

一、普及抗战建国教育之原则,三民主义及《抗战建国纲领》为普及教育之最高原则。在最高原则指导之下应有如下之具体的原则,引导普及教育之推进:

(甲)学校与社会联成一气。

(乙)抗战建国之生活与抗战建国的教育结成一体。

(丙)教人在团体的生活里取得团体的教育。

(丁)教人用手用脑用机械,在抗战建国之工作上取得抗战建国的教育。

(戊)即知即传。

(己)节省时间,使忙人也能受教育。

(庚)化钱最少,使穷人也能受教育。

二、要动员的人:

(甲)总动员全国知识分子,做指导编辑提倡及训练民众教师的工作。

(乙)总动员全国的识字成人、青年孩子,教不识字的人。

(丙)总动员全国有一技之长者,把自己的技艺传给人。

(丁)总动员全国人民,无论男女老幼,在炮火中长进。

三、要有的教育组织:

(甲)组织普及教育会,赞助政府推进普及教育运动。

(乙)大规模的推广民众补习学校。

(丙)每一壮丁训练处为一壮丁学校,要注重真武艺及政治教育。

(丁)每一伤兵医院为一伤兵学校,挑选优秀伤兵教伤兵,并教当地的民众,以鼓民气,俟伤愈归营,与前线士兵再见,交换所得,以励士气。

(戊)赈济会所办难民收容所,每所为一工学团,以便难民取得"工以养生,学以明生,团以保身"之教育。

(己)保育会赈济会所办之难童收容所,每所为一工学团,使难童得树自立之基础。

(庚)每一军队单位为一士兵补习学校,充分运用下级军官或士兵之识字者教不认字者,并由政治部充分动员知识分子推行政治教育。士兵军事教育,要腾出时间多学真武艺及抗战所必须之政治教育。

（辛）设立敌人后方工作协进会，训练并资送富有民族意识及一技之长之志士到敌人后方去工作。所派的人不限定教师，有民族意识的农民、工人、商人也好。协进会应该提倡"打回老家去"或"回乡服务"的运动。一个方法是组织回乡五人团：一个农民去种田，一个工人去做工，一个商人去做买卖，一个兵去教游击，一个教师去担任文化工作。全团五个人分起来合起来都要把民族意识及抵抗方略传给敌人后方的同胞。如果教师和兵也能种田做工，则在敌人后方可以自活。这样，经费只须旅费与小小的开办费就行。顶少数有家属的，是应当有安家费。

（壬）组织普及教育旅行团，如孩子剧团，新安旅行团，中国救亡剧社一类的有效组织，要大规模的推行出去。

（癸）每一童子军为一即知即传之组织，把自己所得的传给人，最后是每一单位成立一个民众学校，或是每人都教几位邻居或亲戚朋友。这工作要加入童子军为正规工作。

四、一般学校应有改革：

（甲）学校对于每一课都要问一问：能增加抗战建国力量否？我们必须腾出时间来，帮助把教育普及出去，并直接轮流在为抗战服务上取得抗战之教育。

（乙）我们后方的先生学生，要时常想到沦陷区的同胞，如何把救亡知识力量通到敌人的后方去。

（丙）运用并变通原定功课，以增加普及教育之效用。例如：

（1）利用"书法"或写字一门功课，为人为民众抄课本。现在纸贵，更是一举两得。（2）利用"公民"或"社会"一门功课，训练小孩教人，使他们知道最好的公民不说空口救国，是要把自己的知识公开给老百姓，叫大家一起知道救国。能够救国，则中国自然万万岁了。

（丁）特别注意手脑相长之教育。

（戊）学生做普及教育工作，及抗战服务有成绩者，可抵学分。

五、普及教育当充分运用电影无线电。

六、希望报纸提倡普及教育，并力谋文字通俗，使读者增加兴趣，减少困难。

七、在一般受着教育之成人青年小孩中,努力随时发现天才,以便施以特殊教育。

八、汉字之外,应推行拼音新符号,以便利边疆不通汉文之民族及劳苦老百姓。

九、在不违背三民主义及《抗战建国纲领》条件下,充分提倡私人兴学。

十、训练蒙回藏等族的人才,用自己的文字或拼音符号普及各该族所需要之教育,以参加抗战建国之大业。

(1938年10月提交第一届第二次会议)

14. 请政府从速发展农村工业以应抗战建国之需要案（史良等提）

理由：

一、发展农村工业,乃《抗战建国纲领》内"以全力发展农村经济"及"发展各地手工业"之重要实施途径。

二、利用农民闲暇时间,增加生产,以充实抗战力量。全国农暇,总计每年当有数十万万元之生产能力,目前废弃而不用。在全民抗战原则下,务须利用此项大量人力,从事生产,始为合理之措施。

三、农村工业,可供给目前日用品及军需品之急需,供给日用品之原有工厂,多被敌机毁灭,海口被封,外货又不易输进,致日用品及军需品皆感缺乏,且价格飞涨,应从速动员农民,尽量生产,始能应付目前之急需。

办法：

一、在中央政府内设立"全国农村工业指导所"或"全国农村工业督导专员",担负策动全国农村工业之专责,主管研究、设计、宣传、调查、督促指导,及打通销路等事项。

二、在省政府内,设立"某某省农村工业指导所"担任发展全省农村工业之专责,由全国农村工业指导所,或"全国农村工业督导专员"辅导进行一切调查、研究、设计、推动等工作。

三、根据各处农村之人情习惯,及物质环境,分区提倡各种农村工业,每区只提倡一种工业，以便集中力量专门进行，而得工作上种种便利。

四、在某区域内选定某种工业后，即就各村组织农村生产合作社，并协助各合作社，设立"农村合作工场"，负责经营。举办"合作工场"之数目视经费之多寡为定，其进行方式，以农民自主为原则，力求事业"当地生根"。

五、由省政府指定专款，作为发展农村工业之"周转基金"，由"农村工业指导所"负责经营，专供推广事业时周转之用，以保持原数，永不亏损为原则。

六、扶植"农村合作工场"，使成为农民自给自主之生产组织。在初办期间，民众信仰未坚，不能徒凭政府之空口提倡，而立即负担营业成败之经济责任，故应由"周转基金"内垫款经营，以作表证，其成功已明白表证后，即由农民以合作社名义，筹资接办，并将政府垫款归还，"指导所"收到第一批"合作工场"归还垫款后，即进行扶植第二批"合作工厂"，以后再进而扶植第三批等等。如是将此区区小款轮回运用，以扶植大批农民自主之生产组织，即此中国目前穷困中，以小款提倡伟大事业之经济办法也。

七、津贴训练，使农民乐意参加。农民进"合作工场"之最初一二个月，耗料多，成品少，其进益绝不能维持生活，必由"指导所"担保补定训练期间之最低生活费，农民方能放心参加，"指导所"就各人技术进程之前后进益，平均计算其实际需要津贴之数，想必极少。

八、准备销售海外之出品，由政府备款收买，集中运售以求灵便，其销售国内之用品，可在"指导所"指导之下，由各"合作工场"合组推销机关，自行推销。

工作内容提要：

农村工业之范围极广，但创办之初，势必由小而大，由简而繁，脚踏实地，稳步进行，并须根据当地之人情习惯，及物质环境，慎为选择，方能对症发药而期成功，兹特提要列举于下：

一、农产品加工制造。可加工之农产品极多，如棉产可制成棉纱棉布，麻产可制成麻布麻袋，果品可制成果脯、菜酱，肉产可制成火腿肉松，竹产可制成各种竹类用器等等，不胜枚举。至于各地应由何业农产着手进行，当视当地情形而定。

二、代都市工厂分担工作。都市工厂内,手续简单之工作,及一切简单零件之制造,应尽量分布到附近数十里内交通便利之农村中进行,以减少敌机轰炸之损失,农民若有相当指导与训练,必能应付厂方需要,加以严密组织而使呼应灵便,当可与厂方成立有系统之合作,农民工价低廉,厂方势必乐从。

三、提倡精致手艺。除上述两项工作外,更可择地提倡精致手艺,加工指导,使练成巧妙技术,可永久作为财源,不致遭受淘汰。例如:(1)各种精致竹器,以备运销海外,而夺得日本目前大批销路;(2)各种美术雕刻,以供建筑及装饰之用;(3)各种刺绣及精致缂丝,以供国内外羡慕美术者之欣赏;(4)各种编织抽纱等工作,以供都市家庭之需要;(5)各种文具,儿童玩具,以供国内需要,而抵制外贷;(6)各种文具,以供学界之用;(7)各种毛刷草刷等,以应付国内外之市场。此外尚有多种手艺可在农村中提倡,使农民于农事之外,各有可靠之第二财源,以充裕其生活要素。欲达到农民安居乐业之地步者,此其道矣。

(1938年10月提交第一届第二次会议)

15. 改善保甲制度案(王造时等提)

今日政令之推行,中央责诸各省,各省责诸各县,县政府责诸区署,区署责诸联保,联保责诸保甲长。抗战以来,保甲事务更繁,征兵征工派款诸事丛集。甲长纯尽义务,保长每月仅有一元之办公费,且又七折发给,待遇过于低微,好人不愿担任,地痞游民于是混迹其间,舞弊取利。因之近来有认保甲为压迫民众之工具,贪官污吏之爪牙,而主张根本予以废止者。窃以为在此抗战期间,如认为政令之推行急于星火,难于短时间内将此最基层之机构废止,免引起政务之停顿与骚乱,至少亦须迅速予以相当之补救。爰提出改善办法于后。

办法:

一、提高待遇。甲长管十户之事,耳目易周,且邻居亲属,办事自不棘手,担任甲长,无碍生业,不须支给津贴,惟亦有因公用费如茶水纸笔,应每月发给办公费一二元。至于保长管百户,地域常及数里至十余里,环境复杂,办事较难。今日之保长，直昼夜奔走，不得喘息，以致不能治生。窃以为除发给办公费一元外，宜支生活费十元至十二元，俾其无忧生活，能洁身自好，努力从公。如省政府财政困难，无法筹措此项巨款，则令各保自筹亦可，益与其令保长暗中舞弊取利，毋宁公开公平取之于保，对于民众负担较轻也。

二、政教合一，在实行保学之省份，以节省经费，提高保长地位，及与民众能切实打成一片起见，保长宜兼任保学校长，但应另设书记一人，以分其劳。

三、慎重人选，保长待遇提高之后，地位当亦随之受人重视，自易得适当之人充任。故保长选出呈报县政府之后，县政府应组织委员会严予审查，其有劣迹或品学太差者不予加委。

四、短期训练，今日之保长不仅缺乏常识，而且缺乏对于国家之热诚与抗战之认识，如是而欲其积极秉公推行法令，为动员民众之最基层骨干者难矣。窃以为各省省政府应组织保长训练巡回团，选聘良好教师，编辑精简教材，巡回各县，予保长以短期之训练，以政治教育（精神教育）为主，技术教育为辅，不但风纪可以振作，而行政效率，亦必大增。

五、严定办事手续，以征兵捐款等事而言，关系出钱与拼命，何等重要。乃上级政府只求保长交足所摊派之额，至于如何征派，可以置之不闻不问，以致保甲长可以从中上下其手，舞弊取利。窃以为上级政府机关对于保长办事手续应有严密之规定。举捐款为例，应责成保长将本保收得各户捐钱数目，及其用途，按月详细公布。如是则办事依法，经济公开，民众自能信任与拥护。

六、迅速成立地方民意机关，地方民意机关成立之后，不仅消极方面可以监督保甲长之措施，而且在积极方面可以辅导其工作，早日完成地方自治之基础。

（1938年10月提交第一届第二次会议）

16. 请政府从速利用地方零星武力案（左舜生等提）

本会第一次大会，曾有许参政员德珩等，提出利用各地零星武力以保乡卫国一案，当经大会将原案及审查意见通过。交付主管机关实施。查本届大会军事报告,并无关于此事如何实施之明文。兹特再行提出,请政府切实规划,于最近期内,将此事见诸实行。其理由如下：

一、目前推行兵役,甚感困难,而前方补充,迫于眉睫,此项力量,不能不用。

二、只须政府有公平切实之办法,收编此类零星武力,并不甚难。

三、能将此类零星武力扫数收编,于后方安定及秩序,确有裨益。

(1938年10月提交第一届第二次会议)

17. 改善兵役实施办法建议案(梁漱溟等提)

征调壮丁,补充兵员,为抗战中最大问题之一;年余以来,办理未善,影响后方,若不急图挽救,将有不堪设想者。况现在可以实行征丁之地域日蹙,则于此仅有之西部各省,不可不亟求改善。据考查所得,截至最近为止,中央对于各省,各省对于其属县,大半以一定数目责令办齐,并未责其认真依法施征;而下层实际办理情形,更与其上级政令所指示者不合。于是法制为一事,政令又为一事,实际办理者又为一事,竟可析而为三。上届大会,关于此一问题,决议九项,首以"法规已甚完备,唯各地未能切实奉行"为言,意正在此。最近倾向,各上级政府均将依法施行,政令与法制,今后可望符合。所有从不符于法制之政令而生之严重错误,自可望减消。今除法规所有及上届大会议决九项,已经国防最高会议议决,交军事委员会尽量采择施行者,勿庸再行论列外,此后当在下列两方面注意：

一、法规上之问题。大体言之,今日问题,原非法规不善,而实为奉行办理之不善,然仔细言之,法规亦非无可商之处,当须随时修改,以期尽妥。

二、办理上之问题。所谓办理不善,又可分为两个阶段：自壮丁征起,送往验收机关,为前一阶段;在此一阶段中所生种种弊端,大抵出于保甲长,联保主任,区署,县政府以及乡村奸民。自壮丁之验收,以至入伍受训,为后一阶段;在此一阶段中所有种种弊端,则尽属军事机关之事。前后两段,问题皆甚严重,亟须加以整饬。

兹针对问题讲求改善之策,特分别提出几项原则：

甲、对于法规上之问题

（1）中央所颁法规，宜有弹性，勿取硬性，俾得适于各地不同之情形（例如四川壮丁身长体重标准均低）。

（2）中央宜宽予范围，准各省市县乡自订其单行规则方法（例如优待军人家属最好各县乡自有办法）；或经下级机关陈诉窒碍后，即准予变通办理。

（3）上级政府所责于下级者，切忌手续过于繁重，条文涉及琐屑。

（4）各省市县乡动员委员会，多引地方人士协助工作，并诱进其陈诉意见，俾法规之问题易于感觉，而得修改（参看下面）。

乙、对于办理上之问题

（一）问题属于前段者：

（1）确立最善地方制度，充实健全下层机构。盖推原问题，实由三四十年来地方制度未曾确立，下层机构不充实不健全，政令向不能下达，办事从不认真而来。

（2）从速成立省县民意机关，启发地方团体意识，俾研究解决其一地方之问题。

（3）眼前应认定三方面力量：一、政府，二、地方人士民众团体，三、教育界，互相配合之原则，成立或政组省市县乡各级动员委员会，以补救上两项之缺欠。此事最关重要，更为申说如次：

1.为认真造具清楚之壮丁册，必须得其他两方面协助办理，否则人手不够。

2.为抽得签后壮丁不致逃亡，必须：一、事先宣传，引发热烈抗敌情绪；二、大众了解法令内容要点，而拥护之，要求之，造成依法公平办理之空气；三、尤要在平素办公人员之外，得地方有倍望之人，共同保证优待军人家属必可实行；四、而且后来果真照行。如此，则非得其他两方面协助不可，甚明。

为实行此项原则，应于现行动员委员会制度有两点修改：

1.省市县动员委员会原有"得酌量聘请当地各界人士为设计委员"之规定，应改为"应聘请当地各界人士为委员"。

2.省市县动员委员会以下，应增加区或乡（联保）动员委员会之一级。

(4)各省得就其所属县市,各县得就其所属区乡,特别指定三五处"兵役实施示范区",使其发生表率示范作用及彼此竞赛作用。此项示范区之选定,应在地方行政机关平素得力,地方人士富于热心,及有素著声誉之社会教育机关或学校者,先行成立;以后得因各地方之请求而核准成立之,以期逐渐增广。

(5)县市以下之区乡或镇,应准由其地方人士,组织出征军人家属协助委员会;或准由出征军人家属,组织各该区乡出征军人家属联合会。

(二)问题属于后者

(1)在前段弊病相当纠正后,则壮丁不致逃亡,或者情愿从军;从而后段办理验收,转送,编训者,对于壮丁种种苛羁虐待,亦可减少。故必以前段工作作好为第一原则。

(2)由上级军事机关,对于所属人员办理验收,转送,编训所有各种舞弊及虐待情事,严加惩办,切实整顿。

(3)参照前条三方面力量配合之原则,建立各级监察机关。

(1938年10月提交第一届第二次会议)

18. 拥护蒋委员长严斥近卫声明并以此作为今后抗战国策之唯一标准案(林祖涵等提)

我伟大神圣的民族自卫抗战,已进入第二期的新阶段。由于我最高统帅坚持抗战国策,全国将士奋勇杀敌,全国人民积极参加,不仅破日寇"速战速决"之毒计,而且也使日寇"速和速决"之阴谋破产。去岁十二月二十二日近卫发表所谓"更生中国"调整国交的声明,不仅引起我国人民的愤怒,且亦遭受英美法各国之斥责。近卫的声明,实际上无异是整个吞并中国,独霸东亚,进而企图征服世界的一切妄想阴谋的总自白。蒋委员长于去年十二月二十六日予以严正的驳斥,指出近卫所谓"建立东亚新秩序"包藏着"为推翻东亚的国际秩序,造成奴隶的中国,以遂其独霸太平洋宰割世界的企图"的祸心。所谓"经济提携"就是要"操纵我国关税金融垄断我国生产和贸易","势必至于限制我们中国个个人民的衣食住行"。"所谓共同防共","是要在华北驻兵,并划内蒙为防共特区,首先控制我国的军事,进而控制我国政治文化以至外交"。目的在"借此名义以亡华"。近卫的妄想阴谋,经蒋委员长逐条驳斥揭露无遗,不仅为全国军民所一致拥护,且亦为国际舆论所同情。近来日寇更逞其挑拨离间之阴谋,时出诱降之毒计,借此分散我国抗战力量,破坏我民族团结。同人等为彻底揭露日寇之诱和阴谋,保障抗战国策之贯彻始终,特提议通过拥护蒋委员长严斥近卫声明之演说,并以此作为今后抗战之唯一国策标准,并提议左列各点:

一、当敌人巧妙的企图达到"以华制华"之毒策的严重时期,我全国军民,更应加紧与巩固我全民族与各抗日党派之团结,以我们坚固的团结,一心一德,贯彻始终的精神,粉碎敌人的分裂挑拨离间的伎俩,粉碎其狂妄的建立"东亚新秩序"的迷梦,拥护蒋委员长驳斥近卫声明训词全部内容,作为抗战国策的唯一标准,努力争取三民主义的新中国的胜利。

二、蒋委员长十二月二十六日驳斥敌近卫声明的训词,为今后我国抗战国策之唯一标准。正如国民党中常会开除汪精卫党籍之决议所云:"今后抗战国策,一以本党总裁七月二十六日在中央纪念周所发表之演词为唯一标准。愿我全国同志及将士同胞,本此意志,悉力以赴,其有背越斯旨之一切言论与行动,皆为国家利益与法纪所不容,必与国人共同摈弃。以保持战时意志之严整,而完成我三民主义革命救国之使命。"我们一致拥护蒋委员长的全部训词,应一致拥护国民党中常会的决议,坚守不渝,彻底施行。

(1939年2月提交第一届第三次会议)

19. 抗战建国之后方政治必须选任人才案(张澜等提)

现在抗战已入第二期,前方军事,虽极困苦艰难,吾人确信最后胜利之必属于我,绝不悲观。惟详察后方之政治,则令人不胜其皇然。古语云,为政在于得人心,盖得人则治,不得人则乱,历史皆然。况在抗战救亡之今日,乃就见闻所及,百职少负责任之人,万事渐呈堕废之象,机关繁多,成效鲜著,法令详密,实行甚寡。知其确当兴办,而徒事敷衍;知其深为弊害,而迄未能除。至于兵役办理不善,壮丁逃亡,土匪教匪无法肃清,日形猖獗。官吏多怀贪私,人民时生怨谤。所以致此,皆由为政之不得人。最高当局虽求治甚殷,而不知已乱机四伏。欲救此失,则各级负政治责任之人,急须选任贤能,俾以绝大之实心与努力,以改进后方之政治,必后方之政治确臻良好,方能兴起人力,发展财力,增加物力,以达到抗战必胜,建国必成。方今人才并非缺乏,要在能集中而用之,国危事急,不容犹豫。如有为政之人,德威智能,皆不足以胜任,则不应勉强使之居位执权,致妨抗战建国之大事,并失人心。今日政治上所需之人才,以为:

一、中央大员应能开诚布公,整躬率下,旁招俊义,广纳忠言。

二、主持一省政治之人,必须具有政治常识,措施有定见,言动有威信,有猷有为,方足以领导提振一省之庶政,而无折足覆悚之虞。

三、行政督察专员,区域不宽,职为较高,容易为治,应选任精明廉干之员,加重权责,增其旅费,使之按月亲巡属县,认真督察兵役治安建设诸重要事项,以增进行政效能。

四、县长夙称地方官,直接人民,应就资格符合之人,慎选其清慎勤能者而任之,严其考核,明其奖惩,俾政令能切实推行于各地方。

(1939年2月提交第一届第三次会议)

20. 动员全国知识分子扫除文盲普及民族意识以利抗战建国案(邹韬奋等提)

理由:

抗战建国的伟业,不但需要英明果断的坚决领导,同时需要广大民众的热烈参加。但中国国民大多数乃属文盲,公民基本教育之缺乏,更不待言。故扫除文盲,普及民族意识,以增强广大民众对于抗战建国之认识与参加,实为动员民众中所应急起直追的重要工作。我国人口假定估计为四万万五千万(根据十七年海关估计),其中除一岁至十六岁(属婴孩儿童,义务教育,及民众补习教育范围),及四十七岁至六十岁,约占全人口百分之五十外,其余自十七岁至四十六岁约占全人口百分之五十,即二万万二千五百万人,其中文盲约达百分之八十,即一万万八千万人。此一万万八千万人,均为国民中之壮年,即广大民众之中坚。处此抗战建国之非常时期,为应付当前事变与增强国力计,实有迅速提高文化水准之迫切需要。第一届大会黄参政员建中所提大规模普遍推行难民伤兵教育及促进义务教育民众教育一案,曾主张动员全国知识分子担任义务教师,惟偏重学校教育。第二届大会陶参政员行知所提推行普及教育以增加抗战力量一案,曾提及总动员全国识字的人教不识字的人,惟语焉未详,且均尚未见实行,故特申述理由,并建议如下:

办法:

一、由教育部拟订具体实施计划,尽量利用已有之一切可以适用机关,广大动员全国知识分子,于公余抽出相当时间,担任义务教师,务使每一知识分子深知此事重要,除原有之本身职务外,必须对此事有所贡献,始觉对得住国家。据统计所示,全国小学教师、中等学校教师、专科以上学校教师、中等学校学生、大学生、高级小学生、社教机关教职员,共计约达二百六十七万余人,再加社会上其他知识分子二百五六十万人,总数至少可得五百万人,如经广大动员后,每人每年扫除文盲二十人,则全年可扫除文盲一万万人,两年内可将文盲全部扫除,扫除文盲工作告一段落后,即可继续推广公民基本教育(其实在识字训练时,即可同时灌输关于抗战建国的初步知识)。

二、由教育部迅速限期编成适用教材,如编制识字卡片(采用直接教授法),规定分期应教之字数与内容,及有关公民基本教育之历史、地理、公民责任、三民主义浅说,及抗战建国要义等等教材。关于识字训练及公民训练之数套卡片及课本,宜定最低价格,发动热心人士捐助。不但义务教师动员,识字训练,公民训练,均可成为动员民众之一部分工作,即发动热心人士捐助整套教材,亦可成为动员民众之一部分工作。

三、就学场所及设备均力求简单。如各机关,各公私立学校,各教育机关,各工厂、农场、商店、公司等,均可于公余设法利用,应由主管机关分区分段,就实际需要,规定办法。至于乡村,尚可酌用庙宇祠堂,乃至空场,只须能鼓起师生热情,即就空场或田野间席地而坐,亦无不可。

四、乡村文盲特多,除原有小学教师外,知识分子恐尚不敷分配,应由主管机关联络民众团体,广大动员,组织下乡服务队。授与教育与方法,分区分期,轮流实行。

五、由政府以法令规定,无论厂店职工、农村雇农,乃至家庭雇佣,雇主应允准雇工每日或每周依法令规定之若干时间,接受教育。如各该机关或家庭能自己设计相助扫除文盲,实施公民基本教育,经政府负责机关核定后,亦可照办。

六、由负责机关规定经常视察,分期考核,及奖惩办法,责令相当机关切实执行,按期具报。负责机关并须分期就所得结果,作统计数字之公布,以提高社会注意与竞赛热情(关于沦陷区域,应另行指导及督察办法)。

加强扫除文盲及普及民族意识,不但有推动广大民众动员之作用,其本身亦即广大民众动员之一部分。

(1939年2月提交第一届第三次会议)

21. 协助改善兵役建议案(黄炎培等提)

兵役问题,已被公认为抗战第二期重要中心问题之一。本会过去两届大会,关于此问题之建议,第一届三案,第二届六案,各列举办法多项,经通过后,送经国防最高会议议决分别送交行政院军事委员会办理。检阅最近关于兵役之法令,本会所主张之策动民众团体分任宣传,邀地方公正人士协助举办,优待出征军人家属,抚恤伤亡,严立监督制度,重惩公务员舞弊等,均经采入法令,只缓役金一项,未经决定,政府亦未有统一规定。

依现时各省办理兵役实际状况,为谋人力财力支配适当,适应有力出力,有钱出钱之原则,便利役政之推行起见,认纳规定缓役金问题,有复加考虑之必要。各省施行此制者,亦已有之。所以未曾普遍施行,诚恐漫无限制耳,查浙江省于廿七年十月颁布《战时纳金缓役暂行办法》,凡合于现行兵役法令,应行抽签征调之壮丁,除已有免役缓役规定者外,如于特种原因(如体格较次之类),愿缴纳代役金二百元以上者,得请求特准缓服兵役一年。但各县纳金缓役人数,不得超过各该县现有合格壮丁总数十五分之一。并悉其施行此项办法时,如请求缓役人数,超过定额,则用抽签法决定。而以所征得之缓役金,拨充优待出征军人家属之用,物质上之裨助抗战,共价值亦不得为小。窃以为此办法可由中央通令施行。但如某省区确有不适用纳金缓役办法之理由时,亦得准其从缓举办。

关于改善役政诸办法,政府既尽量采纳,著为法令矣。而实际上各地仍多纠纷错杂之问题在,则不得不想到监督实施方法之必要。查政府公布之《兵役宣传及监督实施方案》(见《中央日报》二月一日、三日),关于常备兵役监督机构,设中央兵役监督委员会,委员之一部分,即由国民参政会推派。其职权除计划实施,监督执行,纠举违法外,并调查各省役政之施行。此项方案,宜从速实行。而本会应如何推员参加,亦宜乘大会时从速办理。

本会第二次大会所议在闭会期间,派参政员分赴各地宣达中央意旨,并视察慰劳,此项视察,如果实行,较□□中央兵役监督委员会,影响当更广遍,而于兵役之视察,帮助尤多。拟请议长指定人选,于闭会后即予施行。

依据上述种种理由,制成提案主文如下:

一、请政府规定缓役金办法。

二、与军政部接洽后,由本会推定参政员参加中央兵役监督委员会。

三、请议长指定参政员于闭会后分赴各省视察兵役实施及其他施政状况。

(1939年2月提交第一届第三次会议)

22. 加紧后方重要城市及工业文化区域之防空设备减少牺牲增强抗战建国之基本力量案(许德珩等提)

理由:

自全面抗战发动以来,我因战略关系,江南华北各重要都市,大半沦陷;其工业建设,文化机关,老弱妇孺之力能迁徙者,亦皆迁移内地。自武汉广州不守,此类迁移内地之工业建设,文化机关及居民,又皆次第转徙,麋集于川、滇、黔数省或湘、鄂、赣、陕、桂等省内地。并因交通关系,人事关系,地方安宁秩序,以及工业间文化间之相互为用等问题,又皆聚集于数省中之某些便利区域,而此类便利区域,遂成为人烟稠密,或工业文化中心之重镇。查敌寇自发动侵略战(争)以来,除屠戮我战区人民,劫掠我沦陷区域之财物外,日寇惟轰炸我后方之物质的与文化的建设为唯一目的,而我后方这些重要区域之设防者甚少,如最近贵阳、万县、江西之吉安、万载等地之惨遭轰炸,演成浩劫,皆因无防空设备之故。应请政府加紧后方城市防空设备,从速灌输人民防空知识,普遍的领导挖壕避难;其为文化中心,人烟稠密城市;或工业建设,民族生产重镇;尤其如四川自流井等类有关人民生命之源的区域,应即妥为装置高射武器,重民生,固国脉,而利抗战。

(1939年2月提交第一届第三次会议)

23. 减轻人民诉讼负担案(沈钧儒等提)

兹据重庆律师公会会长杜岷英、周加民函称,查司法行政部于去年七月二日以制字第一九四三号训令抄发诉讼费用暂行规则,于同年八月一日施行。其所定裁判费征额,较旧规则约增一倍乃至二倍以上,旋复据各省高等法院呈请加征裁判费十分之五,均以部令核准施行在案。较旧规则均增二倍乃至三倍以上,例如诉讼标的之金额为一万元者,依旧规则仅征七十元,新规则即应征一百六十元,比较约增一倍以上。再依核准加征五成,则为二百四十元,约增二倍以上。又如诉讼标的之金额为五千九百元者,依旧规则仅征四十二元,新规则即应增一百一十九元,约增二倍。再依核准加征五成,则为一百七十八元五角,竟增至三倍以上。施行以来,民力不胜,有冤难诉,无形之中,个人权利,失其保障,社会经济,阻碍发展。律会对于诉讼人民,比较接近,深知疾苦所在,关系社会安危。兹举其荦荦大者,胪陈如次:

一、诉讼有债主义,利弊如何,学者间尚有争议,姑不具论;惟征收讼费之目的,原在杜防滥讼,补助法收(注意补助二字),与国家财政,量出为入,蕲求平衡,迥然不同。旧诉讼费规则之征额,已嫌繁重,为世诟病,新规则反加增二倍乃至三倍以上,其立法旨趣,除增裕法收维持支出平衡外,似无他解。然以司法行政机构支出费用之庞大,悉以责之民事诉讼当事人,匪特失其情理之平,即揆之立法主义,亦属根本背戾。若谓送达及抄录等费涉于苛杂,应予蠲除,洵属允当,若因剔减苛杂而加增裁判费应行提高标准,致溢出苛杂数额之上,则与社会环境绝对不相适合。际兹国难时期,固当节省物力财力,报效国家，惟民事诉讼，原以保护私权为目的，今于裁判费用，陡增数倍，使个人权利，难得法律保障，直不啻阻碍资源开发，箝制经济活跃，安有余力，贡献国家？是加增巨额之裁判费，显与社会环境之需要极端矛盾，以云因应，未见其可。

二、民事诉讼之原告，非必皆富有资力，而现行制度，应征讼费，胥责之赴诉求直之原告支出，真正负屈者，权利既被侵害，讼费又先垫缴，苟无力筹措，请求救助，按诸法院近来情况，则百案之中，难得一准。如仅有之金钱，遭人悉数借骗，惟有吞声饮泣，坐视强横，无可奈何。或有亲友可以告贷，勉凑讼费，而初审判决失当，欲求上诉救济，限期补正讼费，筹措不及，稍有迟误，又不免受驳回，茹苦含冤，终于莫伸，揆诸国家设官理民之义，亦有未安。过去手续繁重已为人民所诟病，今讼费陡增数倍，将愈视法院为畏途。

三、我国近年以来，农村濒于破产，市廛极形凋敝，民生日蹙，信义日堕，尔虞我诈，机械万端，商业上之交易，私人间之借贷，以及一切权利义务之争执，均异常复杂，非经法律裁判，不得正当解决。今忽加征巨额讼费，增其赴诉之困难，使奸狡之徒，欺骗横行，忠厚者受其蹂躏，无从救济，是法律之效力，将成为保护强者黠者之工具，贫者弱者反受其压迫矣。推其结果，必至人存戒心，商业上无信用之交易，亲朋间绝通财之义理，阻滞社会金融之流通，妨碍国民经济之进展，其于生产建设，资源开发，何异加以桎梏。基上理由，足见增加讼费，实为有弊无利，应请代为建议司法当局予以修正，酌量减轻，并附呈新旧诉讼费用规则，裁判赞征额比较表一份，以备参考等语。按诉讼费用增进太骤，不无加重人民负担，妨碍司法进步之虞。为此提议，即希公决！

（1939年2月提交第一届第三次会议）

24. 拥护抗战到底反对妥协投降声讨汪逆肃清汪派活动以巩固团结争取最后胜利案（董必武等提）

我国抗战已进入第三年。日寇的色厉内荏和捉襟见肘的情形日益暴露，我国最后胜利的曙光已隐约可睹，国人正应当淬励奋发，克服任何困难，求达战胜日寇的目的。不幸在抗战阵营中,羼入了汉奸汪逆精卫,中途脱逃,公然响应寇酋近卫的诱降声明,主张"汉奸的和平"。他本身虽遭受了开除党籍和撤销职务的惩罚,但仍毫无悛悔,在港沪东京,进行其卖国的活动,泄露政府之机密,公开反蒋反共。汪的爪牙,更在我后方乘机造谣,见事生风,破坏我统一,分裂我团结,实行日寇以华制华的奸计。眼光短浅和不明大义分子,见日寇目前在正面军事进攻稍缓,以为日寇侵略已无能为力,而抗战下去,将遇见极大的困难,因此日寇诱降奸计,无妨接收,汪派和平运动可以利用。他们以为汪虽然反蒋,但仍可视为反共同志。自三次国民参政会大会以来,政治很少进步,到处发生摩擦,恰恰为日寇分裂我内部团结的阴谋张目。在"七七"抗战两周年纪念以前,后方到处弥漫着和平妥协的空气,军民震恐。直至蒋委员长在抗战二周年纪念日《告全国军民书》中,揭明"我们对敌人今天只有胜利,只有完全达成我们抗战目的,除此以外,亦绝没有其他第二条可走的道路。否则中途投降,就是'汉奸和平'。换句话说便是奴隶的和平,灭亡的和平"。以后,妥协和平的阴霾,虽渐消弭,但投降的危险,终未完全克服。汪逆及其爪牙,且益肆其诱降分裂的活动,最近在上海,公然成立伪党,企图形成伪府、伪军。潜伏在我后方之汪派余孽,因借少数不明大义分子的掩护,未曾受到应有的打击,仍时与日寇的动作相呼应,故投降的危险,不能认为已经过去。本会在第三次大会中,对汪逆及其余党,毫无公开指斥之事,至堪惋惜。同人等离别半年,现在重新集合,应再表明和战之立场,森严汉贼之分别,向全中国全世界表明我们精诚团结,抗战到底,始终不渝,以争取最后之胜利之坚强意志。因此提议下列各项,请求决定:

一、继承本会历届大会坚持抗战的成规,决议拥护蒋委员长抗战二周年纪念日《告全国军民书》的精神,反对中途投降,坚持抗战到底。

二、严厉声讨汪逆精卫,反对其无耻媚寇,反蒋反共,成立伪党伪府伪军,投降卖国之行为,并请政府采取有效办法,以制裁汪派的活动,并肃清暗藏在抗战阵营中之汪派余孽。

三、对少数不明大义分子,或明或暗,掩护汪派作对内分裂,对敌投降活动的企图,随时加以国法之制裁。

是否有当,敬希公决!

(1939年9月提交第一届第四次会议)

25. 严加肃清汪派卖国活动与汉奸言论案(邹韬奋等提)

一、汪逆党徒,卖国活动,近益变本加厉。除汪逆本人及周佛海等,业经政府明令通缉外,所有背叛党国附逆有据,现经查悉者,应请政府分别绳以国法,明令通缉,严加制裁。

二、汪逆在沪,对我文化机关大中学校及社会人士,不断进行威胁利诱,应由政府明令晓谕全国,使各界憬然知所从违。凡能坚持抗战立场,不受煽惑,当予特别奖励。其中一时误被蒙蔽利用者,应令即日反省悔过来归,否则即以从逆论罪。

三、汪逆在港沪各地收买报纸,捣毁报馆,散播妥协论调,打击抗战宣传,若任其流通发展,为害滋大。除明令查禁外,应令通讯社,新闻从业者,文化工作者,拒绝一切合作。如有以电报、通讯、文字供给该项报纸者,应根据《惩治汉奸条例》及《修正危害民国紧急治罪法》,处以应得之罪。

四、汪逆及其党徒之一切著作,应交有关机关,详细审查,其有违反真正三民主义及《抗战建国纲领》之思想者,应予禁止。在审查结果未公布之前,一律禁止流通,以免淆乱是非,流毒社会,破坏抗战。

(1939年9月提交第一届第四次会议)

26. 加强敌后游击活动以粉碎敌寇以战养战之阴谋案(秦邦宪等提)

案由:

抗战以来,沦陷地区日广,而其重要性亦日甚。沦陷地区有广大之领土,众多之人口,丰富之物产。我得之可以支持长期的抗战,敌得之可以支持长期侵略。敌寇从攻占武汉广州以后。便在其兴亚院领导之下,用全力来经营占领区。年来,敌人在军事上倾其主力于扫荡敌后之游击区域,在政治上力图建立其殖民地之统治,在经济上夺取关盐税收,倾销商品,发行伪钞,掠取资源,实行所谓以战养战政策。自汪逆精卫叛变以后,更助敌为虐,欺骗沦陷区域之同胞为敌寇以华制华政策作虎伥,因此与敌争取沦陷区,粉碎敌人以战养战阴谋,是我胜敌寇的重要关键。去年南岳会议曾提出游击战重于正规战,变敌后为前方等口号,足见军事当局对于开展游击战争,与敌争取沦陷区,已加注意。可是,一年来执行的程度,除个别区域外,一般的颇为微弱,还不能把敌人以战养战企图予以有力打击和粉碎。在有些区域,因所派部队不习游击战术,或因某些部队首长或党政人员心怀成见专事摩擦,以致或则部队遭受损失,或则给敌人以可乘之机,反而使当地之游击运动遭受困难和阻碍。此种现象必须加以纠正,对敌后游击运动务必加强,务必真正实现"变敌人后方为前方,积小胜为大胜,游击战重于正规战"之口号,以粉碎敌人以战养战之阴谋,而奠定我争取最后胜利之基础。

办法:

一、根据《抗战建国纲领》及各游击区域之具体情况,规定和实行游击地区之施政纲领;

二、选派有坚持在敌后作战之决心,有游击战术之素养的部队,增强敌后军力。但派往游击区域之部队,不是求其数量众多,而应求其质量之精悍,而能为当地游击运动发动之领导与团结之核心;

三、资助在敌后自动生长起来之游击队与民众武装,给以必要之武装补充及经费;

四、游击区域之军政权力必须求得统一,统一于各该地区中勋劳卓著之部队长官;

五、选拔确能以团结胜敌,忠诚为国之有志之士深入敌后,担负游击区域之工作,对于现在游击区中之某些专事内部摩擦破坏抗战之分子加以撤换与惩处;

六、游击区域中必须实行民主主义,其行政机关应由民选产生,各省县应设立真能代表民意之省县参议会;

七、对游击区域应豁免田赋及捐税,增拨巨款,救济灾黎,资助游击区域发展农工合作事业,以裕民生,以团结广大之人民,借以摧毁伪组织,瓦解伪军,粉碎敌寇利用我之人力物力进行灭亡我国之阴谋。

是否有当敬请公决!

(1939年9月提交第一届第四次会议)

27. 组织华北视察团案(沈钧儒等提)

理由:

自从敌人采取"经营"敌后为最近之方策以后,吾国抗战最紧张之部分,已逐渐移于华北。目前华北正在进行之所谓"扫荡"战,日见剧烈,国人共知,此无他,敌为欲达成"以战养战"之目的,不能不先以获得华北之"秩序"为前提条件。吾国为欲粉碎敌人的这一阴谋,停止敌人继续进攻,也首在坚持华北抗战,强固华北抗日根据地,巩固地方政权与武装力量,倾覆瓦解伪政府与伪军。故我政府在南岳会议中所决议之一切加强游击区抗战办法,自属十分扼要。惟欲实现南岳会议所决议各种办法于华北各战区,则其前提条件厥为首在加强华北党派与军队间之团结,此无疑义。而据最近所闻,华北各战区确仍不免有违背团结原则发生摩擦,甚或不顾大敌当前,间有军事冲突一类情事。瞻念前途,曷胜焦虑。为亟谋彻底补救与明了真相起见,爰参酌军风纪视察团及川康视察团之先例,建议由本会推选组织华北视察团,视察各战场。谨拟具办法如左:

办法:

由本会推选可以代表各方之参政员若干人(十一人至十五人)组织华北视察团,于本届闭会后即前赴华北各战场视察。其中心任务为:

一、传达中央及本会对国内团结之意旨;

二、同时实地调查各战区军民实际状况,其他关于战区民间生活组织、文化宣传、交通、经济、物价等类情形,皆应一一予以细密查考;

三、凡视察所至,得随时随地征取人民意见;

四、遇有重大事件,得随时制成文件,附其意见,报告于中央政府;

五、视察团与战地党政委员会及华北分会区会皆应取得密切联系。

(1939年9月提交第一届第四次会议)

28. 请政府重申前令切实保障人民权利案（沈钧儒等提）

第一届所提请政府通令全国各军政机关切实保障人民权利案，业经政府训令"各军政机关依法办理，如有违法滥权，侵害人民权利情事，除由依法告诉告发诉愿外，主管机关应注意监督。随时纠正"在案。惟默察一年以来，一般社会民众之权利被侵害者，似仍不减于前，告诉告发诉愿之事件，则百不一闻，有时且因告诉告发诉愿，而其所谓权利，更受进一步之侵害，主管机关恬然不知负责。据见闻所及，如任意拘捕至于数月逾年之久，不予审问，或忽然遂无消息，或幸邀释出，而终茫然不知其所以被捕之由，或知之矣，而腐心啮指，申诉无门，畏祸吞声，逼成走险，小之为个人之不幸，大之酿社会之隐忧。其间关于下层机构之舞弊弄权，地方军警之毁法荡纪，人民知识低下，莫可如何，官厅办事颟顸，积重难返。最近川康视察报告，此类事实，言之綦详，一拾可得。窃意当不止川省一地为然。夫使人民于被捕后莫知所措，当不审所犯何罪，与被冤诬而有无可告诉之苦痛。一夫弗获，圣者是忧，是皆为我国民政府领导下所不应有之现象。其有之，则有司者之过也，否则亦必有应负其责者。地方行政腐败，其祸中于国家，甚于兵革之扰乱。提案人认为我政府必须痛下决心，期于彻底之改善而后可也。其他如法权之不统一，执行之有成见，同为一案而情报不必尽同，奉行公事而行动出于法外，欲加之罪，则任意假以恶名，既得其情，仍不免徇于私见，所谓主管机关之监督，盖荡然无复有存，人民权利至此尚何保障可言耶？为亟图挽救计，兹特拟具办法如左：

一、请政府抄录前案，重行通令全国各地各军政机关认真切实执行，勿得任意违背，以干咎戾。

二、同时严令各主管机关认真监督所属机关，不得再有违法滥权情事，一经发现，务须立即纠正或予以惩戒，如该主管机关私袒不予纠正，经中央或该机关所属地方上级机关发觉，应一并给以应得处分。

三、凡经中央发觉或由人民告发告诉及诉愿者，除依照法定手续应交法院侦讯者外，如为情节重大之事件，应即由中央遴派著名廉正人员驰赴查办，不得循例责令原管辖机关查复，或仍听令自理，以滋流弊。

四、严禁用"反动嫌疑"、"土匪"、"逃兵"、"汉奸"等名色,任意栽害青年及一般良民,如有此类案情发觉,尤应依法加重惩处。

五、应请中央监察院以时遣派委员,代表中央巡视各地方,随事检举,切实行使其最高之监察权。

(1939年9月提交第一届第四次会议)

29. 改善审查搜查书报办法及实行撤销增加书报寄费以解救出版界困难而加强抗战文化事业案(邹韬奋等提)

理由:

我国神圣抗战已入第二时期,为加强动员民众争取最后胜计,"宣传重于作战",前后方及敌后民众均需要大量书报阅读,为全国出版界所应积极努力,迅速供应,但以印刷材料缺乏,交通运输困难,已感棘手,难于支持,加以审查搜查书报办法尚有未妥,增加书报寄费尚未撤销,更遭受深刻痛苦,重大损失,影响抗战文化事业之开展,实有急切补救之必要。

关于审查书报,在事实上较大缺点有二:(一)对于审查后认为应禁之书籍,不将书名及理由通告出版机关或著作人,同时亦不将书名及理由通知各书业机关,于是出版界徒在暗中摸索,无论出版者及代售者,非至书被没收,不知原委,即审查者有违反审查标准之处,在被禁者已含冤莫白,无从申诉。(二)虽经审查通过之后,仍得不到统一的合法保障,往往虽经首都图书杂志审查委员会准许通过,发给审查证或经内政部审查通过发给注册证,而各地各种机关仍得任意没收。

关于搜查书报,较大缺点有:(一)迄今无统一的检查机关,有时有宪兵团,有时有警察局,有时有党部,有时有县政府,有时有便衣密探。负责审查之机关对所认为应禁之书报,对出版者既不通知书名及理由,已如上述,今搜查机关复如此杂乱,故搜查时出版界殊感无可遵循,听便任意取书,搜查者纷至沓来,亦无一定标准,今日甲机关来认为非禁书,明日乙机关来却认为禁书,甚至有机关借口检查,将大量书报满载而归,从不发还,亦不宣布审查结果。(二)搜查人员每多超越范围,依照中央规定,搜查书报以售卖者为范围,而实际上对私人卧室、箱箧、信件倾倒查抄,骚扰不堪,搜查机关并得随意拘捕人员,长期囚押,不送法院审讯,有违中央规定及法治精神。

关于增加书报寄费,自二十七年十月起,交通部邮政管理局新订增加书籍印刷品寄费办法,凡交由汽车运输之书籍印刷品,重二公斤者省内加收四角,省外加收八角,即照原来寄费增加百分之五百三十三,每使寄费超过书价,如此巨量寄费,出版界及一般读者均不堪负担,于抗战文化之推进,实为莫大之障碍。

办法:

一、查禁书报必须由负责机关将书单及理由通知出版者及著作人,如有不合审查标准之处,应给与出版者及著作人以申诉之机会。搜查时须出示负责机关之证明文件及所公开颁布之查禁书单,对于未经查禁之书报不得任意取去,禁止阅看。如此出版界始能知所改善,检点守法,而避免无妄之灾。此点在本会第一届大会所通过之《具体规定检查书报标准并统一执行案》中即已提及,但迄今未见实行。

二、检查书报须有统一机关负责执行,且书报经过合法审查机关之许可通过,给与审查证或注册证后,须予以统一的合法保障,各地不得再任意扣留没收。关于检查书报须有统一机关负责执行一点,在本会第一届大会所通过之《具体规定检查书报标准并统一执行案》中亦已提及,但亦迄今未见实行。

三、检查书报须根据出版法处理,不得横加苛虐,任意拘押人员。

四、关于撤销增加书报寄费,本会第三届大会曾有《请撤销增加书籍印刷品寄费以便普及教育增强抗战力量案》,经大会通过,送请政府采择施行,但仅作参考,仍请切实执行。

抗战期间,国力艰难,人民原应充分谅解,惟本案所述均为避免不必要之消极的妨碍,即书报寄费,亦不敢请求减少,仅求勿作巨量之增加。俾得相当解救出版界困难而加强抗战文化事业,是否有当,尚希公决。

(1939年9月提交第一届第四次会议)

30. 请政府设法从速救济河北水灾以安民生以慰民心以利抗战案

（吴玉章等提）

理由：

当日寇军事"扫荡"华北遭受失败，经济"开发"无法遂行之时，于是敌人进行企图摧毁我华北坚持抗战的人力物力，动摇我华北坚持抗战的人心。在烧杀劫掠之余，复继之以掘堤决水，洪水泛滥尽成泽国。安国以南之豬龙河，安平以北之滹沱河，河北中部之永定河，南部之安阳河，以及北运河、龙凤河、枢马河、沙河、卫河等，均先后次第被敌决堤。一片汪洋，数十县尽成泽国，一泻千里，数千万灾民啼饥号寒。河北省我抗战驻军和游击部队及各地方政府，虽再三努力救济灾黎，然苦于物资缺乏，杯水车薪，无济于事。我国民政府为俯念灾情急重，民生苦楚，应设法从速救济河北水灾以安民生，以慰民心，以利军民合作，以利坚持华北抗战。

办法：

一、由政府拨给巨款办理急赈贷赈及合作事业；

二、发行救济河北水灾公债；

三、向国内慈善团体及人士募集救济河北水灾捐款；

四、由中央派员携款前往，协同当地军政负责机关救济慰问；

五、收集敌寇残暴兽行及水灾情形，向国内外广为宣传，暴露敌寇之凶残，引起国内外人士对灾民之同情和对暴敌之愤恨；

六、向国际慈善团体社会组织及个人募集救济河北水灾捐款。

右案是否有当尚祈公决。

（1939年9月提交第一届第四次会议）

31. 扩大壮丁志愿应征入伍运动以增加抗战力量案（陶行知等提）

壮丁志愿应征入伍，在陆军征募事务暂行规则中，已有明文规定。自抗战开始以来，各地有志之士，自动投效者颇不乏人。抗战进入第二阶段以后，经过数处有系统试行，更觉壮丁志愿入伍有扩大提倡之必要。今述其理由如左：

一、壮丁志愿应征可说是壮丁之精神动员。一经立定志愿，则不但是身体入伍，精神实同上前线。此种战士，必能以一当十，发挥出绝大之战斗力，以争取最后之胜利。

二、壮丁志愿应征，可以免去因征集方法欠妥所发生之种种弊端。在抽签有效之地域，可以使中签壮丁人人成为志愿壮丁，而勇敢的与敌人拼命，在抽签未能正常实行之地域，可以革除拉兵，并在接收后改良待遇条件之下，可以免去逃兵。最后志愿应征者对其自身及其家庭之所处环境，多能考虑周详，然后出以最后之决定，尤能免去自身及家庭中因出征而发生之惨剧。例如一家兄弟四人，究竟谁应该征，方为适合，是成了问题。经过慎重考虑，共同讨论而发之志愿，总比取决于单纯之抽签为适当。

三、壮丁志愿应征，零零碎碎的，是不会发生力量。我们应该根据各地试办之有效经验，大规模的来推进这个运动，使志愿兵，志愿兵团，甚至于志愿军，可以风起云卷的起来，以配合征兵之需要，而增加抗战之力量，则最后胜利，更得一层保证。

壮丁志愿入伍之应促成为大规模运动之理由，已如上述，现拟具体办法数条，列举如下：

一、收取试办志愿兵役之有效经验，及可歌可泣之事实，广为宣传，使各地未办者起办之兴趣，已办者得有参考，办得更有效。三峡乡村建设实验区，对于志愿兵役曾有系统的试验，并且突破一切困难，完成第二期志愿兵役，现正在筹备第三期志愿兵役。可见风传志愿兵只能办一期以后便难办成之困难是必需克服，而且只要办法好，是可以克服。现将三峡实验区及其他地方试行志愿兵役之重要有效办法略述如下：

（甲）地方长官得人，则保甲长不但不舞弊，而且以身作则，把自己的子弟献出来应征入伍。

（乙）用政治教育来动员壮丁，用三民主义及抗战建国的政治教育来动员壮丁。

（丙）有力的宣传

1. 志愿入伍者,对青年现身说法;

2. 志愿入伍之父母妻子,对壮丁家属现身说法;

3. 前线战士归来现身说法;

4. 动员全体学生,长期在固定村庄宣传;

5. 战利品之展览;

6. 抗战话剧歌咏;

(丁)优待出征军人家属兑现

1. 依法之优待,照带进行,不延迟,不减少;

2. 特殊之救济,以解除赤贫及病人之困难;

3. 举行志愿月捐,以配合志愿兵役;

4. 指定人员,常为出征军人家属服务;

5. 举办合作工厂,使出征军人家属有工可做,自食其力;

6. 尽量帮助赤贫出征军人之子女,得受免费教育;

(戊)敬爱志愿应征之壮丁

1. 应征时,开盛大欢迎会;

2. 入伍时,开盛大欢送会;

3. 在关庙或岳庙宣誓;

4. 赠"光荣之家"之门牌;

二、加增成功因素使壮丁志愿应征运动更能成功。

(甲)改善点验受训及以后之待遇。使志愿应征之壮丁之疾病死亡及精神上之痛苦减少,将见志愿应征之壮丁一传十,十传百,源源而来,不怕无兵,也不会有逃兵。

(乙)更根本的是建立民意机关,完成地方自治,改善人民生活,使壮丁们更加知道并感觉保卫大中华之意义。

三、地方长官有愿依照征兵之配赋,试办较大规模之志愿兵役,得拟具体计划,呈请军政部核准办理。

四、壮丁志愿应征入伍,得依人数自成一排、一连、一营、一团等等,集中受训。

五、军政部、政治部、军训部,应联合兵役协会及其他推进兵役团体,共同促成壮丁应征入伍运动,以配合征兵之需要而增加抗战之力量。

(1939年9月提交第一届第四次会议)

32. 请政府从速救济抗敌军人家属以励兵役案(史良等提)

理由:

中央虽早经颁布优待抗敌军人家属办法,救济抗属,惟各地政府迄未切实执行,以致抗属痛苦异常,鲜受实惠。根据各地调查结果,希望政府最低限度,应解决下列各问题。

办法:

一、对于无依无靠无自活能力之抗属,应设立养老院,或规定最低限度之生活费。

二、通令各地广泛组织代耕队,协助抗属耕种。

三、训练抗属妇女手工艺,并优先安插其工作。

四、通令全国公私立学校,一律免费收容抗属子弟。

欲使上列各问题之易于解决,尤须切实注意下列两事:

一、改善各地协助抗属机构。各地虽有优待抗属委员会,或兵役协进会,但点缀残缺与不健全,为不可讳言之事实。欲使其健全,必须由各民众团体协同当地保甲与警察,以及热心社会事业之个人,共同组织一协助抗属机构,受党政机关之领导,解决抗属一切困难。

二、确定协助抗属经费。任何工作之成就或开展,经济条件有决定之力量。尤以协助穷苦无告之抗属工作,更需确定经费。兹拟具征集经费之方法如下:

(1)各县市切实举行富绅捐;

(2)切实征收缓役金;

(3)将各县市所有之积谷,提出一部分;

(4)将各县市各联保之善堂存款提出一部分;

(5)举行战时利得税;

(6)举行协助抗属献金。

果能由各县市党政当局会同协助抗属机构切实施行上项征集财力方法,则协助抗属之经费绝无问题矣。

(1939年9月提交第一届第四次会议)

33. 请中央切实改进女子教育以适应抗战建国之需要案(史良等提)

理由:

我国妇女文化与一般男子比较,其落后固为显明之事实。但以同一阶层,同一环境,甚至同一教育机关培养之中学以上之青年男女学生,其政治认识及普通常识,亦相差甚远。考其原因,绝非男女天生智力或兴趣之不同,实由于教育当局平日对于女子教育之政治认识与一般常识教育之忽略。其次,如妇女家庭教育,终年除家庭琐事外,绝不提及政治与一般常识。蒋夫人曾谓"在抗战建国中要动员全国妇女,参加一切工作,则知识妇女应起酵母作用"。但欲知识妇女之能起酵母作用,必须改进中学以上之女子教育,使其能在动员妇女及提高一般女子文化工作中,起真正之酵母作用。否则对于抗战建国之基本认识,以及女子在抗建中之任务,尚不了解,如何能执行教育与动员一般妇女之重任。

办法:

一、请教育部聘定教育专家,将改进中学以上之女子教育,详加研讨,拟具适合于抗建中之妇女教育计划,通令全国中等以上之学校,切实执行,于半年以后,施行严密之考核,以促成效。

二、严令中等以上之学校当局,对于中学以上之女生,必须使其于课余之后,参加救国工作,如宣传扫除文盲、缝制慰劳品等,使其在实际工作中明了本身责任之艰巨。

三、严令中学以上之女生,必须举办各种社会问题、妇女问题、时事问题等集体研究会、讨论会、演说竞赛等等,多方引起其对于政治及社会问题之兴趣。

果能照上项执行,预计于半年后,知识妇女之对于动员妇女之酵母作用,定有相当成效。

(1939年9月提交第一届第四次会议)

34. 为决定立国大计解除根本纠纷谨提具五项意见建议政府请求采纳施行案(江恒源等提)

抗战逾两载,敌我之势相形,一则日削日疲,一则愈强愈固,事实昭然,世界共见。顾欲促成敌人从速崩溃,缩短抗战胜利过程,仍应内省反观,切实检讨。不作讳疾忌医之念,应存居安思危之心。如有障碍,必求速除。本原所在,必加培养。力量稍见松懈,必加紧结集。人心稍觉徬徨,必设法安定。问题既存在,不必避免也,宜就问题症结之所在,而共谋解决之。问题复杂,解决诚多困难,然于其本末、表里、轻重、先后,果能剖析详明,自易权量允当。如是扼要以行,何难迎刃而解?

迩来恒源等详察国内各方实况,其民心向上,民气发扬,乐观事实,随在多有。然瑜中有瑕,不齐原为物性。如不肖官吏,如无良奸商,已足为抗战胜利之梗矣。然此仅疥癣之疾也。倘能信赏必罚,整饬纪纲,即可使之敛迹。至若社会知识分子,彼此水火,由误会而猜忌,由猜忌而倾轧。往往蔽智任情,相激相荡,乃竟不辨是非,不择手段,只图决心一时,置国家命脉于不顾。至使意志未定之青年,如堕重雾,莫知所从。纯洁爱国之民众,领导无人,散漫如故。而地方老成人士,愿从事于救国救乡者,睹此复杂形势,亦多归于消极。如此行失其协,心失其和,力失其聚,河山破碎,大敌当前,而身负领导民众重责之知识分子,尚复有如此情形,其影响于抗战建国前途为何如?是诚吾国家存亡兴衰关键之所在,不容忽视者也。此何时乎,外患未已,益以内忧,既损国誉,且伤邦本,仇快亲痛,其何以堪。恒源等既懔然于"栋折榱崩,侨将压焉"之惧,又胡能不冒死以言,垂涕而道?

平心而论,凡一种人事纠纷冲突之构成,绝不应仅由一方负其全责。彼此接触时少,挑拨者多,再不免先有成见,纯用情感,依此以观察,以猜度,以判断,其结果也,相谅相让之雅度,必日以狭,相忌相恶之褊心,必日以增。个人如此，集团亦然。在集团之上级领导者，明情达理，尽可一晤即解，一说即晓，而地方下级，尚多未明在上者之意旨，甚且仍未改以往之作风。此在身处局中，斤斤计较一局部利害，容或忘其所行之失当。而在局外毫无成见之人，且纯以整个国家、整个民族利害立场，施以审察，施以评论，则是非所在，又截然不同矣。庄子有言"此亦一是非，彼亦一是非"，是非之界诚不易定，然若以其利害之所及，认明为多数，抑为少数，即依此多数少数之比较，以衡定是非标准，倘可合于理而洽于情乎？此外更有因热心太过，求效太速，而施行之际，失其重轻，昧于缓急，以致启对方之猜疑，或竟认为难堪，而予以不良反应，亦屡见不鲜之事也。在集团方面，其权势较优者，倘能廓然予以优容，自不妨稍稍尊重对方心理。而其历史较久者，倘能降心相从，不算旧账，避免无谓刺激。则同为救国，同为抗战，又何事不可以商办？何嫌不能以解除？欲人从我，非无方法也，然绝非可以强迫得之。有己无人，则壁垒易成。人己互量，则畛域自化。此固易明之理，而亦易办之事也。惜乎目前尚有若干处、若干人，未能悉如一般国民之所期。此则不能不认为国家之大患。当此病未深、弊未著，即早图之，就筑易挽救。失此不治，任其滋长，刚膏肓之忧，基于此矣。

放眼以观各战区以及后方各地，凡无上述情形者，必党政军民，协力同心，联成一体，外以摧灭强寇，内以发展地方，举凡民众动员及组训，无一不秩然有序，顺利进行。不幸而有上述情形，则所谓地方知识分子，既日在明争暗斗之中，当然置一切应办之事于不顾。此外能办事与愿办事之人，因身居局外，或忧谗畏讥，或避嫌远祸，或以其始热心猛进，曾遭挫折，遂亦相率短气灰心以去。如此尚复有何力量可言？言念及此，可为痛哭！再就上述情形较好各地方详察，其人心人力所以能调协，所以能融合之原因，则又多由于地方高级领导者，确能仰体中央意旨，兼容并包，集合群力，善为运用，且毅然决然，持定见而不移，甚至不惜迂回曲折，费尽苦心，周旋一切，以期达到各方由谅解而融洽而合作之鹄的。嗟乎！"前事不忘，后事之师"。仁尽乎哉，求则得之矣！

抑又闻之："善气相感则和，戾气相触则斗"。如何使戾气不作，善气常存,固赖各方负责者心理之转移,作风之改变。而真欲解除根本纠纷,仍应有妥善安排之道。是以唯一枢纽,则在中央能速定正当方针,并施行适宜办法,必要时关于立国根本大计之决定,须涣汗大号,昭告国人者,更切盼能择定适当时期,明白公布。此不仅用以安定人心,亦所以集合人力也。至于抗战障碍之袪除,建国本原之培养,其效用亦寓于斯矣。

根据上述理由,谨提具次列意见五项,建议政府,请求采择,予以施行,倘蒙察纳,国家幸甚,民族幸甚!

一、遵照国民党总理孙先生遗教,训政完成,即行公布宪法,宪法公布以后,由国民代表大会,代表国家,由国民政府,对国民大会负责施政,至是则中华民国亿万年之邦基定矣。此不仅为手创民国之国民党所渴望早日实现,抑亦吾全体国民所竭诚盼祷者也。拟请政府转请中央,在最近适当期间,明白公布预定完成训政,公布宪法,实行宪政之期,并切实声明,届期绝不展缓。如此使全国人民晓然于中央意旨之所在,不至再有所徬徨,并可因此收到次列三项效果。(1)全国人民,可以安心努力,协助公务人员,完成地方自治。(2)全国人民,可以群策群力,在国民党各级党部领导之下,积极从事于政治文化教育等工作,用以树立法治民治之永久基础。(3)国民党以外各党,既知中央已定立国根本大计,自愿在国民党领导之下,依照国家法令,尽其所应尽之任务,以待训政之完成,宪法之公布,宪政之实现。此其一。

二、目前国民党各级党部,负责领导民众,凡属国民,稍具常识,可云无不表示服从,无不表示尊敬。此无他,对于主义,对于领袖,咸心悦而诚服也。惟其如此,在执行党务者,更应本宽大包容态度,持忠告善导方法,除对于最少数卖国通敌之败类分子,严行检举外,其他皆应一律待之以善意。平日情报之检核,不能不特加审慎也。处理无心犯过之学子,不能不予以哀矜也。依恒源等所知,如上所云云,在中央上级党部,不惟早已存诸心,决诸策,且已屡见之于文告矣。但地方下级最少数之党员,是否皆能遵照执行?恐成疑问。不幸有一二处一二人反其道以行,则影响所及,已不堪设想。盖社会人士,观察判断,大多以耳代目,不求深解,每以一人所行,概诸全体,以一地所见,推及他方。于是一唱百和,众口交咻,扩大渲染,所在皆是。盖以我国人情，多好表同情于弱者，往往胸有所抑郁，无由白之于大廷，而三五人私室聚谈，咨嗟太息，辗转流传，反易构成有力舆论，此以最少数人累及全体，不能不认为万分可痛可惜之事。目前救济之方，应请政府转请中央，通饬地方党部，遇事特别慎重，对于在学青年，以及性好活动之知识分子，无论曾隶何党，皆应一本中央上级宽容大度与人为善之旨，诚恳予以指导。万一真有某种重要嫌疑，除彻底详查外，亦必呈准上级，方能处置。如此则如上文所述之流弊，当可逐渐减除矣。此其二。

三、凡在国民党以外之党，当此宪法尚未公布以前，所有活动，自应悉遵国家一切现行法令。其有机关设在某一地方者，应向政府陈明。凡有行动，务必与所在地之国民党党部，多多接洽商讨，万不宜彼此各不见面，而仅听传言，且仅听无根而带有挑拨性之传言。应请由中央或政府制定一种双方商洽办法，俾资遵守。如此则情感互达，实况易明，自然疑忌不生，纠纷减少。倘不幸遇有误会龃龉事故发生，亦应各自呈请上级，静待解决，一如前条所云云。此其三。

四、政府对于国民党以外各党，当然不能以特殊关系，特予优待，同时亦不能以特殊关系，特加苛责。对人对事，一律示以大公。如有善事善言，自应采纳嘉奖。如有不合法令，真正悖谬之行，亦应予以纠正，或竟加以惩治。若在政治教育技术上，有特别优异之处，则明示各方，俾资仿效。至于国民党以外各党党员，散在各社会从事职业者，更应以普通国民相待，而绝不能因其党籍有殊，而稍存歧视。此本当然之事，在政府已早如此施行矣。第恐地方下级党政机关，未必皆能了解及此。或且以乡里私人恩怨，假借名义，滥施报复，事本与党无关，而结果乃牵涉及党。此种无谓之纠纷，绝不可任其久久孳生而酝酿。应请政府明定办法，指示方针，通饬遵行。使各方有一定之轨可循，自可再无出轨之事。再在此抗战时期，其尤重要者，在战区各地，正需要多方集合人力财力，以协助国军，共歼顽寇，凡有民众抗敌组织，自应由地方负责当局，妥为运用，对于此等组织分子，应一视同仁，不复问其隶何党籍，并拟请政府通饬战区及各省，凡属此等组织，统由地方行政机关管辖指导，以明系统，此其四。

五、继此,更愿代表全国无党籍之国民,恳切盼望国民党以外各党领导人能指示党员,各就本位,努力事工,预防最少数人,存有"有己无人"之偏见,时时勉以"待人以友无以敌",而其一切行事,必以多数民意所向为依归。"大抵人情不甚相远",我以敬礼往,彼决不至以横逆来,果在己者已尽,而人犹以横逆相加,此乃事属例外,而非可以常情论也。今日全国人民,既同在国民党施行训政之下,则所有国民党以外之各党,自应循合理洽情之道,努力工作,以期福利吾民,福利吾国。而同时凡不隶党籍之国民,亦不应漠视国事,不谈政治问题,至小限度,对于各党所言所行,结果福利及于多数抑或少数,当能予以公平之观察及断论,而决定其从违。此乃天职,安敢不勉! 如上所云,亦拟请由政府采其意义,制成文告,用适宜方式,昭示有众,盖政府既明认各党存在,即应示以活动范围,与应占地位,及努力途径。此不仅用此以勉各党,并亦用此以勉吾国民。此其五。

上述五项建议,是否有当? 敬候公决。

(附注)此案列为密件,无论何人,不得在日报或杂志上发表。

(1939年9月提交第一届第四次会议)

35. 严禁违法拘捕迅速实行提审法以保障人民身体自由案(邹韬奋等提)

理由:

关于人民身体自由之保障,《中华民国训政时期约法》第八条原有如下的规定:"人民非依法律不得逮捕拘禁审问处罚,人民因犯罪嫌疑被逮捕拘禁者,其执行逮捕或拘禁之机关至迟应于二十四小时内移送审判机关。本人或他人并得依法请求于二十四小时内提审。"又按《刑事诉讼法》之规定,除现刑犯外,拘捕时必须有法院所出之拘票,执行时必须以拘票示被告。但在事实上,全国各处,并未完全切实遵行,无逮捕人民职权之机关,往往越权。虽有逮捕人民职权之机关,亦往往滥用职权,人民遭害者,因提审法未实行,每含冤莫白,呼吁无门。此种弊病如不迅速补救,人民身体自由剥夺殆尽,实违反政府爱护人民之本意。

办法：

除请政府督饬全国各机关，须严格执行《约法》及《刑事诉讼法》所规定，违者应严加惩处外，须迅速限期实行民国二十四年六月二十一日国民政府公布尚未确定施行日期之提审法，人民被法院以外之任何机关非法逮捕拘禁时，本人或其亲属得向逮捕拘禁之地方法院或其所隶属之高等法院声请提审（见该法第一条）。

人民逮捕拘禁时，其执行机关应即将逮捕拘禁之原因以书面示知本人及其最近亲属，至迟不得逾二十四小时（见该法第二条）。法院接受声请后，得摘录声请要旨，通知逮捕拘禁机关限期具覆（见该法第四条）。地方法院如对声请之裁定不公，人民得抗告于上级法院（见该法第五条）。法院接受声请书状或逮捕拘禁之机关复文后，对于提审之声请认为有理由者，应于二十四小时内向逮捕拘禁机关发提审票（见该法第六条）。已经国民政府宣布而尚未实行之提审法，虽未尽完善，但如能切实执行，对人民身体自由之保障，显然可得进一步之保证。

(1940年4月第一届第五次会议期间提)

36. 对于平抑物价问题之基本建议案(许德珩等提)

物价问题为年来社会中最严重的问题之一。本会历届大会，对于解决此种问题，咸有建议，尤其于上届第五次大会，关于平抑物价问题之提案达数十起之多，政府且另有专案，说明办理平价工作概况及进行方策，交会讨论。数月以来，后方各地日用必需品暴涨，以陪都重庆论，米粮价格，涨过当时十倍，其他日用必需品如油、盐、煤炭、布匹之类，其价格亦且超过当时若干倍，全国上下，惶骇莫知所以，亟求有以救正之策。政府文告，报章杂志论著，专家学者研讨，团体个人对策。最近于粮食问题，全国粮食管理机关，更集合十八省粮管局及各方人士，聚义陪都，于如何解决物价问题当已有很多完善之对策自不必论，不过今日之事，不仅仅在于对策之多，而在于对策之能切要与实行。目前一般物价因粮价暴涨，均竟趋于与粮价同一水准奔赴，达到平衡，表面上似已呈一平定现象。在此时期，政府若将物价平抑过低，自与工商业之繁荣有关,甚或至于影响后方工业生产。可是若不即时管理物价,只要粮价再往前冲一步,其他日用必需品亦必再向高涨之途迈进,社会将再呈一度不安之象,其影响及于抗战前途,何堪设想?因此对于平抑物价之根本问题,从原则上,方法上,以及正本清源的工作方面,提出数项建议,以供政府采择。

一、在原则上,认为有下列几点应当注意:

(1)急须确定管理物价之根本对策——战时物资需用增多,交通阻滞,劳动生产力减少,物价上涨,自属当然。不过,若管理有方,自可使不至于暴涨。最近一年以来,对于平价问题,负责的机关方面,理论上就不一致,有的主张自由放任,有的主张统制管理,因为意见不一致,统治管理,刚刚有点成效,又自由放任起来,弄得物价越平越涨,并且越平越暴涨。我们现在希望政府:1.从速确定管理物价的政策;2.于最不可少的几种必需品,采取政府贴钱政策;3.在大都市及其附近若干距离之村镇实行:a.严厉的管理物价;b.酌量地限制消费;c.积极的鼓励运输。

(2)统一管理的机构,加强工作效能——物价上涨以后,平价机构过多,有时不惟各不相谋,并且还相互牵制,彼此都不负责,以致工作不能收到如期的效果。现宜速行统一管理的机构,集中人力、物力、财力,明责任,专责成以求实效。

(3)经济、交通、金融机关的一元化——战时平价管理工作,任务重大,关系亦极复杂,当然不是部分的单独力量所能为功。如经济生活部门,交通运输部门,与金融的流通部门,要能密切的合作,才能得到如身之使臂,臂之使指的效用。因此,对于平价的工作,我们希经济、交通、金融这三部分能进一步的合作,避免过去那种相互隔离或相互推诿的习惯,通力合作,大家负责任的来克服目前的困难。

二、在实行的方法上,我们认为下列的几点应当注意:

(1)从速严密地登记都市商人存货存粮,乡村地主的积存谷物,便于有计划的管理和分配。

(2)调查并管理都市的同业公会,使之有健全的组织,于日用必需品之运购,由政府给以交通工具之便利,并鼓励其集体购运。

(3)从速实行经济警察制度,以各地三民主义青年团为主干,配合城、镇、乡正绅负宣传及调查之责,使不致于扰民而收实际效益。

(4)城、镇、乡广设消费合作社。

三、于正本的方面,我们认为应当注意:

(1)增加生产,改良种植。

(2)吸取游资,使之从事于工业生产,并积极地扩大农村金融网。

(3)准备实行米谷国有政策。

四、于清源的方面,我们认为应当注意:

(1)严厉地处罚囤积居奇,尤其要注意于有权有力者之囤积居奇。

(2)减少不急之务以平抑工价,使都市的游工归农。

(3)厉行节约,提倡集体生活,以节省人工燃料。

(1941年3月提交第二届第一次会议)

37. 请政府明令奖助民营基本工业并准投资工矿之公司股票得向国家银行折扣押现以资周转案(胡子昂等提)

理由:

抗战以还,政府对于工矿事业,先后公布有工业奖励法,特种工业保息辅助条例,以及非常时期奖助工矿业详细办法等。今日设在后方之各厂,尚有一线生机,正在勉强挣扎者,皆赖于是。但在此工食高涨,成本无法减低,各项工程均感受极度困难之象,各工业组合所望于政府救济奖助者奢,政府因各种拘牵所给予各组合之实惠乃不得不严其限制,繁复其手续,延缓其时间。故政府虽有一面抗战一面建国之决心,而后方各种民营基本工业之建设终难树立基础,循序迈进。一般资本家鉴于经营普通贸易之获利丰厚,运用资金灵活,更视投资各项工业为畏途。更以民营各厂矿机器设备,大都因陋就简杂凑而成,或则规模太小不合经济原则,或则配合不宜不能兼顾产销之合理条件,尤虑战事平息难免崩溃之虞。附拟奖助办法三项。

办法:

一、凡依法立案于民营基本工业之各种组织,其投资取得之正式股票,准其得向四行折扣押现。其详细办法,由经济部会同四联总处审定之。

二、根据二十七年部颁奖助工矿办法再加强其保息补助之范围,另定战时战后维持产销减免纳税之永久办法。

三、凡政府主办之各项工业,应责成主办机关与民营同类工业切取联络,使之集力合作,增产供用。

(1941年3月提交第二届第一次会议)

38. 调节劳力整理交通改善金融与粮食管理以平抑物价案(冷遹等提)

自从物价增高,粮价剧变,人心固极度不安,政府亦殷忧綦切,于是设平价机关,平准物价,设粮食管理委员会,管理粮食。凡此措施,洵属法良意美。奈执行数月,成效犹微,溯本穷源,实以生产与消费两无精确之统计,而多数人员奉公洁己之精神亦未养成,地方各级机关之组织又欠精密,以如此繁难之事,欲收实效于极短之时间,诚不可能。以遹等之回忆,自(二十七年)兵役工役之事兴,生产事业日增,需要壮丁之数字加多,故二十八年秋间之工价,即已突增。迨二十九年春,农村短工,日需五元,且供伙食,农村如此,都市更甚。洎自宜昌失陷。秋成收集军粮,又值国际汇价变动,好事者遂造法币贬价之谣。缘此数事并集,凡社会上拥有资财者,皆以屯集实物为得计。加之交通工具缺乏,内地汇兑又受限制,货物无法流通,甲地乙地相悬至巨。去秋物价腾贵,固已轶出常轨,现时之激增,虽不致如过去之甚,然亦决无回跌之望,且隐有继长增高之势。兹为斟酌现势,谨具办法数则,建议政府采纳,切实施行。是否有当,敬请公决!

一、工役之改善。工程最大者,莫如筑路与筑飞机场。若将现在办法,略予变通,以各该县应摊工程,责令完成。再由县视工程之难易,分段责令于乡,以免县乡只知滥竽凑集人数,希图塞责,而不知应做之工程。工程处应于某乡之工程完成,即收某乡之工,俾乡民可以随时服役。至米价工价,应计其数目,一方公告于众,一方监督发放。如此,县府无所推诿;而人民亦知其应做之工,及应得之津贴,无可旁贷,无可规避,工作自可迅速。若能另定奖励之法，使县乡互相竞赛，更属有益。在公家或有按时计值加增经费之处，而工程可以早了，民怨可以不兴，两相权衡，仍属有利。闻乐西路汉西路汉源段，即采此办法，颇著成效。极可效法推行，以利役政而节人力。

二、交通整理与改进。年来交通工具不易补充，汽油又复缺乏，现有之车多难利用，人物流通，因之滞塞。若令运输机关连络密切，使各方车辆来往不空，亦多裨益。近闻煤气发动试验已经成功，果尔则公家自应迅予加资扩充，充分利用，使凡可运动之车辆装煤气。如此则远道交通，困难减少，人物均得畅通。即如渝市，若果加增运输车辆，不独节约人物运输过程，即劳力亦可大减。又如水路，轮船近多损坏，亟应奖励人民多造木船，加大运输之力。交通即便，货物自通，物价自定，不致更有甲地乙地之物价相差太甚之情形，而人工方面亦不致供求不能相应，工价亦可因而稍平。都市居民，亦便于移居就食，所谓食粮恐慌之心理，自可逐渐消失。

三、内汇不应有限制。内汇限制，闻因法币不易运输。但交通虽不甚便，何致不能运输法币。在银行免于麻烦，在物品即无由交换。既失有无供应之道，无怪甲地乙地之价悬殊太甚也。

四、应令银行吸收小额存款与小额支出，中国人民，夙鲜存储习惯，政府时有奖励宣传，银行亦应改进业务方法，多予存款者之便利，吸收存储，与宣传相呼应，以实行良善之政策。昔日上海商业储蓄银行，对于业务力求接近社会，而于吸收小额存款，尤极诱导之能事，成效显著，人所尽知。兹以渝市言之，虽一劳工而身藏法币辄复不少，商贩更不待言。若果优与利息，不计存额之巨细，不惜手续之麻烦，使无慢藏之祸，而存支又便，踊跃存储，必收大效。且法币得以返流，于金融之运用，法币之数量，关系尤巨。而于生产增进，物价平衡，亦多影响。

五、应设法使生产消费减少中间商人。减少商人过程，本为要政。抗战后方，以空袭频仍，货运困难，商人利欲，轶出常轨，货一经手，价加数成，甚至倍蓰。近有某工厂委托米商代卖长寿产米，计值每市担约与渝市相差三四十元之巨，地虽极近，而一经转手，价格大相悬殊，商人贪利，其事至显。应令社会部合作管理局劝导市民筹设合作社，自购自销，借以减低物价。

六、管理粮食之方法应当疏节阔目。现在管理机关,逐层已有组织,各乡具经训练人员实地调查,调查情形如何,虽不得知,然以情势推之,必不能认为确实。不但如此,并恐激刺乡民,藏粮之心,因而更甚。地亩生产调查,固不可一蹴而几,若使各级组织之人员,先查百担以上之存户,就四川言,自耕之农民极少,多方询查,不难明确。如此分别先后,按户征购,比较至易。

其他,关于战时经济汇兑管理,已有人具述意见,呈于政府。以川盐易湘米,褚参政员已有提案,若能采择施行,裨益物价,亦非浅鲜。

(1941年3月提交第二届第一次会议)

39. 设立中央儿童学园以倡导幼年社会教育案(陶行知等提)

近来有十几位关心儿童幸福的朋友举行了一个非正式的谈话会,希望我为小朋友在参政会里提一个建议案。首先是想建立一个儿童剧场,后来越谈越起劲,觉得我们应该为小朋友来他一个较大的建设,包含:(一)剧场,(二)音乐馆,(三)美术馆,(四)科学实验馆,(五)历史地理博物馆,(六)工艺室,(七)图书馆,(八)俱乐部,(九)体育场,(十)宿舍。这个建议一切都是要根据儿童的需要设计。名称拟了好几个,例如:儿童之家,儿童之宫,儿童世界,儿童乐园,各有优点。最后提出儿童学园的名称似乎更内恰切,因为学有长进之义,园有欣欣向荣之意,故暂用此名。但也不拘泥,倘有更好的名称,尤为欢迎。我们所注重的是中国需要有这样一个建设,以丰富儿童之学习与生活。

理由:

一、一般小学及初中之教育都偏重书本,要有儿童学园来补其不足。

二、一般之展览会为期甚短。最近举行之国防科学展览甚佳,但匆匆数日,参观者多数走马看花,不能详细领略,若动手体验,机会更无。儿童学园对于有系统之展览,可以长期举行,并设实验,俾儿童手脑并用,以资体验。

三、失学儿童可在学园中自由探讨,仍能长进。

四、儿童各有所好,学园多方设备,可依性之所近,展其所长。

五、近年已有热心儿童幸福之团体创办儿童之家,但因经费有限,供不应求,故儿童学园应以中央政府之力为之倡导。

六、重庆为战时首都,各省人士来往,络绎不绝,一经观摩,便可推广以为全国儿童造福。

七、爱护儿童之国,前途必是远大,陪都为中外观摩所系,倘能搜集陈列,儿童对于抗战所发挥的贡献,尤能使侨胞友邦加强对中国之认识。

办法:

一、请政府组织中央儿童学园筹备委员会,聘请专家设计筹备。

二、一部分应于三十一年四月四日儿童节前完成。

(1941 年 11 月提交第二届第二次会议)

40. 控制商业银行游资及发行土地债券以收缩通货而安定物价案

（沈钧儒等提）

目前事实之现象:

一、由于通货发行,日趋增多,(闻最近每月至少发行新钞票十万万元)后方私家商业银行数目日多。(约四五十家)而政府并无适当之管理,故大多数分立字号,从事操纵金融,以期获得厚利。西南比期(每十五日为一期谓之比期,其利息最厚。重庆三分左右,闻自流井等处有至八分者)之风,助长囤积尤力。

二、由于粮价上涨之结果(平均较战前涨三十倍强),地主不劳而享此国难财。土地既成为致富之源,于是佃农生活日苦,但永无翻身为自耕农之希望。地主以其收入甚丰,不仅不出售粮食,且从事土地兼并及囤积居奇。

此种商业资本及土地资本之猖獗,乃使工业资本日趋衰落。中国距离工业化之目标亦愈远,因之物价益难期于稳定。

目前事实之症结:

一、通货发行数量过巨,财政当局估计中之抗战时间较实际为短,故法币政策失败后,虽赶行赋税政策,立时难见效。

二、统制政策不能与实情配合,当局既实施低物价政策,而通货日趋膨胀,加以囤积居奇,于是水涨船高,物价愈无平定之望。

三、农业社会,管制机构未建立,乃使管制变为惊扰。此不得不望政治清明,善用民力。

办法:

一、控制商业银行游资,即可供给国库及国家银行需要,减少通货之发行。

(1)抗战经济之推动,不应全由国家银行负责,经查民国二十三四年间上海银行界中华农业贷款团成例,(可以说是农本局前身,当时陈光甫、周作民诸先生,利用华洋义赈会等在各地所办之合作事业,放款于农村方面,可谓破例自找出路。且系极正当之出路)。组织各大商业银行,投资经建事业。

(2)切实执行《非常时期管理银行暂时办法》"各银行将普通存款百分之二十为准备金转存国家银行"之规定,并拟定新办法。

(3)严禁比期存款。

二、发行土地债券,限制土地资本之膨胀。农业国家两大税源,曰粮食,曰土地。今粮食库券已推行,急应同时发行土地债券,以调整农村关系,并减少通货之发行。

(1)发行土地债券,收买土地,实现土地政策,扶助佃农为自耕农,由国家金融机关执行之。(现在中国农民银行土地金融处,目的即在收买土地,同时扶植佃农为自耕农。闻已拨定法币一千万元作基金,着手调查,将从川陕湘桂四省每省择三县开始试办,自宜速定发行土地债券办法。)

(2)修正土地法规,缩短租佃年限。(土地法租佃有效期限为十年,宜更加以缩短的规定。)

(3)各省当局,分别按本省实况,订制调整租佃。(由中央核准实行。)

(1941年11月提交第二届第二次会议)

41. 请政府明令各机关不得借故禁用女职员以符合男女职业机会均等之原则案(吴贻芳等提)

理由:

查男女平等,不仅为世界各文明国家法律之通例,即中国国民党党纲,与训政时期约法，均有明文规定，自应切实奉行，本无再加计议之必要。无如近年以来，各机关各法团中，当招收职员或学员时，每有违国法党纲，限用男性之情事，而邮政局更有禁用已婚女职员之明文规定，他若关于技术、警政等方面之训练场所及银行招考练习生或学员时，亦多有同样之事实发生。究其所以拒用女子之理由，不外以女子能力薄弱，或难于调遣，或以设备不周，或恐发生两性间之问题等为措词，其理由之不充分，盖甚明显。窃念在此空前之抗建时期适宜尽量使用人力，男子踊跃赴前方服务，女子更应在后方接替男子，努力参加各部门工作，以期早日完成革命。然自抗战以来，后方社会，不独未见广为培植或延揽妇女人才，反有排斥女子服务机会之现象，此种不合法之不平待遇，匪特不合男女平等之原则，实亦国家人力之损失也。兹谨掬忱，陈述于次：

一、查妇女界富有工作能力，足堪担任各机关部门之职务者，不乏其人，而社会人士，对于选用女职员，往往不以人才为主。察其原因，都为徇情所致。况现在女职员为数甚少，偶有因能力薄弱不能胜任工作者，即致影响全体女性，而男子滥竽者，恐亦不在少数。盖人数众多，不易显其短拙，而影响于他人耳，此不以女子能力薄弱为理由而拒用女职员者一也。

二、查女子虽间有因家务与儿女之牵累，或因丈夫工作所在地之关系，以致不易随时调遣工作者，因为事业所难免，以此究属少数。夫可认为一般女子类皆如是，而男子中因父母年迈，或家庭负担等之关系，不愿调遣亦属常事，此不足以女子难以调遣为理由，而拒用女职员者二也。

三、吾人欲增长国力，首宜人尽其才，各机关法团中，倘因录用女职员，有增加设备之处，亦应予以增设，岂可因噎废食。盖当此建设伊始，百废待兴，政府恒以巨额拨款作国家建设社会之需，今何以吝惜职业妇女之小小设备乎？此不足以设备不周之理由而拒用女职员者三也。

四、男女两性之关系，原属私人问题。各机关部门录用女职员，既多不以人才为主，则女职员中不良分子，或意志薄弱者，自所难免。但考察两性问题发生之实际情形，两方各有其责。而社会人士，独对女子加以"行为不检"之罪名，男子则可"逍遥法外"，天下不平之事未有甚于此者。然此种不平之事，实因封建思想未能铲除,革命精神未能发扬之故。社会人士,应负纠正错误观念,提高国民道德之责,岂可以此剥削妇女职业之权益耶？此不足以两性间之问题为理由,而拒用女职员者四也。

总之,女子受数千年旧礼教之束缚,至此抗战时代,更宜活跃于社会,以期洗刷弱点,锻炼才能,俾可强人力。今之禁用女职员者,既非党国政策,又无法令根据,更非出自政府命令,现虽未见诸普遍现象,但星星之火可以燎原。

办法：

请政府明令各机关奉行党国之法令,不得借故禁用女职员,以资增强国力。

(1941 年 11 月提交第二届第二次会议)

42. 整饬禁政肃清烟毒以利抗战建国案(冷遹等提)

鸦片之害,甚于洪水,禁烟之难,甚于革命,贤哲之言,洵不吾欺。本人因主持川康建设期成会驻泸办事处,此次巡视宜宾、乐山,同时派员视察江安、南溪、纳谿等县,闻见所及,其有足以危害国家社会之事者,莫甚于烟毒。心所谓危,不得不详切陈之。查川南西接夷地,南邻滇境,两处烟种,根本未清,人所共知。泸县、乐山、宜宾实为集销之地,秘密转运,方法滋多,要以武力为主要,势之所趋,利之所在。举凡文武官吏自治人员,以及各种公私团体之不肖分子,莫不炫其利,惑其威,如中魔狂,心理统被控制,无形中乃构成社会恶势力之集团。地方政府借口烟种未清,无法禁吸,又以禁限已满,可告段落,听其猖獗不过问,亦不敢问。各界人士亦认为事过境迁,淡焉若忘。长此以往,不特民族健康无望,一切政令无法刷新,即政治道德,军队纪律,社会良善风俗,无不扫地以尽。而目前治安,亦成莫大问题。盖莠民运现金或货物,至夷地换烟,复持烟至内地换枪,得枪后,遂为匪;待劫到财物,复以换烟,烟复换枪,辗转数次,零匪逐变成股匪。近据川南各县报告无县无匪,可覆按也。更有持枪至夷地换烟者,情节更属严重。大凡手枪一枝可换烟百两,手提机关枪可换烟数百两,得烟以后,复运至内地换枪,往复掉换,获利无穷,于是夷地之现金充实矣,利器增加矣。傈傈智识幼稚,体强性狠,一经煽动,边疆糜烂,过去历史,亦可覆按也。为今之计,举国上下,亟宜纠正讳疾忌医之心理,重树肃清毒物之精神。特拟具意见,提请公决!

一、增强侦缉机关力量,尤宜于运输要道,增加武力,以杜来源,而惩强梁。

二、地方政府应负起禁售禁吸之责,不得借口种运未绝而放弃职责,要知售吸果能肃清,种运亦可断绝也。并应实行奖惩,于乡保长亦然。

三、省参议会以及将来县参议会、乡镇代表大会、保民大会,均应有禁烟委员之组织,负起监督检举宣传之责,唤起舆论,树之风声,使行政机关不至泄沓奸宄藉以敛迹。

四、厉行惩奖,凡不肖之文武官吏个人团体,严予制裁,不予姑息,宁失之严,勿失之宽。过去奖赏,按照"查缉毒品给奖及处理章程"第三条之规定,"缉获纯土烟膏每两给奖二元,纯烟灰给奖一元"。又第九至十二等条规定,"缉获毒品,须由缉获机关解送当地县政府或市警局,会同验明,加封会章,转解各省市政府转送内政部禁烟委员会复验封存,并交化验机关分析,鉴定其成分后,再由内政部咨请财政部核发"。依此规定无论手续繁复,了结一案,非经年累月不为功,且私土暗盘,现已至百元以上,若照章给奖,则经手查缉之官兵所支购买水线及设法调查等费亦处无法补偿,其不肯切实执行,不言可喻。现在百货缉私给奖,已照货价提高至百分之五十以上,毒品给奖,似可仿照规定,应采取迅速方法,以收实效。

以上所言情形,虽属偏于一地,然各处售吸之状况,固无差异,故所举之办法,不仅限于一地也。

(1941年11月提交第二届第二次会议)

43. 加强实行民主以求全国团结而济时艰案(张澜提)

年来盱衡时局,审度内外,觉国际战事虽胜利可期,而国内政治情形则忧危未已。举其大者言之,人才未能集中也,民意未能伸展也,党争未能消弭也。最高当局非不宵盱勤劳,而全国所需之团结反日形失望。察其症结,皆在政治之未能实行民主。人群之有才智贤能,原以供国家之用,群策群力乃能兴邦。现在政府之用人既以一党为其范围,尤偏重于特殊关系,使国内无数才智贤能之士皆遭排弃。以国家有用之才,投置闲散,已深可惜,甚或逼之使为我敌,岂云得计。必须实行民主,一本天下为公之旨,选贤与能,只问才不才,不问党籍,举全国之才智贤能,共同尽力于国事,而后可以挽救危局,更兴国家,此其一。得民必由于得心。民之欲恶,是为民意。乃现在一切民意机关的代表都是由党部和政府指定与圈定,于是只有党意官意。真正民意之表现,其在群众集会。偶有批评政府,指摘时弊之人,即被目为反动。法令苛扰,官吏贪污,从未有如今日之甚者。人民痛苦百端不能上达,厌恨之情到处可见。必须实行民主,首先废除言论、思想、出版之统制与检查,使人民各本所欲所恶,对政治可以自由批评讨论,民力始能发挥,此其二。国民党与中国共产党各有主义,各有区域,各有军队,能否合作,实为国人之所深切关心。如非认真而且彻底做到政治民主,使军队国家化,专用之于国防,则此问题将无法解决。甲要一党专政,因而训练党军,以巩固其政权,即不能禁乙之训练党军,与之对抗。必须实行民主,不以国家政权垄断于一党,则民生主义与共产主义本有相同之点,国共合作以往之历史亦非无可循。使彼此皆以建立真正主权在民的民主国家为目的,正应共同抗战,共同建国,以力求政治民主化,经济民主化,而达到将来世界之大同,尚何凭借武力以为内争之有,此其三。今国民政府已有宪政实施之筹备,宪法草案亦在各地研究讨论之中,如能及此时机,加强实行民主,则人才可以集中,民意可以伸展,党争可以消弭。上下一心,团结奋斗,目前艰危之局势固可以支持,即战争结束之后,国内统一,国际平等亦可以顺致。如或昧于大势,迁延不决,徒貌民主之名而不践民主之实,内不见信于国人,外不见重于盟邦,则国家前途必更有陷于不幸之境者。

(1942年10月第三届第一次会议期间拟。张澜亲属捐赠,重庆市博物馆提供)

44. 厉行法治以清正本定人心案(黄炎培等提)

理由:

抗战时期，后方内政所要求，（一）加强政权，运用灵活。（二）安定人心，维持秩序。欲达成前一目的，似法治非其所重。然欲达成后者，则非重法治不可。一面抗战，一面建国，欲达成前一目的，似不急急于法治。然欲达成后者，则非重法治不可。

抗战六年以来，政府绝未忽视法纪，最高领袖于训词中时时提及，以警群众，然就当前事实观之，凡距离政治中心远，则法之效力薄，愈远则愈薄，从后方逐步行向前方，更从上层逐级走向基层，其现象莫不然。无论官吏，无论人民，有守法者，非畏法也，畏其人也。有违法者，非抗法也，抗其人也。如是，只可云人治，非可云法治。人治之结果，人远则威替而政荒，为不可避免之现象。

从基层政象观之，无论征兵、征工、征税、征物、民众所感受，大都为不应有之痛苦，任何设施，法意非不良且实也，渐推渐下而下层而变质矣。有良法而变质，乃等于恶法。而无法以纠正之，非无法也，有法而不行，等于无法也，此岂为局始料所及，一言蔽之，则人远而政荒是已。

最近基于物质与人心种种因素，发生物价问题。忧时创为"物价愈高，人格愈将卑"之说，就事实观之，在物价不断上涨之下，其生活享用在中人以上者，或其道德观念在中人以下者，不堪物质之紧缩，与生活之困苦，结果皆将于煌煌禁令之外，发生不当利得行为，而国与民交病，尝以为国有贪污，非国之耻，有贪污而不究，乃国之耻。然政府亦时置犯者于重典，而未甚有效，只因发觉者只居至少数，其所以不易发觉，则亦人远政荒而已。

在此长期抗战时间，政府负荷何等艰巨，上述种种，或以形格势禁，不得已而权衡轻重以为处置，此其苦心，亦所深悉，所虑者，循是不改，风纪上道德上皆将加深不良影响，强梁者，安享其法令以外之利益，而良民乃饱受法令以外之痛苦，政府忧勤惕厉，为国为民之美意，未由贯彻，或且影响于人心，影响于国本，此非抗战之利，亦岂建国所宜。

建国之道，始于人治，终于法治。国父中山先生创为军政训政宪政三期之说，军政完全人治，训政为人治进于法治之阶梯，宪政则完全法治矣。法治之养成，非一手一足之功，亦岂一朝一夕之效。必经过相当长久时期，使一般民众尤其是一般官吏，在不得不然与不敢不然两种心理之下，养成尊重法律之观念，与服从法律之习惯，而其事必须以人治之权能与威望，严督而亲导之，历观史册，大抵皆然。古人谓"大臣法，小臣廉"。愿为进一解曰："官廉则民法。"以我周历博观地方政治之结果，其官不法，其民守法者有之。其官不法，其民从而不法者亦有之。其官守法，而其民不法者，吾敢信其无有。观乎此，则欲养成法治从何入手可以想像得之矣。

或谓法律往往远于事实，为紧急处置计，为便宜行事计，不应以法治束缚自身之行为，此似是而实非也。法律之不易适应事实，早为法学家所注意，故今之刑法，大都采用自由裁量主义，即本此旨。关于立法方针，为别一问题。今姑勿论。法令之施行，其利其害，即如上述，轻重取舍，当知所择。

或者谓，倡礼治不亦可以获同样效果乎？答：礼治与法治，非立于相反地位者，倡法治者并不反礼治，礼导于未然，法禁于既往，二者不可偏废，两轨并行，立国条件，庶几备具。

总之，从消极言，廓清积弊，整肃风纪，非厉行法治不可。从积极言，上下一心，束身轨物，以之建立国家百年大计，亦非厉行法治不可。

办法：

一、请最高领袖特颁训词，以恳切严正之精神昭告全国，厉行法治，任何人在法律之前一律平等，使官民上下，观念一变，耳目一新。

二、执行法令特别注重官吏，尤宜使上级率先守法，以为之倡。

三、凡负检举职责者，务令发挥其独立精神，俾充分行使其职责。

四、尽可能使执法者独立发挥其所有权能，严禁行政官吏参加意见，以免失出或失入。

（1942年10月提交第三届第一次会议）

45. 请政府恢复马寅初之职业自由以励直言而裨国政案（张澜提）

理由：

查去年九月，中央大学教授马寅初以讲演公债言语切直，竟至丧失其职业自由。在马寅初当时有慨于民困国贫，为感情所激，所言或不无过失，然安置偏方已逾一年,犹未获返。无怪忧时爱国之士,皆有多言不如默尔之戒惧。今日抗战局势已到最紧张关头,政府政治经济必如何改善,如何调整始能支持抗战,以达于最后的胜利,自应广纳忠言,不厌闻过,以求措施之咸宜。马寅初为国内有名经济学者,当此国家经济财政困窘情形异常严重时期,尤不应使之投闲置散。应请政府迅予恢复马寅初之职业自由,并使忧时爱国之士,闻而自励,皆愿竭忠献谠,拾遗补阙,以襄助抗战建国之成功。问谀之风变,壅蔽之害除,其有利于国家,当非寻常使一能拔一士所可比拟也。

办法:

一、迅速恢复马寅初之职业自由,仍使担任大学教授。

二、凡有忠直利国之言,政府应虚怀采纳,即有不合,亦应大度涵容,不宜辄加严谴,致绝忠谏之路。

(1942年10月第三届第一次会议期间拟,张澜亲属捐赠,重庆市博物馆提供。)

46. 请政府从速革新海关俾能负起其对国家之时代使命案(刘王立明等提)

理由:

查我国海关,自成为国家税收机构以来,为时已久。西历一千八百五十三年,太平天国军兴,占领上海,上海海关道弃职离任,关税无人征收,是时驻沪之英、法、美三国领事,见外国商船进口,不纳税款,认为不妥,遂代清政府在沪征收关税。一千八百五十八年,洪杨之乱平,三国领事即将代收之税款,送缴清政府。清政府见外人代收之关税反较关税所收者为多;其时国内又乏熟谙外国语之人员应付洋商,遂仍委托三国领事代办,并予以聘用外籍人员襄理关务之权。三国领事受任后,即在沪组织海关总税务司署,办理关税。此署原直辖于总理衙门,咸因种种条约关系,虽为附属机关,实权则全操于外人之手,且当时海关总税务司,尚有"太上皇帝"之称。

海关总税务司署成立,历届总税务司或署理总税务司职,至近日为止,(现为尚未到任之美人 L. K. Little),均为英人担任,由李国泰而赫德,而斐士凯、而安格联、而易纨士、而梅乐和，一共六人。诸士虽为客卿，然均能效忠我国，经其细心擘划，惨淡经营，虽国内频年多乱，而海关之基础，却日趋稳固。此六人中，赫德爵士任职凡五十余年，精明干练，万事躬亲，功勋尤为卓著。然海关虽组织精密，职员均专门人才，而关税，在中央税收上，每居首位，但时代业已变迁，其制度之陈腐，最高职员之聘用外人，阶级之分划，待遇之不平，影响所及，不是破坏我国行政之统一，阻碍国人关务领袖之产生，即是媚外仇内，造成关务员同事间之不睦、不平，降低工作效率，实莫此为甚。兹为使新约成立后之海关，得能负起其对国家之时代使命；我政府应即下决心，大刀阔斧，从速改革。

办法：

一、关于组织系统者：

甲、关务署，海关总税务司署应予合并，改称关务总署，参照以往之组织系统及今后之需要，分设若干科，课或股，其不合时代者，如驻英京中国海关办事处，汉文秘书科及应隶属交通部之海务部（司理海务、江务、工程、港务、船务、灯塔管理）。应予取消。

乙、各关直辖总署，名称如上海关、重庆关等依旧，应分设若干科，课或股等级；税务司及内外班之名称，内班之帮办、税务员，外班之监察、验估员各不相隶属之系统，应一律废除；凡服务关卡者，除领袖外，应全体改称关务员。

二、关于人事任用者：

甲、除技术人才或顾问外，关务总署署长，各地方关卡领袖，绝对不可聘用外籍人员。

乙、废除二年升级制。以后考绩办法，应分甲、乙、丙、丁、戊五等；甲等一年可升，乙等二年，余类推。

丙、关务总署除设署长，地方关除设关长，余均应采用"主任"制度。

三、新制确定后，关务员应一律按照法规铨叙。

四、关务员之待遇，应与其他公务员相同；战时各项津贴，应上下一律，不应以薪之多寡而分配，从免富者益富，贫者更贫，至于养老储金等之优良习例，应予保存。

五、确定沦陷区域内海关华员之奖罚办法,以准绳战后此辈关务员被进退之标准。海关影响国库之收入甚巨,而未来我国工业之发展,尤系赖之,海关同人即是国防经济战士,且居前线,战争结终,任务前大。此项税收机关,同人等认为有改革之迫切需要,用特申述理由并拟具办法,以供政府之参考或采择。

(1943年9月提交第三届第二次会议)

47. 请推广蒙藏文宣传刊物以利抗战案(阿福寿等提)

理由:

蒙藏民族,居处边陲,变通阻碍,文化闭塞,宣传刊物,极为重要。如青海则由于当地党政机关,注重边地宣传,发行汉蒙藏文宣传刊物,专为宣传中央及地方政府法令,以及抗战建国意义,编印得法,收效极宏。至于乌、伊两盟蒙旗,阿拉善额济那,新疆蒙旗,拉萨、扎什伦布等地,因距内地遥远,邮递亦不便利,有时偶得一二种刊物,内容非特简单,文字亦不适用,主持其事者固为热心,而阅读刊物者,不免大失所望。兹就中央颁发之边疆语文刊物而论,中央则有组织部所编印之关于抗战重要文告,蒙藏委员会编印之蒙藏月报,内容极为完善,编印亦颇得法,确能得到边疆人士之赞许。尚有蒙藏月刊一种,过去亦用汉蒙藏三种文字编印,内容充实精确,发行亦较普遍,颇受边人欢迎!但以纸张印刷等价格之增涨,职工人员薪金之支绌,遂取消蒙藏二文,仅发行汉文版一种,蒙藏人大多数不识汉字,对此汉文刊物,不免发生隔阂。兹为推广抗战宣传刊物,俾使边疆蒙藏人民,彻底认识抗战意义,随时明了抗战情势,仍请巨量发行汉蒙藏三种文字刊物,是否有当,敬请公决。

办法:

一、请补助汉蒙藏文刊物发行社经费,恢复汉蒙藏文宣传刊物。

二、请多发寄蒙藏地方抗战宣传品。

(1943年9月提交第三届第二次会议)

48. 请政府维护佛教以安民心而固团结案(喜饶嘉措等提)

理由:

　　佛教传入中国已千余年,其十善教法,慈悲宗旨,与夫救人救世舍己利他之精神,宏传广被遍及于穷乡僻壤,影响人心至深且巨。中国民族之有酷爱和平与坚强不屈之精神,实由于儒佛混合之优美文化所致。内地民众信奉佛教者,约在全人口一半以上,佛教实为中国一般民众之中心信仰,边疆蒙藏各地,一切政治经济社会生活,悉以佛教为依归。宗教信仰重于生命,年来敌伪利用此点极宣传诱惑之能事,而对我国之反宣传,亦无所不至。驯使边地人民疑虑徘徊,无所适从。近数年来,中央遵崇边疆佛教,不遗余力,而内地各省佛教,横遭社会摧残,寺庙被占,寺产被提,寺僧被逐之事实,时有所闻。此不特有违信教自由之法条,使内地佛教无形消灭,内地佛徒感受痛苦,且足贻敌伪宣传之口实,而启边人疑惧之心,影响团结,实非浅鲜,拟请由政府明令各省维护佛教,以安人心而固团结,是否有当,谨请公决!

办法:

　　一、请行政院、军事委员会通令各省维护佛教,禁止强占寺产驱逐寺僧,及毁坏佛像。

　　二、请令饬各省发还已往被提之庙产,通令全国佛教徒组织宗教团体,自动整顿寺庙僧律,提倡修学,并饬其经常建立法会,为增进国运及抗战胜利祈祷。

　　三、内地各省市佛教学术团体之有成绩者,中央应予以奖励及补助。

　　四、随时派员前往边疆蒙藏地带,宣扬中央尊重佛法之意旨,以坚其内向之心。

(1943年9月提交第三届第二次会议)

49. 请政府刷新政治以慰民望而奠国基案(钱端升等提)

理由:

　　抗战军兴,我以积弱之国,当强敌之压迫,七年苦战,仅克撑持。目今轴心之势日蹙,胜利在望,诚宜于胜利来临之前,竭全力以争取光荣之胜利;胜利既得之否,竭全力以建设现代之国家。顾我今日之情形,殊未足以语比。以言军事,则兵力衰疲,军纪废驰,反攻虽为当务之急,而整军犹未开始。以言财政,则政策无定,唯应付是尚,国库之收入未裕,民间之疾苦迭增,牟利之奸商,在在皆是,贪污之官吏,迹犹未敛。其他方面,无办法无进步之情形辄复类是。现状如此,如无彻底之改革,不特建国难期,胜利亦将因之而迟缓。但不言改革则已,如欲改革,首宜刷新政治,改造风气。政风不变,凡有举施,或不能发生实效,计划只为计划,功令徒成具文;或不能贯彻原意,立意尽可至善。而举行者,上下其乎良法转成恶攻。抗战以来,远之如二十七年之抗战建国纲领,近之如政府提出之施政方针,本会历届之建议事项,论其内容与文辞,无不头头是道,件件皆通。苟其中有十分之一二真获实施,情势必远胜于今日,而隐患亦可以不萌,无如良法未能执行,制度未能树立,言机构;则机构不灵,言业务则业务勿振,此无他,政府执行之力量太微弱,因之所悬之鹄的,实不能达一二耳。为今之计,惟有刷政治,排除人事上之障碍,不分畛域,以人民之力量,为政府之力量,用全国之贤才,为政府之官吏。靠人民,则一切设施,于未行之先,可得普通之宣传;既行之后,可获有力之督责,于是政府之力可以大增。用贤才,则一切应举之事可以毕举,一切不宜举或不能举之事可以不举,而行政之绩效可以大著,诚能如是,则今日之危局尚不难转而为安,而胜利之获取,与建国之成功,乃较有把握,兹谨提五事,作为改变政治作风,充实政治力量之起点,以建议于政府。

办法:

一、广开言路。除有关战事进行之军事机密外,一切言论均许自由发表,不受检查。其有妨害自由者,无论妨害者为官吏或为党派社团,一律予以有效之制裁,言论之有违法者,可依刑法处罚之。

二、人民许取得合法之政治结社权。

三、扩大参政会及省各级民意机关之职权。并增加民选名额。凡省区之未受敌人蹂躏者,省及省以下之参议会应于一年内做到完全民选,并许取得一般人民代表机关所具之权利。参政会依此原则,扩充其权力,并增加民选参政员之额数。

四、广用有才能有操守之新人,以增加行政实际力量。凡备位中枢,成绩平庸,或名声不佳,久为人民所指责者,应及早更换,勿令长居要津。凡失职、贪污及违法之人员,绝不再予优容。

五、实行分层负责之制,大小官员各赋以应有之权利,应负之责任,力革越级请示,越级训令之办法,庶几责任分明,推诿搪塞之风可以少戢,而人才培养,用尽其才,蔚成风气,效力亦必大见发挥。

(1944年9月提交第三届第三次会议)

50. 请即实施民主以期抗战必胜建国必成案(韩兆鹗等提)

理由:

争取抗战胜利,开展建国工作之唯一途径,为全国人力物力之总动员,而全国人力物力之能否动员,则以民主之能否彻底实施以为断。民主实施愈彻底,则愈能发挥人民之积极性,并从而团结全国人民力量。以目前军事形势看,敌人必败无疑,但真正胜利,应靠自力争取。否则,不仅有负我七、八年来流血流汗之军民,且亦大背我发动抗战之初衷。因此吾人就不能不立即实施全国人力物力之总动员,更不能不彻底地实施民主。

办法:

一、给人民以言论、出版、集会、结社及身体之自由。

二、尽先将乡镇保甲长之选举权罢免权交付人民,使人民四权得有使用与练习之机会。

三、中央及省市县各级参政会,原为民意机关,亦应先行交付人民公开选举,用符名实。

(1944年9月提交第三届第三次会议)

51. 重订国际贸易政策调整贸易委员会组织案(黄炎培等提)

研究战后经济问题,如何平衡国际收支是一要点。战后百孔千疮,国外大量物资,必将乘虚输入。设输出品不能伴之而增加,势必大反平衡原则。

大战以后，敌人原有国际市场，一时无力供应，此为我争取发展之绝好机会。即为恢复空前之创伤计，尤需尽量扩展国内工农生产，同时扩展对外贸易，以资培补。以此种种，不能不承认国际贸易问题，在现时实有特殊重要性。

现时我国重要输出品，除钨、锑、锡、汞等矿产，归资源委员会主管外，所有丝、茶、桐油、猪鬃等，皆归贸易委员会。该会自民国二十年由军事委员会所属调查委员会变更组织，改隶财政部后，所有易贷偿债，出口外汇，以及上开特产统购统销，改良增产等事，先后交由该会主管。六七年来，绝未达到预定目的。其间虽受若干客观条件限制，而因方针错误，办理不善，以致毫无成绩，只构成商民唯一之怨府。兹就调查所得实况缕达之。

该会初因办理易贷偿债，指定丝、茶、桐油、猪鬃四项，为中央统制之出口货品，注重于掌握物资、调整价格，交由该会附设之业务机构富华、复兴两公司统购统销。该会既握统购统销大权，意欲争取商民之利，以利公家，遂降低其收购官价。不知商困而工农皆困，怨声四起。继而两南路断，香港陷落，输出困难，于是转移目标于内销，更不恤与民争利，冀以维持本身生命。除丝与猪鬃列入所谓调节管理范围以外，桐油则转售于国内汽车工厂，茶则辅以设店推销。又因手续麻烦，办理颟顸，无法获利，徒使社会固有之产制运销经济秩序与夫官民农商分工合作之联系阵线，尽行破坏。该会更图扩大范围，以挽颓势，于是设委员会，计划外销物资，增产推销。继又设一委员会，执行其计划。再设生丝、茶叶、桐油三个研究所，研究改良。终因不能克服外汇官价与收购官价过低之障碍，使两公司购货定价与实际成本，相距太远，长日与各省政府，各地生产者及各地商家大起龃龉，无法合作。同时农产品价格日涨，坐视农家放弃其养蚕、榨油、摘茶等工作，甚至砍伐桑树、桐树、茶树，以充燃料，无法补救。而该会内部，尤是机关林立，规模庞大，开发浩繁，以迄于现在。

此为该会经过之大概，今且就该会主管之四种物资，分述其现况：

一、丝　抗战初期，丝商向该会缴结外汇，便可自由出口。初销英苏两国，珍珠港事变起，美亦向我采购。但因产区多半沦陷，仅恃川丝应付。自该会开始统制外销，产量即因之大减。现时川丝产量，不及战前半数矣。其固因该会规定收购官价,讬名鼓励外销,实际上比较内销市价之距离,年大一年。试以秋蚕论,每担官价比市场,二十七年差三百元,二十八年一千五百八十元,二十九年二千零五十元,三十年五千元,三十一年八千五百元。以此限制,不啻有意减削生产。至三十二年降为六千元,然已无及。而因外销锐减之故,无法供给同盟国之要求。美国对于制造降落伞唯一必要之原料,万不能任其缺乏,不得已,改向苏联订购。苏联何来生丝,只以苏日未曾宣战,尚有贸易往来,遂购之日本,以供美国。我不能打击敌人经济,而又间接扶助之,可云怪事。实则该会所谓生丝统购统销者,由复兴公司设特约商行六家,许其自行收购,而以复兴名义自行输出,不结外汇,准其将同一进出口货物之金额抵销,可云自乱其例。此项办法,最近始付公开。若丝价及早开放,则沦陷区所产大量之丝,皆可输归我有,岂不大大可惜。

二、茶　中国茶叶公司,原为全国性之官商合股公司。自民(国)二十九(年)茶叶规定统购统销,改为国营,隶于该会。茶之销路,砖茶为苏联及边区,绿茶为美国及北非洲。乃该公司民(国)三十一(年)与美订约应交之茶,至现在仅交百分之四,与苏联订约应交之茶,至现在所交不及百分之七。而尤可惜者,为北非市场。自美国主持世界大战军需给养全部供应工作以后,对于意大利战场之军粮,为求运输便利,要求吾国供给绿茶,由英运往北非,换取其土产大小麦,就近供应。美国本可向英购取印度绿茶,每磅价值只美金四角五分,但因北非土人嗜我绿茶,愿以每磅九角六分向我收购,希望供应二千万磅。该公司允供一千万磅,但至现在,仅交五十万磅左右,只及约定数百分之五。某次苏联茶砖,误运绿茶,美国绿茶误运茶砖,其他报告虚诬,徇私舞弊等情事,业已专案提请彻查。

三、桐油　自美国借款指定桐油为偿还对象,民(国)二十八(年)该会遂宣布统购统销,但仍利用原有油厂及油商代办收购储炼,该会仅装桶运输。民(国)二十九(年),复兴公司主持业务,自行收购。一面禁止民间存油,存油人不依官价让售,即予没收。而因定价过低,山农非至农闲不采子、不榨油。又以其他农产价格日高,相形太绌,于是乡间有自砍桐树者,有投桐子于粪坑、令其自腐以充肥料者。以致民国二十九(年)出口仅达三千三百余公吨。民(国)三十(年)则仅二千三百余公吨,较之过去川省桐油总产量,不及其半。又以装桶不如法,中途被窃,以及车运颠簸损失,至目的地仅得百分之五十或六十。该公司无法自存,乃设为一法,由公司公布运油商须登记,而登记商号每家每月只准运五桶,自己则大量收购,高价出卖,以国营事业,乃与小商争利,怨言充塞。民(国)三十一(年),又创调节管理办法,分配桐油子各制造工厂,使炼成液体燃料,而供油不能如量,仅及其需要额百分之二三十。各厂欲自行收购,则又受该公司转运登记之限制,终始川省二三十厂家,逐渐停业。现开工者仅存三五家矣。该公司所定桐油价与市价相差,民(国)三十一(年)每担为一百元,民(国)三十二(年)差至一千一百余元。今年厂家纷纷闭歇,内销锐减,外销又绝,乃抬高官价,使超过市场,而已无及。实则桐油统制,原为借款偿债而设。今借款业已还清,已不复有统购统销调节管理之必要,徒摧残生产耳。

四、猪鬃 此物虽微,欧美各国用以制刷,用以涂漆轮船,洗刷炮腔等等,战时需要更多。以其体积轻小,可利用回空飞机,输出外销,遂经复兴公司公布为统购统销品。该公司即恃此以为生命线。查重庆市每年可能集中猪鬃至一万五千担。每担以三万五千元计,约需资金五万万元。该公司无此魄力,乃利用当地金融商业潜势力,狠狠以图利。该公司现设特约商号四家,定价则先由四家予以暗示,一般运商洗房,皆须受四家支配。此四家者,则皆当地巨商也。该货则由四家整理装箱后,交与复兴。复兴在叙府等地,交与美国收货代表,再由美方利用回空飞机运印转美。而此四家中亦有特许向复兴买回猪鬃,自行销美。所得外汇,听其自由处理者。实则猪鬃产于各地,以渝市论,业此者亦不止此特约四家。今则集渝市金融资本力量,辅以复兴行政助力,垄断操纵,剥小商以利大商,而官乃于中分取厚利,成何政体。

综观该会各项事业,根本上所犯错误,(一)隶属不合。明是经济行政,乃隶属于财务行政。(二)职权不清。既隶属财务行政系统又侵犯工商行政农业行政职权。(三)滥用职权。利用行政权能,以与民争利,乃至勾结大商,以与小商争利。(四)认识错误。忘却本身使命为增加生产,推广外销,以之利民,以之利国。而徒欲扩大本机关业务,争取本机关利益,至不恤剥民以肥己。加之组织散漫,办事颟顸,有害于民,而无补于国,民间早有公论。

为今之计,应请政府大刀阔斧,彻底改组,重订方针,略拟原则如下:

一、关于国际贸易业务,应脱离财务行政系统,归入经济行政系统。所有增产改良,应分别划归工农业行政。

二、对外确立国际贸易政策,在不违反国家利益之下,允许商人自由输出,并设为种种方便以扶助之。

三、对内以增进外销特产数量,改进其品质,使之标准化为主要目的。采用计划、指导、奖励等积极性管制。废止统购统销,调节管理等失效有害无益之消极管制。

以制节谨度,代好大喜功。以脚踏实地,代浮夸粉饰。机关须尽量紧缩,手续须尽量简化。庶几适应未来局势下之迫切要求。

(1944年9月提交第三届第三次会议)

52. 请政府从速严惩昆明学生惨案祸首禁止非法行为安慰员生以平民愤案(许德珩等提)

十一月二十五日昆明各大中学校学生因关心国事在校集会讨论,事属平常,因受军警之干涉,引起罢课风潮。当局于风潮发生后,未能作适当之处置,转令演成本月一日之流血惨案,死数人,伤数十人,此为胜利后教育界之莫大不幸事件。青年受此重大牺牲,同人等深为痛惜。自战事结束以来,内政纠纷愈演愈烈,青年本其爱国热诚,对国事有所主张,亦为事理之常,情非得已,要在如何利导之耳。现风潮亦将扩大,由学生罢课而至于教员罢教,激荡相沿,何堪设想。政府对此,应速筹妥善之策以平民愤,庶莘莘学子得以少受牺牲,而学校亦得以早复常态,国家幸甚。谨提下列办法,以待处理。

一、从速严惩肇事罪魁。

二、抚恤受害学生,安慰其家属,慰问被害学校员生。

三、严禁此后有类似情事发生。保障人民集会、结社、言论、身体之自由。是否有当,敬请公决。

(1945年12月7日提交第四届第一次会议驻会委员会第十一次会议)

53. 请政府特派大员勘查昆明学生及教员因反对内战在校开会伤害究明凶犯依法严惩以重人道而伸国法案（黄炎培等提）

报载昆明联大、云大等各校学生及教员在校开会，表示反对内战，当地军警武装制止，结果酿成极大惨案，受伤者数十人，师生被杀害者四人，舆情大为愤激。

内战总是国家的不幸。因反对内战，师生在校内开会，如报端所载并未违犯何项法律，乃竟酿成大流血惨案。究竟行凶者何人？主使行凶者何人？以最高学府之尊严，群众会集之场所，公然掷弹屠杀多人，情节如此重大，若不彻底查明真相，严重处理，何以平国人公愤。

为尊重人道保障民命，为尊重国法维护治安，应请政府特派大员前往出事地点，彻查全案，依法严办。

是否有当敬候公决。

（1945年12月7日提交第四届第一次会议驻会委员会第十一次会议）

54. 再请政府实行民主以利抗战建国案（韩兆鹗等提）

理由：

前次会议时，本席曾有请政府实行民主之提议，并经大会通过"送请政府实施"在案。时至今日，国人乃至世界，对于民主之要求，又倍于一年以前矣。中央曾宣布提早结束训政，召集国民大会，开始宪政，自当为国人庆；惟当宪政开始以前，人民应先享有训政时期约法所赋予之言论集会结社及身体等之基本自由，作为宪政开始前之准备。

国人经过八年痛苦牺牲，在盟友协力下，已经临近胜利。但这胜利，仍待我们尽最大的努力去争取。我们必须动员所有力量，准备反攻，进行反攻。而真正的动员，只能在民主的条件下，亦只有实行了民主，方能作有效的准备，和进行反攻。因为只有民主，才能使每个人自愿地贡献出一切来。亦只有民主，方能使贪污敛迹，而增加政治的效能。

中国抗战能否胜利，建国能否成功，关键是民主；世界和平能否永保，关键亦莫不是民主。民主在今天已成为不可抗拒的巨流，我们一切不可落后，我们要迎头赶上!

办法:

一、允许人民言论出版集会结社思想信仰身体等自由,解除其束缚,作为发展个性,提高政治兴趣,培养独立人格,健全现代公民之准备。

二、承认各党派合法地位,奠定政党立宪政治之基础。

三、对一切文化经济事业,提高人民之自动性积极性,使发展文化增进生产,益有可能,而政府的责任亦因以减轻。

四、废除保甲长委任制,实行民选,以培植民主政治之基础。

(1945年7月提交第四届第一次会议)

55. 请政府注意力行以安内和外案(张难先等提)

无计划而行之,即妄动也。七八年以来,本会之建议达数千件,此次对于战后之建议必多。再则国民党第六次全国代表大会之决议,可谓应有尽有,无美不备。中央设计局聚多数专门人才,专心致志,研几多年,方案必多。现在只是行不行问题,非计划有无问题也。年来国人对于政府常多微词,固有不知政府困难信口雌黄者。然丧心害理,确有事实可指为国人痛心者,实非少数。数年以来,政府恨国人不谅苦衷,国人怨政府不恤民瘼,尤其外人采风问俗,以讹传讹,几至国格降低。此数者,如藤如葛,纠缠不清,虽关系众多,然政府不能力行决议,实一最大缘因也。决议不行,只知常常开会,逞辞说、作议案、做计划、发宣言,动笔辄数千言,成书辄若干箱,一印成册,即为了事。此种作风,焉足以服国人而协友邦也。现时机紧迫,再难粉饰,前此办法,急需改革,改革之道,端在力行。政府如能将各种重要决议,脚踏实地,做到政府清明,则国内之纠纷可清,即国外之谣诼可息矣。办法列后:

一、检查有关决议,共同认为重要者,立令各主管机关,切实奉行,限期报核。

二、至期核实功过,严明赏罚,无枉无纵。

三、力矫从前书面报告之欺瞒,必须向民间考察,考察人员,切宜慎选,无为左右亲近所惑。

四、中央政府及内外大员,宜以身作则,其所令反其所好,则民不从。

(1945年7月提交第四届第一次会议)

56. 建议调整大学师范教育案(江恒源等提)

理由:

近数年来,从事大学教育人士,多谓大学生学业程度,较之抗战军兴以前,一般低降,恐系事实。大学学生程度低降之原因,固有多端,依愚见所及,大学学生,来自中学,多数中学,标准低落,殆为主因之一。中学标准,何以低降?不待言是由中学优良教员之缺乏。在中学教学训导一阶段,关系学生一生,最为重要。依照目前情形以言,非得有多数品学兼优,擅长教学技术。具有专业精神之人,从事其间,实无由完成中学标准提高之使命。近人多以为普遍大学毕业生,皆可充任中学教员,甚且投考大学之中学毕业生,以注意工商经济,多不免预存轻视师范之心,此实为极不正确之观念。试问近代国家,人才勃兴,文化发达,何一不由于中学一阶段的教育特别健全,何一不由于特别注意培养中学师资?且因大学师范教育之不振,影响及于中等师范教育,而中等师范教育,更为小学教育之本。吾国实行新教育,近六十年,缔造经营,非无一些基础,时至今日,尚有如斯现象,瞻言建国前途,实不胜其忧惧。

办法:

为今之计,惟有切盼政府能拼其全力,先行着手调整高等教育方面之师范教育,以养成多数优良之中等教育学校教员,以立其本,仅拟办法六条,希望采择施行。

一、一般师范学院,应以逐渐脱离大学力某独立设置为原则。

二、应按照全国实际需要,构成若干大学师范区,每区设置师范学院一所,所有在本区内之中学教育,均应受其辅导。

三、除设置各区师范学院外,在国都所在地,应筹设一规模宏大,内容充实之师范学院(或即名之以师范大学),用资示范。内设各部研究所,编辑所,罗致国内第一流之师范教育人才,分任其事。

四、所有师范第二部,应以师范学院兼办为原则。

五、中央示范之师范学院,其教授讲师之薪给待遇,应较普通大学教授薪给,增高若干,用示优异。

六、将来师范学院毕业生,充任中等教育学校教员,应较普通大学毕业生之任中等教育学校教员者,薪给增高若干,此时即可由政府明白规定,待数年以后,再开始实行。

(1945年7月提交第四届第一次会议)

57. 拟请建议政府指拨巨额专款于短期内培植大量中级技术人才及小学教师案（许德珩等提）

理由:

一、抗战胜利在即,建国工作即将开始,所需各类技术人员必多,其中高级技术人员,必要时尚可借聘外人充任,中级技术人员需数既多,目前训练此项人员之学校甚少,而此项学校,又非设备完善,且附有实习工厂者不为功。依此准则,所费必巨,当非私人或地方力量所能举办,必须国家以为之。一据《中国之命运》估计,最近十年内,中级干部人才,至少需一百九十八万另四百人(包括土木、机械、电机、电信、航空、水利、建筑、化工、纺织、印刷、医药、护士、助产等科及高初级职业学校一般学科)而据教育部报告,全国各省市县所设各级公私立职业学校,共只三百八十四所,六万九千九百二十九人,以每年毕业二万至二万五千人计,十年亦仅有二十万到二十五万人,与一百九十八万人之数,相距远甚。是于短期内筹拨巨款,训练大批中级技术人才,以应建国需要,实属刻不容缓之事。

二、在国民教育方面,年来因各级教育行政机关注意推行,不无成绩。依据教育部最近统计,全国小学,已有一十五万余校,学生约二千万人,教师六十余万人,此类数字虽不尽确,然其进步可知。再据统计学者计算,一国六岁至十二岁之学龄儿童数,常占全国人口总数十分之一至八分之一,是则我国应有学龄儿童四千五百万至五千六百万,此除已入学之儿童外,尚有失学儿童三千五百万至三千六百万。如使此类二三千万以上之失学儿童入学,则尚须增加六十万至九十万班(每班以四十人计),教员至少亦须再增六十万人。本此认识,只有提请政府从速指拨专款,大量培植小学教师,扩充小学校数,使此二千五百万以上之失学儿童入学。

办法:

一、国家在最近三年内训练中级技术人员五十万人。小学教员五十万人。至各科技术人员人数,由教育部会同各种实业机关,依国家需要之数量与时间之缓急商酌决定。小学教师之训练则由教育部妥拟办法施行。

二、扩充师范及职业学校校数及班级,普通中学亦可酌改为师范学校或职业学校。

三、大规模举办各种短期训练班,如工艺训练班,简易师范班。

四、责令并协助地方政府扩充小学校数及班级,训练小学教师。

五、指拨足以培植此项人数之充裕经费。

(1945年7月提交第四届第一次会议)

58. 切实改善小学教员待遇促使专业化案(江恒源等提)

理由:

一、欲期国民教育之顺利推行,并改善其内容,应从改善师资之素质入手。欲改善师资之素质,应先从提高小学教员待遇入手。待遇问题,能得合理解决,始能使小学教员安心工作,乐于任事。

二、目前小学教员待遇,全部薪津(连食米)平均至多不过五六千元,不仅不足从仰事俯蓄,甚至个人生活,亦难维持,故一般优良小学教员,相率离去,纷纷改就他业,师荒问题因之日趋严重。

三、现时任县长者,大都注意粮政役政,忽视国民教育,对于小学教员之待遇,不仅甚为菲薄,且未能按时发放。致一般小学教员常为衣食所困,影响于教育效率者至为重大。

办法:

一、小学教员最低薪额,教育部规定以当地个人生活所需之两倍为标准,此项规定,各省市尚未能切实遵办,即使能达到上项标准,亦仅足维持两个人之生活,未能尽仰事俯蓄之责任。故此项最低薪额,应改为当地个人生活所需之四倍。县政府对于小学教员薪金,更不得欠发。

二、小学教员之待遇,依照行政院最近颁布《改善小学教员待遇办法》之规定,得比照县级公务员标准支给,其食米应在县级公粮内拨给。此项办法,各省市尚未切实遵行,应由行政院重申前令,严饬各省市切实遵办。

三、小学教员应有专业精神,对于其任用手续和时间,应予以切实之保障。对于现任教员连续服务十年二十年或三十年者,应予以积极之奖励,同时应由教育部修订《师范毕业生服务办法》,将其服务期限,酌量延长为五年或七年。

(1945年7月提交第四届第一次会议)

59. 请政府注重农林建设案(冷遹等提)

理由:

查农林为我国国民生活之所寄,亦为今后实行工业化之基本。惟在抗战期间,农林事业,虽因农林部之成立而有所建设,然因战事地域之广阔,与夫战时人力物力之困难,其应建设之事项,仍未能如吾人之所期,且过去已有相当成绩者,亦因战争关系而遭破坏,故政府于救济复员期间,非注重农林建设,无以恢复固有农业之规模,况救济复员期间所需大量之资金及实行工业化所需之机械与动力,实非我国战后之国力所能负担,先宜发展农业,尤其特种农业,如棉、麻、茶、丝、桐油、羊毛、猪鬃等,始可换取外汇与机器,促进我国工业之建设。抑犹有进者,救济复员与夫促进工业建设,固须积极建设农业,而将来大量兵员退伍,更需要建设农业,方能得适宜之安排也。基上缘由,农林建设实不可缓。特提建议,敬请公决!

办法:

一、划分垦区,于战后二十年内,移植军民两千万人开垦荒地,并发展垦区内工商矿等事业。其详细计划,应由主管机关分别筹拟并积极实行。

东北区:(1)黑龙江区,(2)兴安区,(3)热南区。

西北区:(1)绥远河套区,(2)河西区,(3)哈密区,(4)焉耆区,(5)

伊犁区。

西南区：(1)西昌区,(2)腾永区,(3)黑普区,(4)邕龙区,(5)徐闻区,(6)复崖区。

东南区：(1)两淮盐区,(2)三门湾区。

二、加强农业所需器材之供应,以改善品质而增加产量。由政府分区分期自行办理,或鼓励人民经营种籽繁殖、肥料制造、机械及农具制造、病虫害药械制造、血清疫苗制造、蚕种制造、牲畜繁殖等事业,以厚农民所需优良器材供应之来源。

三、扩大农业推广制度,普遍组织县乡农会,使所有科学及经济上之良法美意能由县乡农会之组织而分散之于农民,并施行分区推广督导制度。

四、积极发展特种农业生产,如丝、茶、棉、麻、烟、蔗、桐油、羊毛等,并改善其品质,以利工商业之发展,而谋农民收益之增加,并提高农民生活水准。

(1945年7月提交第四届第一次会议)

60. 彻查中央银行中央信托局历年积弊严加整顿惩罚罪人以重国家之要务而肃官常案(傅斯年等提)

谨案。中央银行实为一切银行之银行,关系国家之命脉。然其组织直隶国府,不属于财政部或行政院。历年以来,以主持者特具权势,道路虽啧啧烦言,政府并无人查问。而一有事实暴露,即为触犯刑章。如黄金案主角之郭景昆,已在法院取保矣,而国库局私自朋分成都未售美金公债一案,至今尚未送法院。由此例之,其中层层黑幕,正不知几许。至于中央信托局,亦每以触犯刑章闻。如前者之林士良案,今者黄金案中钟锷黄华以下皆涉及。此等机关如不彻查严办,必不足以肃国家之政纪。谨拟办法如下：

一、彻查。由政府派定大员,会同专家、监察院委员、本会公推之代表(必为参政员)彻查其积年之账目与事项,有涉及犯罪之嫌疑者,分别轻重,一律移送法院或文官惩戒委员会。此项彻查人员,得接受人民呈诉之项目。

二、改组。今之中央银行,俨然对国家而独立,实属不成事体,应使其改隶财政都或行政院,以便利政务。中央信托局应予取消,移交其业务于战时生产局。惟取消以前之账目,仍须彻查。两者历年主持之人,在其主持下产生众多触犯刑章之事,应负责一齐罢免。其有牵涉刑事者,应一并送交法院。

(1945年7月提交第四届第一次会议)

61. 为提议改进各部报告办法请公决案(杨不平等提)

连日各部报告,未免为时过长,而报告内容,又多不能扼要,徒令听者易倦,且使无暇询问。报纸喻为"疲劳轰炸",虽曰戏言,毋乃类似。兹谨拟就改进报告办法三项,提请公决。

一、各部报告,应以一小时为限,于必要时,至多延长半小时。

二、报告内容,须注意"施政方针","整个计划","实施概况",及其自信为有关国利民福之重要事项。

三、各部报告毕,应先口头询问,再诵书面询问;庶使本会同人,可以畅所欲闻,畅所欲言。且于必要之时,可以当面答复,共同研讨。

(1945年7月第四届第一次会议期间提)

62. 请政府迅速采取有效办法平抑物价以解人民倒悬案(伍纯武等提)

理由:

查自春节以来,各物价格飞涨,尤以生活必需品之涨价为甚。人民除极少数暴发户和囤积投机者外,莫不叫苦连天,若不亟谋补救,则社会基础动摇,国家亦将长期陷于混乱状态中,后果不堪设想。夫政府贵能为大多数人民利益着想,而为大多数人民服务;平抑物价,现既为大多数人民之所企望,政府自应全力以赴,期能解除人民痛苦,方不愧为实施主义之政治机构。至平价办法,数年来时贤之所提供于当政者,本已不少;惟因执行未能彻底,以致所得效果不多。此次甚望当局,出以最大决心,实施平价办法。此不仅为人民解倒悬,亦即为政府奠基础。今谨提出办法六点,请政府迅予彻底实施。

办法:

一、把握物价;

二、增加生产；

三、实施限价；

四、严惩奸商；

五、收缩通货；

六、强制节约。

是否有当,敬请公决。

(1946年3月提交第四届第二次会议)

63. 请采取有效办法杜绝地方摊派以纾民困而培国本案（金维系等提）

查抗战期间,地方政府支应浩繁,而国库未能完全给予,遂启地方摊派之渐,中央从未加以制止,即不啻予以默许。人民拥护抗战,义不容辞,忍受其不胜负荷之各色摊派,然已筋疲力竭,濒民力于绝境矣。现在抗战胜利,人民负担,未见轻减,各种摊派有增无已,如水益深,如火益热,丧失民心,摧残国本,莫此为甚。试问人民过去经八年长时间之剥削,究竟尚有几许富力,再堪摊扰,究竟过去所摊派者有几许用之于公,即有少数用之于公,究竟能有几许造福于民,质言之十有七八为胥吏土劣之中饱自肥而已。当此复员伊始,亟应严格杜绝摊派,以苏垂危之民力,同人等来自民间,目系心伤,深知摊派之流弊,全民之疾苦,固不分地之东西南北,人之男女老幼也,应请政府即日明令彻底根除摊派。

办法：

一、政府即日明令严禁全国不许再有任何摊派。

二、昭告全国民众,如有任何摊派,随时明密检举,由政府从严办理。

三、非绝对急要之地方新兴事业一律缓办,其必需兴办者,应预筹财源。

四、地方财政应绝对的量入为出。

五、严惩矫命自肥之各级官吏,以肃政纪。

(1946年3月提交第四届第二次会议)

64. 切实减轻人民负担以纾民困案（翟纯等提）

抗战经历八年，民众负担綦重，胜利后，民众负担未见减轻，所颁免赋一年之德政，适成为贪官污吏变名敲诈之借口，民众所苦者，在非法摊派及负担不公允等弊所致，急应分别厘订办法，勒令各地实施。

一、省县各地除中央法定捐税外，概不得向人民非法摊派或借款，违则处以重典，并予各该上级主管人以连带处分。

二、各地摊派招待酬应等费之陋习力予扫除，各上级人员赴各地视察或过境，均须摒绝接受招待酬应以为倡导而减民负。

三、县级财政收支，应由县政府逐月公布全县民众，以昭信实。

四、办理土地陈报，整理地籍，切实取缔豪强恶霸之不纳捐税风气，使负担公允。

（1946年3月提交第四届第二次会议）

65. 请政府约束军队澄清吏治以收人心案（张难先等提）

理由：

约束军队，澄清吏治二事，近人所祝为老生常谈者也。然此二事时时有人言之，处处有人言之，而政府卒未能做到，是岂寻常之事哉。本席去冬回鄂数月，耳闻目见，实以此二事，为最失人心。军队无纪律，则地方骚扰不宁，吏治不清明，则人民手足无措，如此，则人心失，而大局不堪固矣。本席绝对不以此为寻常之事，并视为人民向政府最低之迫切要求。政府能作到，则国可以建，不能做到，则国可以亡，其重要性如此，常谈云乎哉。

办法：

甲、关于军队者：

一、选择娴军事，爱人民之各级军官，而责其成效。

二、给相当之饷粮，具相当之设备。

三、军官以身作则，勤加训练。

四、严明纪律，信赏必罚。

五、不许军队直接向人民征粮。

六、军队住民房不许毁坏。

七、军队向人民借用物品，必须交还而不损坏。

八、军队不许视人民若土芥。

乙、关于吏治者：

一、选择明大义、通治理、爱人才，有胆识之人，以任一省之主席，委员厅长，必须调整而与之称。

二、慎选县长。必须以操守好、新政通、才具优，治事勤者充之。

三、健全地方民意机关，使下情得以上达，而定施政之先后缓急。

四、察吏宜严，遇有不法者，即时依法惩办，毫不瞻延徇循。

五、恤吏宜周，交办事件，地方官不能办到者，必须平心静气，察其事实，而为之解决困难，勿得颠预任性，随便惩处。

六、为地方官者，对人民必须具有己饥己溺之心肠。

（1946年3月提交第四届第二次会议）

66. 请取消保甲制度案（李中襄等提）

理由：

一、保甲制度施行以来弊多利少，在抗战时间，容有顾虑，迄今战事胜利结束，复员亦日将就绪，对于保甲制度自应及时考虑其得失，毅然决策，明令撤销，以纾民困。

二、近年以来，地方政治，多失民心，盖为适应抗战需求，自有其不可避免之原因，但其最主要之原因，实为保甲长凭借政令渔肉人民，致召民怨。

三、胜利以后，人民以为痛苦可以渐纾，幸福可以立致，乃无论接收区或大后方各省区，不仅民困日甚，几有无法生活、无力生存之趋势，大河以北，更以拥兵作乱者获得政治保障，残民以逞，遂其大欲，民不聊生，尤无待于论列。故今日政府必需立即有以措施，使全国人民，蒙其福利。而其所施行之政令，又必需立即能发生实效。阻力小而效果大，基此原则，如缩编军队，积极建设均不易立起有功。如果政府撤废保甲制度，则一次决议，一纸明令，毫无障碍，而全民欢腾。较之豁免田赋，损国库之收入，抑且增重人民负累，其利弊得失,昭然若揭矣。

办法:

一、请政府明令废除保甲制度。

二、充实乡镇之组织,添设乡镇警察。

(1946年3月提交第四届第二次会议)

67. 建议政府对于具有新理想新方法之教育在统一法令下酌察情形从宽准其试验案(江恒源等提)

理由:

政府统一教育法令,以其全国一致,既使办学者有轨道可循,且便于行政者之考核指导,自为十分合理,惟教育对象,实属多方,同时教育理想与学术,亦不断的进步,有因特殊研究所得,施诸实际,试验其是否成功,辄以不合法令,难邀政府之核准,至为遗憾!例如天才及低能教育,所用教材教法,绝不能同于一般学校,而因社会之特殊需要,亟待养成一种特殊人才,其采用之教导方法,亦多不在政府法令所规定之范围,更为必然之事实。兹为策进教育功能,提倡创造教育风气,应请政府对于具有新理想新方法之教育,酌案情形,放宽尺度,准其试验,在核准之前,尽可特别从严,先详察其所具计划,是否精密?是否确实?如察其内容确可采取,且无违反现行法令之根本精神,自可准其设置,惟同时订明一定试验期间,并须按年详报其试验经过,如期满而试验无效,应即撤销其核准案,如此则政府仍握有管制之权衡,而专心研究教育之士,亦获有试验新教育之机会,可称两得其道。

办法:

由教育部制定一种试验教育规程,将核准条件及限制办法明晰规定,俾资遵守,而便考核。

(1946年3月提交第四届第二次会议)

68. 解放大学教育保障学术自由案(周览等提)

频年以来,因抗战时期之特殊情势及国家政策之一般统制趋向,大学教育备受统制。在重重法令束缚之下,学校内部组织与措施,甚至纯属教学事项,例如课程学分之规定,无一不受限制,以致各校不能按环境人才及设备之实情,发挥所长,以谋学术之自由发展。似此学校视同衙门,行政上负责人员,大部分精力消磨于应付公文表册之事,不能充分致力于学术事业之推进,殊属有乖国家重视大学教育,奖进学术之本旨。现在抗战结束,大学制度,亟应根本调整,以期依自由发展求学术之进步。爰为左之提案,请政府采纳施行。

一、大学保持学府应有之自治。

二、对于大学之法令,凡属干涉教学事项,有害学术之自由发展者,一律废止。

三、国立(及省立)大学财政,定为独立会计,凡有预算上之剩余,悉由大学保留,作扩充设备之用。

四、国立大学校长改为聘任,以由大学教授或从事研究之学者充任为原则。

(1946年3月提交第四届第二次会议)

69. 请整理国字以便迅速扫除文盲案(顾颉刚等提)

说明:

文字之效用,在于记录语言以表现人类之思想。今日科学昌明,知识积累丰富,不复能以书艺一项之故,强人人十年窗下苦读。则记录语言以表现思想之工具愈须简易,使人民得以最经济之时间学习,即能运用自如,方为上策,故文字之简易化,已为现代国家扫除文盲,普及教育,提高民智,促成民治之先决条件,世界各民族之现代化,莫不若是,如土耳其等,尤为显著之例。

查我国文字历代陈陈相因,孳乳繁多,字数增加,多至数万,难认难写,且影响及于印刷、电报、打字机等文化工具运用之不便,以致教育不易普及,民智难开,民治难期,国势因以衰弱。近数十年来,学者有见于此,纷求所以改良国字之道,整理方案风起云涌,改革运动前仆后继,惜言人人殊,迄无定案。甚至中央方面人士有推行注音符号及国语罗马字之倾向,而中共区内又盛行简体字及拉丁化新文字之运动,各行其是,分道而驰。况东北留有"东亚假名"之影响,台湾尚流行日本文字,边疆各族且以文字等习俗歧异之故,要求独立。此种事件之处理,皆与国字改进问题有密切之关联,则其意义之重大尤可想而知。

当此二十世纪上半期之末,世界已进入原子能时代,国际科学竞争达于白热化,国内民智之提高又为迫切之需要,则此种难认难写而阻碍民智之文字,自应及早设法整理改进,求得正确解决途径,使全国人士不分党派皆共认为唯一之方法,以便齐一步伐,共谋倡导推进,迅速扫除文盲,提高民智,促成民治,进而使边疆同胞易于习用,以加强向心力,利莫大焉。

同人等有见于此,因订定办法两项,拟移请政府迅速实施。

办法:

一、请政府令教育部于本年内迅即召开国字整理会议,凡于国字整理改进问题有一得之见者,不分党派,一律罗致之,以期集思广益,作客观之研究,缜密之商讨,于一定时间内订定国字整理改进之具体办法,通令全国实施之。

二、在教育部内增设国字整理委员会,专司国字整理改进办法之实施推行等事项,并负责筹备国字整理会议,有如教育部国语推行委员会专司国语推行之职责者然,使事有专归,责无旁贷,不致推诿延误。

以上所拟,是否有当,敬候公决。

(1946年3月提交第四届第二次会议)

70. 拟请政府迅速取消开放外轮航行内河之议以维护本国航业案

(郑揆一等提)

报载行政院宋院长曾向国防最高委员会提请在复员期间准许外国轮船驶泊南京、芜湖、九江、汉口四埠装卸货物案。依该案之说明,(一)为加强复员运输;(二)英美等国有准许外轮进入内港之先例;(三)外轮经过我国各埠不得添装货物乘客;(四)期限定为一年。

然据本国航业界反对意见,以我国现有商轮已达战前五十万吨之数字,其中长江运输已占有二十余万吨。最短期内遣俘完毕,全部船只即可担任复员及货客运输。每月平均航行二次半,来回可运百万吨以上。而京芜浔汉四埠出口货最多不过二十万吨。目前长江下水船只揽货已极困难,回空吨位甚多,已形供过于求。今若准许外轮行驶,本国内河航业不独无从发展,势将崩溃难存。

查英美等国虽有准许外轮进入内港之先例,但彼航业发达,其权操之于己,不畏外轮之竞争。我则航业素极脆弱,政府奖励维护惟恐不力,安可贪图外轮一时运价之低廉,而使其蒙受重大打击。若谓复员期间我运输力量不足,则应设法扶植改进。若谓运输工作人员缺乏,则应设法训练失业海员使之复业。

外轮在长江有根深蒂固之历史。今若再获此种便利,则我国脆弱之航业势难与争,一年之后其结果必归于消灭,而造成外轮独占局面。是以政府此举非仅摧残我脆弱之航业,且违背我废除不平等条约,取消外轮内河航行权之政策。

我国抗战八年,工商业遭受空前之破坏损失。今幸胜利复员,而满目疮痍,正待政府设法救济,使复原状。倘外轮装载外货得有直航内地之便利,我内河航业固大受摧残,而此正赖救济之工商业将变外货倾销而更于绝境。

战后国家不仅须谋现在百利之兴,尤应致力于过去百弊之除。今日政府,一切当以国利民福为前提,不应就一时之便利种无穷之恶因。

办法:请政府迅速明令取消外轮航行内河成议。

是否有当,敬请公决。

(1946年6月21日提交第四届第二次会议驻会委员会第四次会议)

附:

反对开放京芜浔汉四口内河航行权理由书

本年六月五日,国防最高委员会通过行政院提议,"开放京、芜、浔、汉四口内河航行权"一案,对于我国主权,航运及国民经济各方面,均有甚大之祸害。谨敷陈事实及理由,以阐明此项措施之失策,重行考虑之必要。伏祈垂詧。

一、损害主权。沿海及内河航行权为国家主权之重要部分,各国基于国防上及经济上之需要,无不竭力保全,甚至不惜战争以捍卫之完整。我国自道光二十二年中英《南京条约》"五口通商"丧失沿海航权,咸丰八年中英及中法《天津条约》"四口通商"丧失长江航权,步步压迫,使我江海蒙辱,创巨痛深,历一世纪之久。八年来全国同胞为保全主权而抗战,历尽艰辛,不平等条约始获废除,航权于焉收回。痛定思痛,对于国权之珍爱,倍见殷切。今政府竟贸然开放,使收回不久之内河航行权,再度沦陷,重演《天津条约》之痛史,令人震惊无已!

二、摧残航业。战前我国商轮原有五万吨,此次抗战所有应征□□封港,运□□□□□□兵炸毁,被敌掳劫以及其他为国牺牲之船只,达四十万吨之巨,各航商赴义恐后,牺牲确极惨重。胜利以来,原有及新添之船只,仍在应差,苦不堪言,方期政府有所奖助,以谋复兴之际,忽闻开放内河航行权,引狼入室,使业经放弃航行特权之外人,重鼓侵略之野心,以无可抵御之优势,压倒我国幼稚之航业,喧宾夺主,殷鉴不远。

三、侵略阴谋。英国以航业之国,在华享受航运特权甚久,今在条约上曾已放弃此项特权,而事实上仍图以伺隙蚕食之手段,达成继续把持航权之目的。观于(1)太古洋行所有"万流"、"康定"二江轮,停泊重庆,八年不肯转让;(2)怡和洋和对于"海亨"等四海轮不允招商局回赎;(3)各该洋行不愿依照新约之规定,将长江各地之仓库码头售与我国;(4)假借运送救济物资名义之各海船,私运商货之种种事实,足资证明!

四、无需外求。我国商轮现已恢复战前五十万吨之数字,尚在不断增加,其中约有二十万吨航行长江沪汉段,每月以航行二次半计,来回运输量可达一百万吨;惟因各地经济尚未恢复常态,实际货运极为稀少。现遣俘已毕,军运减少,担任一航货客运输之船只日有增加。京、芜、浔、汉四口确已渐呈船多货少之现象。至川江复员运输供不应求之特殊情况,乃由于重庆为战时首都,复员人数过多,目前又奉命抢运粮食,种种困难,势所难免,实则川江轮船现有一百二十余艘之多,为从来所未有(战前仅有七十余艘)。复员运输完毕以后,川江亦必陷于不景气之悲境。在此种情况之下,若准外轮航行,势必加速本国航业之崩溃!

五、饮鸩止渴。政府开放四口之重要理由,乃因上海码头仓库不敷需求,迳航内河以求迅速而省转口费用。实则上海码头仓库之多,冠于东亚。现因多数码头仓库尚未开放公用,以致感觉拥挤。此种不合理之现象,极易改善。而京、芜、浔、汉四口码头仓库原属无多,京、汉二埠仓库又大半炸毁,现已供不应求。如外轮直航内河四口,其上下货物之困难必远过于上海。故关于便利运输问题,亟应由政府与人民通力合作,迅谋根本之解决,不宜舍本逐末,饮鸩止渴。须知侵略航权之国家,为遂行其企图,尽可不收运费,吾人如不自警觉,反贪小惠而丧国权,势必遗祸无穷!

六、经济破产。在农工商业落后之国家,无不采取高度保护政策,如关税壁垒等,以维护其幼稚之产业,使不受外货之倾挤。美国自开国以来,力行此种政策,乃造成今日之经济地位。报载我国本年一月至四月进口货,值一千四亿元,出口货值仅有一百八十亿元,入超之巨,令人怵目惊心,而大宗救济物资,及美军进口物资尚不在内。外货进口原属救急之计,未可列为国策,现在物价已涨三千倍至一万倍不等,而外汇仅涨七百倍,此种汇价与物价之悬殊已大有利于进口,为造成巨额入超之主因。如不奖励国内生产,以图自力更生,而一味求助于人,反竭尽各种方法,以减轻进口货之成本,予以一切之便利,使能深入内地,畅销无阻,甚至各种奢侈品,充斥市场,则对于本国不绝如缕之农工商业,必更加重其危机。

七、增加失业。我国失业工人日见增多,形成严重之社会问题,今本国航业及工商业已在力谋复兴,以容纳较多之工人。如准外轮入江内侵,则航业摧毁,经济破产,海员及工厂工人,势必大批失业,而上海无数码头工人之工作机会亦将减少,此乃开放四口之必然恶果。

八、生死关头。政府以为开放内河航行权仅以一年为期,并不影响主权云云,不知大错一经铸成,势必追悔莫及。外入侵略航权,原属得寸进尺。我国航业异常幼稚,不可不防微杜渐。孙子兵法有云:死者不可复生,亡国不可以复存!今后一年为我国航业之生死关头,能否免于破产,当以此后一年中我政府能否在积极方面扶植航业之发展,在消极方面,防止外力之侵略。若罔顾立国不可或缺之主权,而以种种蛮强之理由解释开放"四口通商"便利外货进口之必要,则八年来全国军民之牺牲奋斗,果何为耶?

右陈各点,均属实在情形,务请政府熟审利害,鉴纳舆情,对于开放内河航行权之议,迅准取消,国权民生,咸利赖之!

71. 确立蚕丝政策并早付实施案（冷遹等提）

蚕丝事业,关系国计民生,至为重大。际兹世界生丝需要殷切,且值日本战败,丝产减退之时,政府应及早确立蚕丝政策,并加强设施,以谋复兴增产而争取国际市场。谨提供政策及实施要点,请予公决!

一、政策要点

（1）业务经营,采辅导民营政策。蚕丝业各部门之业务,由政府辅导人民自由经营,废除地域上及其他不合理之限制,并积极予以奖励,以促进产业发展,产品畅销。

（2）质的改进,采监督取缔政策。为谋蚕丝产品之向上起见,除蚕种一项已有蚕种制造取缔规则公布施行,现需酌予修改外,其他关于生丝制造、蚕茧干燥及买卖方面,亟需本奖励改进原则,订定法令,切实施行。

（3）量的配合,采计划管理政策。为谋蚕丝业各部门之密切配合平衡发展及增进外销起见,应实施计划管理,使成品生产配合市场需要,原料生产配合制造上之需要,如桑叶与蚕种产量须与育蚕量配合,产茧量须与丝车数配合,产丝量须与丝织设备及国际市场配合等等,而以蚕种产量为调节桑蚕茧丝产量之关键。对于蚕种生产量及分配蚕茧干燥及买卖生丝制造及内外销之分配,均应施以切实之计划管理,以达成整个蚕丝业平衡进展之目标,而使物力人力不致浪费,得以充分发挥其效能。

（4）丝茧价格,采安定政策。蚕丝业必须在稳定状态下逐步进展,而以安定丝茧价格为第一要着,政府应有平准丝价之必要措施,并进而依据生产成本及国际市场情况,调节丝茧价格,俾蚕丝业得以稳定进展。

二、实施要点

（1）蚕业行政——中央蚕丝局——中央蚕丝业监管所。政府应即设置全国性之中央蚕丝局,以为统筹实施蚕丝政策之行政中枢,下设中央蚕丝监管所,执行质的监督取缔与量的计划管理。

(2)国营公司——中国蚕丝公司。业已成立之中国蚕丝公司,以辅导民营为主旨,至为确当,虽创业伊始,一切事业尚待展开,但颇得蚕丝当业者之好评,政府应本此方针,并加强其力量督促推行,辅导民营及价格安定之两大国策。

(1946年3月提交第四届第二次会议)

72. 请政府确立复兴渔业政策并实施有效救济案(冷遹等提)

说明:

吾国滨临海洋,有优越之渔业环境,渔场面积约达二十七万方浬,占世界渔场六分之一,实为太平洋沿岸之水产国家。惟以此项事业,向称落后,需求反仰给予国外,以是每年输入达二百余万担,总值四千万元,漏卮实巨。抗战军兴,渔区全沦敌手,所有渔民工具,渔本,及民营机轮渔业等等,牺牲殆尽。胜利以来,政府对此劫后余生之沿海渔民,及残存之民营机轮渔业等,尚未闻予以救济与扶植,以使昭苏。仅就接收敌伪产业所得之物资,另拨资金二亿元,筹组中华水产公司。查该公司现仅有破旧手操网渔轮四对,若就此而寄以吾国渔业之发展极大希望,其不可能,何待蓍卜。良以过去吾国渔业如是之不振,现在复置原有之各渔业者于不顾,更以渔业上建设价值为评价,此项措施,显有未当,亟应从速急振沿海之饥馑无告渔民,及尽量扶植各地残存之民营机轮渔业,并奖励游资,共趋新式渔业组合之路。至如渔港建设,技术实验,人才储备,海事调查等,又其荦荦大者,爰诠办法于后,敬请公决。

办法:

一、确定国家渔业政策,规定渔业为民营事业。国家渔业设施,为举办全国渔业上需要之渔业建设,如渔港建设,技术实验,海事调查,人才储备,渔贷仓储,护渔救济等事项。

二、停止中华水产公司之筹备,将物资标售,所得经费连同另拨之资金二亿元,充作中央渔业实验机构之开办经费。

三、确定联合国善后救济总署救济中国之渔业物资,为中国渔业善后救济之专款,除渔民无偿救济消耗物资外,出售之物资款项,指作渔业建设经费,并拨出一部为渔贷基金,创立国家专业化渔业银行。

四、渔业救济物资、救济对象,应为战时遭受损害之渔民或其经济组合,其先后顺序,应预定有合理之标准。

(1946年3月提交第四届第二次会议)

二、国民党在国民参政会中的活动

国民参政会党团指导委员会

1. 朱家骅就成立国民参政会党团指导委员会给蒋介石的报告

(1941年2月)

签呈为奉令指导本届国民参政会党团组织谨将办理情形签报,敬祈鉴核。

案准中央秘书处密函,以国民参政会第二届参政员业已公布,关于本届参政会党团指导员人选,经陈奉钧座核示,仍以叶楚伧、朱家骅、陈立夫担任。等因,函达查照等由。遵经会商进行办法,于本届参政员中慎重遴选本党同志孔庚……等二十四人,指定为党团干事,组织干事会。并以洪兰友同志历任上届国民参政会各次会议党团书记,此次特仍派其担任书记职务,以资熟手。至训练方面,决定于会前分期召集党团干事等举行会谈或用分组谈话方式对于党团运用技术及纪律等项予以指导。同时拟分党员参政员为十二小组,每组设召集人二,即由党团干事兼任,使负执行命令并分组领导活动之责,务期运用灵活,俾能发挥党团力量。所有奉令指导参政会党团情形,理合签报,敬祈鉴核。谨呈

总裁蒋

职:朱家骅谨呈

附：

国民参政会党团组织草案

甲：组织

一、设党团指导委员会，置指导员三人至五人，呈请总裁核派，负指导党团活动之责。

二、设党团干事会，由指导委员会指定干事若干人组织之。

三、干事会设书记一人，负召集会议及传达命令之责，由指导委员会指定之。

四、分党员参政员为若干小组，每组十一人至十五人，视活动需要由干事会划分之。（附注：全体党员约一百四十人，可分十组）。

五、每组设组长、副组长各一人，负执行命令及决议并分配指导考核所属团员之工作。

组长由干事兼任，副组长就各该组组员中遴选，均由指导委员会指定之。

乙：训练

一、训练之项目如左：

(1) 党团的运用

(2) 党团的纪律

(3) 会场的联系

(4) 通讯的方法

(5) 活动的方式

(6) 发言的注意

(7) 会员的联络

(8) 情报的刺探

二、前项训练由干事会拟具方案呈奉指导委员会核定后分组训练之。

附：

国民参政会党团指导委员会组织系统表

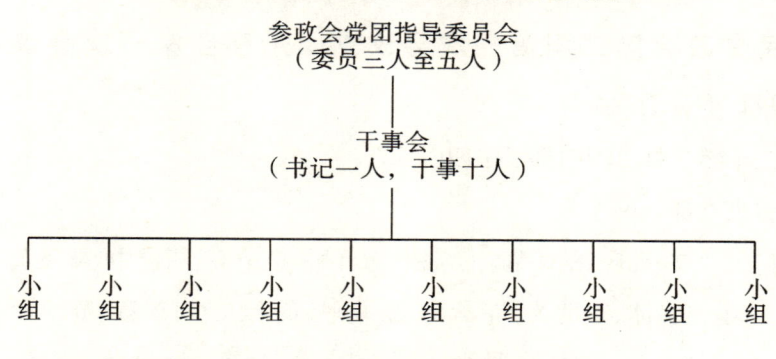

参政会党团指导委员会
（委员三人至五人）
│
干事会
（书记一人，干事十人）
│
小组　小组　小组　小组　小组　小组　小组　小组　小组　小组

（组长、副组长各一人，组长由干事会干事兼任）

2. 国民参政会党团指导委员会会议记录（1941年2月19日）

时间：三十年二月十九日上午十一时

地点：中央组织部

出席者：朱骝先　陈立夫　洪兰友

主席

记录

甲、报告事项（略）

乙、决议事项

一、加推王委员世杰、李委员文范为指导员，签呈总裁核派。

二、指定洪兰友同志为党团书记。

三、指定孔庚、齐世英、胡健中、江一平、童冠贤、刘蘅静、李中襄、马亮、许孝炎、贺楚强、邓飞黄、王家桢、陈豹隐、黄宇人、范予遂、刘瑶章、萧一山、杭立武、陶百川、徐炳昶、刘百闵、高惜冰、王启江、梁上栋等二十四同志为党团干事会干事。

四、指定马乘风、马宗荣、方青儒、高廷梓、张九如五同志为指导委员会干事，协助书记办理一切事务。

五、定于本月二十四日下午四时在中央党部举行一次干事会。

六、党团经费向中央请领，并由中央组织部先垫拨贰千元。

七、本届参政员中本党同志名单再送中央组织部详查。

3. 国民参政会第二届第一次会议党团干事会第一次会议记录

（1941年2月24日）

时间：三十年二月二十四日下午四时

地点：中央党都会议厅

出席者：洪兰友、孔庚、刘蘅静、王家桢、陶百川、李中襄、胡健中、邓飞黄、刘百闵、高惜冰、齐世英、许孝炎、江一平、黄宇人、刘瑶章、范予遂、王启江、杭立武、马亮、马乘风

指导员：朱骝先、陈立夫、张厉生、谷正纲、梁寒操

主　席：朱骝先

记　录：姜光昀

主席恭读总理遗嘱

甲、报告事项

一、主席报告：

（1）本届国民参政会党团奉令组织经过。

（2）拟订国民参政会党团组织草案。

（3）指导委员会决议事项。

（一）请总裁加派张厉生、梁寒操、谷正纲、段锡朋四委员为党团指导委员。

（二）指定孔庚、齐世英等二十四同志为党团干事，组织干事会。并将党员参政员分为十二组，每组设召集人二。

（三）指定洪兰友同志为党团书记。

（四）指定马乘风、马宗荣、方青儒、高廷梓、张九如五同志协助书记办理一切事务。

二、洪书记兰友报告

（1）第二届参政员中本党同志据中央组织部调查共有一百三十八人，是否全可参加党团工作，尚待审查。

（2）党团分组活动每组约为十人至十五人，其人选分配亦待商讨。

乙、决议事项

一、决定党团分十二小组并指定各组召集人。

第一组：孔庚、齐世英。

第二组：胡健中、江一平。

第三组：童冠贤、刘蘅静。

第四组：李中襄、马亮。

第五组：许孝炎、贺楚强。

第六组：邓飞黄、王家桢。

第七组：陈豹隐、黄宇人。

第八组：范予遂、刘瑶章。

第九组：萧一山、王启江。

第十组：杭立武、陶百川。

第十一组：徐炳昶、刘百闵。

第十二组：高惜冰、梁上栋。

二、审查中央组织部所开参政会党员名单，除张钦、胡若华、王化一、吴锡九、李芝亭、黄汝鑑六人不能参加党团工作外，余照通过并增加褚辅成、张振鸣两同志。此外邓召荫（绍棠）、陈复光（勋仲）及华侨中本党同志姓名再向中央海外部及组织部调查。

三、各组党员分配由召集人拟定名单后送交书记汇办。

四、党团活动应注重积极方面工作，使中央决定之主张及各项政策得透过民意机关而确立，以加强民众之信仰与拥护，同时对于各党各派之应付工作亦当预为准备，借收先发制人之效，其应进行之事如次：

（1）向总裁请示关于此次参政会中央所定之主张及政策如何，俾便遵照促其实现。

（2）就目前政治经济等问题及新四军事件切实研究，提出具体意见，建议总裁。如奉批可，即先由本党同志向参政会提案，以争取主动地位。

（3）注重情报工作，指定人员刺探各党各派参政员之动静，并须留意游离分子好为本党张目者之言论行动。

（4）本党参政员对于政府年来重要设施,如平衡物价,管理粮食,调节战时金融,发展战时交通等,应充分明了其办理情况,并准备有关材料以供发言参考。

（5）对于国际问题,本党同志应策动各参政员在大会中作一有力之表示拥护既定国策,坚强抗战决心,藉以驳斥某党造谣,争取友邦之援助。

上列第二项指定梁寒操、孔庚、胡健中、陶百川、范予遂、李中襄、江一平、杭立武八同志先行商定纲领,再提干事会讨论,由梁寒操同志召集。其他同志亦可自由参加。

五、本届参政会主席团人选,以遴选本党同志年高德劭、声望素著者担任为宜,建议总裁核夺。

六、定于本月二十五日下午四时举行第二次干事会。

4. 国民参政会第二届第一次会议党团干事会第二次会议记录

（1941年2月25日）

时间：三十年二月二十五日下午四时

地点：中央党部会议厅

出席者：孔庚、许孝炎、邓飞黄、刘蘅静、范予遂、贺楚强、马乘风、王启江、胡健中、江一平、陶百川、方青儒、洪兰友、高惜冰、杭立武、马亮、齐世英、刘瑶章、李中襄、刘百闵、朱骝先、谷正纲、张厉生、梁寒操

主席：朱骝先

记录：姜光昀

主席恭读总理遗嘱

甲、报告事项

梁指导员寒操报告召集各干事会商对于此次参政会提案意见及各项有关问题,兹将会商结果分述如后：

一、主席团人选如总裁亲自参加无问题,如不参加,则本党同志应占过半数。

二、上届参政会历次会议政府极少交议案件。此次应请政府自动提出重要议案。

三、国防军事方面意见

（1）本党同志在参政会中对此方面不必多提案，惟科学国防运动一案似可提出讨论。

（2）请总裁于参政会中致词，重申抗战到底决心并由参政员联名提拥护主张案。

四、外交方面意见

（1）于参政会外交报告审查决议中应表示两点意见：

a. 感谢美、苏、英及各友邦对我抗战之援助。

b. 希望美、苏在远东方面为更密切之合作。

（2）重提组织美、苏访问团案

五、内政方面意见

（1）提全国各县临时参议会应于本年内陆续成立以促进民权主义之实现案。

（2）提加强人民团体组织以培育民权增进建国力量案。

（3）对党派问题仍本上届参政会第三次大会决议案四点以为应付。

六、财政经济方面意见

（1）请政府准备提案交议

（2）取缔银行重利及实施粮食公卖制度可否提案，请干事会讨论。

七、教育文化方面意见

提识字运动案。此点拟询陈指导员立夫有无意见。

八、拟在大会前召集党团全体会议。

乙、决议事项

梁寒操、孔庚、胡健中等八同志所提意见经讨论决定：

（一）主席团问题及政府交议案照原提意见办理。

（二）国防军事方面不必提案，科学国防运动案亦不必提，至请总裁致词，重申抗战决心一项照原意见通过，此外另提发展农业工业以增加战时生产改良人民生活案。推高惜冰、邓飞黄两同志草拟。

（三）外交方面第一项应增加"唤起亚洲各民族共同努力，打倒日本帝国主义之侵略"一层意见，至中国抗战大业重在自力更生，并非依赖他国，决议文中感谢词句亦须斟酌。第二项美苏访问团案无须重提。

（四）内政方面第二项"加强人民团体组织"改为"完成人民团体组织"，尤须注重职业团体。此外增加《请政府限期实行新县制、加紧实施地方自治、完成训政工作以奠定宪政之基础》一案，推许孝炎、李中襄、方青儒三同志草拟。

（五）财政经济方面第一项请政府准备提案照原意见通过。第二项粮食及银行利息问题，推邓飞黄、刘百闵、贺楚强、李中襄、高惜冰、马乘风六同志，并邀集张梁任及对于本问题有研究者详加讨论，再定提案办法，由邓飞黄同志召集。

（六）教育文化方面识字运动案不提。

（七）定于本月二十八日上午九时在中央组织部礼堂召集党团全体同志举行会谈，并请总裁训话。

以上通过各项意见，由主席呈报总裁核夺。

5. 国民参政会第二届第一次会议党团干事会第三次会议记录

（1941年3月1日）

时间：三十年三月一日下午四时

地点：中央组织部

出席者：孔庚、齐世英、胡健中、江一平、童冠贤、刘蘅静、李中襄、马亮、许孝炎、贺楚强、邓飞黄、陈豹隐、范予遂、刘瑶章、王启江、杭立武、陶百川、徐炳昶、高惜冰、张九如、马乘风、方青儒、洪兰友

列席者：雷震

指导员：朱骝先、梁寒操、陈立夫、段锡朋

主席：朱骝先

甲、报告事项

一、主席报告：

(1) 关于参政会主席团问题报告总裁经过。

(2) 昨今两日共党方面出席问题接洽情形。

(3) 梁漱溟等意见一件。

二、洪书记兰友报告：

主席团五人分配选举票情形

三、雷震报告：

(1) 参政会各组审查会名单定于三日提出主席团通过后再提大会，其各组人员分配现虽由各参政员自认，如党团方面意见主张酌予更动时，请各同志遵重党团主张。

(2) 各组召集人三位，姓名尚未十分确定，拟酌配各党派人士担任。

(3) 预备会决定不开，三日上午即举行正式会并由临时主席主持选举事宜，一面开票报告，俟正式主席团选出后再行退让。

四、邓飞黄报告：

奉干事会指定研讨关于粮食问题提案，经召集会议商定：

(1) 请政府对于粮食管理作一详细报告，使参政会同人明了各种实际情况。

(2) 请政府对于粮食管理自行提案交议，或转由参政员名义提出。

上述两点，已托张梁任向全国粮食管理局接洽办理。

五、刘蘅静报告：

左舜生、张君劢等甚为活动，根据过去经验其基本票总有二、三十票，此次主席团选举配票不可太多。

六、许孝炎报告：

参政会中组织特种委员会，不论其职权如何，均不应令其与参政会脱节，以免为各党派分子所利用。

乙、决议事项

一、主席团五人均用票选，其票数如何分配，指定洪兰友、方青儒、李中襄三同志会商决定。

二、拥护总裁抗战到底主张案，推孔庚同志领衔，由李中襄同志草拟。

三、三日上午应先举行临时会，俟主席团产生，然后再开正式会。请参政会秘书处于开会前宣布改正。

四、林主席召开茶会，本党同志应全体出席，至胡石青追悼会可通知提前举行。

五、决定每隔一日中央组织部举行干事会一次（时间下午六时）。必要时即召开临时会议。

六、下次会议于三日下午六时举行。

附：

第二届国民参政会内国民党员分组名单

孔　庚	李中襄	李永新	麦斯武德	马乘风	郭英夫	陈　时
王亚明	张国焘	彭介石	彭国钧	张爱松	刘次萧	张凤翔
张志广	张　钦	张遐民	金志超	阿福寿	苏鲁岱	张之江
王寒生						
周　览	甘介侯	罗　衡	钱端升	王启江	谭平山	耿　毅
谭文彬	陈博生	范予遂	陈希豪	王冠英	王家桢	石　磊
李黎洲	康绍周	赵　澍	胡若华	苏振甲	江一平	丁基实
高廷梓	胡秋原	陈逸云	许孝炎	伍智梅	杭立武	席振铎
李　洽	王又庸	黄宇人	马　亮	荣　照	卢　前	朱之洪
陇体要	骆力学	李元鼎	陶百川	仇　鳌	梁上栋	喻育之
方青儒	马景常	曾省斋	贺楚强	孔令灿	王公度	王隐三
郭仲隗	王化一	魏元光	叶溯中	吕云章		
杨端六	陈豹隐	李仙根	居励今	李鸿文	王世颖	邓飞黄
张剑鸣	高惜冰	陈石泉	刘叔模	胡兆祥	张竹溪	郭任生
黄同仇	秦望山	杨子毅	李培炎	齐世英	刘家树	胡子昂
陈敬修	吴锡九	燕化棠	李芝亭	张守约	蒙民伟	吴道安
黄世鉴	马　毅	张翼枢	童冠贤	王晓籁		

刘百闵	陈裕光	周炳琳	钱公来	刘蘅静	王近信	喜饶嘉措
孙佩苍	胡健中	陶 玄	杨振声	萨孟武	张九如	陈 铁
王枕心	周德伟	刘瑶章	金曾澄	陆宗淇	黄范一	阳叔葆
马宗荣	马愚忱	何联奎	李世璋	张其昀	徐炳昶	萧一山
钱用和						

6. 国民参政会第二届第二次会议党团干事会第一次会议记录

（1941年11月19日）

时间：三十年十一月十九日上午十二时

地点：社会部

出席者：陈立夫、谷正纲、刘百闵、李中襄、黄宇人、李永新、孔庚、杭立武、马亮、江一平、范予遂、邓飞黄、许孝炎、刘蘅静、陶百川

主席：陈指导员立夫

记录：姜光昀

主席恭读总理遗嘱：

甲、报告事项

一、洪书记长报告本次参政会党团干事会及分组组织情形。

二、李中襄报告齐世英同志因病请假。

乙、讨论事项

一、何部长函请由党团同志代提《加强兵役推行，请缩减缓役范围、修正兵役法令并极力倡导有丁出兵，以裕兵源而利抗战案》。

决议：照军政部意见修正提案文字后，再提参政会。

二、党团干事会与参政会如何联系案。

决议：关于参政会一切重要事项如审查会及驻会委员名单等，均需先经干事会通过，再商参政会秘书处办理。

三、应否提案拥护总裁开会词中主张案。

决议：由洪书记长与陈布雷先生商酌。

四、定期召集党员参政员向总裁陈述各方面意见案。

决议:先将各组同志加以配置,使为有组织之发言,再请示定期举行。

7. 国民参政会第二届第二次会议党团干事会第二次会议关于第三届国民参政员选举问题建议事项(1941年11月22日)

一、成立中央选举指导机构,建立核心力量,负责指导并研究一切有关党员参政员选举事宜。

二、请中央决定本党党员参政员名单,分别介绍各省市参加甲种选举并分配于乙丙两种选举之内,如参加各省市竞选结果落选者,则于丁种选举内设法补救,其应请核议之点,条陈如左:

(1)现任党员参政员是否全体连任,抑须加以调整,其调整办法如何决定。

(2)各地方新进同志欲当选参政员者,可否酌量容纳,由各省市党部呈报中央核定,其人数分配如何规定。

(3)由中央向各省市介绍党员参政员应采取何种方式并如何予以控制。

(4)介绍名额是否按照各省市应出参政员之名额,全数介绍或介绍三分之二或二分之一。

(5)介绍名额决定后,可否提出加倍人数交各省市选举。

(6)已介绍各省市之同志如何前往实行竞选。

三、前项原则确定后,即由中央选举指导机构负责执行,必要时得请中央派员分赴各省市指导协助。

其他活动

1. 蒋介石就第一届第一次国民参政会两项提案致国民参政会代电

(1938年7月)

参政会秘书处王秘书长彭副秘书长:

查十二号至三十六号之提案内二十二、二十三两号议案,均系内政部所提。其所拟内容殊有从长考虑之必要,且此等案件关涉全国地方行政之改革,如未先经中政会通过,内政部本不应迳向参政会提出。如已列入议程,未便撤销,则请转陈汪、张两议长,注意于讨论时勿令硬性决定为盼。

中正文(十二)侍秘鄂

汉口一德街九号
汪议长季兄尊鉴:

顷阅褚参政员辅成等二十二人所提从速实行下级自治以发动民众当兵志愿一案,计邀察及。查现行保甲制度,原本管子作内政以寄军令之旨,推行已久,渐具成规,举凡民众之组训,兵役工役之征募,交通建设之促进,无不赖保甲组织以为枢纽。抗战以来,得力于此者实甚宏大。今查褚参政员等所提议案,主张从速实行下级自治,选举闾邻长与乡镇长,不啻对于保甲制度根本加以推翻。值兹军事紧张之时,各省地方决无此从容余暇从事制度改革,若强予纷更,流弊殊大。拟请发动本党参政员在会予以驳斥,毋令通过为盼。

弟中正叩佳(九)侍秘鄂

2. 国民党政府处理国民参政会第一届第一次会议要求改革行政机构提案的有关文件(1938年9月—1939年5月)

1) 国防最高会议秘书处函附原提案(1938年9月15日)

迳启者:前准国民参政会秘书处函送该会第一次大会关于罗参政员隆基等建议调整机构集中人才以增加行政效率一案之决议案,当经陈奉国防最高会议常务委员会第九十五次会议议决,交法制专门委员会审查。兹该专门委员会报告称:"本案应先送行政院、考试院各就主管部分提出意见,再行详细审核。"复经国防最高会议常务委员会第九十七次会议议决:"照审查意见通过"。除函考试院外,相应录案并检附原建议案函达,即希查照办理,见复为荷。

此致
行政院

国防最高会议秘书处

附：

调整机构、集中人才以增加行政效率案
罗隆基等提

（一）提案原文

说明：

中央行政关系国家抗敌建国之前途甚大。行政上非有良美的效率不足以保证抗战之胜利，行政上非有合理的机构与适合科学原则之人事管理更不足以建立现代国家的基础。我国中央政府从南京转迁重庆，行政之机构与人事曾经过一度调整，行政组织确已比较简单化。唯证诸半年来事实，前次调整仍未臻完善境地，以现状言，行政上存留之缺点尚多。在组织上职权不分明，职务不清楚，责任综错系统纷乱，同一机关可以事事都管，同一事件可以机关重重。机关既无事不办，彼此间不能分工。机关复各行其是，彼此间不能合作，这是现代行政所最忌，然此已成中国行政之普遍现象。在人事管理上，公开考试制、科学考绩制以及公务员之任用升迁保障等等制度，到今日依然徒具虚文，毫无成绩。人事上之弊端尚有甚于此者。一人可兼长数十职位，一身可遥领无数差缺，公务丛集万端延误，在抗战期间以裁员为动员，因减员而减政，人才遗弃于野，事务停滞于上，此种现象其影响□□□□□□。

凡上所言实为当前行政上之应求改革之点，关于改革办法谨列举数端，敬候公决。

办法：

A. 关于机构应依下列原则调整：

（甲）凡机关之职权与事务划分应遵守"机能一致"之原则，凡同性质之事务及工作应完全划归一机关。

（乙）凡一机关之事务与另一机关之事务与工作性质重复者，应立即将机关裁并。

（丙）任何机关不得从事职权以外之事务与工作，如有此类事件应加以取缔。

（丁）凡因人设事之骈枝机关或工作受战事影响不能进行之机关，应立即停办或撤销。

B. 关于人事应依下列原则调整：

（甲）官吏（政务官与事务官）应以一人一职为原则，凡有身兼无数重要职差者，应辞去兼职以专责成。

（乙）抗战时期政府机关应以平均减薪并开展工作代替裁员减政。

（丙）政府为实现"有力者出力"原则起见，应负责在全国普遍登记各项专门技术人才及失业之知识分子，并负责予以适当工作。

（丁）政府为集中人才起见，政府对机关重要负责人员之任用，应本"因事求才"原则，破格用人，凡才不适位，成绩缺乏，信望不孚之官吏，应加以撤换。

C. 调整步骤：

（甲）政府应立即组织"调整行政委员会"以便依据上项原则拟具调整行政详细计划。

（乙）调整行政委员会以五人组织之，由参政会推选三人，由行政院推定二人。

（丙）调整委员会之任：

（一）关于调整行政机关之设计与建议。

（二）关于人事上限制兼差及技术合作等项之建议。

（三）其他有关增进行政效率之计划与建议。

（丁）调整行政委员会非执行机关任期以抗战时期为限。

D. 治本方法：

（甲）政府对已有之官规法令，如公务员任用法、考绩法、惩戒法、限制兼差法等，应切实实施。

（乙）公务员之选拔应实行公开考试制度。

（丙）政府应指定经费、聘请专家、组织行政研究会切实研究改革中国行政制度之一切问题。

提案人：罗隆基

联署人：周士观　张君劢

卢　铸　梁实秋

邹韬奋　史　良

陈　时　许孝炎

张申府　徐傅霖

董必武　陆鼎揆

王造时　梁漱溟

秦邦宪　程希孟

沈钧儒　冷　遹

陈博生　晏阳初

许德珩　刘叔模

章伯钧

（二）国民参政会决议文

一、原办法 A 项甲款内"职权与事务"五字修正为"职务"二字，"事务及工作"五字修正为"职务"二字。乙款内"事务与工作"字样均修正为"职务"二字。丙款删去，丁款改为丙款，余通过。

二、B 项丙款删去，丁款改为丙款。

三、C 项乙款删去，丙款改为乙款，其第一点中"与建议"三字删去，丁款亦删去。

四、D 项通过。

2）行政院签注意见：

国防最高会议交办国民参政会第一次大会，建议调整机构、集中人才一案，经交各部会签注意见，兹综合各部会意见如左：

一、关于调整机构部分：

查原建议案关于此部分之办法，不外职务之划分应机能一致，性质一致者应立即将机关裁并，因人设事之骈枝机关或工作及战事影响不能进行之机关，应立即停办或撤销等项在原则上自属不易之理。惟自抗战军兴，经先后颁布国难时期各项支出办法，本院各机关均已遵照实行。上年十一月复经颁布非常时期中央党政军机构调整及人员疏散办法,其中关于党政军机构之裁并以及人员之去留,均有详细之规定。本年十一月,中央行政机构并经实行调整,本院各机关能裁并者已经裁并,不能裁并者亦已尽量缩小其范围,并无骈枝机关。自政府西迁以来,各机关工作因迁移而停顿者,亦属不少。若裁并縻常,则各机关忙于更动,而无暇处理事务,此于行政效率方面影响甚巨。惟求政局安定,事务照常进行,不至影响抗战起见,对于目前行政上存留之缺点,似宜逐渐设法徐图补救,不宜多所更张,致滋纷扰。

二、关于调整人事部分:

查原建议案对于此部分之办法在原则上亦属不刊之论。(甲)兼职办法业经国防最高会议议定公务员兼职不兼薪办法六项,由政府通过遵照,惟查兼职中亦有应分析之点:如(一)法定兼职,(二)因执行职务上便利之兼职,(三)因节省经费上之兼职。目前此类事实不胜枚举,均以不兼薪俸为原则,此类兼职,似不可一律限制。(乙)平均减薪业已实行,裁员减政固不可,然若人浮于事,不但浪费,而且减少行政效率。本院服务团之设即所以展开工作,此亦不可不注意者也。(丙)因事求才,政府向来本此原则多方罗致,但各种人事法规亦不能完全不顾,正如原案 D(甲)所言。

三、关于调整步骤部分:

查原建议案关于此部分建议政府组织"调整行政委员会"各部会签注意见,对于此点多未能完全赞同,盖调整机构实即政府组织法之修改,宜由国防最高会议策动。自本年正月调整工作完成以后,是否有再度调整之必要,不无疑问,至于一般行政效率之加增,似可责成本案末项之行政效率促进委员会。

四、关于治本办法部分:

查原案关于此部分除请政府切实实施已有之官规法令外,建议政府指定经费、聘请专家、组织行政研究会,切实研究改革中国行政制度之一切问题,各部会对此点之签注意见多主张就本院原有之行政效率促进委员会加以扩充。查该委员会对于行政上一切问题曾有切实之研究,可资政府提高行政效率之参考。查惟该会所有职员,据据原有规程,均由本院人员兼充。抗战以来,本院人员疏散颇多,故该会工作之推进颇形困难,如能加以充实,延聘行政专家,并在院属部会之高级职员中择其与该会所办事务有关者,派为委员,协力进行,而于考核以外并注重计划及调查,则裨益行政效率,当非浅鲜。究应如何扩充之处,拟具修正该会组织规程草案,提请院会决定后,再行报告国防最高会议。

3) 国民政府训令(1939年5月1日)

国民政府训令·渝字第243号

令行政院:

为令知事,

案准国防最高委员会二十八年四月二十二日国治字第1128号公函开:查接管卷内国民参政会第一次大会建议调整机构、集中人才一案,经国防最高会议交行政院议复,嗣据该院综合各部会意见,函复国民政府饬遵并将其余各节交法制专门委员会审查,兹据法制专门委员会报告称"查原建议案计分调整机构、调整人事、调整步骤、治本方法四部分"。(一)所拟调整机构办法为职务之划分,机能一致、性质重复者应即行裁并;骈枝机关或因战事影响不能进行之机关,应停办或撤销;所见固属正当。惟自抗战军兴以来,政府于二十六年九月即颁布国难时期支出紧缩办法,各机关一致遵行,同年十一月复颁有非常时期中央党政军机构调整及人员疏散办法;二十七年一月中央行政军事机构实行调查各机关应裁并者,业经分别裁并;不能裁并者,亦已缩小范围。现在行政机构固不能谓为已臻完善,然自政府西迁以来,各机关工作因屡经迁移已受影响不少,若裁并糜常、纷更不已,正常公务必停滞,在公人员亦难安心工作,原建议案所拟调查机构一书,似无须再行拟定计划。(二)所拟调整人事原则三项,查平均减薪业经实行,开展工作业经注意。因事求才及所拟治本方法内,公务员选拔应实行公开考试制度,政府用人向来本此原则。关于考试任用、考绩、惩罚及限制兼职各项,早经制定法规,颁布施行。最近颁布之非常时期特种考试之暂行条例,程序简捷,经费节省,尤足以应战时之需要。至才不适位,政绩缺乏,信望不孚之官吏,自应随时撤换,似无增定办法之必要。(三)原案调整步骤中所拟组织调整行政委员会及治本方法中所拟组织行政研究会两点,查行政院参照该建议案,拟具修正行政效率促进委员会组织规程,充实该会组织,业经国防最高会议核准备案,除研究增进行政效率外,所有改革行政制度事宜,似可并由该会切实研究,不必另设机关。(四)再,关于限制兼职一节,拟请函国民政府重申前令,训令各机关"依照现行法令所定之限制,切实执行并随时检查,予以纠正,以肃纲纪"等语,经本会第四次常务会议决议,第四项照办。余照审查意见通过。除函国民参政会及关于审查报告第四项另文函请办理外,相应函请查照并饬各院知照。此令。

中华民国二十八年四月二十九日

国民政府主席:林　森

行政院院长:孔祥熙

立法院院长:孙　科

司法院院长:居　正

考试院院长:戴传贤

监察院院长:于右任

3. 国防最高会议办理邹韬奋提《请撤销图书杂志原稿审查办法案》复国民参政会函(1939年1月10日)

迳复者。案准贵处函送国民参政会第二次大会《建议请撤销战时图书杂志原稿审查办法》一案,经陈奉主席提出国防最高会议常务委员第一百十三次会议讨论,以该办法施行以来尚无若何窒碍,但为便利出版界起见,可将关于审查范围及送审手续酌予修正,爰议决将该办法第六第七第八各条分别修正,除将修正办法交主管机关施行外,相应检同该办法函复,请烦查照转陈为荷!

此致

国民参政会秘书处

附办法一件修正要点一件

国防最高会议秘书处

二十八年一月十日

附：

战时图书杂志原稿审查办法修正要点

第六条

原文：各地书店及出版机关印行图书杂志，除自然科学应用科学之无关国防者，及大中小学与民众学校教科书外，均须一律呈送所在地审查机关审查。审查许可后方准发行，如所在地无地方审查机关，得迳呈中央审查机关办理。

修正文：各地书店及出版机关印行图书杂志，除自然科学应用科学之无关国防者，及大中小学与民众学校教科书之应送教育部审查者外，均须一律呈送所在地审查机关审查许可后方准发行。如所在地无地方审查机关，得迳呈中央审查机关办理。至纯粹学术著述不涉及时事问题及政治社会思想者，得不送审原稿。但出版时须先送审查机关审核后方准发行。

第七条

原文：本党及各级军政机关之出版物，得免除原稿审查手续。但出版后须检二份送中央审查机关备查。

修正文：本党及各级军政机关之公报得免除原稿审查手续。但出版后须检二份送中央审查机关备查。

第八条

原文：各地书店及出版机关呈送图书杂志原稿请求审查时，须检同最后清样三份，一份转呈中央审查机关备案，一份存地方审查机关备查，一份发还原送之书店或出版机关。

修正文：各地书店及出版机关呈送图书杂志请求审查时，须检送原稿一份或清样二份迳呈地方审查机关审查。审毕后，如内容无不合之处者，即以原稿或清样加盖"审讫"图章发还送审者。

附：

战时图书杂志原稿审查办法

（1938年7月21日中国国民党第五届中央常务委员会第八十六次会议

通过,1938年12月22日中国国民党第五届中央常务委员会第一〇六次会议修正)

一、在抗战期间,中央为适应战时需要,齐一国民思想起见,特组织中央图书杂志审查委员会(以下简称中央审查机关),采取原稿审查办法,处理一切关于图书杂志之审查事宜。

二、中央审查机关由中央执行委员会宣传部、社会部、军事委员会政治部及行政院内政部、教育部会同组织之,为全国最高之图书杂志审查机关,其组织大纲另定之。

三、中央审查机关对于图书杂志之审查意见如有不同时,应以中央宣传部代表之意见为主。

四、为便利各地图书杂志之迅速出版起见,各大都市(或省会)之党政军警机关,得在中央审查机关指导之下成立地方图书杂志审查委员会(以下简称地方审查机关),办理各该地方之图书杂志审查事宜。如当地书店及出版机关不多者,不得成立。各地方审查机关之组织通则另定之。

五、各地方审查机关审查各种图书杂志时,如发现重大谬误应予停止印行,或内容复杂不能自行决定者,应检同原稿并签注意见呈请中央审查机关核准后,方可执行。至于应修改或删削之书刊,得由地方审查机关自行处理,惟须迅即呈报中央审查机关备案。

六、各地书店及出版机关印行图书杂志,除自然科学、应用科学之无关国防者,及大中小学与民众学校教科书之应送教育部审查者外,均须一律呈送所在地审查机关审查许可后方准发行。如所在地无地方审查机关,得迳呈中央审查机关办理。至纯粹学术著述不涉及时事问题及政治社会思想者,得不送审原稿。但出版时须先送审查机关审核后方准发行。

七、本党及各级军政机关之公报,得免除原稿审查手续。但出版后须检二份送中央审查机关备查。

八、各地书店及出版机关呈送图书杂志请求审查时,须检送原稿一份或清样二份迳呈地方审查机关审查。审毕后,如内容无不合之处者,即以原稿或清样加盖"审讫"图章发还送审者。

九、送审之图书杂志原稿其言论完全谬误者，停止印行。一部分谬误者，应遵照指示之点修改或删削后方准出版。

十、凡经审查机关审核之图书杂志，于出版时应先检送二份，由各该审查机关复核后方准发行。

十一、凡未经审查机关许可出版之图书杂志，除六七两条已规定者外，或审查机关不准发行，不遵照指示修改删削而擅自出版者，一律予以查禁处分。其言论反动者，并得依照修正出版法处罚其编辑人印刷人与发行人。

十二、送审之图书杂志其态度纯正，内容优良，有益于抗战者，得分别予以奖励。其奖励办法另定之。

十三、审查机关许可出版之图书杂志，一律发给审查证。各图书杂志于出版时，应将审查证号码用五号铅字排列底封面上角，以备查考。其有并无审查证而冒印者，应依照第十一条之规定加重处罚。

十四、图书杂志之审查时间。图书在十万字以内者，不得过五日；十万字以上者，不得过十日，杂志季刊不得过五日；半月刊及月刊不得过二日；三日刊、周刊及旬刊，不得过一日。如有内容谬误应呈请核示者不在此限。

十五、中央审查机关如认为地方审查机关处理不当时，得随时饬令改正。

十六、送审之书店或如版机关，如认为各地方审查机关处理失当时，得申述理由请求复审，并可要求转呈中央审查机关核办。

十七、图书杂志之审查标准，依照《修正抗战期间图书杂志审查标准》办理。

十八、在本办法未施行前所出版之图书杂志，仍采取事后审查办法，依照《检查书店发售违禁出版品办法》及《图书杂志查禁解禁暂行办法》办理。

十九、本办法如有未尽事宜，得由宣传部、社会部、政治部、内政部及教育部会商后修正之。

二十、本办法由宣传部、社会部、政治部、内政部及教育都会商决定，呈请中央执行委员会常务委员会通过后施行，并分别呈请军事委员会及行政院备案。

4. 国民政府行政院关于陕甘宁边区不能单独召集参议会复国民参政会函(一九三九年二月三日)

贵处本年一月二十七日第1028号公函诵悉,查陕甘宁各省参议会均已定期成立,该边区各县可参加各该省参议会,不能单独召集,曾经本院电令各有关机关知照,相应函复,请烦查照为荷。

此致

国民参政会秘书处。

行政院秘书长　魏道明

5. 国民政府军事委员会关于华北视察团的有关问题给国民参政会秘书处的批复(1940年2月3日)

准贵处二十九年一月二十三日第2315号函开:"查本会第四次大会决议组织之华北战区慰劳视察团一案,业经国防最高委员会决议通过。嗣奉议长指定参政员李元鼎为团长,邓飞黄为副团长,李鸿文、余家菊、梁实秋、于明洲、齐世英为团员,并规定暂以冀豫晋陕四省为慰劳视察区域。其任务为宣达中央意旨,慰问军民,并视察各战区军民实际状况及其他文化、宣传、交通、经济、物价等事项。该团顷已筹备成立,预定于本月二十九日由渝出发。拟请贵会电令上述区域内各战区司令部对该团慰劳视察工作随时予以便利,相应函达,即希转陈办理为荷"等由。除经转除电令有关区域内各战区司令长官遵照外,并奉谕"请将团员名册及办法与行程函送备查"等因相应函请查照办理见复为荷。此致

国民参政会秘书处。

二十九年二月三日

6. 国民参政会秘书处复国民政府军事委员会函(1940年2月9日)

案准贵厅本年二月三日办四渝字第1247号公函以径电令有关区域内各战区司令长官对华北战区慰劳视察团工作予以便利,并嘱将团员名册及办法与行程函送备查等由。兹将名册等项编列简表一份,并附该团组织规则一份

随函附送，即希查收转陈备查为荷。此致

军事委员会办公厅。

国民参政会秘书处

二月九日

附：

国民参政会华北战区慰劳视察团简表

名单

   团长　李元鼎

   副团长　邓飞黄

   团员　梁实秋　于明洲　余家菊　卢前

办法

   该团办法，见组织规则。（另附）

   其慰劳军队办法，为对各高级军事长官，赠送本会所制锦旗。

行程

   日期：自一月三十日由渝出发，预定至三月杪返渝。

   路线：由川而陕而晋而豫，或由鄂返川，或由陕返川。

   该团副团长及团员等，已依期由渝启程。其详细行程，须至西安会合李团长后商定。

附：

国民参政会华北战区慰劳视察团组织规则

  一、国民参政会华北慰劳视察团（以下简称本团）由议长指定参政员七人组织之，设团长副团长各一人，由议长就团员中指定之。

  二、本团之任务，为宣达中央意旨，慰问军民，并视察各战区军民实际状况，及其他文化、宣传、交通、经济、物价等事项。

  三、本团得随时将视察所得，以函电陈议长转达政府。

  四、本团所至地方，得随时随地征询人民意见。

五、本团慰劳及视察之区域,暂定为冀、豫、晋、陕四省,期间定为三个月。

六、本团为便利慰劳及视察起见,得分两组,分区慰劳及视察。

七、本团出发前,得商请议长转请政府,令饬各地政府,对视察工作,随时予以便利。

八、本团之经费,由议长商请政府拨发。

7. 蒋介石就褚辅成拟向第二届第一次国民参政会提出根本解决政党问题的提案致国民参政会代电(1941年2月14日)

参政会王秘书长勋鉴：

据褚慧僧先生函称,拟于二届参政会开会时,集合公正同志共提根本解决政党问题之提案等语。查所陈用意,不无可取,除复令与兄洽商办理外,兹将原函随文抄转,即希研究运用为盼。

中正丑寒侍秘川

附抄原函一件

抄二月五日褚慧僧先生函呈

谨呈者：新四军自去夏以来,迭在苏北截击友军,收缴民枪,为世所共知之罪行。中央为整饬军纪,不得已予以解散,实为正当之处置。追报端发表钧座在国府纪念周之训词,咸知此次制裁新四军,与党派问题无关,不致影响抗战。昔之过抱杞忧者,更为释然无虑矣。第因军队与政党不脱离关系,随时有爆发事变之虞,新四军犹有残部,而十八集团军尤为共党之主力部队,在一国之中,各党拥有武力,终必为国家之大患。辅不揣棉薄,拟于二届参政会开会时,集合公正无偏之同人,筹一根本解决之道,以消弭未来之祸乱,求其心之所安,成败在所不计。兹就管见所及,略举纲要,先行陈请裁示。(一)第十八集军应明白宣告脱离共党,完全为国家军队,服从最高统帅命令。(二)新四军残部,遵令北移,归第十八集团军改编。(三)第十八集团军所需军械,中央应与其他各军一律待遇。(四)中央明令承认共党,为合法政团,予以法律之保障。(五)政府通令全国军政各机关,对于共产党党员,应与一般国民同等待遇,不得歧视。(六)参政会常设一特种委员会,遇有牵涉党派问题,为公允之处置,请政府执行。上陈(四)(五)(六)三项,不过本训词最后一段之所示,加以具体化而已。尤有进者,辅黍列党籍,宁有不计本党之利益,往昔与干部同志见解微有不同者,以为与其以消极的手段防止异党,不如以积极的政策争取民众。有一美国记者尝问墨索里尼曰:欧战后意大利共党亦甚猖獗,君用何法将其压倒?墨氏答曰:我无他法,即以共产党之方法择其合乎民众要求者,一一付诸实施。共产党所宣传尽是空头支票,我能为之兑现,民众当然信仰我,而不信仰共产党。斯言大可取法。我国政权与经济权皆在本党掌握,苟能训练多数刻苦之青年,从事农村运动,扩大农贷,提高农民生活,定可使百分之八十以上之民众心悦诚服,拥护本党。特贡一得之愚,只呈鉴察。

8. 蒋介石关于共产党问题对出席第二届第一次国民参政会的国民党参政员训词(1941年3月4日)

自十五年以迄现在,共产党的暴行和阴谋,以及本党与之奋斗经过,国人都还记得,各同志对之尤为清楚,无用追述。

宽大与忍耐,为执政党应有的态度与政策,本党为奉行三民主义的党,更应以此种精神待遇国人,苟非至逼不得已时间,即非至与民族国家安危有关时间,决不改变此种态度与政策。唯其如此才能表示本党的伟大及大无畏精神。

抗战以来,第一个破坏军令的就是共产党。在二十七年间,本命令八路军在晋北抗战,可是他们偏自由行动,渡过黄河,使敌势坐大,这就是他们违反军令、破坏军纪的开始,实在是他们最大的罪恶。前年冬季,第二战区就有很好的反攻机会,因为他们构煽阎司令长官所指挥的新军叛变,致反攻计划无从实行,敌人更得乘此机会,移兵他处,武汉亦因之不能收复。当时叛变的新军,人数有二三万,枪械有一万多,影响实在不小。

去年他们更为所欲为,袭击河北鹿瑞伯军队,中央为顾全抗战大局,又本宽大忍耐的态度,命令鹿瑞伯军队撤到黄河以南,当时受他们袭击最重的是朱怀冰、张荫梧所指挥的国军。去年秋天,他们又想打通津浦路线,使苏鲁皖冀等省打成一片,淮海一带为其势力范围,本此阴谋,便酿成苏北事变。

他们在苏北的所作所为,虽然罪大恶极,尚未下令讨伐,只命令新四军在黄河以北一定区域内去工作,原想他们能够不再攻击友军。此种处置,宽大已极。但是新四军表面奉命,暗中依然违令,本限他们十二月底渡江北上,而事实上则集结军队并不北移,我看出其阴谋所在,将重演攻击韩德勤部队故事,便密为之备。他们知道计不得售,便以渡江困难为言,企图逗留原地,伺机蠢动。我又准他另选一路北移,并令沿途国军向后撤让路线,免得途中别生事端。不料他们移动时,并非向北开,却是向南行,想在沪杭京沪铁路的三角地带,建立根据地。顾司令长官据情请示应付办法,我为国家民族计,便予顾司令长官以便宜行事之权。当此之时,新四军先取攻势,向国军猛攻,以为可以制胜,打了七天,情知没有制胜希望,周恩来才向统帅部来讨饶。打到第九天,新四军便被消灭。叛变的新四军既解决,周恩来又持延安来的电报,要挟惩办何总长、顾司令长官及上官云相,并说不如此办,便不能了事。这种伎俩,虽然想反咬一口,嫁罪于政府,变成政府犯罪,他们来审判。于是不得不取消新四军番号,表示与众共弃,我如果听其所为,将使国军以后再也不敢制裁纠正他们的罪行,他们今日既可挟制国军,不久便可实现其推倒政府的阴谋,所以不得不当机立断。新四军既已解决,要是他们不再发生其他事件,当然可以认为事件已了,所以并不提及十八集团军。此种态度与政策,我在总理纪念周上已详细讲过。

解决新四军,完全为整饬军纪问题,不涉及政治与党派问题,可是同志中不明了者尚多,三民主义青年团内同志从新四军事件发生后,不免对其办事处及书店予以取缔等手段,致为彼等借口,此实没有明了我的意旨。党政军必须动作一致,互相配合,过去未能做到,实为我们吃亏最大的地方。此后本党同志,必奉到确实命令,才可下手,决不可事前先自忙乱,纯以感情用事。

共产党乘参政会此次开会,提出十二条的要挟条件,在重庆的参政员得到其印刷品及函件者甚多,但政府则始终未接到他们的呈请,经人向之诘问,始言已交政治部张文白部长,其实张部长亦没有得到只字,他们为何如此做,很明白，只在试探并威吓政府，以图达其捣乱目的而已。及政府置之不理，便又另提出十二条，做出席的交换条件。

政府及参政会希望共产党籍的参政员出席，及一部分参政员的接洽，已仁至义尽。他们既不出席，则责任全在他们，事实已很明白，这实在是他们在政治上的一大失败。此际我们同志，最须善为处置，必须以理智来判决此事，决不可稍杂感情，此在各方都有重大关系，不得疏误丝毫。要是差之毫厘，足以使他们反转入胜利地位，我们反转入失败地位。同志中有主张即予共产党以讨伐者，也有主张暂时静观暗为防御者。我以为对他们决不可先用攻击态度，否则便失了我们的立场，故仍须宽大忍耐。今日大事，只要他们能团结抗战，任何皆须忍耐。万一逼不得已要出于打的一途，也总须让他们先打。我们军事力量大于他们百分之九十五以上，我对他们已早有准备，不虞他们来攻击。从政治上说，大权亦在本党，我们承认他，他始有地位。故无论在军事上政治上我们都处在主动地位，决不怕他们有什么能耐。有人以为如此处置，他们将要争取时间，扩张势力，这都不必顾虑。要是他们扩张到西北或江南或扰乱各战区，我们可以随时打击他。又有人以为打击他们将要影响到抗战，这是没有明白我的布置，我在抗战开始，便已准备了防制他们的兵力，仅在西北一地，就有二十师以上的军队在那里等候他们。什么时候要消灭他们，便能消灭他们，决不容虑。又有人以为江西"剿共"八年，现在何能短期了事，殊不知现在他们所据的地形，和我们所有的力量，都与以前不同，我可以断言，至多三个月便可以消灭他的主力。在江南的新四军，是他们最好的部队，消灭已甚容易，便是例证。又有人以为一旦"剿共"，国际观感将有变化，殊与抗战不利。殊不知凡事总要照理做去，我们只要处处能站得住，国际上对我们便不会有何不利。所以我们在政治上的地位，必须特别注意，切不可授人以口实，对共产党须取守势，不可先取攻势，总要能够保持政府的态度，使他们能够畏威怀德，仍然就范。今日只怕不能安内，不怕不能攘外，攘〔外〕已不成问题，如果政治上稍失主动地位，稍有失态，便会影响到攘外的胜利。

参政会对他们所提的两个十二条件，必须以严正的态度对付他们，前天王云五先生之言，我很以为然，他们如能来开会，有什么话，尽可在会里说，有什么请求，尽可在会里建议，只要不妨碍军令，不破坏《抗战建国纲领》，不违反参政会会议规则，便都可以商量，就是要增加军饷，也可核办。我们能如此对待他们，那么我们的政治地位必然更可以升进一步。他们如果始终自外于参政会，自绝于国人，那么他们必然失败到底。

第二部分
参政员简介

583 人，以姓氏笔画为序

说　明

　　一、国民参政会各届参政员的名额：第一届 200 人，第二届 240 人，第三届 240 人，第四届 290 人，1947 年 1 月增补了台湾、东北等省市参政员 47 人，同年 3 月和 5 月又增补了 60 人。本《简介》包括了上述各届参政员和国民参政会重要职官（议长、主席、秘书长、副秘书长），共收录 583 人。

　　二、《简介》按参政员姓氏笔画为序。

　　三、《简介》主要是根据中国第二历史档案馆馆藏档案资料中的《参政员履历》、《职员录》以及其他有关资料综合整理而成。如有遗误，请读者补充订正。

二　画

　　丁　杰　西藏后藏地区人，1903 年生。班禅随从活佛。1938 年 6 月至 1945 年任第一届、第二届、第三届国民参政会参政员。

　　丁基实　字君羊，山东省日照县人，1902 年生。德国布莱斯德大学毕业。曾任同济大学教授，滇缅路工程师，昆明市工务局局长。1940 年 12 月至 1948 年任第二届、第三届、第四届国民参政会参政员。1945 年 10 月任山东省政府委员兼建设厅厅长。

三　画

　　于光和　字致生，宁夏省永宁县人，1904 年生。曾任宁夏省政府建设厅秘书兼林矿局局长，宁夏省临时参议会参议员。1942 年 7 月至 1945 年任第三届、第四届国民参政会参政员。1946 年 3 月任宁夏省政府委员兼建设厅厅长。

　　于汝洲　字濯瀛，黑龙江省哈尔滨市人。1947 年 1 月增补为第四届国民参政会参政员。

于明洲 黑龙江省拜泉县人,1904年生。日本东京帝国大学毕业。曾任国民党东京总支部常务委员,热河省党务指导委员兼宣传部部长,黑龙江省常务指导委员。1938年6月任第一届国民参政会参政员。1945年11月任东北善后救济总署副署长。

于 斌 号冠五、希岳,后改号野声,黑龙江省兰西县人,1901年生。罗马传信大学神学博士。曾任中国公教进行会监督,天津《益世报》发行人,天主教南京教区主教、总主教。1938年6月至1948年任第一届至第四届国民参政会参政员。1947年参加国大。

于锡来 江苏省金坛县人,1905年生。1947年10月增补为第四届国民参政会参政员。1948年任立法院立法委员。

于复光 1945年5月增补为第四届国民参政会参政员。

万鸿图 字彻千,河南省邓县人。曾任北洋政府国会参议院议员。1947年3月增补为第四届国民参政会参政员。1949年6月任行政院政务委员。

马元凤 字鸣一,甘肃省陇西县人,1904年生。北京民国大学毕业。曾任国民革命军第六军十九师政治部主任,国民政府军事委员会参议,甘肃省党部特派员,甘肃省政府教育厅督学,甘肃省榆中、皋兰县县长。1945年4月任第四届国民参政会参政员。

马兆琦 字敦韩,河北省清苑县人,1896年生。保定陆军军官学校毕业。曾任察哈尔都统公署军务处处长,京榆驻军司令部主任参谋,北平绥靖公署军务处副处长,国民革命军第十七集团军参谋长。1945年4月任第四届国民参政会参政员。

马宗荣 字继华,贵州省贵阳县人,1898年生。日本东京帝国大学毕业。曾任浙江大学、上海大夏大学教授,国民党中央宣传部秘书,贵州省临时参议会参议员。1940年12月至1945年4月任第二届、第三届国民参政会参政员。

马景常 安徽省宿县人,1895年生。美国哥伦比亚大学硕士。曾任中央军校政治总教官,安徽省临时参议会副议长。1940年12月至1948年3月任第二届、第三届、第四届国民参政会参政员。1948年任立法院立法委员。

马　亮　字骥良,辽宁省盖平县人,1900年生。北平郁文学院毕业。曾任国民党辽宁省党部指导委员,察哈尔省党部、天津市党部常务委员,国民党中央组织部设计委员,江苏、上海、安徽、河南禁烟特派员,国民政府内政部禁烟委员会委员。1938年6月至1942年任第一届、第二届国民参政会参政员。

马君武　名和,又字贵公,广西省桂林县人,1880年6月生。同盟会会员。日本东京帝国大学毕业,德国柏林大学博士。曾任各省都督府代表联合会广西代表,南京临时政府实业部次长,国会议员,广东护法政府交通部部长,大元帅府秘书长,广西大学校长。1937年8月任国防参议会参议员。1938年6月任第一届国民参政会参政员。

马乘风　河南省洛阳县人,1906年生。北京大学毕业。曾任国民党河南省党部委员兼宣传部部长,北平中国大学、民国大学教授,北平高级商业专门学校校长,冀察政务委员会参议。1938年6月至1948年3月任第一届至第四届国民参政会参政员。1948年任立法院立法委员。

马洗繁　河北省昌黎县人,1893年生。留学英、美。曾任中央政治学校教授,国民党北平市党部委员,河北省政府秘书长,南京市政府社会局局长,中央大学法学院院长。1942年7月至1948年3月任第三届、第四届国民参政会参政员。

马　骏　山西省晋城县人,1880年生。留学英国。曾任北洋政府农商部第八区矿务监督,众议院议员,山西河东道道尹,山西教育厅厅长,山西河东盐运使,山西省政府委员。1942年7月任第三届国民参政会参政员。

马愚忱　辽宁省辽阳县人,1881年生。奉天两级师范毕业。曾任辽宁省教育厅科科长,第一师范校长,国民党河北、甘肃省党部委员,国民政府军委会政治部设计委员、赈济委员会委员。1940年12月任第二届国民参政会参政员,1947年1月增补为第四届国民参政会参政员。1948年任东北"剿总"政务委员会委员。

马　毅　字曼青,黑龙江省人,1904年生。日本东京帝国大学毕业。曾任北平大学、中国大学、民国大学、朝阳学院教授,国民党中央训练委员会专员,中训团教育指导员。1940年12月至1948年3月任第二届、第三届、第四届国民参政会参政员。1948年9月任东北"剿总"政务委员会委员。

马腾云　字汉章,青海省和平县人,1900年生。甘肃省法政专门学校毕业。1945年4月任第四届国民参政会参政员。

四　画

方少云　广东省汕头市人,1900年生。曾任国民党青海省党部特派员,北平市党务整理委员会委员。1947年3月增补为第四届国民参政会参政员。

方青儒　浙江省浦江县人,1905年生。曾任国民党浙江省党部常务委员兼浙江省反省院院长,浙江省临时参议会参议员。1940年12月任第二届国民参政会参政员。1942年9月后曾任浙江省社会处长,国民党第六届中央执行委员。

乌马尔　新疆省人,1901年生。新疆政治干部训练班毕业。曾任喀什区维文分会副会长,皮山县副县长,迪化地方法院副院长,新疆省警务处副处长。1945年4月任第四届国民参政会参政员。

尹述贤　字思齐,贵州省金沙县人,1897年生。北京朝阳大学毕业。曾任国民党中央通讯社社长,华北日报社社长兼中央通讯社北平分社社长,国民党贵州省党部委员,国民党中央宣传部专员室主任。1945年4月任第四届国民参政会参政员。1948年任立法院立法委员。

尹昌龄　字仲锡,别号约堪,四川省华阳县人,1869年生。前清翰林。曾任陕西省长安县知县,凤翔、延安、西安知府。民国初年任四川审计处长,贵州黔中道道尹,四川省政务厅厅长,后任四川省政府赈务委员会主席,四川省临时参议会参议员。1940年12月任第二届国民参政会参政员。

尹敬让　字懋法,江西省永新县人,1899年生。曾任国民政府军事委员会委员长南昌行营党政委员会委员,赣东民国日报社社长,国民党江西省党部执行委员。1942年7月任第三届国民参政会参政员。

孔令灿　字潄庵、潜庵,山东省曲阜县人,1888年生。山东省优级师范毕业。曾任中学校长,山东省政府秘书、教育厅第一科科长兼义务教育委员会委员。1940年12月至1948年3月任第二届、第三届、第四届国民参政会参政员。

  孔　庚　名昭焕,字掀轩,号雯轩,湖北省浠水县人,1872年生。日本陆军士官学校毕业。同盟会员。曾任晋军旅长兼大同镇守使,山西第一师师长,中央陆军第九师师长,山西将军署参谋长,大元帅府秘书,广州大本营参议,武汉国民政府委员,湖北省政府委员兼民政厅厅长。1938年6月至1948年3月任第一届至第四届国民参政会参政员。1948年任立法院立法委员。

  孔德成　字达生,山东省曲阜县人,1919年生。孔子七十七世孙,袭衍圣公。孔庙大成至圣奉祀官。1947年3月增补为第四届国民参政会参政员。

  仇　鳌　字奕山,湖南省湘阴县人,1880年生。日本法政大学毕业。同盟会员。曾任湖南省民政司司长,北京《国民报》经理,国民党战地委员会委员兼民事处主任,国民政府考试院铨叙部副部长,湖南省政府委员。1938年6月任第一届,1942年7月至1947年任第三届、第四届国民参政会参政员。1947年任国民政府广东、广西监察使。中华人民共和国成立后曾任中南军政委员会委员,全国政协委员,民革中央委员。

  王又庸　字平秋,江西省兴国县人,1890年生。日本法政大学毕业。曾任江西省第一区行政督察专员,江西省政府委员兼民政厅司长,国民政府军事委员会委员长南昌行营第四厅副厅长,四川省政府委员兼民政厅司长。1938年6月至1948年任第一届至第四届国民参政会参政员。1948年任立法院立法委员。

  王公度　字海涵,河南省孟津县人,1899年生。国民党中央训练团毕业。曾任洛阳师范校长,河南省教育厅代理厅长,三青团河南支部筹备干事。1940年12月至1944年任第三届国民参政会参政员。1944年7月任河南省政府委员兼教育厅厅长。

  王云五　原名之瑞,号岫庐,广东省中山县人,1888年7月生。曾任南京临时大总统孙中山秘书,北洋政府教育部专门教育司科长、佥事、代理司长,商务印书馆编译所所长、总编辑、总经理。1938年6月至1946年任第一届至第四届国民参政会参政员。1946年5月任国民政府经济部部长、财政部部长,国民政府委员,行政院副院长。

王化一　辽宁省辽中县人,1898年生。北京大学毕业。曾任东北中学校长,东北民众抗日救国会常务委员兼军事部部长,东北行辕政务委员会委员。1940年12月任第二届国民参政会参政员。1947年3月增补为第四届参政员。

王化民　女,字泳苏,河北省清苑县人,1900年生。国立北平女子师范大学毕业。曾任察哈尔第一女子师范学校、保定女子师范学校校长,战干四团教官,教育部第六服务团团委。1945年4月任第四届国民参政会参政员。

王凤喈　湖南省湘潭县人,1896年10月生。北京高等师范毕业,美国芝加哥大学哲学博士。曾任中央大学、中央政治学校教授。1942年7月任第三届国民参政会参政员。1943年3月任湖南省政府委员兼教育厅厅长。

王世杰　字雪艇,湖北省崇阳县人,1891年3月生。天津北洋大学毕业,法国巴黎大学法学博士。曾任北京大学教授,南京国民政府法制局局长,海牙国际法院法官,中央研究院社会科学研究所法制组主任,国民政府立法院立法委员、教育部部长,国民党第五届中央候补监察委员。1938年6月任国民参政会秘书长。1945年改任国民政府外交部部长。

王世颖　字新甫,福建省闽侯县人,1902年生。复旦大学毕业。曾任上海法政大学、上海商学院、南京中央政治学校教授,浙江大学秘书长,国民党中政会经济专门委员,国防最高委员会教育专门委员。1938年6月至1946年任第一届至第四届国民参政会参政员。1947年1月任国民政府社会部合作事业管理局局长。

王冬珍　女,河北省任县人,1898年生。天津女子师范学校毕业,留学日本。曾任国民党北平市党部委员、组织部部长,河南省党部指导委员。1947年3月增补为第四届国民参政会参政员。1948年任立法院立法委员。

王幼侨　河南省安阳县人,1888年生。曾任河南省教育厅厅长,河南省第六区行政专员。1938年6月任第一届国民参政会参政员。1940年8月任河南省政府委员。

王立哉　山东省诸城县人,1894年生。山东商业专门学校、中央政治学校武汉分校毕业。曾任国民党山东省党务指导委员会常委,国民政府行政院参议,实业部青岛商品检验局局长,军事委员会第六部设计委员,山东省政府委员,国民党中央党部秘书处专门委员。1945年4月任第四届国民参政会参政员。

王宇章 字先青,黑龙江省人,1889年生。保定军校第五期毕业。曾任国民党中央陆军军官学校要塞炮兵班上校主任、兵科上校战术教官,东北中山中学校长。1942年7月任第三届国民参政会参政员。

王亚明 贵州安龙县人,1897年生。北京法政大学毕业。曾任国民革命军第四十三军政治部主任,特别党部筹备主任,武汉日报社社长,国民党贵州省党部监察委员。1938年6月至1948年3月任第一届至第四届国民参政会参政员。

王仲裕 山东省日照县人,1892年生。莫斯科中山大学、日本早稻田大学毕业。曾任国民党山东省党部执行委员兼组织部部长,济南市党部监察委员,北平市党部执行委员兼工人部部长,国民党中政会经济专门委员。1938年6月任第一届、1945年4月任第四届国民参政会参政员。1948年任立法院立法委员。

王吉甫 贵州省毕节县人,1895年生。曾任国民革命军第三十八军军需处处长,滇黔绥靖公署经理处长,云南造币厂厂长,国民政府军事委员会昆明行营驻渝办事处主任,内政部总务司长。1942年7月任第三届国民参政会参政员。

王志莘 原名允令,上海市人,1896年4月生。美国哥伦比亚大学毕业。曾任中华职业教育社《生活周刊》主编,工商银行储蓄部主任,江苏农民银行副经理,上海新华银行总经理,中华职业教育社理事。1938年6月至1942年任第一届、第二届国民参政会参政员。后任上海证券交易所理事兼总经理。中华人民共和国成立后曾任全国人大代表,全国工商联常委。

王芸青 河南省舞阳县人,1891年生。北京大学毕业。曾任北平女子师范学院讲师,河南省开封中学校长,国民党河南省设计委员、执行委员。1945年4月任第四届国民参政会参政员。

王近信　字子愚，山东省菏泽县人，1894年生。美国芝加哥大学毕业。曾任河南大学教授，山东教育厅秘书主任，乡村建设研究院副院长，长山县县长。1938年6月至1942年任第一届、第二届国民参政会参政员。

王启江　河北省束鹿县人，1903年生。德国耶拿大学毕业。曾任国民革命军总司令部秘书处科长，中央通讯社主任，国民党驻法支部指导委员，国民政府外交部参事，国民党第六届中央执行委员，中央党部副秘书长。1938年6月至1948年任第一届至第四届国民参政会参政员。1948年任国民政府立法院立法委员。

王孟麟　湖北省钟祥县人，1900年生。1947年1月增补为第四届国民参政会参政员。1948年任立法院立法委员。

王国源　字仁泉，四川省西充县人，1898年生。日本广岛文理大学毕业。曾任国民政府行政院参议，财政部派驻四川银行监察人，四川省第一、第二届临时参议会参议员，重庆市临时参议会参议员。1945年4月任第四届国民参政会参政员。

王若周　广东省东莞县人，1882年生。曾任北伐军副师长、师长，盐务缉私局局长，边防督办公署参议，第七战区司令长官部参议，广东第四游击区司令。1945年4月任第四届国民参政会参政员。

王枕心　江西省永修县人，1898年生。日本东京农业大学毕业。曾任第三战区党政委员会委员，江西省临时参议会参议员。1940年12月任第二届国民参政会参政员。

王泽民　江西省玉山县人，1891年生。曾任国民革命军第四集团军总指挥部参谋长，陆军第五十四师师长，1947年3月增补为第四届国民参政会参政员。1948年任立法院立法委员。

王卓然　字廻波，号梦白，辽宁省抚顺县人，1893年生。北平师范大学毕业，美国哥伦比亚大学硕士。曾任东北边防司令长官公署谘议，东北外交研究委员会主任秘书，东北大学教授、代理校长，东北救亡总会主席团委员。1938年6月至1942年任第一届、第二届国民参政会参政员。中华人民共和国成立后曾任国务院参事。

王治民　大连市人，1904 年生。1947 年 1 月增补为第四届国民参政会参政员。同年 10 月任辽北省政府委员兼财政厅厅长。1948 年任辽宁省政府委员兼财政厅厅长，立法院立法委员。

　　王济舟　兴安省人。1947 年 1 月增补为第四届国民参政会参政员。

　　王冠英　字一尘，江西省南昌县人，1901 年生。东南大学毕业，美国多伦多大学博士。曾任国民党赣南特别委员会委员兼青年部部长，中央军校政治教官，江西省党务整理委员，江西省党部常委，国民政府军事委员会委员长南昌行营秘书，国民党江西省党部特派员。1938 年至 1948 年任第一届至第四届国民参政会参政员。

　　王家桢　字树人，吉林省双城县人，1897 年生。日本庆应大学毕业。曾任张作霖大元帅府秘书、外交部秘书，东北边防军司令长官公署外交机要主任，国民政府外交部常务次长、外交专门委员会委员。1938 年 6 月至 1942 年任第一届、第二届国民参政会参政员。后任东北行辕、东北"剿总"政务委员会常务委员。中华人民共和国成立后曾任全国政协委员，民革中央委员。

　　王造时　名雄生，江西省安福县人，1903 年 8 月生。北京清华学校毕业，美国威斯康辛大学政治学博士。曾任上海光华大学文学院院长，上海各大学教授，《新月》杂志撰稿，中华民权保障同盟上海分会执行委员，上海各界救国联合会常务理事，全国各界救国联合会常务委员。1936 年 11 月因从事爱国活动，与沈钧儒、邹韬奋等七人被国民党政府逮捕入狱，1937 年 7 月获释。后任国民政府军委会政治部设计委员，江西吉安前方日报社社长。1938 年至 1942 年任第一届、第二届国民参政会参政员。1947 年 1 月增补为第四届国民参政会参政员。中华人民共和国成立后曾任上海复旦大学教授。

　　王隽英　女，山东省海阳县人，1911 年生。美国密西根大学毕业。曾任国民党第六届中央候补执行委员。1947 年 3 月增补为第四届国民参政会参政员。1948 年任立法院立法委员。

　　王晓籁　原名孝赉，别署得天，浙江省绍兴县人，1886 年 1 月生。早年在上海经商，开办闸北商场。曾任上海商业银行、中央信托公司董事，上海总商会会董，上海租界纳税华人会主席，上海市商会会长。1940 年 12 月任第二届、1945年4月任第四届国民参政会参政员。中华人民共和国成立后曾任上海市人民代表,市政协委员。

王维墉 甘肃省通渭县人,1906年生。中央政治大学毕业。曾任甘肃甘谷县县长,兰州师范学校校长,三青团甘肃支团部干事。1942年任第三届国民参政会参政员。后任甘肃省第六、第七行政区专员,国民党第六届中央候补监察委员。

王维新 字源凌,热河省凌源县人,1901年生。美国哥伦比亚大学毕业。曾任东北大学教授,西北经济研究委员会委员,西安北岭实业公司董事长,泰丰烟草公司总经理。1945年4月任第四届国民参政会参政员。

王维之 陕西省岐县人,1900年生。日本明治大学毕业。曾任新编十四师政治处处长,鲁光日报社社长,陕西善后清查处副处长,陕西禁烟总局副局长,西安绥靖公署军需处处长,第四集团军总司令部参议。1945年4月任第四届国民参政会参政员。

王隐三 河南省柘城县人,1904年生。北京朝阳大学毕业。曾任平绥铁路总工会整理委员,河南省临时参议会参议员。国民党河南省党部委员、组训处处长,河南民国日报社社长。1940年12月至1948年任第二届、第三届、第四届国民参政会参政员。

王寒生 吉林省穆棱县人,1899年生。东北大学毕业。曾任吉林三中校长,《大东日报》主笔,《外交月报》总编辑,国民党奉天省党部青年部部长,哈尔滨党务特派员,三青团中央团部秘书主任。1940年12月至1948年任第二届、第三届、第四届国民参政会参政员。1948年任立法院立法委员。

王普涵 陕西省渭南县人,1893年生。日本明治大学毕业。曾任陕西自治筹备处处长,陕西印花烟酒税局局长,河南行政人员训练所副所长。1942年7月至1948年任第三届、第四届国民参政会参政员。1948年任立法院立法委员。

王董正 甘肃省会宁县人,1907年生。1947年1月增补为第四届国民参政会参政员。1948年任立法院立法委员。

王锡庚 甘肃省人。1947年1月增补为第四届国民参政会参政员。

第二部分 参政员简介

　　王葆真　字卓三,河北省深泽县人,1879年生。日本早稻田大学毕业。曾任国民政府立法院立法委员,国民党中央党史委员会名誉编纂,第五战区司令长官部顾问,第一集团军总司令部顾问。1938年6月任第一届国民参政会参政员。

　　王德舆　江西省奉新县人,1894年生。曾任江西实业银行常务董事,江西全省商会联合会理事长,中国工业协会江西分会常务理事,江西新生纺织厂董事长。1945年4月任第四届国民参政会参政员。

　　毛泽东　字润之,湖南省湘潭县人,1893年生。中国共产党创始人之一。1935年1月在贵州遵义召开的中共中央政治局扩大会议上选为中央书记处书记,10月红军到达陕北后选为中共中央军事委员会主席,1943年3月选为中共中央主席和中央政治局主席。1937年国共合作抗日民族统一战线建立,国民政府组织国防参议会,任国防参议会参议员。1938年6月至1947年任第一届至第四届国民参政会参政员。中华人民共和国成立后曾任中共中央主席,中华人民共和国主席,全国政协主席、名誉主席。

　　毛韶青　热河省赤峰县人,1898年生。法国工业专科学校毕业。曾任辽宁民生工厂汽车工程师,渤海工厂机械工程师,襄勋大学、重庆大学教授,中央工校机械科主任。1942年7月任第三届国民参政会参政员。1945年10月任热河省政府委员兼建设厅厅长。

　　韦卓民　广东省中山县人,1889年生。曾任武昌中华大学校长。1938年6月至1942年7月任第一届、第二届国民参政会参政员。

　　仓吉周威古　蒙古人,1885年生。章嘉活佛大堪布。1938年6月任第一届国民参政会参政员。

　　邓召荫　原名小任,广东省南海县人,1893年生。曾任广州市财政局局长,粤海关监督,国民政府立法院立法委员。1940年12月至1945年任第二届、第三届国民参政会参政员。

　　邓飞黄　字子航,湖南省桂东县人,1893年生。北京大学毕业。曾任国民党北京执行部青年部秘书,国民联军总部政治委员、民政处处长,国民党河南省党部常务委员,第二集团军政治训练处处长,国民党第四届中央执行委员,云南省党部主任委员,三民主义青年团中央干事。1938年6月至1948年3月任第一届至第四届国民参政会参政员。1948年任立法院立法委员。

邓华民　四川省营山县人,1912年生。德国汉诺威工科大学毕业。曾任松泰实业公司总经理,通汇实业银行董事长,四川临时参议会参议员。1945年4月任第四届国民参政会参政员。1948年任立法院立法委员。

邓颖超　女,原籍河南省光山县,1900年生于广西南宁。中国共产党老一辈无产阶级革命家。曾任中共中央南方局委员兼妇女工作委员会书记,抗日战争时期,先后在武汉、重庆从事党的统战工作。1938年6月至1947年任第一届至第四届国民参政会参政员。中华人民共和国成立后曾任中共中央政治局委员,全国人大副委员长,全国政协主席,全国妇联主席、名誉主席。

五　画

田培林　字伯苍,河南省襄城县人,1893年生。北京大学毕业,德国柏林大学博士。曾任西南联大、同济大学教授,国民党中央组织部训练处处长,河南大学校长。1945年4月任第四届国民参政会参政员。1946年11月任国民政府教育部常务次长,国民党六届中央执行委员。

田毅安　陕西省临潼县人,1902年生。曾任新编第一师第一旅旅长,新编第十四师、六十二师、十七师政训处处长,国民党陕西省党部指导委员。1938年6月任第一届国民参政会参政员,1948年任监察院监察委员。

甲琦格西　西康省人,康定南无寺喇嘛。1947年1月增补为第四届国民参政会参政员。

皮宗石　字皓白,湖南省长沙县人,1887年生。留学日本、英国。曾任北平大学图书馆馆长,国民政府中央法制委员会委员,司法部秘书长,北京大学教授,武汉大学法学院院长,湖南大学校长。1940年12月至1945年4月任第二届、第三届国民参政会参政员。

包一民　女,安东(吉林)省柳河县人,1905年生。1947年1月增补为第四届国民参政会参政员。

司徒美堂　原名羡意,字坚赞,广东省开平县人,1868年生。中国洪门致公党全美总主席,长期在美国华侨中致力爱国活动。抗日战争爆发后,与旅美进步人士共同发起成立纽约华侨抗日救国筹饷总会,发动华侨支援抗战。1942年7月至1948年3月任第三届、第四届国民参政会参政员。中华人民共和国成立后曾任全国人大常务委员,华侨事务委员会委员。

左舜生　名学训,字舜生,别号仲平,湖南省长沙县人,1893年生。上海震旦学院毕业。早年参加少年中国学会,后与李璜、曾琦等在上海创办《醒狮周刊》,为中国青年党创始人之一。曾任复旦大学、大夏大学、中央政治学校教授。1937年8月任国防参议会参议员。1938年6月至1947年任第一届至第四届国民参政会参政员。1941年任中国民主政团同盟(后改中国民主同盟)秘书长。1947年5月参加国大,后任国民政府农林部部长。

石信嘉　湖北省黄梅县人,1900年生。北京大学毕业。曾任南京新京日报社经理,汉口日报社经理,国民党湖北省党部执行委员,湖北省临时参议会参议员,新湖北日报社社长。1945年4月任第四届国民参政会参政员。

石　磊　字笑凡,福建省莆田县人,1893年生。美国哥伦比亚大学毕业。曾任天津南开大学教授,国民政府交通部秘书、审计院审计。福建省参议会参议员。1940年12月至1948年3月任第二届至第四届国民参政会参政员。1948年6月任福建省政府委员兼财政厅厅长。

甘绩镛　字典夔,四川省荣昌县人,1889年生。成都四川高等工业学校毕业。四川刘湘重要幕僚。曾任四川省政府委员兼民政厅厅长、财政厅厅长,四川省赈济委员会代理主任委员,川西北督粮特派员,川康食糖专卖局局长。1945年4月任第四届国民参政会参政员。

甘介侯　江苏省宝山县人,1897年生。北京清华大学、美国威斯康辛大学、哈佛大学毕业。曾任武汉国民政府外交部秘书长,江汉关监督兼湖北交涉员,李宗仁第一方面军外交处处长,桂系第四集团军外交处处长,国民政府外交部驻广东特派员。1937年8月任国防参议会参议员。1938年6月至1942年任第一届、第二届国民参政会参政员。1949年任派驻联合国代表。

甘家馨　字友兰,江西省萍乡县人,1904年生。广东大学毕业。曾任国民党南京市党部委员兼组织部部长,国民党中央党部总务处处长,组织部秘书兼战地党政处处长,战地青年辅导委员会副主任,国民党第六届中央执行委员。1942年7月至1948年3月任第三届、第四届国民参政会参政员。

史　良　女,字存初,江苏省武进县人,1900年生。上海法科大学毕业。曾任南京政治工作人员养成所指导员,江苏省临时法院书记官。1935年发起组织上海妇女救国会,任理事。上海文化界救国会执行委员,全国各界救国会重要成员。1936年11月因从事爱国活动与沈钧儒、邹韬奋等七人被国民党政府逮捕入狱,1937年获释,任战时儿童保育会设计主任委员。1938年6月至1942年7月任第一届、第二届国民参政会参政员。1942年任中国民主政团同盟(后改中国民主同盟)中央执行委员。中华人民共和国成立后曾任全国人大常务委员、副委员长,全国政协委员,中央人民政府司法部长,全国妇联副主席,民盟中央主席。

艾　时　字俊阶,湖北省人。1947年3月增补为第四届国民参政会参政员。

艾　林　新疆省阿尔泰地区人,原为新疆阿山地区哈萨克郡王。1947年5月增补为第四届国民参政会参政员。

冯今白　江苏省人。1947年3月增补为第四届国民参政会参政员。

冯云仙　女,青海省互助县人,1909年生。1947年3月增补为第四届国民参政会参政员。1948年任监察院监察委员。

冯灿利　字绍光,广东省人,1890年生。广东潮州韩山中西医学校毕业,泰国华侨。曾任国民党驻暹罗总支部执行委员,暹京日报社社长兼总编辑。1945年4月任第四届国民参政会参政员。

叶道渊　字贻哲,福建省安溪县人,1895年生。曾任北京农业大学主任,福建集美农专校长,中央大学、广西大学教授,福建省农林特种股份有限公司总经理。1945年4月任第四届国民参政会参政员。1948年任立法院立法委员。

叶溯中　浙江省永嘉县人,1902年生。曾任浙江省立中学校长,独立出版社社长,国民党浙江省党部执行委员,浙江省政府教育厅厅长,国民政府考试院考选委员,国立编译馆馆长。1940年12月至1948年3月任第二届、第三届、第四届国民参政会参政员。1948年任立法院立法委员。

卢广声　辽宁省海城县人,1906年生。东北大学毕业,留学日本九洲帝国大学。曾任中央银行经济研究处编纂,赈济委员会委员。1945年4月任第四届国民参政会参政员。

卢　前　原名正绅,字冀野,江苏省江宁县人,1905年3月生。南京东南大学毕业。曾在南京金陵大学、上海光华大学、四川成都大学、南京中央大学、上海中国公学、广州中山大学、上海暨南大学等校任教,后任四川大学教授,福建音乐专科学校校长。1938年6月至1945年4月任第一届、第二届、第三届国民参政会参政员,1947年1月增补为第四届国民参政会参政员。1948年1月任南京市文献委员会通志馆馆长。

卢　铸　字滇生,江西省南康县人,1889年生。曾任北洋政府农商部参事,湖北省政府委员、秘书长、代理主席。1938年6月任第一届国民参政会参政员。1947年任国民政府立法院立法委员。

龙文治　四川省涪陵县人,1902年生,北京大学毕业。曾任重庆大学教授,国民党重庆市党部主任委员,重庆市临时参议会秘书长,三民主义青年团重庆支团部干事。1942年7月任第三届国民参政会参政员。

邝炳舜　广东省台山县人,1885年生。曾任旧金山中华总商会会长,旅美华侨统一义捐救国总会主席。1940年12月至1947年3月任第二届、第三届、第四届国民参政会参政员。

白建民　宁夏省银川市人,1904年生。1947年6月增补为第四届国民参政会参政员。1948年任立法院立法委员。

六　画

孙汝坚　西康省人,1947年1月增补为第四届国民参政会参政员。

孙佩苍　字雨珊,辽宁省人,1890年生。法国巴黎美术学校毕业。曾任里昂中法大学校长,东北大学教授。1938年6月至1942年任第一届、第二届国民参政会参政员。

孙桂籍　黑龙江省哈尔滨市人,1911年7月生。北平大学毕业。曾任国民党中央党部宣传视导,国民政府军事委员会外事局苏联顾问处总顾问,外交部西亚司专员,哈尔滨市社会局局长,东北物资调解委员会常务委员,旅顺市市长。1947年1月增补为第四届国民参政会参政员。1948年任立法院立法委员。

孙绳武　字燕翼,北平市人,1894年生。北京法政大学毕业。曾任上海电报局会办,交通银行总行编纂,北平市政府参事,青岛市政府秘书长、代理市长,安徽省政府委员兼财政厅厅长,国民政府蒙藏委员会委员,国民政府军事委员会特派员,行政院参议。1947年3月增补为第四届国民参政会参政员。1948年参加国大。

阳叔葆　广西省桂林县人,1903年生。北平大学毕业。曾任国民党广西省党部宣传部秘书、执行委员,广西省临时参议会参议员。1940年12月至1948年3月任第二届、第三届、第四届国民参政会参政员。

齐木棍旺扎勒坦　字雨民,青海蒙古族霍硕特西后旗人,1919年生。青海蒙藏文化促进会附设西宁中学肄业。曾任青海霍硕特两后旗札萨克。1945年4月任第四届国民参政会参政员。

齐世英　字铁生,辽宁省开原县人,1898年生。德国海台山大学毕业。曾任奉天(辽宁)同泽中学校长,东北国民军总司令部秘书兼外交处主任,北伐军总司令部参谋,国民党中央政治委员会秘书,中央党务委员会委员。1938年6月至1948年3月任第一届至第四届国民参政会参政员。1945年5月任国民党第六届中央执行委员。

齐振兴　字勃然,江西省人。1947年1月增补为第四届国民参政会参政员。

江一平　字颖君,浙江省杭县人,1898年生。上海圣约翰大学毕业。曾任上海律师公会常务委员会委员,东吴大学教授,复旦大学校董,上海公共租界工部局董事,复旦大学副校长、代理校长,国民政府外交部顾问。1940年12月至1948年3月任第二届、第三届、第四届国民参政会参政员。1948年任立法院立法委员。

江恒源　字问渔,江苏省灌云县人,1885年生。北京大学毕业。曾任北洋政府农商部主事,北京中国大学教授,江苏省教育厅厅长,国民党河南省政府委员兼教育厅厅长,中华职业教育社办事部主任、常务理事。1938年6月至1948年3月任第一届至第四届国民参政会参政员。中华人民共和国成立后曾任中央人民政府政务院文化教育委员,全国政协委员,上海市人民政府委员。

江　庸　字翊云,福建省长汀县人,1877年生。日本早稻田大学毕业。曾任北洋法政学堂、京师大学堂教习、学部参事,大理院帮办,京师高等审判厅厅长,大理院院长,司法部次长、总长,驻日中国留学生监督,北京法政大学、朝阳大学校长。1938年6月至1948年3月任第一届至第四届国民参政会参政员。1948年任立法院大法官。1949年2月担任上海人民和平代表团代表,赴北平参加国共谈判,后留在北平。中华人民共和国成立后曾任全国人大代表,全国政协委员,上海市文史馆副馆长。

达浦生　江苏省六合县人,1873年生。埃及爱资哈大学毕业。曾任北京广安门清真西大寺教长,阿文大学校长,甘肃全省回教劝学所所长,上海大礼拜寺教长。1942年7月至1948年3月任第三届、第四届国民参政会参政员。中华人民共和国成立后曾任全国人大代表,全国政协委员。

庄西言　福建省人,1898年生。印尼华侨。曾任印尼巴达维亚中华商会会长,巴达维亚华侨捐助祖国慈善事业委员会主席。1938年6月至1942年7月任第一届、第二届国民参政会参政员。

成舍我　字平,湖南省湘乡县人,1898年生。北京大学毕业。先后创办北京《世界晚报》、《世界日报》,南京《民生报》,上海《立报》。曾任国民政府军委会第六部、政治部设计委员。1938年6月至1948年3月任第一届至第四届国民参政会参政员。1948年任立法院立法委员。

光　升　字明甫,安徽省桐城县人,1875年生。日本早稻田大学毕业。曾任北京大学教授,安徽法政专门学校校长,安徽省政府委员。1938年6月至1948年3月任第一届至第四届国民参政会参政员。

向王宁嫆　女,四川省人。1947年增补为第四届国民参政会参政员。

乔嘉甫　女,蒙古土尔扈特盟部人,1916年生。1947年3月增补为第四届国民参政会参政员。1948年任立法院立法委员。

乔廷琦　字席珍,察哈尔省怀安县人,1905年生。中国大学毕业。曾任国民党察哈尔市党部秘书、委员,察哈尔第四中学校务委员。1945年4月任第四届国民参政会参政员。

伍纯武　字健一,云南省平彝县人,1905年生。法国巴黎大学社会经济学博士。曾任上海大夏大学、上海商学院、光华大学、云南大学教授,云南省财政厅科长,云南省训团训练委员会委员及主任秘书。1945年4月任第四届国民参政会参政员。同年10月任云南省政府秘书长。

伍智梅　女,广东省台山县人,1897年生。夏葛医科大学毕业。曾任广州市参事会参事,国民党广州市党部候补委员兼妇女部长,广州市党部候补执行委员、监察委员,广州市党部特派员,广东省党部执行委员,国民党第六届候补中央执行委员。1938年6月至1948年3月任第一届至第四届国民参政会参政员。

伍毓瑞　字肖岩,江西省南昌县人,1884年生。日本陆军士官学校第九期步兵科毕业。曾任滇军团长,护国军旅长,援赣第四军军长,虎门要塞司令,江西省政务委员会委员,江西省政府委员兼南昌市长,江西省参议会参议员。1942年7月任第三届国民参政会参政员。

任鸿隽　字叔永,四川省垫江县人,1886年生。前清秀才,美国康乃尔大学毕业。曾任南京临时政府、北洋政府国务院秘书,北京大学教授,教育部专门教育司司长,东南大学副校长,四川省政府委员兼教育厅厅长,四川大学校长,中央研究院总干事。1938年6月任第一届国民参政会参政员。中华人民共和国成立后曾任全国政协委员,中华全国自然科学专门学会联合会委员,上海图书馆馆长。

朱之洪　字叔痴,四川省巴县人,1871年生。同盟会会员。早年参加四川保路运动,重庆独立任蜀军政府顾问,后任国会议员,国民党第一次全国代表大会代表,国民党四川省临时党部执行委员兼组织部部长,四川省参议会参议长,川康绥靖公署顾问。1938年6月至1948年3月任第一届至第四届国民参政会参政员。

朱贯三　甘肃省泾川县人,1904年生。中国大学肄业。曾任国民党郑州市党部、陇海路特别党部执行委员,平汉铁路工会整理委员,甘肃省党部组织科科长、执行委员。1942年7月任第三届国民参政会参政员。1946年9月任国民政府立法院立法委员。

朱惠清 浙江省杭州人,1905年生。曾任浙江省建设厅工商管理处处长,浙江省粮食管理处副处长,浙江省政府驻渝办事处主任。1945年4月任第四届国民参政会参政员。1948年任立法院立法委员。

刘文龙 字铭三,湖南省岳阳县人。1867年生。前清廪生。曾任迪化府知府,新疆省政府委员兼教育厅厅长,新疆省政府主席。1945年4月任第四届国民参政会参政员。中华人民共和国成立后曾任乌鲁木齐市人民代表。

刘王立明 女,安徽省太湖县人。1896年11月生。美国西北大学毕业。长期从事妇女运动,领导中华妇女节制协会,并在上海、香港、重庆等地创办妇女职业学校。1938年6月至1945年4月任第一届、第二届、第三届国民参政会参政员。1944年任中国民主同盟中央执行委员。中华人民共和国成立后曾任全国政协委员,全国妇联委员,民盟中央委员。

刘风竹 字冬轩,吉林省德惠县人,1894年生。吉林省优级师范毕业,美国密西根大学法学博士。曾任吉林省立法政专门学校校长,北洋政府教育部专门教育司司长,北平民国大学副校长,东北大学副校长,中央银行经济研究处专门委员。1942年7月任第三届国民参政会参政员。中华人民共和国成立后曾任吉林省人民委员会委员,民革候补中央委员。

刘中一 字怒安,安徽省人。1947年3月增补为第四届国民参政会参政员。

刘次萧 山东省安邱县人,1889年生。日本东京高师毕业。曾任山东师范教员,北京高师讲师,青岛市教育局科长,山东教育厅秘书,国民党中央党部调查统计局秘书,中央研究院总办事处科长、秘书。1940年12月至1948年3月任第二届、第三届、第四届国民参政会参政员。

刘百闵 名学逊,后改名庄,字百闵,浙江省黄岩县人,1899年生。日本法政大学毕业。曾任中央政治学校、中央大学、大夏大学教授,国民党东京支部执行委员,南京市党部特派员兼执行委员。1938年6月至1948年3月任第一届至第四届国民参政会参政员。1948年任立法院立法委员。

刘　兴　字铁夫,湖南省祁阳县人,1889年生。保定陆军军官学校第二期毕业。曾任陆军第三十六军军长,湖南省政府委员兼陆军第五十三师师长,西南军事委员会委员。1945年4月任第四届国民参政会参政员。中华人民共和国成立后曾任湖南省人民委员会委员。

刘　杰　字子英,山西省灵邱县人,1897年生。1947年5月增补为第四届国民参政会参政员。1948年任立法院立法委员。

刘明侯　合江(吉林)省人。1947年1月增补为第四届国民参政会参政员。

刘明扬　四川省万县人,1898年生。北京大学毕业。曾任四川省立第一中学教务主任,成都公学校董,四川省立第四师范学校校长,四川公立法政专门学校校长,上海唯一学社导师,国民政府教育部专员。1942年7月至1948年3月任第三届、第四届国民参政会参政员。1948年任立法院立法委员。

刘叔模　湖北省鄂城县人,1897年生。北京国立法政专门学校毕业。曾任国民党北京执行部科主任,汉口特别市党部委员,北平大学法学院、税务专门学校教员,国民政府行政院参事,河北民国日报社社长,时代日报社社长。1938年至1942年任第一届、第二届,1945年7月任第四届国民参政会参政员。

刘宪英　女,浙江省镇海县人,1904年生。上海法政大学毕业。曾任北伐军总政治部书记,国民党中央妇女部股主任,训练总监部股长,中央党史编纂委员会总干事、设计科长、代理处长。1945年4月任第四届国民参政会参政员。

刘家树　江西省人,1900年生。中央政治学校毕业。曾任江西省临时参议会参议员,国民党江西省党部委员。1940年12月任第二届国民参政会参政员。

刘　哲　字敬舆,吉林省永吉县人,1881年生。前清优贡,京师大学堂毕业。曾任吉林法政专门学校校长兼教育会会长,国会参议院议员,吉林省议会副议长,潘复内阁教育总长兼京师大学校长,东北政务委员会委员,东北边防司令长官公署参议,北平政务委员会委员,冀察政务委员会常委兼教育委员会委员长。1938 年至 1942 年任第一届、第二届国民参政会参政员。1948 年任监察院监察委员。

刘真如　安徽省涡阳县人，1906 年生。法国巴黎大学毕业。曾任国民党安徽省党部组织部长，中央政治会议教育专门委员，华北日报社社长，安徽省政府委员，国民党安徽省党部主任委员，安徽省参议会副议议长，河南省党部主任委员。1945 年 4 月任第四届国民参政会参政员。

刘启瑞　安徽省贵池县人，1900 年 11 月生。北京大学毕业。曾任国民党安徽省党部改组委员、指导委员，安徽大学秘书、文学院教授，军统局设计委员。1945 年 4 月任第四届国民参政会参政员。1948 年任立法院立法委员。

刘景健　河南省西平县人，1903 年生。德国柏林大学毕业。曾任国民党中央党部秘书、设计委员、青年科长，河南省党部委员兼书记长，三十一集团军总参议。1942 年 7 月至 1948 年 3 月任第三届、第四届国民参政会参政员。

刘瑶章　河南省安新县人，1897 年生。北京大学毕业。曾任国民党河北省党部委员，国民党中央训练委员会委员、主任秘书，国民党第六届中央执行委员，河北省临时参议会议长，北平市市长。1940 年 12 月至 1948 年 3 月任第二届、第三届、第四届国民参政会参政员。中华人民共和国成立后曾任国务院水利部办公厅主任、部长助理，全国政协委员，民革候补中央委员。

刘博昆　安东省人。1947 年 1 月增补为第四届国民参政会参政员。

刘蘅静　女，广东省番禺县人，1902 年生。北平女子师范大学毕业，留学美国哥伦比亚大学师范学院。曾任国民党广东、江西、汉口、上海等省市党部委员，江苏省立南京女子中学校长，国民党中央社会部妇女运动委员会委员，国民党第六届候补中央监察委员。1938 年 6 月至 1948 年 3 月任第一届至第四届国民参政会参政员。1948 年任立法院立法委员。

许文顶　福建省海澄县人，1894 年生。缅甸华侨。曾任国民党驻缅甸总支部常务委员，侨务委员会顾问，三青团驻缅甸区团部筹备处指导员，国民外交协会驻仰光代表。1942 年 7 月至 1948 年 3 月任第三届、第四届国民参政会参政员。

许生理　字隐山,福建省惠安县人,1887年生。马来亚华侨。曾任马来亚金联盛公司董事长兼经理,槟郎屿光华日报社董事长,筹赈会主席,南侨筹赈会常委,槟城钟灵中学董事长,槟城福建女中董事长。1942年7月任第三届国民参政会参政员。

许世英　字俊人,静仁,安徽省秋浦县人,1873年生。前清拔贡,留学日本。曾任直隶都督署秘书长,北洋政府大理院院长、司法总长、内务总长、交通总长、安徽省省长、国务院总理,国民政府赈灾委员全主席,驻日本大使,国民政府高级顾问,蒙藏委员会委员长,国民政府行政院政务委员。1947年1月增补为第四届国民参政会参政员。

许孝炎　字伯农,湖南省沅陵县人,1900年生。北京大学毕业,留学英国。曾任国民党上海市、北平市党部督导委员,国民党中央民众训练部、宣传部主任秘书,中央宣传部副部长,江苏省第六区行政督察专员,国民党第六届中央监察委员。1938年6月至1948年3月任第一届至第四届国民参政会参政员。1948年任立法院立法委员。

许德珩　字楚生,江西省九江市人,1890年生。北京大学毕业,留学日本,少年中国学会会员。曾任黄埔军校教官,国民革命军总政治部秘书长,中山大学、暨南大学、北京大学、北平大学教授。九三学社创建人之一。1938年6月至1948年3月任第一届至第四届国民参政会参政员。中华人民共和国成立后曾任全国人大常委会副委员长,全国政协副主席,水产部部长,九三学社总社主席。

许绍棣　字萼如,浙江省临海县人,1900年生。上海复旦大学毕业。曾任国民革命军后方总政治部秘书,国民党浙江省党部执行委员兼宣传部部长,国民政府军事委员会委员长南昌行营秘书兼设计委员,浙江省政府委员兼教育厅厅长,国民党第六届中央执行委员。1947年1月增补为第四届国民参政会参政员。1948年任立法院立法委员。

吕云章　女,山东省福山县人,1899年生。北平女子师范大学毕业。曾任河北省、安徽省教育厅督学,国民党浙江省党部执行委员,北通女师校长,国民党第六届中央执行委员。1940年12月至1947年任第二届、第三届、第四届国民参政会参政员。1947年3月任国民政府立法院立法委员。

七　画

　　汪精卫　名兆铭，字季新，笔名精卫。原籍浙江省山阴县，1883年生于广东番禺县。同盟会会员。曾任广东军政府最高顾问、总参议，广州国民政府主席，南京国民政府行政院院长、外交部部长，国民党副总裁，中央政治委员会主席。1938年6月国民参政会成立，任议长。同年12月离开重庆投降日本。1940年3月在南京成立伪国民政府，任主席。

　　汪宝瑄　江苏省灌云县人，1903年生。上海复旦大学毕业。法国巴黎大学市政学院研究员。曾任国民党江苏省、陕西省党部委员，国民党中央组织部、宣传部专门委员，第三战区战地党政委员会委员，浙赣铁路国民党特别党部主任委员。1945年4月任第四届国民参政会参政员。1948年任立法院立法委员。

　　汪崇屏　河北省人。1947年3月增补为第四届国民参政会参政员。

　　汪渔洋　字复东，大连市人，1910年生。1947年1月增补为第四届国民参政会参政员。1948年任立法院立法委员。

　　阿福寿　字文峰，青海蒙古右翼盟人，1900年生。曾任青海绰罗斯北中旗协理，古吉右翼盟政府秘书处长，国民政府军事委员会谘议，蒙古各盟旗驻京办事处副主任。1940年12月至1945年任第二届、第三届国民参政会参政员。1948年任立法院立法委员。

　　阿旺坚赞　字平纷，西藏拉萨人，1897年生。曾任西藏驻京总代表，蒙藏委员会委员。1942年7月至1948年3月任第三届、第四届国民参政会参政员。

　　邱昌渭　字毅吾，湖南省芷江县人，1899年生。美国哥伦比亚大学政治学博士。曾任沈阳东北大学法学院教授，广西省政府秘书长，广西省政府委员兼教育厅厅长、民政厅厅长，国民党中央设计局副秘书长。1945年4月任第四届国民参政会参政员。1948年任立法院立法委员。

　　邱　椿　字大年，江西省宁都县人，1899年生。美国哥伦比亚大学哲学博士。曾任国立北京女子师范大学教育系主任,北京师范大学、清华学校、厦门大学教授,江西省政府委员兼教育厅厅长。1947年3月增补为第四届国民参政会参政员。

沈之敬　广东省饶平县人,1913年生。曾任广东曲江先报社、工商日报社社长,兴宁大光报分社主任,广东省政府谘议、参议、设计考核委员,广东实业公司粤强印刷所经理。1947年1月增补为第四届国民参政会参政员。

沈钧儒　字秉甫,号衡山、隐佛,浙江省嘉兴具人,1875年生。前清进士,留学日本东京法政大学。曾任浙江军政府教育司长,第一届国会参议员,广州护法国会参议员,广州军政府总检查厅检查长,浙江省临时政务委员会委员兼秘书长,中国民权保障同盟执行委员,上海文化界救国会和全国各界救国联合会常务委员。1936年11月因从事爱国活动与邹韬奋、章乃器、沙千里、史良、李公朴、王造时六人,被国民党政府逮捕入狱,1937年获释。1941年任中国民主政团同盟(后改中国民主同盟)中央常务委员。1947年民盟被国民党强迫解散,1948年初与章伯钧等同赴香港,主持民盟三中全会,重建民盟总部,继续从事爱国活动。1938年6月至1942年任第一届、第二届国民参政会参政员。中华人民共和国成立后曾任中央人民政府委员,最高人民法院院长,全国人大会常委会副委员长,民盟中央主席。

沙彦楷　字武曾、躬伯,江苏省宜兴县人。1875年7月生。北京京师法律学堂毕业。曾任江苏、北京地方审判厅推事、庭长,京师高等审判厅厅长,国会议员,民社党秘书长兼组织部部长,民社党革新委员会副主席、主席。1947年3月增补为第四届国民参政会参政员。中华人民共和国成立后曾任全国政协委员,最高人民法院顾问,民盟中央委员。

宋宜山　字励夫,湖南湘乡县人,1907年生。曾任国民党党务工作人员从政资格甄审委员会秘书,中央执行委员会人事处处长,第十一集团军办事处处长。1947年3月增补为第四届国民参政会参政员。1948年任立法院立法委员。

宋渊源　字子靖,福建省永春县人,1882年生。福州师范学堂毕业,日本明治大学毕业。曾任福建都督府参事会参事员,福建省教育司司长,北伐军福建国民军参谋团主任,福建省政府委员,南京国民政府委员兼任侨务委员会委员,广东国民政府政务委员,福建临时省议会议长。1938年8月至1942年任第一届、第三届国民参政会参政员。

宋益清　字涟波,四川省人。1947年5月增补为第四届国民参政会参政员。

辛树帜　湖南长沙人,1896年生。英国爱丁堡大学生物学硕士。曾任广州国立中山大学教授,国民政府教育部编审兼编审处主任,国立编译馆馆长,考选委员会委员,国立西北农学院院长,中央大学教授。1942年7月任第三届国民参政会参政员。中华人民共和国成立后曾任西北农学院院长,全国政协委员。

冷　遹　字御秋,江苏省丹徒县人,1882年生。安徽武备学堂毕业。曾任南京新军第九镇三十三标第二营队官,江苏陆军第三师师长兼江苏全省水陆警备总司令,广东军政府内务次长,山东省政府委员兼民政厅厅长,江苏省政府建设厅蚕业改进管理委员会副委员长,全国经济委员会蚕丝改良委员会常务委员,江苏省商会执行委员。1938年6月至1948年3月任第一届至第四届国民参政会参政员。中华人民共和国成立后曾任全国政协委员,江苏省人民政府副省长。

冷曝东　四川省大邑县人,1884年生。曾任护国军招讨司令,国民党四川省党务设计委员,国民党第五次全国代表大会代表,国民党四川省党部执行委员,西康省党部主任委员。1945年6月任第四届国民参政会参政员。1948年任监察院监察委员。

连瀛洲　广东省潮阳县人,1906年生。新加坡华侨。曾任新加坡中华总商会会长。1942年7月至1948年3月任第三届、第四届国民参政会参政员。

严立三　名重,字立三,湖北省麻城县人,1892年9月生。保定军校第五期毕业。曾任北伐军总司令部训练处处长、二十一师师长,国民政府军事委员会军政厅厅长,湖北省政府委员兼民政厅厅长,国民党中央政治委员会武汉分会委员,湖北省政府代理省主席。1942年7月任第三届国民参政会参政员。

严　锌　字燮成,云南省大理县人,1894年生。云南迤西敷文书院肄业。曾任云南省总商会会董,国民会议代表,云南省商会联合会理事长,云南粮食供应处副主任,云南省物价管制委员会委员。1945年6月任第四届国民参政会参政员。

李中襄　字立侯,原籍江西省南昌,交通大学唐山工学院毕业。曾任国民党江西省党部党务设计委员,安徽省政府代理秘书长,国民政府军事委员会委员长南昌行营党务处主任委员,国民党中央党务委员会委员,国民政府军事委员会办公厅主任兼战时新闻局副局长,国民党第六届中央执行委员,江西省政府委员兼民政厅厅长。1938年6月至1948年3月任第一届至第四届国民参政会参政员。

李文珍　福建省海澄县人,1892年生。缅甸华侨。曾任国民党驻缅甸总支部常务委员,缅甸华侨商会主席。1942年7月至1948年3月任第三届、第四届国民参政会参政员。

李元鼎　字子彝,陕西省蒲城县人。1880年生。日本早稻田大学高等预科毕业。同盟会会员。曾任陕西省谘议局秘书长,陕西省教育司长,国民政府监察院审计部副部长、部长,陕西省政府委员。1938年6月至1942年任第一届、第二届国民参政会参政员。

李汉珍　河南省信阳县人,1901年生。美国哥伦比亚大学经济学硕士。曾任河南农工银行总经理,焦作中福煤矿公司总经理,河南大学教授,河南全省商会联合会主席,河南省政府秘书长。1942年7月至1948年3月任第三届、第四届国民参政会参政员。

李汉鸣　山东省临沂县人,1899年生。北京大学毕业。曾任国民政府军委会特别党部科长,北平市、青岛市党部委员。1942年7月任第二届国民参政会参政员。1948年任立法院立法委员。

李四光　字仲揆,湖北省黄冈县人,1887年10月生。英国剑桥大学毕业,伯明翰大学博士。同盟会会员。曾任湖北省实业司长,北京大学教授,中央研究院评议员,地质研究所研究员兼所长,中央大学校长,湖北省临时参议会副议长。1945年4月任第四届国民参政会参政员。中华人民共和国成立后曾任地质部部长,中国科学院副院长、学部委员,全国政协副主席。

李仙根　广东省中山县人,1892年生。曾任西南政务委员会委员,粤汉铁路局局长,广东省政府设计委员会专任委员。1938年6月至1942年任第一届、第二届国民参政会参政员。

李圣五　山东省泰安县人,1899年生。北京大学毕业,日本帝国大学院法学部研究员,英国牛津大学法学硕士。曾任暨南大学、复旦大学教授,南京《中央日报》主笔,国民政府行政院参事,外交部总务司司长、顾问。1938年6月任第一届国民参政会参政员。不久投降日军,曾任汪伪中央政治委员会委员,司法行政部部长,教育部部长,外交部部长。

李永新　字鹤龄,蒙古卓索图盟喀喇沁左旗人,1901年生。北京蒙藏专门学校毕业。曾任国民革命军内蒙骑兵总指挥部教官,国民党内蒙党务指导委员、特派员,中央组织委员会蒙藏组织科科长,国民政府军事委员会政治部设计委员,国民党第六届监察委员会常务委员。1938年6月至1948年3月任第一届至第四届国民参政会参政员。

李世璋　江西省临川县人,1900年生。北京大学毕业,留学日本东京帝国大学。曾任暨南大学教授,黄埔军校教官,国民革命军第六军政治部代主任兼十八师党代表,第一战区司令长官秘书长兼政训处处长,冀豫两省战地党政委员会秘书长。1940年12月任第二届国民参政会参政员。中华人民共和国成立后曾任中央人民政府政务院人民监察委员会秘书长,国务院监察部副部长,全国人大代表,民革中央常委。

李名章　字呈符,河南省浚县人,1904年生。北平师范大学毕业。曾任河南省立洛阳师范学校校长,国民党河南省党部秘书,三青团河南支团部筹备处干事兼书记。1942年7月任第三届国民参政会参政员。

李芝亭　陕西省渭南县人,1896年生。北京大学毕业。曾任陕西省教育厅主任秘书,陕西省临时参议会参议员,西京平报社社长。1942年12月至1945年任第二届、第三届国民参政会参政员。1948年任立法院立法委员。

李　洽　字哲民,青海省民和县人,1907年生。中央政治学校毕业。曾任国民党新疆、甘肃省党部指导委员、特派员,甘肃省党务整理委员,青海省政府顾问。1938年6月至1948年3月任第一届至第四届国民参政会参政员。

李尚铭 广东省南海县人,1899年生。曾任国民政府交通部香港电报局局长。1938年6月任第一届国民参政会参政员。后任汪伪侨务委员会常务委员。

李星卫 广东省台山县人,1881年生。曾任香港华商会主席,国民大会香港侨民代表选举监督。1940年12月任第二届国民参政会参政员。

李荐廷 湖北省武昌人,1902年生。湖北法政专门学校毕业。曾任湖北第一纱厂厂长,湖北省临时参议会参议员,湖北省银行董事,第五路军总司令部顾问,第四军总司令部参议,湖北省驻渝办事处主任。1940年12月至1948年3月任第二届、第三届、第四届国民参政会参政员。1948年任立法院立法委员。

李树茂 字松如,绥远省包头市人,1912年生。北平大学毕业。曾任绥远省立包头初中及农职学校教员,国民党五原县党部书记长,三青团绥远支团筹备处组长,绥远合作事业管理处副处长。1945年4月任第四届国民参政会参政员。

李玉钰 字文若,福建省邵武县人,1900年生。广东大学毕业。曾任福建长汀、莆田等县县长,第四战区政治部主任秘书兼代特别党部书记长,广东动员委员会书记长,国民政府军事委员会委员长侍从室视察。1945年4月任第四届国民参政会参政员。

李清泉 福江省晋江县人,1889年生。香港圣约翰学堂毕业。曾任中兴银行董事长,菲律宾中华总商会主席,福建省政府委员。1938年6月任第一届国民参政会参政员。

李培炎 字西平,云南省宾川县人,1886年生。云南法政学校毕业。曾任云南省议会第二届议员,云南省政府顾问,云南省盐运使,国民党昆明市党部委员,国民党第六届监察委员。1938年6月至1948年3月任第一届至第四届国民参政会参政员。

李培国 热河省人,1947年增补为第四届国民参政会参政员。

李培德　字行九,山西省太原市人。1947年5月增补为第四届国民参政会参政员。

李郁廷　名开文,山东省广饶县人,1892年生。曾任国民党江苏省党部委员兼工人部部长,山东省益都县县长,国民党青岛市党部委员,山东省临时参议会参议员,山东省政府委员,国民党山东省党部委员。1947年1月增补为第四届国民参政会参政员。1948年任立法院立法委员。

李廉芳　湖北省京山县人,1877年生。日本弘文学院毕业。曾任河南教育厅厅长,河南大学教授,国民政府教育部小学教材编辑委员。1940年12月至1945年4月任第二届、第三届国民参政会参政员。

李黎洲　字伯羲,福建省古田县人,1900年生。日本明治大学毕业。曾任国民党福建省党部委员,福建学院教授,福建省参议会参议员。1940年12月至1945年4月任第二届、第三届国民参政会参政员。

李琢仁　四川省新都县人,1903年生。中央大学毕业。曾任安徽大学讲师,重庆大学教授,国民党四川省党部常务委员。1942年7月任第三届国民参政会参政员。1947年3月任立法院立法委员。

李毓田　字馨畹,直隶(河北)省延庆县人,1904年生。日本东京帝国大学毕业。曾任朝阳大学、大夏大学教授,国民政府外交部研究室主任,香港国际通讯社主任编审委员。1945年4月任第四届国民参政会参政员。

李毓光　字叔唐,湖南省桂阳县人,1894年生。英国皇家学院毕业。曾任湖南省议会议员,湖南地质调查所所长,国民政府农矿部农务司司长,国民党湖南省党务指导委员,中央研究院地质研究所专任研究员,财政部田赋管理委员会委员,国民党湖南省党部主任委员。1942年7月任第三届国民参政会参政员。1945年7月任湖南省政府委员兼建设厅厅长。

李鸿文　字子范,山西省崞县人,1880年生。日本东京法政大学毕业。曾任直隶法政学堂教习,河北省任邱、静海等县知事,山西省议会秘书长,山西省政府委员兼财政厅厅长,河北省政府委员兼财政厅厅长,国民政府文官处参事,中、中、交、农四行总处秘书长,第二战区司令长官部中将参议。1938年6月至1948年3月任第一届至第四届国民参政会参政员。1948年参加国大。

李　璜　字幼椿，四川省成都人，1895年生。法国巴黎大学文科硕士，中国青年党创始人之一。曾任国立北京师范大学、武昌大学、北京大学、四川大学教授。1937年任国防参议会参议员。1938年6月至1948年3月任第一届至第四届国民参政会参政员。1947年参加国大，任国民政府经济部部长，行政院政务委员，总统府谘询委员会委员。

李锡恩　字纶三，吉林省舒兰县人，1895年生。德国柏林大学毕业。曾任吉林法政专门学校校长，吉林大学副校长，国民政府教育部东北青年教育救济处主任，东北中山中学校长，中央政治学校训导处主任。1942年7月至1947年任第三届、第四届国民参政会参政员。1947年任立法院立法委员。

李鉴之　云南省昆明人，1908年生。曾任昆明县参议会副议长，彝良县县长，云南省社会处秘书，国民党云南省党部科长、秘书，云南省临时参议会参议员。1945年4月任第四届国民参政会参政员。

李德渊　青海省西宁县人，1897年生。甘肃省第四师范毕业。曾任青海省财政厅秘书，青海省教育厅督学，青海省政府秘书。1945年4月任第四届国民参政会参政员。

麦斯武德　新疆伊宁（今伊犁）人，1886年生。土耳其君士坦丁堡大学自然科学部毕业。曾任国民党第五届、第六届中央执行委员，国民政府委员。1938年6月至1942年任第一届、第二届国民参政会参政员。1947年5月任新疆省政府主席。

吴玉章　名永珊，字玉章，四川省荣县人，1878年生。留学日本。同盟会会员，中国共产党老一辈无产阶级革命家。曾任国民党二届中央执行委员，武汉国民政府委员。"八一"南昌起义任革命委员会委员兼秘书长，后往苏联、法国和西欧从事革命活动。1938年回国，任第一届、第二届、第四届国民参政会参政员。中华人民共和国成立后曾任中共中央委员，中国人民大学校长，全国人大常委。

吴云芳　字砚青，陕西省人。1947年5月增补为第四届国民参政会参政员。

吴沧洲　号古岳,安徽省金寨县人。曾任陕西督军署参谋长,河南省宣抚使,安徽省政府顾问。1942年7月至1948年3月任第三届、第四届国民参政会参政员。

吴宗汉　江苏省人。1947年5月增补为第四届国民参政会参政员。

吴绪华　字协庵,贵州省贵阳县人,1879年生。日本明治大学毕业。曾任贵州法政学堂堂长,贵州高等审判厅厅长,贵州黔西道道尹。1938年6月任第一届国民参政会参政员。

吴贻芳　女,浙江省杭州人,1893年生。金陵女子大学毕业,美国密执安大学哲学博士。曾任中国出席联合国成立大会代表,金陵女子大学校长。1938年6月至1948年3月任第一届至第四届国民参政会参政员。中华人民共和国成立后曾任全国人大代表,全国政协常委,全国妇联副主席,南京师范学院副院长、名誉院长,江苏省人民政府副省长,民进中央副主席。

吴健陶　字鸿钧,江西省金谿人,1886年生。曾任江西省政府委员兼财政厅厅长,国民政府军事委员会委员长南昌行营党政委员会委员,江西农民银行筹备委员,粤闽区统税局长,江西兴业公司总经理。1945年4月任第四届国民参政会参政员。

吴鸿森　台湾省新竹县人。1947年1月增补为第四届国民参政会参政员。

吴望伋　浙江省东阳县人,1904年生。国民党中央政治学校毕业。曾任国民党浙江省党部执行委员,浙江临时参议会参议员。1945年6月任第四届国民参政会参政员。1947年3月任立法院立法委员。

吴锡九　字俊卿,山东省惠民县人,1871年生。山东武备学堂毕业。曾任山东省全省动员委员会委员,国民政府军事委员会中将参议。1940年12月任第二届国民参政会参政员。

吴道安　字稻盦,贵州省镇远县人,1896年生。北京大学毕业。曾任国民党贵州省党务指导委员,贵州省政府秘书长,贵州省临时参议会参议员。1940年12月任第二届国民参政会参政员。1947年3月任立法院立法委员。

吴蕴初　名葆元,江苏省嘉定县人,1891年生。上海兵工专门学校毕业。

曾任汉阳钢铁厂化验师,汉阳兵工厂理化课课长。上海天厨味精厂、天原电化厂、天利氮气厂创办人、总经理。1945年4月任第四届国民参政会参政员。中华人民共和国成立后曾任上海市人民政府委员,中国民主建国会中央委员。

杜希夷　字华谷,河南省浚县人,1902年生。1947年7月增补为第四届国民参政会参政员。1948年任立法院立法委员。

杜秀升　河南省开封市人,1881年生。河南法政学校毕业。曾任河南省商会会长。1938年6月至1942年任第一届、第二届国民参政会参政员。

杜重远　辽宁省开源县人,日本高等工业专门学校毕业。曾任肇新窑业公司总经理,奉天总商会副会长,江西景德镇磁业管理局长,东北政务委员兼政治部副部长,上海《新生周刊》主编,国民政府监察院监察委员。1938年6月任第一届国民参政会参政员。后任新疆学院院长,被盛世才秘密杀害。

杜荀若　字蕴侠,黑龙江省广城县人,1899年生。1947年1月增补为第四届国民参政会参政员。1948年任立法院立法委员。

杜聪明　字思牧,台湾省淡水人,1893年生。日本京都帝国大学医学博士。曾任台湾大学医学院院长。1947年1月增补为第四届国民参政会参政员。

余家菊　字景陶,又字子渊,湖北省黄陂县人,1898年3月生。武昌中华大学毕业,留学英国伦敦大学、爱丁堡大学。中国青年党领导人之一。曾任武昌师范大学教育系主任,中国大学哲学系主任,河南大学教育系主任,《醒狮》周刊编辑。1938年6月至1947年任第一届至第四届国民参政会参政员。1947年4月参加国大,任国民政府委员,总统府国策顾问。

余际唐　字蕴兰,四川省荣昌县人,1886年生。日本东京商船学校、海军水雷炮术工机学校毕业。曾任江苏都督府海军司长,四川水师司令,重庆镇守使署参谋长,护国招讨军参谋长,四川陆军第六师师长、第一军军长,国民政府军事参议院少将参议,重庆市参议会参议员。1945年4月任第四届国民参政会参政员。中华人民共和国成立后曾任四川省川东人民行政公署副主任,四川省人民政府副省长,民革中央委员。

余楠秋　名箕传,湖南省长沙人,1887年生。上海圣约翰大学、美国哥伦比亚大学毕业。曾任上海复旦大学文学院院长,中国公学教授,湖南商业专科学校校长。1945年4月任第四届国民参政会参政员。

陇体要　云南省昭通县人,1904年生。复旦大学毕业。曾任内政部秘书,江苏省宝山、无锡等县县长,国民政府军事委员会第六部视察员,国民党上海市党部委员。1938年6月至1945年任第一届、第二届、第三届国民参政会参政员。1945年任云南省政府委员兼建设厅厅长。

陈介生　四川省南部县人,1906年生。德国柏林大学毕业。曾任第九战区经济委员会主任委员,川康经济委员会委员兼副秘书长,重庆市政府秘书长,国民党重庆市党部委员。1945年4月任第四届国民参政会参政员。1948年任立法院立法委员。

陈石泉　北平市人,1901年生。金陵大学毕业。曾任国民党北平市、天津市党部常务委员,国民党中央政治会议专门委员。1938年6月至1948年任第一届至第四届国民参政会参政员。

陈　任　1947年5月增补为第四届国民参政会参政员。

陈守明　广东省人,1900年生。曾任暹罗中华总商会会长。1938年6月至1942年2月任第一届、第二届国民参政会参政员。

陈纪滢　吉林省滨江县人,1907年生。北京民国大学、哈尔滨法政大学毕业。曾任国民党中央设计局专门委员,汉口《大光报》主笔,储金汇业局局长。1945年4月任第四届国民参政会参政员。

陈启天　字修平,湖北省黄陂县人,1893年生。东南大学毕业。中国青年党领导人之一。曾任四川大学、中华大学教授,上海知行学院院长。1938年6月至1947年任第一届至第四届国民参政会参政员。1947年4月参加国大,任国民政府委员,行政院政务委员兼经济部部长。

陈志学　字怀先,四川省开江县人,1883年生。四川法政专门学校毕业。曾任四川东道公署教育科科长,川康滇边防督办公署秘书,国民革命军第二十一军秘书,重庆市土地局局长,四川善后督办公署政务处副处长,四川省第一区、第二区行政督察专员。1942年7月任第三届国民参政会参政员。

陈希豪　浙江省东阳县人，1896年生。北平中国大学毕业。曾任浙江省政府委员，国民党浙江省党部工人部部长，国民党上海市党部指导委员兼训练部部长，国民党中央训练部秘书，国民政府内政部视察专员，国民党浙江省党部执行委员。1938年6月至1945年任第一届、第二届、第三届国民参政会参政员。1945年任中央训练团新疆分团教育长兼国民党新疆省党部主任委员，国民党第六届中央执行委员。

陈　时　字叔澄，湖北省黄陂县人，1891年生。日本中央大学毕业。曾任世界教育会议会员，国民党中央党部地方自治推进委员，武昌中华大学校长。1938年6月至1945年任第一届、第二届、第三届国民参政会参政员。

陈锡珖　字著英，广西省玉林县人，1890年生。日本东京法政大学毕业。曾任国民党广西省党部执行委员、监察委员。1938年6月任第一届国民参政会参政员。1948年任立法院立法委员。

陈其业　字勤士，别号乐群，浙江省吴兴县人，1870年生。前清廪贡生，留学日本。曾任浙江全省商会联合会主席，浙江自治推进会常务委员，国民会议代表。1938年6月至1948年3月任第一届至第四届国民参政会参政员。

陈复先　字勋仲，云南省大理县人。美国哈佛大学毕业。曾任中俄会议督办署专门委员，北京清华学校、燕京大学教授，中央陆军军官学校教官。1940年12月任第三届国民参政会参政员。

陈绍禹　化名王明，安徽省六安县人，1904年生。早年参加中国共产党，曾任中央委员、政治局委员，中共驻共产国际代表，中共长江局书记。1938年6月至1947年任第一届至第四届国民参政会参政员。

陈绍贤　字造新，广东省惠来县人，1903年生。美国哥伦比亚大学毕业。曾任英国伦敦政治研究院研究员，甘宁电政管理局局长，国民党广州市党部常委，国民党中央党务委员会委员。1942年7月至1948年3月任第三届、第四届国民参政会参政员。

陈　范　合江（吉林）省人。1947年1月增补为第四届国民参政会参政员。

陈荣芳　字秋园，福建省人，1893年生。私立法政学校肄业。菲律宾华侨。曾任国民党菲律宾吕宋华侨支部执行委员,中国航空建设协会总会委员、菲律宾分会会长。1945年4月任第四届国民参政会参政员。

陈经畲　江苏省江宁县人,1879年生。曾任汉口市商会主席,湖北省银行监察,汉口市政府参议。1938年6月至1942年任第一届、第二届国民参政会参政员。

陈　铁　字血生,安徽省金寨县人,1900年生。法国陆军部飞机工程学校毕业。曾任国民党驻法总支部执行委员,安徽省临时参议会参议员,国民党安徽省党部委员。1940年12月至1948年3月任第二届、第三届、第四届国民参政会参政员。

陈豹隐　四川省中江县人,1885年生。日本东京帝国大学毕业。曾任北京大学、北平大学教授,国民政府军事委员会参事。1938年6月至1948年3月任第一届至第四届国民参政会参政员。

陈铭德　四川省长寿县人,1898年生。北京法政大学毕业。《新民报》创办人、总经理。曾任国民会议代表,重庆市临时参议会参议员。1945年4月任第四届国民参政会参政员。中华人民共和国成立后曾任全国政协委员。

陈逸云　女,字山椒,广东省东莞县人,1906年生。广东大学毕业。曾任北伐军前敌总指挥部政治部总务科科长,国民党南京市党部执行委员兼妇女部部长,国民政府司法院秘书,三青团中央干事,国民党中央组织部妇女运动委员会委员,国民党第六届候补中央执行委员。1940年12月至1948年3月任第二届、第三届、第四届国民参政会参政员。1948年任立法院立法委员。

陈逸松　字公为,台湾省台北市人。1947年1月增补为第四届国民参政会参政员。

陈嘉庚　福建省同安县人,1874年10月生。同盟会会员。新加坡华侨,经营橡胶种植、加工工业。曾任新加坡中华总商会会长,创办集美学校、厦门大学。1938年6月至1942年任第一届、第二届国民参政会参政员。中华人民共和国成立后曾任全国人大常委,全国政协副主席,华侨联合会主席。

陈霆锐　江苏省吴县人,1890年12月生。美国密西根大学毕业。曾在东吴大学、暨南大学、中国法政学校任教授,上海纳税华人会秘书,上海公共租界工部局华人董事,上海律师公会主席。1942年7月至1948年3月任第三届、第四届国民参政会参政员。

陈裕光　字景唐,原籍浙江鄞县,1893年生于南京。金陵大学毕业,美国哥伦比亚大学博士。曾任北京师范大学代理校长,金陵大学校长。1938年6月至1948年3月任第一届至第四届国民参政会参政员。中华人民共和国成立后曾任上海市政协委员。

陈陶遗　原名瑶,号道一,又号剑虹,江苏省金山县人。同盟会会员。曾任南京临时政府参议院副议长,考察欧美实业专使,江苏省省长。1940年12月至1942年任第二届国民参政会参政员。

陈博生　福建省闽侯县人,1890年生。日本帝国大学毕业,留学英国伦敦大学。曾任北洋政府内务总长秘书,国民党中央通讯社特派员、总编辑,中央日报社社长。1938年6月至1948年3月任第一届至第四届国民参政会参政员。1948年任立法院立法委员。

陈赓雅　云南省化县人,1907年生。上海沪江大学毕业。曾任香港《申报》总编辑,中央训练团教官,云南省参议会参议员,云南建设厅设计委员。1945年4月任第四届国民参政会参政员。

陈辉德　名光甫,江苏省镇江县人,1881年10月生。美国宾夕法尼亚大学毕业。曾任中国银行顾问,上海商业储蓄银行总经理,江苏省政府委员兼财政厅厅长,中央银行常务理事,上海银行总经理。1938年6月至1942年任第一届、第二届国民参政会参政员。1948年任立法院立法委员。

陈敬修　四川省华阳县人,1894年生。曾任蒙藏委员会委员、总务处长,四川省临时参议会参议员。1940年12月任第二届国民参政会参政员。

陈　源　江苏省无锡县人,1896年生。英国伦敦大学毕业。曾任北京大学、武汉大学教授,主编《现代评论》杂志。1940年12月至1948年3月任第二届、第三届、第四届国民参政会参政员。

陈璇珍　广东省人。1947年3月增补为第四届国民参政会参政员。

陈耀东　南京市人,执业律师。1947年1月增补为第四届国民参政会参政员。

陆宗琪　广东省信宜县人，1903年生。广东大学毕业。曾任国民党广东省党部委员，广东省政府设计委员，广东省动员委员会秘书长。1940年12月至1948年3月任第二届、第三届、第四届国民参政会参政员。1948年任立法院立法委员。

陆锡光　甘肃省皋兰县人，1909年生。曾任国民党甘肃省党部执行委员兼宣传部部长、组训处处长，甘肃文化运动委员会主任委员。1945年4月任第四届国民参政会参政员。

陆费逵　字伯鸿，浙江省桐乡县人，1886年生。曾任汉口《楚报》主笔，昌明公司（后改文明书局）上海支店经理兼编辑，商务印书馆编辑及出版部部长，是中华书局创办人、总经理。1938年6月至1942年任第一届、第二届国民参政会参政员。

陆鼎揆　字叙百，江苏省无锡县人，1896年生。美国密西根大学法学博士。曾任国立政治大学、上海商科大学、暨南学校、北京法政学校、上海光华大学、中国公学教授。1938年6月任第一届国民参政会参政员。

邹志奋　广东省人，1906年生。中央政治学校毕业。曾任国民党（荷属）印尼总支部执行委员，鄂豫皖"剿匪"总部组主任，国民党中央党部秘书处专门委员，国民政府军事委员会参议，国民党中央执行委员会秘书。1945年4月任第四届国民参政会参政员。

邹树文　江苏省吴县人，1885年生。清京师大学堂优级师范科毕业，留学美国康乃尔大学、伊里安大学。曾任金陵大学、北京农业专科学校、东南大学教授，江苏省农民银行设计部主任，皖赣农赈处主任，中央大学农学院院长。1947年3月增补为第四届国民参政会参政员。1948年任立法院立法委员。

邹韬奋　原名恩润，江西省余江县人，1895年生。上海圣约翰大学毕业，留学英国伦敦大学。长期从事新闻出版工作，创办生活书店，主编《大众生活》周刊、《生活日报》、《生活星期》，担任上海各界救国会和全国救国会的领导工作。1933年因从事爱国活动，与沈钧儒、章乃器等七人被国民党政府逮捕，1937年获释。1938年6月至1940年任第一届、第二届国民参政会参政员。皖南事变发生，各地生活书店遭受严重迫害，愤而辞去参政员职务，出走香港。经广东东江转赴苏北解放区。1944年7月24日因患鼻咽癌逝世,被追认为中国共产党党员。

杨一如 湖北省襄阳县人,1896年生。武昌高等师范毕业。曾任国民党湖北省党部执行委员,汉口市教育局局长,武汉市政府委员兼秘书长。1945年4月任第四届国民参政会参政员。

杨子毅 广东省中山县人,1881年生。德国保列士流大学毕业。曾任国民政府财政部司长,广东中山县、番禺县县长,浙江宁波市市长。1938年6月至1945年任第一届、第二届、第三届国民参政会参政员。

杨大乾 陕西省蓝田县人,1904年生。莫斯科中山大学毕业。曾任陕西长武县县长,国民党陕西区党务督导员,第八战区副司令长官部西安办事处处长,国民党陕西省党部执行委员。1945年4月任第四届国民参政会参政员。1948年任立法院立法委员。

杨不平 字度普,江西省南昌县人,1897年生。陆军军医学校毕业。曾任江西医师公会理事长,国民党江西省党部执行委员。1945年4月任第四届国民参政会参政员。1948年5月任立法院立法委员。

杨汉扬 江苏省人,1947年3月增补为第四届国民参政会参政员。

杨荫南 云南省嵋川县人,1894年生。北京法政专门学校毕业。曾任云南督军署秘书、军法处处长、团务督练长,国民会议云南代表。1942年7月任第三届国民参政会参政员。

杨振声 字今甫,山东省蓬莱县人,1893年生。北京大学毕业,留学美国哈佛大学、哥伦比亚大学。曾任北京大学、武昌大学、中山大学、燕京大学教授,清华大学文学院院长,青岛大学(后改山东大学)校长,西南联大秘书主任。1938年6月至1948年3月任第一届至第四届国民参政会参政员。

杨赓陶 湖南省长沙县人,1896年生。法国农业研究院毕业。曾任国防参议会参议员。1938年6月至1942年任第一届、第二届国民参政会参政员。

杨端六 湖南省长沙县人,1885年生。英国伦敦大学毕业。曾任上海商务印书馆会计科科长,中央研究院社会科学研究所秘书兼经济组主任、历史语言研究所所长,武汉大学经济学教授,国民政府军事委员会第三厅厅长,武汉大学法学院院长,国民党第六届中央执行委员。1938年6月至1948年3月任第一届至第四届国民参政会参政员。

杨毓滋 江苏省人。1947年3月增补为第四届国民参政会参政员。

苏希洵 字子美,广西省武鸣县人,1899年生。巴黎大学法学院毕业。曾任广西省梧州关监督兼外交特派员,国民政府司法院秘书,司法行政部总务司司长,广西省政府委员兼秘书长、教育厅厅长。1945年4月任第四届国民参政会参政员。1948年任立法院立法委员。

苏振甲 字鼎珊,甘肃省靖远县人,1900年生。甘肃法政专科学校毕业。曾任国民党甘肃省党部执行委员兼宣传部部长,甘肃民国日报社社长,甘肃省党部整理委员会书记长,甘肃省临时参议会参议员。1940年12月任第二届国民参政会参政员。1948年任立法院立法委员。

苏珽 字玉屏,绥远省凉城县人,1907年生。美国印第安纳大学教育博士。曾任国立广东大学、中山大学、中央大学教授。1945年4月任第四届国民参政会参政员。1946年任绥远省政府委员兼建设厅厅长。

苏鲁岱 字凤山,绥远省归化土默特旗人,1894年生。绥远陆军学校毕业。曾任土默特旗同盟左翼四甲参领,蒙藏委员会编辑员,国民党中央党部秘书处总干事。1940年12月至1945年4月任第二届、第三届国民参政会参政员。

庞镜塘 山东省菏泽县人,1901年生。山西大学毕业。曾任北京大学、中央政治学校教授,浙江省第七区行政督察专员,国民党中央组织部秘书、普通党务处处长,国民党六届中央执行委员,山东省党部主任委员。1945年4月任第四届国民参政会参政员。

何人豪 字汉三,江西省会昌县人,1903年生。曾任国民党江西等省党部设计委员,国民政府军事委员会委员长南昌行营党政委员会委员,江西民国日报社社长兼总编辑。1942年7月任第三届国民参政会参政员。1948年任立法院立法委员。

何永信 字敬庭,青海省右翼盟人,1898年生。曾任新疆蒙古驻京代表,国民政府军事委员会谘议,青海蒙古各盟联合驻京办事处主任。1938年6月任第一届国民参政会参政员。

何仲愚　湖南省人。1947年3月增补为第四届国民参政会参政员。

何春帆　广东省连县人，1893年生。日本京都帝国大学毕业。曾任广州卫戍司令部军法处长，广东省财政厅、教育厅秘书，广东省鹤山、连山、琼山、英德县县长，琼海关监督，新编第六师师长，广东省第二区、第五区行政督察专员。1945年4月任第四届国民参政会参政员。1947年任立法院立法委员。

何基鸿　字海秋，河北省藁城县人，1888年生。日本东京帝国大学毕业。曾任北洋政府大理院书记官、司法部参事，国民政府考试院编撰，北京大学教务长，河北省政府委员兼教育厅厅长，国民政府监察院监察委员，考试院考试委员。1945年4月任第四届国民参政会参政员。

何联奎　字子星，浙江省松阳县人，1902年12月生。北京大学毕业，留学法国巴黎大学、英国伦敦大学。曾任北平大学、中央大学教授，国民政府军事委员会委员长武昌行营陆军整理处主任秘书、宜昌行辕秘书、广州行营参议，国民政府军事委员会政治部设计委员兼秘书，三青团中央干事会干事，扫荡报社社长，国民党第六届中央执行委员会常务委员。1940年12月至1945年任第二届、第三届国民参政会参政员。1948年参加国大。

何葆仁　福建省人，1895年生。美国伊利诺大学政治学博士。新加坡华侨。曾任复旦大学教授，新加坡华侨中学校长，马六甲华侨银行经理，南洋各属华侨筹赈总会常委，国民党马六甲直属支部执委，马六甲中华总商会常委，马六甲华侨公立培风、培德、平民、培才四校校董部主席。1942年7月至1948年3月任第三届、第四届国民参政会参政员。

何鲁之　四川省华阳县人，1891年1月生。法国巴黎大学毕业。中国青年党领导人之一。曾任成都大学、成都师范大学、华西协合大学、四川大学教授。1945年4月任第四届国民参政会参政员。1947年4月任国民政府委员。

但懋辛　字怒刚，四川省荣县人，1885年生。日本东斌学校毕业。曾任四川军政府参谋长、川南总司令、川军第五师参谋长、第一军军长，代理四川省长,川康绥靖公署主任、高级顾问,国民政府军事委员会参议。1942年7月至1948年3月任第三届、第四届国民参政会参政员。中华人民共和国成立后曾任西南军政委员会委员,四川省政协副主席,民革中央委员。

八　画

官　祎　字允之,广东省始兴县人,1895年生。广东省陆军小学速成步科毕业。1945年4月任第四届国民参政会参政员。

居励今　湖北省广济县人,1889年生。法国理昂学院毕业。曾任湖北省立第一师范校长,武汉大学、中山大学教授。1938年6月至1944年任第一届、第二届、第三届国民参政会参政员。

武誓彭　字西林,山西省武乡县人,1905年生。1947年5月增补为第四届国民参政会参政员。1948年任立法院立法委员。

武肇煦　字和轩,山西省文水县人,1901年生。东京日本大学毕业。曾任国民党中央党部干事,铁道部专员,太原绥靖公署参议,察哈尔省政府顾问,国民政府蒙藏委员会参事。1945年4月任第四届国民参政会参政员。1948年任立法院立法委员。中华人民共和国成立后曾任民革上海市副主委,全国政协委员。

郑林宽　浙江省人。1947年5月增补为第四届国民参政会参政员。

郑振文　字则愈,广东省潮阳县人,1898年生。新加坡华侨。德国利比瑟大学自然科学博士。曾任广东中山大学教授,国民政府国防最高委员会参事,中央赈济委员会委员,经济部顾问。1945年4月任第四届国民参政会参政员。1947年参加国大,任国民政府行政院政务委员。

郑寿麟　广东省潮安县人。1947年5月增补为第四届国民参政会参政员。

郑震宇　福建省人,1907年生。英国伦敦大学硕士,日内瓦国际研究院研究员。曾任国民革命军团政治指导员,中央政治学校教授。1938年6月任第一届国民参政会参政员。

郑揆一　福建省南平县人,1907年生。日本早稻田大学毕业,法国巴黎大学政治历史系博士。曾任厦门大学名誉教授,第三战区文化运动委员会委员,青年军干部训练团东南分团政治教官,华侨兴业公司总经理。1945年4月任第四届国民参政会参政员。

迪鲁瓦　又名喜木札色楞布,蒙古札萨克图汗部人,1882年生。活佛。曾任立法院立法委员,蒙藏委员会委员,国民党第六届中央候补监察委员。1942年7月至1948年3月任第三届、第四届国民参政会参政员。

拉敏益喜楚臣　别号真悟,西藏拉孜人,1912年生。拉萨藏文学院毕业。曾任后藏扎什伦布秘书处秘书,班禅教下孝得巴列赞巴卓尼兼任巴细巴藏文秘书长。1945年4月任第四届国民参政会参政员。1948年任监察院监察委员。中华人民共和国成立后曾任班禅堪布会议厅秘书长、主任委员,全国政协委员。

卓仁托布　字汇川,兴安省人。1947年1月增补为第四届国民参政会参政员。

孟庆棠　山东省邹县人,1879年生。国民政府亚圣奉祀官。1938年6月任第一届国民参政会参政员。

林可玑　福建省厦门人。1947年3月增补为第四届国民参政会参政员。1948年7月任国民政府行政院政务委员。

林茂生　台湾省台中县人。1947年1月增补为第四届国民参政会参政员。

林宗贤　台湾省台北市人。1947年1月增补为第四届国民参政会参政员。

林　忠　字海涛,台湾省台北市人。1947年1月增补为第四届国民参政会参政员。

林献堂　名大椿,号灌园,台湾省台中县人,1881年生。1947年1月增补为第四届国民参政会参政员。

林　虎　名荫清,字隐青,广西省陆川县人,1887年生。保定陆军学校毕业。同盟会会员。曾任南京临时政府陆军部警卫团长,江西陆军讨袁军左翼司令,广东护法政府陆军部次长,北洋政府潮梅护军使兼粤军总指挥,广东督办。1938年6月至1948年3月任第一届至第四届国民参政会参政员。1948年任立法院立法委员。中华人民共和国成立后曾任广西省人民政府参事,广西省政协副主席,全国政协常委。

林祖涵 字伯渠,湖南省临澧县人,1886年3月生。日本中央大学、莫斯科共产主义大学毕业。早年参加同盟会,中国共产党老一辈无产阶级革命家之一。曾任国民党第一届中央委员会候补执行委员,第二届中央执行委员会常委、党务部部长,广东省政府农民部部长,广州国民政府监察院监察委员、农民部部长,武汉国民党中央军事委员会秘书长,中华苏维埃中央工农民主政府国民经济部部长、财政部部长,陕甘宁边区政府主席。1938年6月至1947年任第一届至第四届国民参政会参政员。中华人民共和国成立后曾任中共中央委员,中央人民政府秘书长,全国人大常委会副委员长。

林庆年 字少颖,福建省安溪县人,1893年生。北京大学毕业。新加坡华侨。曾任新加坡中华总商会会长,马来亚闽侨各团体联席会议常务主席。1942年7月至1947年任第三届、第四届国民参政会参政员。1947年8月任国民政府侨务委员会副委员长。

林学渊 福建省诏安县人,1895年生。曾任国民党福建省党务指导委员,福建省参议院副议长,福建省第六区行政督察专员兼区保安司令,国民党福建省党部监察委员,国民党第六届中央执行委员。1945年4月任第四届国民参政会参政员。1946年10月任福建省政府委员。

杭立武 安徽省滁县人,1903年生。金陵大学毕业,美国威斯康辛大学名誉研究员。曾任国民政府考试院考选委员会编纂室主任,金陵大学、中央大学教授,中央庚款委员会总干事,三青团中央干事。1938年6月至1944年任第一届至第三届国民参政会参政员。1944年12月后任国民政府教育部常务次长、政务次长,中国出席联合国教科文组织第二届大会代表团总代表,国民政府行政院政务委员。

范予遂 山东省诸城县人,1894年生。北京师范大学毕业,留学英国伦敦大学政治经济学院。曾任国民党山东省党部委员,中央党务委员会委员,汉口特别市党部委员,国民党第四届候补中央执行委员,第六届中央执行委员。1938年6月至1948年3月任第一届至第四届国民参政会参政员。1948年任立法院立法委员。中华人民共和国成立后曾任华东军政委员会政治法律委员会委员,山东省人民委员会委员,全国政协委员,民革中央委员,山东省民革主任委员。

范承枢 云南省建水县人,1911年生。曾任云南省参议会参议员,第一集团军总司令部军法处处长,云南民国日报社副社长,云南大学教授。1945年4月任第四届国民参政会参政员。

范 锐 字旭东,湖南省湘阴县人,1885年生。日本帝国大学毕业。曾任永利化学公司董事长、总经理。1938年6月至1946年任第一届至第四届国民参政会参政员。

邵力子 原名闻泰,又名凤寿,字仲辉,浙江省绍兴县人,1882年生。前清举人,上海震旦书院毕业,留学日本。同盟会会员。曾任上海《民主报》、《民声报》编辑、记者,《民国日报》主笔,上海大学副校长,黄埔军校秘书长,国民党中央政治会议委员,国民革命军总司令部秘书长,甘肃省政府主席,陕西省政府主席,国民党中央宣传部部长,中国驻苏联大使,国民参政会秘书长。1949年3月任国民党和谈代表,和谈破裂,留居北平。中华人民共和国成立后曾任全国政协常委,民革中央常委。

邵从恩 字明叔,四川省青神县人,1871年12月生。前清进士,京师大学堂肄业,留学日本东京帝国大学。曾任北京刑部主事,川南宣慰使,四川省民政长,国务院法制局参事,四川省政府顾问,川康建设期成会常务委员。1938年6月至1948年3月任第一届至第四届国民参政会参政员。

邵培之 河北省人。1947年5月增补为第四届国民参政会参政员。

周士观 宁夏省平罗县人,1893年生。美国威斯康辛大学硕士。曾任宁夏省政府驻京代表,第十五路军总指挥部参议,第十七集团军驻汉办事处处长,宁夏省政府驻渝办事处处长。1938年6月至1945年任第一届、第二届、第三届国民参政会参政员。1945年任民主建国会中央常务委员。中华人民共和国成立后曾任全国政协委员,民建中央常委兼组织委员会副主任委员。

周生桢 字干丞,宁夏省同心县人,前清贡生。曾任宁夏省政府参议,宁夏省临时参议会参议员,十七集团军总司令部参议,宁夏省政府委员。1945年4月任第四届国民参政会参政员。

周星棠　浙江省绍兴县人,1877年生。曾任汉口市总商会会长,武汉市政府常务委员,汉口市政府参议,国民政府财政部顾问。1938年6月至1942年任第一届、第二届国民参政会参政员。

周炳琳　字枚荪,浙江省黄岩县人,1895年生。北京大学毕业,留学英、美、法、德等国。曾任国立武昌商科大学、广州中山大学、北平清华大学教授,北京大学法学院院长,中央政治学校教务长,西南联大法学院院长,国民政府教育部常务次长。1938年6月至1948年3月任第一届至第四届国民参政会参政员。中华人民共和国成立后曾任全国政协委员,民革中央常委。

周　览　字鲠生,湖南省长沙市人,1889年生。英国爱丁堡大学硕士,法国巴黎大学法学博士。曾任国民政府中央法制委员会委员,北京大学政治学系主任兼教授,中央大学政治系主任兼教授,武汉大学教授,中央研究院院士、评议员。1938年6月至1948年3月任第一届至第四届国民参政会参政员。中华人民共和国成立后曾任武汉大学校长,外交学会会长。

周恩来　字翔宇,号少山,原籍浙江绍兴,1898年3月生于江苏淮安。天津南开学校毕业后赴日本留学、法国勤工俭学。中国共产党老一辈无产阶级革命家。曾任黄埔军校政治部主任,中共中央政治局常委,中央组织部部长,中央军委书记,中央革命军事委员会副主席。抗日战争时期,任中共中央南方局书记,国民政府军事委员会政治部副部长,在国民党统治区从事党的统战工作。1937年8月任国民政府国防参议会参议员。1945年4月任第四届国民参政会参政员。中华人民共和国成立后曾任中央人民政府总理,全国政协副主席、主席,中共中央副主席,中央军委副主席。

周　崧　广东省中山县人,1884年生。美国华侨。曾任全国救国公债劝募委员会总会常务委员兼美国分会主席。1938年6月任第一届国民参政会参政员。1941年7月任国民政府侨务委员会委员。

周素园　贵州省毕节县人,1879年生。曾任贵州光复政府民政部部长,贵州省长公署政务厅厅长兼秘书长,川黔边防督办黔军总司令全权代表。

1945年4月任第四届国民参政会参政员。中华人民共和国成立后曾任贵州省人民政府副主席、副省长，全国政协委员。

周道刚　字莘池，四川省双流县人，1877年生。前清附生，日本士官学校毕业。曾任四川武备学堂教习，陆军小学堂监督，总统府谘议，四川督军，四川省临时参议会参议员。1940年12月至1948年3月任第二届、第三届、第四届国民参政会参政员。

周谦冲　湖北省黄陂县人，1901年生。法国巴黎大学毕业。曾任武汉大学、中央大学、四川大学、齐鲁大学教授。1945年4月任第四届国民参政会参政员。

周德伟　字子若，湖南省长沙县人，1901年生。留学英国。曾任湖南省临时参议会参议员，湖南大学经济系主任。1940年12月任第二届国民参政会参政员。

金维系　字幼鞈，一字幼丹，安徽省合肥人，1888年1月生。曾任安徽都督府谋略处处长，卢州讨袁军总指挥部筹饷局局长，中华革命军皖军司令官，广州大元帅府参议，国民党安徽省党部执行委员，安徽省政府委员，国民政府财政部、粮食部会派安徽省督粮委员。1945年4月任第四届国民参政会参政员。1947年任国民政府监察院监察委员。

金志超　字卓民，蒙古索图盟喀喇沁右旗人，1907年生。蒙藏专门学校毕业。曾任蒙古各盟旗驻京办事处总干事。1940年12月至1948年3月任第二届、第三届、第四届国民参政会参政员。

金振玉　上海市人。1947年1月增补为第四届国民参政会参政员。

金崇伟　辽北省人。1947年1月增补为第四届国民参政会参政员。

金曾澄　字湘帆，原籍浙江绍兴，1879年生于广州。日本高等师范毕业。曾任广东都督府参议，广东高等师范学校校长，广州国民政府教育行政委员会委员，国民党广东政治分会秘书长，广东省政府委员兼教育厅厅长，中山大学校长。1940年12月至1945年任第二届、第三届国民参政会参政员。

欧元怀　字愧安，福建省莆田县人，1895年生。美国哥伦比亚大学硕士，美国西南大学博士。曾任厦门大学、上海光华大学、中央政治大学教授，上海政治分会教育委员,上海公共租界工部局教育委员,大夏大学副校长。1938年6月任第一届国民参政会参政员。1939年3月任湖北省政府委员兼教育厅厅长。1948年任立法院立法委员。

罗万俥　台湾省南投县人,1898年生。日本明治大学毕业。曾任台湾《新民报》常务委员兼代理社长,台湾新报社副社长,台湾省台中县参议会议长。1947年1月增补为第四届国民参政会参政员。

罗文干　字钧生,广东省番禺县人,1888年生。英国牛津大学毕业。曾任广东都督府司法司司长、高等检察厅检察长,北洋政府总检察厅检察长,中国出席华盛顿会议代表团顾问,北洋政府财政总长、司法总长、外交总长,东北边防司令长官公署顾问,国民政府司法行政部部长、外交部部长,西南联大教授。1938年1月任国防参议会参议员。1938年6月至1941年10月任第一届、第二届国民参政会参政员。

罗家衡　字象平,又字厚生,江西省吉安县人,1886年生。日本早稻田大学毕业。曾任江西法政学校校长,江西内务司长,国会众议院议员,广州大元帅府秘书、农商部次长,国民政府外交部驻察哈尔特派员。1938年6月任第一届国民参政会参政员。

罗梦册　河南省南召县人,1909年生。北平师大研究院毕业,英国伦敦大学皇家学院研究员。曾任中央政治学校研究部研究员,中央大学教授。1942年7月任第三届国民参政会参政员,1947年5月增补为第四届国民参政会参政员。

罗桑札喜　西藏人,1901年生。曾任西藏驻京首席代表兼驻京办事处处长。1940年12月至1948年任第二届、第三届、第四届国民参政会参政员。

罗隆基　字努生,江西省安福县人,1898年生。清华大学毕业,美国哥伦比亚大学哲学博士。曾任上海中国公学、光华大学、天津南开大学教授,北平《晨报》总经理。1941年任中国民主政团同盟执行委员。1938年6月至1942年任第一届、第二届国民参政会参政员。中华人民共和国成立后曾任森林工业部部长,民盟中央副主席。

罗　衡　女,字侠斋,云南省盐丰县人,1907年生。法国巴黎大学毕业。

曾任国民党云南省党部指导委员兼组织部部长，国民党中央社会部妇女运动委员。1938年6月至1948年3月任第一届至第四届国民参政会参政员。1948年任立法院立法委员。

罗霞天 浙江省于潜县人，1900年生。德国柏林大学毕业。曾任浙让省政府委员，国民党浙江省党部主任委员。1945年4月任第四届国民参政会参政员。1947年3月任国民政府监察院监察委员，1948年任立法院立法委员。

罗麟藻 字玉书，甘肃省皋兰县人，1910年生。曾任甘肃省临时参议会参议员，1942年7月任第三届国民参政会参政员。

张一麐 字仲仁，别号红梅阁主，江苏省吴县人，1865年生。前清举人。曾任袁世凯总统府秘书、政事堂机要局长、教育总长，冯国璋总统府秘书长。"九一八"事变后积极从事抗日救国活动，担任江苏省农民银行监理委员。1938年6月至1943年任第一届、第二届、第三届国民参政会参政员。

张一善 别号道生，山西省人。曾任山西省第四区行政督察专员。1947年增补为第四届国民参政会参政员。

张九如 江苏省武进县人，1897年生。曾任国民革命军总司令部参议、军政部秘书，国民党中央宣传部指导处处长，中政会教育专门委员，国防最高委员会教育专门委员。1940年12月任第二届国民参政会参政员。1948年任立法院立法委员。

张之江 字子岷，别署子姜，河北省盐山具人，1882年生。曾任冯玉祥第十六混成旅参谋、骑兵营营长，二次直奉战争讨逆军第三军第一路司令，国民政府军事委员会委员，国民政府委员，江苏绥靖督办，国民政府军事参议院中将参议。1940年12月至1947年任第二届、第三届、第四届国民参政会参政员。中华人民共和国成立后曾任全国政协委员，民革中央委员。

张子柱 字澜洲，号梅景，广东省梅县人，1896年生。留学法国。曾任上海大夏大学、法政大学教授，云南省政府顾问，香港新会商会主席，南京银行香港分行副行长。1946年增补为第四届国民参政会参政员。1947年任国民政府经济部政务次长。

张元夫 新疆乌鲁木齐人，1891年生。北京中国大学毕业。曾任天津兴业银行经理,新疆省政府驻京办事处处长,新疆边防督办盛世才派驻重庆代表。1938年6月至1945年任第一届、第二届、第三届国民参政会参政员。

张凤翙 字翔初,河南省沁阳具人,1881年生于陕西省咸宁县。前清秀才,同盟会会员。陕西武备学堂毕业,留学日本陆军士官学校。曾任陕西都督,北洋政府将军府将军、临时参政院参政,陕西省临时参议会参议员。1940年12月至1948年3月任第二届、第三届、第四届国民参政会参政员。中华人民共和国成立后曾任陕西省人民政府副主席、副省长,全国人大代表。

张丹屏 字南坡,陕西省洵阳县人,1883年生。陕西省存古学校法官养成所毕业。曾任陕西军警督察处处长,潼关卫戍司令,川黔边防第二路司令,川陕边防"剿匪"司令,陕西省政府参议。1942年7月至1948年3月任第三届、第四届国民参政会参政员。1948年任陕西省政府委员。

张东荪 字圣心,浙江省杭州人,1886年生。日本东洋大学毕业。国家社会党领导人之一。历任《大共和日报》、《庸言》杂志、《大中华》杂志主笔,上海《时事新报》总编辑,中国公学代理校长,中央政治大学、北京燕京大学、上海光华大学、沈阳东北大学教授,国民政府行政院驻北平政务整理委员会参议。1937年8月任国防参议会参议员。1938年至1942年任第一届、第二届国民参政会参政员。1943年任中国民主政团同盟(后改中国民主同盟)中央常务委员。中华人民共和国成立后曾任中央人民政府委员。

张乐古 青岛市人,1899年生。烟台会文书院毕业。曾任青岛平民报社社长,平民教育协进会委员长,新闻记者公会主席,《时事新报》经理。1945年4月任第四届国民参政会参政员。

张申府 河北省献县人,1893年生。留学法国、德国。曾任黄埔军校政治部副主任,广东大学、清华大学、北京大学教授。1938年6月任第一届国民参政会参政员。1942年任中国民主政团同盟(后改中国民主同盟)常务委员。中华人民共和国成立后曾任全国政协委员。

张邦珍 女,云南省镇雄县人,1905年生。法国巴黎大学市政学院毕业。曾任云南省临时参议会参议员。1942年至1948年3月任第三届、第四届国民参政会参政员。

张竹溪　山东省郯城县人,1899年生。山东矿业专门学校毕业。曾任国民党京汉铁路党务特派员,北平党务指导委员会民众训练委员会秘书,山东省党部训练部秘书,山东省党部监察委员,山东省政府参议。1938年至1942年任第一届、第二届国民参政会参政员。

张守约　陕西省三原县人,1896年生。西北大学毕业。曾任陕西靖国军总司令部秘书,国民党陕西省党部指导委员,陕西省临时参议会参议员。1940年12月至1948年9月任第二届、第三届、第四届国民参政会参政员。1948年任立法院立法委员。

张良修　字少民,广东省惠阳县人,1905年生。上海法政大学毕业,法国帝雄大学博士。曾任中央训练团训育干事,广州中山大学师范学院代理院长。1945年4月任第四届国民参政会参政员。

张肖梅　女,字如冰,浙江省镇海县人,1907年生。英国伦敦大学、瑞士日内瓦大学经济学博士。曾任中国银行经济研究室代理主任。1938年6月至1942年任第一届、第二届国民参政会参政员。1947年3月增补为第四届国民参政会参政员。

张志广　察哈尔省涿鹿县人,1892年生。北京高等师范毕业。曾任察哈尔省立宣化师范校长,第四中学校长。1940年12月至1948年3月任第二届、第三届、第四届国民参政会参政员。1948年任监察院监察委员。

张作谋　字香冰,甘肃洮沙县人,1901年生。北京师范大学毕业。曾任甘肃省立一中及兰州中学校长,西北训练团政训处处长,三民主义青年团甘肃省支团部干事。1942年10月至1948年3月任第三届、第四届国民参政会参政员。

张伯苓　名寿春,字伯苓,河北省天津县人,1876年生。天津北洋水师学堂毕业,留学美国哥伦比亚大学。曾任南开大学校长,中华教育文化基金委员会副董事长。1937年8月任国防参议会议员。1938年6月至1948年3月任第一届至第四届国民参政会参政员。1948年6月任考试院院长。

张伯谨　河北省行唐县人,1898年生。曾任国民党中央政治委员会教育专门委员,湖北省政府委员兼教育厅厅长。1938年6月任第一届国民参政会参政员。1945 年任河北省政府委员兼教育厅厅长。

张君劢 名嘉森,江苏省宝山具人,1887 年 1 月生。日本早稻田大学毕业。中国国家社会党创始人之一,国家社会党与民主宪政党合并为民主社会党后,任主席。曾任浙江交涉署署长,上海《时事新报》总编辑,自治学院校长。1937 年 8 月任国防参议会议员。1938 年 6 月至 1948 年 3 月任第一届至第四届国民参政会参政员。1948 年参加国大。

张定华 贵州省贵阳县人,1905 年生。北京大学毕业。曾任教育部总务司第一科科长,国民党贵州省党部委员,西南公路特别党部主任委员。1942 年至 1948 年任第三届、第四届国民参政会参政员。1948 年任监察院监察委员。

张其昀 字晓峰,浙江省鄞县人,1900 年生。国立南京高等师范毕业。曾任中央大学教授,国民政府监察院监察委员,资源委员会专门委员,中央研究院第一届评议员,浙江大学史地系主任。1940 年 12 月至 1948 年 3 月任第二届、第三届、第四届国民参政会参政员。1949 年任考试院考试委员。

张国焘 字特立,号凯音、克仁,江西省萍乡县人,1897 年 11 月生。北京大学毕业,早年曾参加中国共产党。曾任中华苏维埃共和国临时中央政府副主席。1938 年 4 月投靠国民党特务集团,任国民党中央组织部专员,善后救济总署江西分署署长。1940 年 12 月至 1948 年 3 月任第二届、第三届、第四届国民参政会参政员。

张昌荣 字世丞,青海省西宁县人,1886 年生。陆军速成学堂毕业。曾任新编第九师参谋长,青海省西宁县县长,青海省政府顾问。1942 年 10 月任第三届国民参政会参政员。

张金鉴 河南省安阳县人,1902 年生。北京大学毕业。曾任国民政府考试院法规委员会委员,中央政治学校教授,国民党中央组织部处长,河南省党务视察专员。1945 年 4 月任第四届国民参政会参政员。1948 年任立法院立法委员。

张忠绂 字子缨,湖北省武昌县人,1901 年生。清华大学毕业,留学美国。曾任北京大学教授。1938 年 6 月至 1942 年任第一届、第二届国民参政会参政员。1942年6月任国民政府外交部参事、美洲司司长。

张雨生　河南省临颖县人,1906年生。中国公学毕业。曾任河南省第一区党务指导专员,国民党河南省党部执行委员,国民政府行政院县政计划委员会委员,国民党中央训练团党政班训育干事、指导员。1945年4月任第四届国民参政会参政员。

张剑鸣　浙江省吴兴县人,1899年生。美国康乃尔大学毕业。曾任南京市政府参事,首都建设委员会专门委员。1938年6月至1942年任第一届、第二届国民参政会参政员。

张炽章　字季鸾,陕西省榆林县人,1887年生。留学日本东京第一高等学校。曾任《民立报》记者,南京临时政府秘书处外交组组长,上海中国公学教员,《民信报》总编辑,《中华新报》总编辑,上海《新闻报》特约记者。1926年与吴鼎昌、胡霖等接办《大公报》并任总编辑。1938年6月至1940年任第一届、第二届国民参政会参政员。

张　钦　字教亭,绥远省凉城县人,1888年生。山西法政专门学校毕业。曾任北洋政府众议院议员,绥远省政府委员兼教育厅厅长,绥远省参议会议长。1940年12月至1945年任第二届、第三届国民参政会参政员。中华人民共和国成立后曾任绥远省军政委员会委员,绥远省人民政府委员,内蒙古自治区人民委员会委员。

张　炯　字星舫,湖南省常德县人,1879年6月生。京师大学堂毕业。同盟会会员。曾任国民革命军第二军政治部主任,湖南省政府委员、教育厅厅长,国民政府教育部社会教育司司长,国民党中央政治会议教育专门委员会委员,湖南省第四区行政督察专员,国民党湖南省党部主任委员。1942年10月至1945年任第三届、第四届国民参政会参政员。

张倏生　河南省人。1947年1月增补为第四届国民参政会参政员。

张振帆　福建省人,1882年生。越南华侨。曾任越南南圻中华总商会会长,西贡堤岸七府公所主席、市政府参议员。1938年6月至1942年任第一届、第二届国民参政会参政员。

张振鹭　字蘅若,名英荃,辽宁省开源县人,1896年11月生。奉天工业专门学校毕业。曾任奉军第一、三联军军需处中校主任、师军需处处长,奉天省财政厅厅长,北平政委会财政整理委员会执行委员,冀察政务委员会经济委员会委员。1938 年 6 月至 1948 年 3 月任第一届至第四届国民参政会参政员。1948 年 9 月后任东北"剿总"政务委员会委员。

张奚若　陕西省朝邑县人,1889 年生。美国哥伦比亚大学毕业。曾任北京法政大学、中国大学、中央大学、北京大学、清华大学教授,西南联大政治系主任。1938 年 6 月至 1948 年 3 月任第一届至第四届国民参政会参政员。中华人民共和国成立后曾任中央人民政府委员。

张爱松　字鹤轩,河北省雄县人,1897 年生。北京大学毕业。曾任青海省政府委员、秘书长,甘肃省政府秘书长、教育厅厅长,第二集团军驻渝办事处处长。1940 年 12 月至 1945 年 7 月任第二届、第三届国民参政会参政员。1947 年 5 月任河北省政府委员兼秘书长。

张难先　名辉澧,字难先,号义痴,湖北省沔阳县人,1874 年 3 月生。曾任西江善后督办公署参议兼西江讲武堂教官,广州国民政府监察委员,广东省政府委员兼土地厅厅长,湖北省政府委员兼财政厅厅长,国民政府考试院铨叙部部长。1942 年至 1948 年 3 月任第三届、第四届国民参政会参政员。中华人民共和国成立后曾任全国人大常委,全国政协委员。

张　澜　字表方,四川省南充县人,1872 年 4 月生。前清秀才,留学日本东京宏文书院。曾任川北宣慰使,国会众议员,四川嘉陵道道尹,四川省省长,成都大学校长,四川省抗敌后援会主席,中国民主政团同盟、民主同盟主席。1938 年 6 月至 1948 年 3 月任第一届至第四届国民参政会参政员。中华人民共和国成立后曾任中央人民政府副主席,民盟中央主席。

张　缉　字敬熙,西康省西昌县人,1894 年生。北京师范大学毕业。曾任四川第一女子师范学校校长,西康建设委员会委员,国民党西康省党部执行委员。1942 年 7 月至 1948 年 3 月任第三届、第四届国民参政会参政员。

张维桢　女,江苏省上海人。曾任金陵女子文理学院教授,太平洋国际妇女慰劳协会及中国妇女慰劳总会常委,儿童保育会常委。1940 年 12 月至 1948 年 3 月任第二届、第三届、第四届国民参政会参政员。1948 年任立法院立法委员。

张善与　字天放，河南省新乡县人，1882 年生。日本早稻田大学毕业。曾任江南谘议局代表，国会众议院议员，国民党河南省党部设计委员、指导委员。1947 年 3 月增补为第四届国民参政会参政员。

张彭春　字仲述，河北省天津人，1892 年生。美国哥伦比亚大学毕业。曾任南开中学专门部主任、代理校长，中国出席华盛顿会议代表，清华大学、南开大学、西南联合大学教授。1938 年 6 月任第一届国民参政会参政员。1940 年 5 月后任中国驻土耳其、智利公使，中国驻联合国代表。

张遐民　绥远省归绥县人，1903 年生。日本早稻田大学毕业。曾任国民党绥远省党部委员兼书记长，蒙旗党务推进委员。1940 年 12 月任第二届国民参政会参政员。

张蔼真　女，福建省闽侯县人，1900 年生。1947 年 3 月增补为第四届国民参政会参政员。

张登鳌　绥远省人。1947 年 1 月增补为第四届国民参政会参政员。

张翼枢　字骥先，湖南省醴陵县人，1885 年生。法国巴黎政治经济学院毕业。曾任北洋政府外交部秘书，云南省腾越道道尹，云南外交交涉员，上海法租界工部局委员，国民政府司法行政部参事，法国哈瓦斯通讯社远东分社华总经理。1940 年 12 月至 1947 年任第二届、第三届、第四届国民参政会参政员。

张潜华　吉林省永吉县人，1904 年生。北平法政大学毕业。曾任《东北日报》总编辑，哈尔滨第六中学校长，天津市政府秘书，西北"剿总"战地党政委员会设计委员，国民党中央党务委员会秘书兼国民政府军事委员会政治部设计委员。1945 年 4 月任第四届国民参政会参政员。1948 年任立法院立法委员。

张耀曾　字榕西，云南省大理县人，1884 年生。京师大学堂毕业，留学日本第一高等学校及东京帝国大学。曾任国会众议员，北京大学教授，广东军务院秘书，云南都督府参议，段祺瑞内阁司法总长，黄郛内阁司法总长，上海中国公学社会科学院法律科主任。1937 年 8 月任国防参议会参议员。1938

年 6 月任第一届国民参政会参政员。

九　画

施肇基　字植之，浙江省杭县人，1877 年 4 月生。上海圣约翰大学毕业，美国康乃尔大学法学博士。曾任湖广总督张之洞洋务文案，考察各国政治大臣参赞官，邮传部右参议兼京汉路总办，吉林西北路兵备道及吉林交涉使，外务部右侍郎，南京临时总统府交通总长兼署财政总长，中国驻古巴、秘鲁、墨西哥、英国、美国公使，出席巴黎和会代表，驻国际联盟代表。1937 年任国防参议会参议员。1938 年 6 月至 1942 年任第一届、第二届国民参政会参政员。1945 年 6 月任中国出席旧金山联合国国际组织会议顾问，国际建设开发银行顾问委员会委员。

姜蕴刚　四川省人。1947 年 3 月增补为第四届国民参政会参政员。

柯与参　甘肃省宁县人，1906 年生。甘肃第一师范毕业。曾任甘肃教育厅编审委员，第八战区司令长官部参议，甘肃临时参议会秘书，国民参政会经济建设策进会西北办事处专门委员。1945 年 4 月任第四届国民参政会参政员。

骆力学　字毅斋，甘肃省天水县人。交通大学毕业。曾任国民党甘肃省党部常务委员，兰州中山大学副校长。1938 年 6 月至 1940 年任第一届、第二届国民参政会参政员。

骆美奂　字仲英，浙江省义乌县人，1903 年生。美国南加利福尼亚大学研究院硕士。曾任宁夏省政府委员兼教育厅厅长，国民政府教育部蒙藏教育司司长，国民党中央党部主任秘书。1945 年 4 月任第四届国民参政会参政员。

姚廷芳　字欣安，河南省浙川县人，1906 年生。北京大学毕业。曾任河南南阳中学、开封师范校长，西安战干第四团政治教官，国民党中央组织部总干事，河南省党部委员兼宣传处处长，三民主义青年团河南支团干事。1945 年 4 月任第四届国民参政会参政员。

姚仲良　西康省丹巴人，1904 年生。北京大学毕业。曾任川康边防总指挥部交通处处长,西康公路局局长,国民党西康省党部委员。1938年6月任第一届国民参政会参政员。

段慎修 湖南省人。1947年3月增补为第四届国民参政会参政员。

段　焯 字子昌,甘肃省武威县人,1910年生。北京中国大学毕业。曾任国民党中央组织部视察,甘肃省党部执行委员。1945年4月任第四届国民参政会参政员。

哈的尔 新疆阿图什(疏附)人,1884年生。留学叙利亚、美国。曾任疏附教育局局长,川康绥靖公署参事,中央军校教官,国民政府行政院谘议。1942年7月至1948年3月任第三届、第四届国民参政会参政员。1948年任监察院监察委员。

侯天民 字田敏,辽北省四平市人。1947年3月增补为第四届国民参政会参政员。1948年任监察院监察委员。

侯圣麟 青岛市人。1947年3月增补为第四届国民参政会参政员。

侯树彤 字伦北,河北省宁河县人,1904年生。英国利物浦大学哲学博士。曾任燕京大学、北京大学教授,国民政府铁道部专员。1938年6月任第一届国民参政会参政员。

茹欲立 字卓亭,陕西省三原县人,1883年生。曾任南京临时参议院议员,北洋政府国会众议院议员,陕西督军公署秘书长,国民政府审计院副院长、监察院审计部部长,山西、陕西监察区监察使。1938年6月至1942年任第一届、第二届国民参政会参政员。中华人民共和国成立后曾任西北军政委员会委员,最高人民检察署西北分署副检察长。

胡子昂 四川省重庆市人,1897年生。北平农业大学毕业。曾任巴县教育局局长,西康省政府边务处处长,江西农学院技师兼总务长,重庆华西公司、中国兴业公司总经理,四川省参议会参议员。1940年12月任第二届国民参政会参政员。1942年2月任四川省政府委员兼建设厅厅长。重庆市参议会议长。中华人民共和国成立后曾任西南军政委员会委员,重庆市副市长,全国人大常委,全国政协副主席,中华全国工商业联合会主任委员。

胡文虎 福建省永定县人,1882年1月生。缅甸华侨。经营万金油致富,后投资新闻事业,先后创办新加坡《星洲日报》、厦门《星光日报》、汕头《星华日报》。曾任国民政府侨务委员会委员。1938年6月至1942年任第一届、第二届国民参政会参政员。

  胡元倓 字子靖,别号耐庵,湖南省湘潭县人,1872年生。前清拔贡。日本弘文学院毕业。曾任长沙明德学堂监督,中国留日学生监督,湖南明德中学、湖南大学校长。1938年6月任第一届国民参政会参政员。

  胡石青 名汝麟,河南省通许县人,1880年生。京师大学堂毕业。曾任北洋政府众议院议员,全国烟酒公卖局总办,上海中国公学代理校长,华北大学校长,安徽省政府委员。1938年6月至1942年任第一届、第二届国民参政会参政员。

  胡木兰 女,广东省广州市人,1908年生。曾任国民政府经济委员会委员,香港妇女慰劳总会常务委员,国民党港澳总支部妇女运动委员,三民主义青年团香港支部干事,中国妇女慰劳抗战将士总会委员,战时儿童保育会委员。1942年7月至1945年4月任第三届、第四届国民参政会参政员。1945年5月任国民党第六届中央执行委员。

  胡运鸿 字南屏,江西省人。1947年增补为第四届国民参政会参政员。

  胡兆祥 字陶皆,福建省永定县人。上海法政大学毕业。曾任福建省政府谘议、经济考察专员。1938年6月至1945年任第一届、第二届、第三届国民参政会参政员。

  胡仲实 四川省广安县人,1895年生。北平工业专门学校毕业。曾任国民政府交通部秘书,第二十军总参议,四川工业试验所所长,中国兴业公司、华西兴业公司常务董事,华西工商专科学校校长。1940年12月至1945年4月任第二届、第三届、第四届国民参政会参政员。

  胡 适 名洪骍,号铁儿,字适之,安徽省绩溪县人,1891年12月生。美国哥伦比亚大学哲学博士。曾任北京大学教授、文学院院长、校长,中国公学校长,东北政务委员会委员,中国驻美国大使。1937年8月任国防参议会参议员。1938年6月任第一届国民参政会参政员。1945年4月任第四届国民参政会参政员。1948年参加国大。

胡若华 字敬民，云南省罗平县人，1896年生。曾任云南省临时参议会参议员。1940年12月任第二届国民参政会参政员。

　　胡秋原 湖北省黄陂县人，1910年生。湖北武昌大学毕业，留学日本早稻田大学。曾任同济大学教授，福州民国日报社社长，国民政府军事委员会第六部设计委员，国防最高委员会秘书，《中央日报》主笔，国民党第六届候补中央委员。1940年12月至1948年3月任第二届、第三届、第四届国民参政会参政员。1948年任立法院立法委员。

　　胡庶华 字春藻，湖南省攸县人，1886年生。德国柏林大学毕业。曾任江苏省教育厅厅长，农矿部农民司司长，立法院立法委员，同济大学、西北大学、重庆大学、湖南大学校长，国民党第六届中央监察委员。1942年7月至1947年任第三届、第四届国民参政会参政员。1947年3月任立法院立法委员。中华人民共和国成立后曾任全国政协委员。

　　胡健中 浙江省杭州人，1902年生。上海复旦大学毕业。曾任复旦大学、东南联大教授，国民党浙江省党部委员，杭州民国日报社社长、主笔，东南日报社社长，重庆《中央日报》发行人。1938年6月至1948年3月任第一届至第四届国民参政会参政员。

　　胡　霖 字政之，1889年生。安徽省高等学堂毕业，留学日本帝国大学。曾任上海《大共和报》主笔，《大公报》经理兼总编辑。1942年7月至1948年3月任第三届、第四届国民参政会参政员。1945年4月任中国出席旧金山联合国成立大会代表。

　　胡景伊 字文澜，四川省巴县人，1877年生。同盟会会员。四川武备学堂毕业，留学日本士官学校。曾任四川武备学堂教官、总监，云南兵备处总办，云南都练处总办，云南陆军小学堂及武备学堂总办，重庆镇抚府总长，四川都督，北洋政府参政院参政、将军府毅威将军。1938年6月任第一届国民参政会参政员。

　　贺楚强 字子谦，湖南省溆浦县人，1902年生，北京大学毕业。曾任国民党湖南省党部执行委员，湖南省临时参议会参议员。1940年12月任第二届国民参政会参政员。

荣　祥　字耀辰,绥远省土默特旗人,1893年生。曾任土默特旗总管,百灵庙蒙古地方政务委员会委员,蒙政会教育处处长,蒙旗宣慰使秘书长。1938年6月任第一届国民参政会参政员。

荣　照　字光庭,绥远省土默特旗人,1904年生。莫斯科中山大学毕业。曾任国民政府军政部将校团政治教官,河北省政府科长。1938年6月至1948年3月任第一届至第四届国民参政会参政员。1948年任立法院立法委员。

赵太侔　山东省益都县人,1889年生。北京大学毕业,美国哥伦比亚大学研究员。曾任青岛大学教务长,山东大学校长,国民党中央训练委员会第三处处长,国立编译馆编纂。1942年7月任第三届国民参政会参政员。

赵公鲁　字师曾,山东省德县人,1903年生。北京商业专科学校毕业。曾任北京财商学院讲师,山东行政人员训练所主任,山东建设厅秘书主任代理厅长。1945年4月任第四届国民参政会参政员。

赵君迈　湖南省衡山县人,1899年生。曾任国民政府财政部两淮缉私总队总队长,财政部税警视察长,财政部湖南盐务管理局长。1942年7月任第三届国民参政会参政员。

赵厉师　绥远省人,1909年生。日本帝国大学毕业。曾任第八战区副长官部战地工作委员会秘书长。1942年7月任第三届国民参政会参政员。

赵和亭　陕西省长安县人,1892年生。日本明治大学毕业。曾任国民军第二军、河南督办公署中将参议,第二集团军总司令部少将参议。1942年7月至1948年3月任第三届、第四届国民参政会参政员。

赵雪峰　山东省观城县人,1903年生。中央军校武汉分校毕业。北伐军第五路军总政治部科员,第二十八师八十四团中校政治辅导员,山东第三区保安司令部政训处处长,山东省民政厅社会科科长。1945年4月任第四届国民参政会参政员。

赵　舒　字明止、舍予,浙江省缙云县人。曾任北洋政府国会议员,第二十六军国民党党代表、政治部主任,江苏淮阴行政督察专员。1945年4月任第四届国民参政会参政员。

赵　澍　字公望，云南省保山县人，1905年生。国立东南大学毕业，美国密西根大学经济学硕士，英国伦敦大学经济学院研究员。曾任暨南大学、同济大学、云南大学教授，国民党上海市党部秘书，云南省党部委员、书记长，浙江省政府秘书。1940年12月至1948年3月任第二届、第三届、第四届国民参政会参政员。

饶凤璜　字聘卿，湖北省恩施县人，1875年生。日本庆应大学毕业。曾任北洋政府总统府、国务院法制局参事，湖北荆宜施鹤观察使，湖北省鄂西观察使，湖北省长公署秘书长、政务厅厅长，国民政府赈务委员会秘长。1945年4月任第四届国民参政会参政员。1948年任立法院立法委员。

钟荣光　字惺可，广东省中山县人，1866年9月生。前清举人。兴中会会员。曾任广东教育司司长，国民党纽约支部长，岭南大学校长，国民政府外交部侨务局局长。1938年6月任第一届国民参政会参政员。

十　画

凌子惟　甘肃省兰州人，1901年生。1947年3月增补为第四届国民参政会参政员。1948年任立法院立法委员。

高文源　字味根，陕西省米脂县人，1903年生。美国密西根大学硕士。曾任北平师范大学、辅仁大学、西北联大、西北师范学院教授，国民党陕西省党部委员。1945年4月任第四届国民参政会参政员。1947年7月任陕西省政府委员兼教育厅厅长。

高廷梓　广东新会县人，1896年生。岭南大学毕业，美国哥伦比亚大学博士。曾任中山大学教授，国民政府教育部社会教育司司长、交通部航政司司长，国民党中政会教育专门委员，1940年12月至1945年任第二届、第三届国民参政会参政员。1948年任立法院立法委员。

高惜冰　原名介青，字惜冰，辽宁省凤城县人。清华学校毕业，留学美国麻省罗威尔理工学院。曾任察哈尔省政府委员兼教育厅厅长，国民党察哈尔省党务特派员、指导员，新疆省政府委员兼建设厅厅长，国民政府考试院铨叙部育才司司长，中、中、交、农四联总处派驻盐务局总稽核。1938年6月至

1945 年任第一届至第三届国民参政会参政员。1945 年 9 月后任安东省政府主席,东北"剿总"政务委员会代理主任委员。

唐国桢　女,湖南省衡山县人,1902 年生。曾任宁夏省立女中校长,湖南衡山县立女中校长,国民党南京市党部总干事,妇女慰劳总会总干事。1942 年 7 月至 1948 年 3 月任第三届、第四届国民参政会参政员。1948 年任立法院立法委员。

席振铎　蒙名喜瑞多布,字新民,察哈尔省镶白旗人。北平辅仁大学毕业。曾任察哈尔省教育厅秘书,察哈尔省盟部主任秘书、审计部专员。1938 年 6 月至 1948 年 3 月任第一届至第四届国民参政会参政员。1948 年任立法院立法委员。

莫德惠　字柳枕,吉林省双城县人,1883 年 3 月生。天津北洋高等巡警学堂毕业。曾任众议院议员,蒙藏院副总裁,东三省保安总司令部谘议,伊兰道道尹,东北大学校长,奉天省长,东北政务委员会委员。1938 年 6 月至 1948 年 3 月任第一届至第四届国民参政会参政员。

陶行知　原名文濬,后改知行,又改行知,安徽歙县人,1891 年生。南京金陵大学毕业,留学美国伊利诺大学、哥伦比亚大学。曾任南京高等师范教务长,东南大学教育科主任,育才学校校长,倡办晓庄师范,为全国各界救国会发起人之一。1938 年 6 月至 1942 年任第一届、第二届国民参政会参政员。1945 年任中国民主同盟中央常务委员。

陶　玄　女,字孟晋,浙江绍兴县人,1899 年生。北平女子师范大学毕业,留学日本。曾任北平女子师范校长,国民政府立法院立法委员。1938 年 6 月至 1948 年 3 月任第一届至第四届国民参政会参政员。

陶百川　浙江绍兴县人,1903 年生。上海法科大学毕业,美国哈佛大学研究生。曾任上海英文《大陆报》、《民国日报》编辑,北平《晨报》主笔,国民党中央宣传部委员,中央周刊社、中央日报社社长。1938 年 6 月至 1948 年 3 月任第一届至第四届国民参政会参政员。1948 年任监察院监察委员。

陶希圣　原名汇曾,湖北省黄冈县人,1899 年 10 月生。北京大学毕业。曾任安徽省法政学校教员,上海商务印书馆编辑,南京中央军校政治教官,中央大学、北京大学教授。1937年8月任国防参议会议员。1938年6月任第一届国民参政会参政员。后追随汪精卫、周佛海等进行叛国投日活动,任汪伪宣传部部长。1942年返回重庆,任《中央日报》主笔,1946年后任国民党中央宣传部次长。

陶孟和　别号履恭,河北省天津市人,1888年生。英国伦敦大学毕业。曾任北京高等师范学校、北京大学教授,中华文教基金董事会社会调查所所长,国民政府立法院立法委员,中央研究院社会研究所所长。1938年6月至1948年3月任第一届至第四届国民参政会参政员。

桂　芬　字芳生,新疆省人,1879年生。清监生。曾任新疆都督府秘书,轮台、库车、洛浦等县知事,新疆边防督办公署秘书长,国民党中央训练团新疆分团、新疆学院讲师。1945年4月任第四届国民参政会参政员。

耿　毅　字鹓声,河北省任县人,1882年生。保定速成武备学堂毕业。曾任九江镇守使,云南督军驻沪代表,大本营高级参谋,赣滇军总指挥,国民政府行政院驻北平政务整理委员会委员、司法院参事。1938年6月至1948年3月任第一届至第四届国民参政会参政员。1948年任监察院监察委员。中华人民共和国成立后曾任河北省人民委员会委员。

秦邦宪　别名博古,江苏省无锡人,1907年生。中国共产党老一辈无产阶级革命家。曾任中国共产主义青年团中央书记,中共中央书记处书记、组织部部长,长江局、南方局组织部部长,延安解放日报社社长。1938年6月至1946年任第一届至第四届国民参政会参政员。

秦望山　福建省晋江县人,1894年生。上海大学毕业。曾任国民党福建省党部筹备委员兼组织部部长、农民部部长,福建省赈济委员会委员。1938年6月至1942年任第一届、第二届国民参政会参政员。1945年8月任国民政府监察院监察委员。中华人民共和国成立后曾任福建省政协委员。

格桑泽仁　西康省巴安县人,1905年生。西康雅安陆军军官学校毕业。曾任国民政府蒙藏委员会委员,海陆空军总司令部参议,军事委员会中将参议,西康省党务特派员,西康省政府顾问。1945年4月任第四届国民参政会参政员。1945年5月任国民党中央监察委员会委员。

钱公来　名惠生,字希古,辽宁省黑山县人,1886年12月生。东三省文会书院毕业。同盟会会员。曾任奉天神学院、东北大学教授,国民党奉天省党部委员,国民政府军事委员会北平分会参议。1938年6月至1948年3月任第一届至第四届国民参政会参政员。

钱永铭　字新之,号北监老人,原籍浙江吴兴,1885年生。日本神户高等商业学校毕业。曾任北洋政府农工商部会计科科长,交通银行协理,盐业、金城、中南、大陆四行储蓄会副主任,四行联合准备库主任,国民政府财政部次长,中央银行理事,复旦大学校长。1938年6月至1948年3月任第一届至第四届国民参政会参政员。

钱用和　女,字韵荷,江苏省常熟县人,1898年生。曾任江苏省第三女师校长,暨南大学讲师,儿童保育会常务理事,妇女慰劳总会常委。1940年12月任第二届国民参政会参政员。1948年任监察院监察委员。

钱端升　上海市人,1899年生。美国哈佛大学哲学博士。曾任国民党中央宣传部国际组编纂,大学院文化事业处处长,中央大学、清华大学教授,北京大学法学院院长,西南联大政治系主任。1938年6月至1948年3月任第一届至第四届国民参政会参政员。中华人民共和国成立后曾任中央人民政府政务院文化教育委员会委员,中国人民外交学会副会长,北京政法学院院长,全国人大代表,全国政协委员,民盟中央委员。

奚玉书　上海市人,1897年生。复旦大学商科毕业。曾任复旦大学、暨南大学、东吴大学、光华大学教授,上海公共租界工部局华董,全国会计协会常务理事。1942年7月至1948年3月任第三届、第四届国民参政会参政员。1948年任立法院立法委员。

奚　伦　字东曙,安徽省当涂县人,1896年生。美国哈佛大学硕士。曾任上海商业银行南京分行副经理,中国实业银行总经理。1938年6月至1948年3月任第一届至第四届国民参政会参政员。

翁福清　字艾之,浙江省人。1947年5月增补为第四届国民参政会参政员。

徐柏园　浙江省兰谿县人,1902年2月生。上海商学院毕业,留学美国芝加哥大学、伊利诺大学、加利福尼亚大学。曾任浙江《民国日报》总编辑,国民党浙江省党部书记长,邮政储金汇业总局副局长,中央政治会议财政专门委员会委员,北平交通银行经理,天津交通银行经理。1938年6月任第一届国民参政会参政员。1942年3月后任中央银行业务局设计委员,国民政府财政部政务次长兼中、中、交、农四联总处秘书长,中央银行副总裁。

徐炳旭　字旭生,河南省唐河县人,1887年生。留学法国巴黎大学。曾任北京大学哲学系教授,中央研究院史学研究所所长。1940年12月至1948年3月任第二届、第三届、第四届国民参政会参政员。

徐傅霖　字梦岩,广东省和平县人,1879年生。京师法政学堂毕业,留学日本早稻田大学。同盟会会员。曾任临时参议院议员,国会众议院议员,广东高等审判厅厅长,广东军政府司法部长兼大理院院长。1938年6月任第一届国民参政会参政员。1946年参加国大。

徐　谦　字季龙,别号黄山樵客,原籍安徽歙县,1871年生。京师大学堂毕业。前清进士。曾任清翰林院编修,法部参事,高等检察厅检察长,临时大总统府司法次长,广东军政府秘书长兼司法部部长,广州国民政府司法部部长,武汉国民政府委员兼司法部部长,国民党中央政治委员会主席团委员,福建人民政府司法部部长,国民政府国防委员会委员。1937年8月任国防参议会参议员。1938年6月任第一届国民参政会参政员。

徐警予　安徽省人。1947年5月增补为第四届国民参政会参政员。

晏阳初　宁东升,四川省巴中县人,1893年生。美国耶鲁大学毕业,美国普林斯顿大学硕士。曾任中国旅法劳工会青年会干事,中华平民教育促进会干事长。长期从事平民教育和乡村建设工作。1937年8月任国防参议会参议员。1938年6月至1948年3月任第一届至第四届国民参政会参政员。

顾子扬　江苏省铜山县人,1876年生。曾任江苏省党部委员。1938年6月任第一届国民参政会参政员。

顾耕野　安东省人。1947年1月增补为第四届国民参政会参政员。

顾颉刚　字诚吾,号铭坚,江苏省吴县人,1893年生。北京大学毕业。曾任上海商务印书馆编辑,北京大学、中山大学、燕京大学、齐鲁大学、中央大学教授,中央研究院史学研究所历史组主任,故宫博物院理事。1942年7月至1948年3月任第三届、第四届国民参政会参政员。中华人民共和国成立后曾任中国科学院哲学社会科学部委员,全国人大代表,全国政协委员。

十一画

寇永吉 字子元,甘肃省武都县人,1910年生。日本法政大学毕业。曾任甘肃省参议员,国民党中央训练团青干班训育干事,三青团甘肃省支团部干事兼书记。1945年4月任第四届国民参政会参政员。1946年6月任甘肃省政府委员。

康绍周 字东升,福建省长汀县人,1903年生。中国大学毕业。曾任国民党中央军校政治教官,国民党福建省党部指导委员兼组织部部长,福建省参议会参议员。1940年12月至1948年3月任第二届、第三届、第四届国民参政会参政员。

章士钊 字行严,湖南省长沙县人,1882年生。曾任北京大学教授,北京农业学校校长,广东军政府秘书长,南北议和南方代表,段祺瑞执政府司法总长兼教育总长、秘书长,东北大学教授,冀察政务委员会委员兼法制委员会主任。1938年6月至1948年3月任第一届至第四届国民参政会参政员。中华人民共和国成立后曾任中央人民政府政务院法制委员会委员,全国人大常委,全国政协常委,中央文史研究馆馆长。

章伯钧 安徽省桐城县人,1895年生。武昌高等师范毕业,留学德国。中国国民党临时革命行动委员会创始人之一,中国农工民主党主席。曾任中山大学教授,北伐军总政治部宣传科长,福建人民政府经济委员会委员兼土地委员会主任委员。1938年6月至1948年3月任第一届至第四届国民参政会参政员。1941年任中国民主政团同盟(后改中国民主同盟)中央常务委员。中华人民共和国成立后曾任中央人民政府委员兼交通部部长,全国政协副主席,民盟中央副主席。

章 桐 字警秋,南京市人,1889年生。留学法国。曾任南京中学校长,国民党中央党部专门委员,中、中、交、农四联总处战时金融委员会委员。1942年7月至1947年任第三届、第四届国民参政会参政员。

梁上栋　字次楣,山西省崞县人,1889年生。留学英国。曾任北平特别市政府参事、社会局局长,国民政府实业部商业司司长、财政部财政整理委员会委员。1938年6月至1948年3月任第一届至第四届国民参政会参政员。1948年任监察院监察委员。

梁龙光　福建省永春县人,1908年生。曾任国民党厦门市党部筹备委员,国民党海外部侨民运动指导委员,福建省党部书记长。1945年4月任第四届国民参政会参政员。1947年7月任福建省政府委员兼教育厅厅长。中华人民共和国成立后曾任福建省人民委员会委员。

梁实秋　北平市人,1902年生。清华大学毕业,美国哈佛大学文学硕士。曾任上海《时事新报》编辑,光华大学、暨南大学、复旦大学、中国公学、青岛大学教授,北京大学英文系主任。1938年6月至1948年任第一届至第四届国民参政会参政员。

梁漱溟　字焕鼎,广西省桂林县人,1893年生。直隶公立法政专门学校毕业。曾任司法部秘书,北京大学教授,广东省政府委员,山东乡村建设研究院院长,山东省政府高等政治顾问。长期从事乡村建设工作。1937年8月任国防参议会参议员。1938年6月至1940年12月任第一届、第二届国民参政会参政员。1941年任中国民主政团同盟(后改中国民主同盟)中央常务委员兼秘书长。中华人民共和国成立后曾任全国政协常委。

商文立　贵州省平越县人,1899年生。法国里昂大学法学博士。曾任国民党贵州省党部特派员,暨南大学教授,国民政府监察院参事、设计委员以及司法院参事,贵州省临时参议会副议长。1945年4月任第四届国民参政会参政员。1948年任立法院立法委员。

郭任生　新疆省乌鲁木齐市人,1893年生。北京法政专门学校毕业。曾任非常国会众议院秘书,第二集团军总司令部参事,国民政府行政院参议,新疆省政府驻京办事处副处长。1938年6月至1948年任第一届至第四届国民参政会参政员。

郭仲隗　字燕生，河南省新乡县人。河溯学校毕业。曾任北伐军豫北自治军司令，河南省三、四两区行政督察专员及党务指导员，河南省政府委员。1940年12月至1945年任第二届、第三届国民参政会参政员。1948年任监察院监察委员。中华人民共和国成立后曾任河南省人民委员会委员。

郭英夫　陕西省咸阳县人，1889年生。曾任陕西靖国军第七路副司令兼参谋长，国民党陕西省党部委员。1938年6月至1942年任第一届、第二届国民参政会参政员。

郭仿仪　湖北省广济县人。1947年5月增补为第四届国民参政会参政员。

常乃惪　原名乃瑛，字燕生，山西省榆次县人，1898年12月生。1920年北京高等师范毕业。中国青年党创始人之一。曾任中国公学、燕京大学、华西大学、齐鲁大学教授。1938年6月任第一届国民参政会参政员。1947年3月任国民政府委员。

常志箴　河南省卢氏县人，1895年生。河南农业专门学校毕业。曾任河南河洛道蚕桑局局长，第二十路军总指挥部经理处长，中原煤矿公司董事，河南省政府委员兼代财政厅厅长。1942年7月任第三届国民参政会参政员。

常恒芳　字藩侯，安徽省寿县人，1881年生。曾任北洋政府国会众议院议员，国民革命军安徽宣慰使，第三十三军副军长，鄂豫皖边区党政分会委员兼宣传委员会主任委员，安徽省政府顾问。1938年6月至1940年12月任第一届、1945年4月至1948年3月任第四届国民参政会参政员。

黄元彬　广东省台山县人，1891年生。日本京都帝国大学毕业。曾任中山大学法学院经济系主任，中央大学法学院院长。1938年6月任第一届国民参政会参政员。1940年任广东省政府委员兼建设厅厅长。

黄同仇　广西省平乐县人，1900年生。北京民国大学毕业，留学英国爱丁堡大学、伦敦大学。曾任李宗仁第四集团军总司令部政治训练处处长，国民党广西省党部委员，邕宁县县长，梧州市市长。1938年6月至1945年任第一届、第二届、第三届国民参政会参政员。1945年7月任安徽省政府委员兼民政厅厅长。

黄宇人　贵州省黔西县人，1905年生。黄埔军校第四期毕业，留学英国伦敦大学。曾任国民党江苏省党部常务委员兼组织部部长，贵州省党部执行委员。1938年6月至1948年3月任第一届至第四届国民参政会参政员。1948年任立法院立法委员。

黄汝鉴　字筱衡，西康省荥经县人，1884年生。日本东京帝国大学毕业。曾任北洋政府众议院议员，四川省第十七区行政专员，西康省临时参议会秘书长。1940年12月至1948年3月任第二届、第三届、第四届国民参政会参政员。1948年任监察院监察委员。

黄君迪　广东省人。1940年12月任第二届国民参政会参政员。

黄建中　字离明，湖北省随县人，1889年生。北京大学毕业，留学英国爱丁堡大学、剑桥大学。曾任北京大学、北京师范大学、暨南大学、交通大学教授，国民政府教育部司长、代理次长，湖北省政府委员兼代教育厅厅长，国民党中央第六届候补监察委员。1938年6月任第一届、1942年任第三届、1945年任第四届国民参政会参政员。1948年任立法院立法委员。

黄炎培　字任之，号楚南，江苏省川沙县人，1878年生。前清举人，同盟会会员。曾任江苏省教育司司长，江苏省教育会副会长，江苏省议会议员。中华职业教育社创办人、理事长。1937年8月任国防参议会参议员。1938年6月至1948年3月任第一届至第四届国民参政会参政员。曾参与发起组织中国民主政团同盟（后改中国民主同盟）、民主建国会。中华人民共和国成立后曾任中央人民政府委员，政务院副总理兼轻工业部部长，全国人大常委会副委员长，全国政协副主席，民建中央主任委员。

黄肃方　名金鳌，四川省隆昌县人，1877年生。留学日本东京警监学校。曾任四川军政府总务处处长，川东宣慰使，嘉陵道道尹，四川参议会参议员。1940年12月至1948年3月任第二届、第三届、第四届国民参政会参政员。1948年任立法院立法委员。

黄范一　广东省高要县人，1892年生。广东陆军军官讲习所步兵科毕业。同盟会会员。曾任广东北伐军总司令部参军，中华革命军西路司令官，大元帅府大本营少将参议，国民党广州市党部特派员、执行委员，第四路军总司令部少将参议,广东绥靖公署参议,第七战区司令长官部少将顾问。1940年12月至1945年8月任第二届、第三届、第四届国民参政会参政员。

黄荫来　江苏省人。1947年3月增补为第四届国民参政会参政员。

黄仲岳　字子敬,广西省临桂县人,1881年生。广西法政学堂毕业。曾任广西省政府委员兼财政厅厅长,广西银行董事长。1942年7月至1948年3月任第三届、第四届国民参政会参政员。

黄　浩　福建省福州市人。1947年1月增补为第四届国民参政会参政员。

黄渊伟　广东省人。1947年5月增补为第四届国民参政会参政员。

梅光迪　字迪生,又字觐庄,安徽省宣城人,1890年生。美国威斯康辛大学毕业。曾任南开大学、浙江大学、东南大学英语系主任,美国哈佛大学中国文学系主任,中央大学文学院院长,浙江大学文学院院长。1938年至1945年任第一届、第二届、第三届国民参政会参政员。

萨孟武　福建省闽侯县人,1898年生。日本京都帝国大学毕业。曾任中央政治学校教授,中山大学法学院院长。1940年12月至1948年3月任第二届、第三届、第四届国民参政会参政员。

盛世骥　字亦庸,辽宁省开源县人,1912年生。莫斯科东方大学毕业。曾任新疆省立师范学校校长,驻苏联塔什干副领事。1942年7月任第三届国民参政会参政员。

曹叔实　四川省富顺县人,1874年生。曾任蜀军招讨使,川北川南安抚使,中华革命党四川负责人,广州军政府内务部总务司司长,国民党四川支部长,"讨贼"军第一军右翼总司令,川黔边防军第一混成旅长,四川党务特派员,国民党四川省党部常委。1942年7月任第三届国民参政会参政员。

萧一山　江苏省铜山县人,1902年生。北京大学毕业,留学英国。曾任清华大学、北京大学、北京师范大学、中央大学教授,北平文史政治学院、河南大学文学院院长。1940年12月至1948年3月任第二届、第三届、第四届国民参政会参政员。1948年任国民政府监察院监察委员。

萧笠云　福建省东山县人。1947年3月增补为第四届国民参政会参政员。

崔垂言　吉林省人。1947年1月增补为第四届国民参政会参政员。1948年任吉林省政府委员。

崔震华　女,字暂云,河北省庆云县人,1886年8月生。天津北洋女子师范学堂毕业。1947年1月增补为第四届国民参政会参政员。

十二画

谢冰心　女,名婉莹,幼名星朗,福建省长乐县人,1903年生。美国威斯里安大学文学硕士。曾任燕京大学、清华大学、北平女子文理学院讲师、教授。1940年12月至1948年3月任第二届、第三届、第四届国民参政会参政员。中华人民共和国成立后曾任全国人大代表,全国文联委员,民进中央委员。

谢明霄　字星朗,四川省梓潼县人。1947年3月增补为第四届国民参政会参政员。

谢　娥　女,字帼英,台湾省台北市人,1917年生。1947年3月增补为第四届国民参政会参政员。1948年任立法院立法委员。

谢泽周　字济川,江西省瑞金县人,1892年生。农业专科学校毕业。1947年5月增补为第四届国民参政会参政员。

谢　健　字铸陈,四川省荣昌县人,1883年生。留学日本。曾任国民政府文官处秘书,司法行政部常务次长。1938年6月任第一届国民参政会参政员。

曾宝荪　女,字浩如,湖南省湘乡县人,1894年生。英国伦敦大学毕业。曾任中国出席太平洋会议代表,湖南艺芳女子中学校长。1940年12月任第二届国民参政会参政员。

曾省斋　湖南省浏阳县人,1896年生。武昌师范大学毕业。曾任国民党湖南省党部执行委员,湖南省临时参议会参议员。1940年12月任第二届国民参政会参政员。

曾　琦　原名昭琮,字锡璜、慕韩,四川省隆昌县人。1892年9月生。留学日本。早年参加少年中国学会,中国青年党创始人之一。曾任同济大学、法政大学、大夏大学教授。1937年8月任国防参议会参议员。1938年6月至1948年3月任第一届至第四届国民参政会参政员。1947年参加国大,任国民政府委员。

温良儒　字天儒,陕西省人。曾任陕西省第四区、第十区行政督察专员。1947年3月增补为第四届国民参政会参政员。1948年任陕西省政府委员兼财政厅厅长。

童冠贤　原名启颜,察哈尔省宣化县人,1894年生。日本早稻田大学毕业,美国哥伦比亚大学硕士,德国柏林大学、英国伦敦经济学院研究员。曾任国民党北京政治分会委员,中山大学教授,安徽大学、中央大学法学院院长、教授,国民政府监察院监察委员、审计部常务次长,山西、陕西监察使。1940年12月至1943年任第二届、第三届国民参政会参政员。1948年任立法院立法委员、立法院院长。

焦守显　字子明,绥远托克托人,1902年生。美国麦迪逊大学毕业。曾任国民党绥远省党部委员,天津市特别党部整理委员,国民党西北公路局特别党部主任委员。1945年4月任第四届国民参政会参政员。

彭允彝　字静仁,湖南省湘潭县人,1877年生。日本早稻田大学毕业。曾任湖南军政府顾问,南京临时参议院议员、众议院议员,汪大燮内阁教育总长,国民政府赈济委员会委员。1938年6月至1945年4月任第一届、第二届、第三届国民参政会参政员。

彭革陈　四川省南川县人,1899年生。美国威斯康辛大学毕业。曾任外交部条约委员会委员,国民党中央检查新闻处处长,国防最高委员会外交专门委员会委员,国民党中央宣传部新闻事业处处长。1942年7月至1948年3月任第三届、第四届国民参政会参政员。

彭国钧　字全方,湖南省安化县人,1875年生。湖南省明德学校毕业。曾任湖南省议会议员。国民党湖南省党部特派员,国民政府铨叙部登记司司长,国民党中央候补监察委员兼湖南省党务特派员,湖南省临时参议会参议员。1940年12月任第二届国民参政会参政员。

彭学沛　字浩徐，江西省安福县人，1897年生。日本京都帝国大学毕业。曾任北京大学教授，上海《中央日报》主笔，国民政府内政部次长、处长，交通部常务次长。1938年6月至1939年2月任国民参政会副秘书长。

彭　拳　湖北省人。1947年1月增补为第四届国民参政会参政员。

董必武　又名用威，湖北省黄安县人，1886年3月生。早年参加同盟会，后为中国共产党创始人之一。抗日战争时期曾任中共中央南方局常委、统战委员会书记，在重庆从事党的统一战线工作。1938年6月至1947年任第一届至第四届国民参政会参政员。1945年4月任中国出席美国旧金山联合国成立大会代表。中华人民共和国成立后曾任中共中央政治局委员、常务委员，中央人民政府政务院副总理，最高人民法院院长，全国人大常委会副委员长，全国政协副主席，中华人民共和国副主席、代主席。

蒋方震　字百里，号澹宁。浙江省海宁县人，1882年10月生。日本陆军士官学校毕业，留学德国。曾任东三省督练公所总参议，浙江都督署总参议，保定军官学校校长，北京总统府顾问，北洋政府将军府将军，国民政府军事委员会高等顾问，陆军大学代理校长。1937年任国防参议会参议员。1938年6月任第一届国民参政会参政员。

蒋介石　名中正，原名瑞元，学名志清，浙江省奉化县人，1887年生。保定军官学校毕业，留学日本。同盟会会员。曾任国民政府军事委员会主席、委员长，国民党中央政治会议主席，国民政府主席，国防参议会主席。1938年12月27日汪精卫发表"艳电"投降日寇后，接任国民参政会议长、主席团主席。

蒋培英　广西省灌阳县人，1902年生。中国大学毕业，留学日本东京文理科大学。曾任广西省立第一高中校长，广西大学教务主任，国民党广西省党部监察委员，广西省临时参议会参议员。1945年4月任第四届国民参政会参政员。

蒋继伊　字伯父，广西省全县人，1882年生。日本法政大学毕业。前清举人。曾任北京公立广西学堂监督，广西银行总监督，广东省财政厅厅长，广西省政府委员兼财政厅厅长，广西省参议会参议员。1940年12月至1945年任第二届、第三届国民参政会参政员。

蒋健向　上海市人。1947年1月增补为第四届国民参政会参政员。

强　斌　字允轩,宁夏省银川人。1947年1月增补为第四届国民参政会参政员。

葛武棨　浙江省人。曾任宁夏省政府委员兼教育厅厅长,甘肃省政府委员兼教育厅厅长。1947年3月增补为第四届国民参政会参政员。

葛敬恩　字湛侯,浙江省嘉兴县人,1889年生。日本陆军大学毕业。曾任孙传芳浙江陆军第一师参谋长,国民革命军总司令部参谋本部参谋次长,国民政府军事委员会第一厅副厅长,军政部航空署署长,台湾行政长官公署秘书长。1947年5月增补为第四届国民参政会参政员。

喜饶嘉措　别号智海,青海省循化县人,1883年生。西藏格西。曾在拉萨罗布林卡行宫主持校编《大藏经》,在中央大学、北京大学、武汉大学、清华大学、中山大学讲授西藏文化。1937年任青海古雷寺寺主。1938年6月至1948年3月任第一届至第四届国民参政会参政员。1947年7月任国民政府蒙藏委员会副委员长。中华人民共和国成立后曾任青海省人民政府副主席,中国佛教协会副会长。

程希孟　江西省南城县人,1900年生。美国威斯康辛大学、英国伦敦大学博士。曾任国民党驻英国支部执行委员,上海大陆大学、北平大学教授,国民政府军事委员会第五部设计委员。1938年6月至1945年10月任第一届至第四届国民参政会参政员。

程思远　广西省宾阳县人,1908年生。意大利罗马大学政治学博士。曾任第四集团军少校秘书,广西绥靖公署政治部主任,三青团中央干事会干事兼社会服务处处长。1945年4月任第四届国民参政会参政员。1949年任国民党中央非常委员会副秘书长。中华人民共和国成立后曾任全国政协常委兼副秘书长,全国人大常委会副秘书长。

程崇道　安徽省人。1947年3月增补为第四届国民参政会参政员。

傅　常　四川省潼南县人,1878年生,陆军速成学堂毕业。曾任四川江防第六区司令,陆军第九师独立旅长,广州大本营派驻四川特派员,四川善后督办署驻京办事处处长,第六战区长官部参谋长,国民政府军事委员会参议。

1945年4月任第四届国民参政会参政员。

傅斯年　字孟真,山东省聊城县人,1895年生。北京大学毕业,留学英国爱丁堡大学、伦敦大学、德国柏林大学。曾任广东中山大学教授、文学院院长,中央研究院总干事、历史语言研究所所长、社会科学研究所所长,北京大学校长。1937年8月任国防参议会参议员。1938年6月至1948年3月任第一届至第四届国民参政会参政员。1948年任立法院立法委员。

韩汉藩　广东省文昌县人,1907年生。日本东京法政大学毕业。曾任广东绥靖公署参议,广东省政府参议,第三十五集团军驻渝办事处少将处长。1942年7月至1948年3月任第三届、第四届国民参政会参政员。1948年任立法院立法委员。

韩兆鹗　字卓儒,陕西省西安市人,1893年生。北京师范大学毕业。曾任陕西师范学校校长,陕西省政府教育厅代理厅长,米脂、安康、南郑、长安等县县长。1942年7月至1948年3月任第三届、第四届国民参政会参政员。中华人民共和国成立后曾任全国人大代表,全国政协委员,中央人民政府监察委员会委员,西北军政委员会委员,陕西省人民政府副主席、副省长,民盟中央常务委员。

韩克温　山西省曲沃县人,1894年生。北京大学毕业。曾任国民党山西省党部委员,国民党中央组织部党籍登记处处长。1938年6月任第一届国民参政会参政员。

韩春暄　松江省人。1947年1月增补为第四届国民参政会参政员。

喇世俊　甘肃省人,1868年生。曾任甘肃省政府委员,国民政府监察院监察委员。1938年6月任第一届国民参政会参政员。

喻育之　湖北省黄陂县人,1890年生。日本大学毕业。曾任国民政府军委会革命日报社社长,湖北省政府委员兼财政厅厅长,国民党湖北省党部执行委员。1938年6月至1948年3月任第一届至第四届国民参政会参政员。

喻维华　女,四川省人,1902年生。曾任香港女子中学校长,国民会议代表。1938年6月任第一届国民参政会参政员。

十三画

溥　侗　字西园，号红豆馆主，北京市人，1875年生。清皇族后裔。曾任蒙藏委员会委员，国民党中央候补监察委员。1938年6月任第一届国民参政会参政员。1942年后参加伪政权任汪伪国民政府委员兼蒙藏委员会委员长。

溥　儒　字心畬，号西山逸士，北京市人，1896年7月生。清皇族后裔。北京法政大学毕业，留学德国。曾任北京师范大学、艺术专科学校教授。1947年3月增补为第四届国民参政会参政员。

褚辅成　字慧僧，浙江省嘉兴县人，1872年生。日本东洋大学毕业。曾任同盟会浙江省支部部长，浙江军政府政事部部长，北洋政府国会众议院副议长，浙江省政务委员、代理民政厅厅长，上海法学院院长、教授。1938年6月至1948年3月任第一届至第四届国民参政会参政员。

雷沛鸿　字宾南，广西省邕宁县人，1886年生。留学美国哈佛大学。曾任广西省政府委员兼教育厅厅长，暨南大学、大夏大学、中央大学教授，广西省教育厅厅长，广西大学校长。1942年7月至1948年3月任第三届、第四届国民参政会参政员。1948年任立法院立法委员。

雷　震　字儆寰，浙江省长兴县人，1897年6月生。日本京都帝国大学毕业。曾任浙江省立第三中学校长，中央大学教授，国民党南京市党部委员、书记长，国民政府教育部总务司长，国民党五届中央候补监察委员。1938年7月任国民参政会秘书，1943年5月任副秘书长。1945年6月后任国民党第六届中央监察委员，国民政府行政院政务委员。

靳鹤声　山东省菏泽县人，1898年生。日本明治大学毕业。曾任国民党南京特别市党部委员，江苏省政府视察室主任，国民政府国防最高委员会财政专门委员。1942年7月任第三届国民参政会参政员。

蒙民伟　名经，广西省藤县人，1872年生。日本法政大学毕业。同盟会员。曾任同盟会广西支部部长，北洋政府国会众议院议员，国民党广西省党部执行委员、监察委员。1940年12月任第二届国民参政会参政员。

十四画以上

谭文彬 字雅儒,热河省建平县人,1900年生。直隶公立法政专门学校毕业。曾任国民会议代表,国民党热河省党务指导员、特派员。1938年6月至1945年任第一届至第四届国民参政会参政员。1945年10月任热河省政府委员兼民政厅厅长。

谭平山 名鸣谦,字聘三,广东省高明县人,1886年9月生。北京大学毕业。同盟会会员。早年参加中国共产党,后为中国国民党革命委员会领导人之一。曾任雷州中学校长,广东省公署参议,广州大本营宣传委员会委员,国民党第一届中央执行委员兼组织部部长、第二届中央执行委员兼农工部部长,武汉国民政府委员。1938年6月至1948年3月任第一届至第四届国民参政会参政员。中华人民共和国成立后曾任中央人民政府委员,政务院监察委员会主任,全国政协委员,民革中央副主席。

谭 光 字仲辉,湖南省茶陵县人,1902年生。同济大学预科毕业。曾任建国湘军总司令部秘书,国民革命军第二军司令部秘书,国民政府农矿部、实业部秘书,行政院参事。1945年4月任第四届国民参政会参政员。

谭 赞 字慕平,广东省中山县人,1886年生。美国华侨。曾任驻美芝加哥中国同盟会会长,国民党分部部长、美中支部部长,驻美国总支部指导委员、监察委员,芝城中华会馆董事,美中芝城救国后援会副会长。1942年7月任第三届国民参政会参政员。

廖学章 四川省华阳县人,1882年生。美国俄亥俄大学文学硕士。曾任四川省立外国语专门学校校长,成都大学、成都师范大学、四川大学教授。1945年4月任第四届国民参政会参政员。

廖竞天 广西省全县人,1899年生。日本东京商科大学毕业。曾任广西银行桂林分行副行长,广西省政府财政厅代理厅长,广西银行董事会委员。1945年4月任第四届国民参政会参政员。

端木恺 字铸秋,安徽省当涂县人,1903年生。美国纽约大学法学博士。曾任复旦大学法学院院长,国民政府行政院参事、会计长,国家总动员会议秘书长。1945年4月任第四届国民参政会参政员。1947年12月任立法院立法委员。

  翟仓陆　河南省登封县人，1903年生。日本大学毕业。曾任河南省临时参议会参议员，河南省政府财政厅主任秘书。1945年4月任第四届国民参政会参政员。

  翟　纯　字粹庭，安徽省巢县人，1904年生。中国大学毕业。曾任苏鲁豫皖边区党政分会委员兼党政处处长，国民党安徽省党部委员。1945年4月任第四届国民参政会参政员。

  熊在渭　字紫茗，江西省余江县人，1902年生。北京工业大学毕业。曾任江西省合作事业管理处处长，国民党江西省党部监察委员、执行委员。1945年4月任第四届国民参政会参政员。1948年任监察院监察委员。

  蔡芷生　河南省人。1947年1月增补为第四届国民参政会参政员。

  颜任光　字耀秋，广东省崖县人。曾任北京大学物理系主任，光华大学副校长兼理学院院长，国民政府交通部电政司司长，中政会交通专门委员。1938年6月任第一届国民参政会参政员。

  颜惠庆　字骏人，上海人，1877年生。前清翰林，美国弗吉尼亚州大学毕业。曾任上海圣约翰书院教授，清政府驻美使馆参赞官、外务部主事、参议左丞。辛亥革命后担任外交次长，驻德国、丹麦、瑞士、英国、美国公使，驻苏联大使。1937年8月任国防参议会参议员。1938年6月至1942年任第一届、第二届国民参政会参政员。抗战胜利后任联合国善后救济总署远东区域委员会主席，1948年任立法院立法委员。1949年2月任上海人民和平代表团代表赴北平参加国共谈判。中华人民共和国成立后曾任华东军政委员会副主席，中央人民政府政治法律委员会委员。

  潘昌猷　四川省仁寿县人，1903年生。曾任重庆银行总经理，四川省银行董事长、总经理。1940年12月至1948年3月任第二届、第三届、第四届国民参政会参政员。1948年任立法院立法委员。

  潘秀仁　字篯四，绥远省归绥人，1893年11月生。北京农业专门学校毕业。曾任国民党绥远省党部执行委员，绥远省政府委员兼教育厅厅长。1938年6月任第一届国民参政会参政员。

潘朝英　广东省顺德县人，1904年生。1947年3月增补为第四届国民参政会参政员。1948年任立法院立法委员。

潘莲茹　字太初、泰初，山西省临汾县人，1891年生。英国伦敦大学毕业。曾任国民政府外交部参事，外交部特派察哈尔交涉员，山西大学教授，山西绥靖公署参事。1945年4月任第四届国民参政会参政员。

薛明剑　江苏省无锡人，1894年生。曾任江苏教育学院、民众教育学院、劳农学院教员，申新纺织一厂经理，无锡工商建设局局长，三战区司令长官公署办事处处长。1942年7月至1948年3月任第三届、第四届国民参政会参政员。1948年任立法院立法委员。

燕化棠　原名国炽，字午峰，河南省新蔡县人，1893年生。东京日本大学法专毕业。曾任国民党青海省党务特派员，河南省党部执行委员、书记长，河南省参议会秘书长。1940年12月任第二届、1945年4月任第四届国民参政会参政员。

燕树棠　字召亭，河北省定县人，1892年生。美国耶鲁大学法学博士。曾任北京大学、武汉大学教授，河北省政府教育设计委员会高等教育委员，国民政府监察院监察委员。1947年1月增补为第四届国民参政会参政员。

魏元光　字明初，河北省南乐县人。美国西瑞求斯大学硕士。曾任河北工业学院院长，中央工业职业专科学校校长。1940年12月至1948年3月任第二届、第三届、第四届国民参政会参政员。

魏时珍　四川省人。1947年3月增补为第四届国民参政会参政员。

魏际青　湖北省人。1947年3月增补为第四届国民参政会参政员。

第三部分
回忆录

国民参政会的前身
——国防最高会议参议会

梁漱溟

国民参政会于一九三八年七月在武汉成立。在此之前,国民党当局在南京曾设有国防最高会议参议会,该会实为国民参政会的前身。由于存在时间不长,也没有正式机构和公布与会者名单,非参与其事者,大都不知其详。我曾忝列议席,因时间相隔太久,有些细节已记忆不清,但尚能回忆其梗概。

西安事变后,蒋介石被迫接受中共团结抗日的政策,但并不真正执行。最突出的是,"七君子"事件中的沈钧儒、沙千里诸先生仍然关押在苏州监狱,并未立即释放。

"七七"事变发生,蒋介石仍对全面抗战持观望态度,但当时中日两国全面开战的形势已经形成,国内团结抗日的气氛也非常浓厚,地方军队如川军、滇军、桂系等等都纷纷表示愿意服从中央调遣,开赴前线,对日作战。在此情况之下,国民党当局遂有国防最高会议之设,其成员皆系国民党军队中的高级将领。稍后,蒋介石感到,除需要调集军事力量在战场上抗击日军外,还需要全国各党各派、各界人士和广大人民群众的支援。为此,又延揽了国民党以外的各党派领袖人物和知名人士,设立国防最高会议参议会。这两个会议在组织上没有隶属关系,在议事内容上则各有侧重。前者着重讨论军事问题,后者着重讨论如何动员各方力量,包括争取国际同情方面的问题。

被邀参加国防最高会议参议会的人数不多,最初不过二十余人,后来略有增加,均系各方面推荐,由国民党最高当局具名邀请。当时实行国共合作,因此首先邀请了中国共产党,毛泽东名列参议员名单之首。但他始终没有到会,一直由周恩来代表,我就是在那里第一次见到周恩来的。被邀请的还有刚刚从监狱里释放不久的救国会的沈钧儒、邹韬奋,还有其他各方人士如青年党的左舜生、李璜,乡建派的晏阳初和我,教育界的黄炎培、胡适、张伯苓、傅斯年,外交界的施肇基,军事家蒋方震(百里),以及国民党元老马君武、徐谦等。

"八一三"战事发生时,我正在上海,感到战争势将急速发展,乃离开上海返回山东,准备与同仁会商参加抗战事宜。八月十五日到达山东济宁,正步入济宁专员公署大门时,里面出来一人,手持张群发来的电报,要我立即赶到南京。到京以后,才知道是邀请我参加国防最高会议参议会。邀请公函上署名者是蒋介石、汪精卫。国防最高会议参议会于八月十七日举行第一次会议,地点在中山陵内一座木结构临时性建筑物中,意在避免日机轰炸和不引人注目。会议由汪精卫主持,蒋介石甚少出席。该会每周举行二、三次。现在还记得的如推荐胡适出任驻美大使,建议派蒋方震去德国、孙科去苏联,以争取国际援助等等。

为时不久,由于战事扩大,国民政府迁往武汉,国防最高会议参议会在政府迁武汉后还存在了一个短时期,后来中共和各方人士普遍认为,为了开展全面抗战,实有设置一个由各党各派和各方代表参加的民意机构的必要。后经国民党临时全国代表大会决定,由国民政府明令公布,成立国民参政会。国民参政会最初由汪精卫任议长,张伯苓任副议长,王世杰任秘书长。汪精卫叛国投敌后,改由蒋介石任议长。后来又实行主席团制,直到一九四八年国民参政会撤销。国民参政员是由国民政府聘请,最初为一百五十人,后来逐渐增加。参政会闭会期间,选出若干"驻会委员"相当于现在的常委会,我一直担任此职。

周勇　整理

第一届国民参政会亲历记[①]

邹韬奋

"请客"与民意

在武汉的十个月(二十六年十二月至二十七年十月)中,除开始几个月民众运动的蓬勃气象值得回忆外,在这个阶段中值得注意的要算似民意机关而又说不上民意机关的国民参政会了。民意机关应该是由民选而来的,参政会根本不是民选组成的,所以说不上民意机关,但是号称国民参政会,又似乎是民意机关。无论如何,国民参政会总比国防参议会进一步。国防参议员是政府由"请客"方式请来的,这一点在基本上并没有什么差异,但是同是"请客",后来究竟有了一些进步,这确是事实。

如说国防参议会是小规模的"请客",那末国民参政会可以说是大规模的"请客"。为什么有这大规模的"请客"呢?民国二十七年三月国民党临时全国代表大会决议说:"在非常时期,应设'国民参政会。'"又同次会议制定《抗战建国纲领》,关于政治部分在第十二条规定:"组织国民参政会,团结全国力量,集中全国之思虑及识见,以利国策之决定与实行。"同年四月十二日公布又经六月二十一日修正的《国民参政会组织条例》第一条也明白指出:"国民政府在抗战期间,为集思广益,团结全国力量起见,特设国民参政会。"从这些词句看来,国民政府这次大规模"请客",其原来的宗旨诚然是值得我们赞成的。

这次大规模的"请客",来宾共定二百人,分为四类。第一类为曾在各省市公私机关或团体服务三年以上、著有信望的人员。第二类为曾在蒙古(地区——编者注)、西藏地方公私机关或团体服务著有信望,或熟谙各该地方政治的社会情形、信望久著的人员。第三类为曾在海外侨民居留地工作三年以

[①]本文为邹韬奋长篇回忆文章《抗战以来》中的一部分,曾于1941年由香港《华商报》连载,收入本书时文字略有删节,题目是编者加的。——编者

上、著有信望,或熟谙侨民生活情形、信望久著的人员。第四类为曾在各重要文化团体或经济团体服务三年以上、著有信望,或努力国事、信望久著的人员。"请客"的手续,是由国民党中央执行委员会决定名单,转请国民政府公布。第四类"来宾"在实际上包括各党派的领袖们(也有无党派的所谓"知名人士"),名额一百人,占全数之半。看了上面的分类,"著有信望"或"信望久著",似乎是很注重的,但是既为"请客",要请谁其权全在主人,所有究竟谁"著有信望"或"信望久著",全由主人自由决定。说句公道话,第一届国民参政会中所请到的"来宾",虽在实际上到会的数目中几有四分之三是"主人"的"家里人"(主人是国民党,国民党参政员当然是"家里人"),但是当名单公布的时候,一般社会上留心政治的人们所得到的印象还不算坏,因为人选里面确包括了多少为民间所信任的人物。

至于参政员自己的观感呢?既然是"来宾",而座中又有多数的"家里人"做"陪客",当然明白"喧宾夺主"是不可能的。而且依"请帖"上的规定,虽有听取报告、建议、询问等职权,但决议案必须经国防最高会议通过才算有效,所以一开始并不敢存有什么真正民意机关的奢望。但是由于公布的宗旨再三郑重指出,"团结全国力量"、"集思广益"、"集全国之思虑及识见,以利国策之决定与实行",同时所公布的人选中,确有一部分包括抗日各党派的领袖们及无党派的社会上"知名人士",在渴望实行民主政治以加强国力,甚于大旱之望云霓的今日,有此似民意机关的成立,在当时看来,也未尝不聊甚于无。而且在职权上虽很有限,远比不上什么民意机关应有的职权,但是只须发出"请帖"的主人对于"来宾"的建议,真在事实上把它切实地实行起来,那对于"非常时期"的国事还是可能发生相当效果的。因此在最初有许多被"请"的朋友都感到相当的兴奋,就是无意中被"请"的我,也怀着一腔热忱与希望,把自己看作努力代表民意的一分子,欣然参加,当初并未曾料到这只是一场幻梦而已。

"来宾"种种

把国民参政会的召集,譬作政府(或说得更确切些是国民党,因为请客名单是由中央执行委员会决定的)大规模"请客",这实在不是记者个人的私言,而是被"请"的参政同人多数的公意。他们常在谈笑中说他们是国民党"请"来的客。既是"请客",必有"来宾",我们现在不妨来看一看"来宾"种种。

"来宾"中年龄最大者有七十多岁的老公公,年龄最小者有三十一二岁的小伙子。("请帖"上规定,无论男女,必须年满三十岁的才够资格!所以不能再小了。)可是思想的进步或退步,精神的饱满或衰颓,态度的积极或消极,以及责任心的有无,正义感的深浅,对国事热情的厚薄,却不一定受到年岁的影响。在六七十岁的老前辈中,我们可以看到富有斗争精神,老当益壮的伙伴,例如最令人感动的有张一麐先生。他在会议中常能言人所不敢言,虽引起一部分"陪客"的不满,但毫不减损他的勇气。他曾在第三次大会开幕演词中大声疾呼:"精神集中,力量集中,除少数丧尽天良的汉奸外,必须以汉贼不两立为唯一目标,断不容于同受三民主义洗礼中,自相残害……默察各地党政军各级人员,对于民众运动往往有所歧视。道路传闻,尚有假借取缔与指导名义,摧残合法组织,箝制正当言论,拘捕热血青年,致为亲者所痛,而为仇者所快。若任其摩擦,勇于私斗,必怯于公战,敌人与汉奸之所喜,即仁人志士之所忧,应由政府申儆全国。"这样至诚爱国的沉痛语,幸而是出于年高德劭的张先生之口,否则至少又要被人戴上几顶毫不相干的帽子了!又例如年近古稀的褚辅成先生,他老先生对于报告或提案内容看得那样精细,恐怕为全会同人所不及。他不但看得精细,而且想得精细,任何问题都不肯丝毫放过,即看到有一字一句的欠妥,也非立起来说话不可。他的嘉兴国语也许有人不全懂,但是他的不屈不挠抗争到底的精神,却是谁也不能不懂的!又例如躯体魁梧,美髯的张澜先生,虽高寿已达古稀,而气概却无殊青年,对于四川积弊,在会场上尤其口若悬河,气薄云霄,我们看见青年的纯洁英俊,深为国家民族庆幸,看到六七十岁的老前辈这样英勇有为,更不禁为国家民族快慰。

"来宾"中的老前辈也有极少数应该送入养老院而被误送到参政会的,他们已经老得走不动,出入都须有人挟扶着。甚至有的眼睛几乎已瞎,你走到他的面前,他简直不很觉得,因为他根本就在模糊中摸索着。

"来宾"中有的对提案有劲,对开口有兴,忙得可以;有的好像抱定永不提案,永不开口主义,开得舒服。大概做"陪客"的以省事为前提,趋向于闲的路线者较多,十足道地的"来宾",往往多事,自讨苦吃。但是"陪客"也有不得不积极卖力的时候,尤其是在审查会中有所争辩的时候,他们重要任务似乎是在"防御"工作。

有的"陪客"对"防御"工作无兴趣,闲得又不耐,于是常逃之夭夭,或一到即溜。如偶然被你撞见,他不是说头痛,便是说昨天肚子吃坏了,你反得安慰他,请他注意健康。

究竟怎样?

在国民参政会中,除国民党外,事实上确有其他党派的存在,因为各党派的代表人物,明明是事实,不是可以随便捏造的。这样看来,党派似乎是已公开存在的了,为什么我们还常听到什么党派问题呢?为什么我们还常听到什么党派要求合法存在的呼声呢?这似乎是一个谜,但是我们如果不只是看表面而能明白实际的真相,便不难了解在中国目前政治上的这个谜。

在事实上国民参政会中除国民党外确有其他党派的存在,这并不是捕风捉影或白昼见鬼的事情,但在另一方面,"主人"在这个大规模"请客"中向来讳言党派,他们说在"请帖"上所规定的四类"来宾"中根本就找不到党派的字样。在第一次大会中(按:指第一届国民参政会)将行通过《拥护政府实施抗战建国纲领案》时,陈绍禹先生起立公开声明代表中国共产党热烈拥护政府实施《抗战建国纲领》,同时曾琦先生也起立公开声明代表中国青年党作同样的表示。但是随着就有好几位"陪客"先生们起来大作讥讽,说他们不知道有什么党派的代表,只知道代表国家。假使参政会可说是一种过渡的"民意机关"的话,勉强说参政员可以代表人民,似乎还可以马虎过去,至于代表国家的任务则属于一国的元首,不是参政员所能代表的,这一点已经令人发生疑问,但我们在这里所要注意的却不是议员与元首职权之争,而是要指出在"主人"和"陪客"的心目中,除国民党外,其他党派似乎都在若有若无之间。你如果稍稍留意国民党党报和党刊上的言论,当能记忆自从"武汉时代"起,就口口声声强调所谓"一个党",言为心声,既公开主张中国只许有"一个党",那末其他党派都不许存在,自是自然的结论了。

但有人说约法中明明规定"人民有结社、集会之自由",《抗战建国纲领》第二十六条也明明规定"在抗战期间如不违反三民主义最高原则及法令范围内,对于言论出版集会结社当予以合法充分之保障",所谓"结社",即可指人民组织政治团体而言,法律并不禁止。而且"政府为应事实的需要,已经用换文的方法,承认三个党派的地位;最早是中国共产党,其次是国家社会党,再次是中国青年党"(见《中央周刊》陶百川先生著《党派承认问题的法律研究》一文)。这样还有什么党派合法存在的问题呢?但是我们不讲空的条文,或纸上写的黑字,我们要看事实。

实际的事实是怎样?在参政会里尽管有若干党派的人物在那里"参政",而在各学校中的青年和政府各机关中的职员,却因党派的关系,或甚至并无党派关系而被疑有党派的,都在被排斥或是甚至遇到更大的危险。这在群众较多的中国共产党、中国青年党及救国会派,所遭受的苦难也最酷烈。青年党领导人之一的李璜先生曾经告诉记者,他曾就学校青年中因有青年党关系的原故而被开除的事实,列举面告蒋委员长,请求纠正,委员长也当面允许饬令纠正,可是同样的事实仍不断发生(也是李先生亲告记者的)。青年党另一领导人左舜生先生也曾将青年党党员中因党的关系而失业的事实亲告记者。中共的"来宾"告诉我们的这类事实更多。救国会派的青年和职员在"人民阵线"罪名之下被迫失学失业的也不可胜数。至于各党派办的刊物,尽管经过政府所设审查机关通过的,如《新华日报》及《全民抗战》等等,学校青年及一般公务员胆敢阅览,就是罪证!诸如此类的事情,简直三天三夜谈不完!

香港《大公报》曾于去年十月间登载重庆专电,说蒋委员长曾对赴渝视察的上海英文《大美晚报》主笔高尔德说,中国是要实行多党制的民主政治,我曾将这个消息加入《全民抗战》信箱答复读者的复语中,被重庆的审查先生用墨浓浓地完全涂掉。最近报载视察慰劳运动的渝市党委程朱溪在屯溪对新闻记者说:"今日之中国,绝对不容许有异党派之存在。"国民党领袖之公开指示如彼,党委之公开宣传如此,究竟怎样,实使人如陷五里雾中,无数青年及热心国事的人们便在这云里雾中遭到源源而来的无妄之灾。

党派团结不是党派本身的问题,实与改善政治坚持抗战有重要的关系(在前面已经说明过),所以这个"究竟怎样"的问题是值得严加考虑的。

"来宾"的建议

大规模"请客"的"请帖"上说明"来宾"有三权,即听取报告权、询问权及建议权。听取政府的施政报告,忙的是"主人"各机关的秘书科长们,因为他们要像学生大考似的做起报告,"来宾"只须一对听觉的器官健全就行,用不着什么准备。询问也比较地简单,口头询问只须临时想起什么问什么,书面询问也用不着什么洋洋洒洒的大文章,开个条子,凑上五人以上署名就行。至于建议便是"来宾"的提案,便比较地谨严而详细,要拟题目,要写出理由,要写出办法,最后装上"是否有当,尚希公决"的一套。在会期接近的时候,朋友们看见参政员,或参政员彼此看见,最容易脱口而出的问句是:"你是什么提案?"但却没人问:"你有什么报告要听?"或"你有什么问题要询问?"建议之被重视,于此可见。

建议或提案之所以重要,当然不仅仅是它的本身,尤其重要的是真能切实执行,而且执行时必须符合其原议的精神。这几句话说来好像常识中的常识,诸君也许要感觉到我的噜嗦,但是表面上是一回事,骨子里又是一回事。这实在是中国目前政治上最重要的征象,也是我二、三年来在中国实际政治这一部门的课程中所得到的最深刻的教训。可是得到这种深刻的教训是需要相当时间的实际视察和许多事实的参证,我在初做"来宾"的时候,对于这一点还不甚明了,所以对于建议和其他"来宾"一样,非常起劲,以为提案得到通过后是可能得到切实执行的,没有想到通过是一回事,实行又是一回事。更没有想到有的时候通过的提案竟可以得到反作用的结果!这暂且不在话下,且说初做"来宾"的我这个傻子,抱着满腔的热诚和希望,在第一次大会中就针对当时的迫切需要,冒冒失失地接连提出了三个提案。第一是《调整民众团体以发挥民力案》,反映当时民众运动的一个迫切要求。第二是《具体规定检查书报标准并统一执行案》,反映当时文化界的一个迫切要求。第三个是《改善青年训练以解除青年苦闷而培植救国干部案》，反映当时多数青年一个迫切的要求。第一案中最重要的一点是对于"调整现有的民众团体"，主张只要在事实上不违反三民主义及《抗战建国纲领》，确有群众基础及救国工作表现的民众团体，政府都应该准许他们立案，承认他们合法的地位。读者诸君只要回想到我上几次所谈到的当时民众运动所遭受的厄运情形，便可以明了这一点的重要性。这提案经过我与几位"陪客"先生的激烈辩论之后，算是通过了，但提案尽管通过，后来民众团体所遭受的厄运还不是一样？我现在回想起来，当时的提案是发傻，激烈辩论更是发傻，因为提案的通过不通过，和民众团体的命运是不相干的。多谈废纸堆里的什么提案，诸君也许要觉得枯燥乏味，在这里只是举一个例子谈谈，不想再多说了。

但在结束以前，"忧国忧民的沈先生"在第一次大会中所提出的《切实保障人民权利案》仍值得"提"出来作另一个例子。他老先生对政治经验比我这样的后生小子当然是丰富多了，但是他当时也不免发傻，提出了这样的一个提案，下面撮述该案中的"办法"虽是被审查会"修正"后的内容，仍值得一读。有一条是："除法律赋有权限之机关外，绝不许拘捕禁押审判处罚人民，以保法权统一。"有一条是："通令各军警机关，除戒严时期外，不得拘禁审判非现役军人，非违反军事法规之人民，现在拘禁中者，应即解送司法机关。"有一条是："通令各军警机关，拘捕嫌疑之人犯，必须于二十四小时内解送审判机关。"有一条是："凡非依法律手续逮捕者应立即移送审判机关。"有一条是："通令全国查明现尚羁押之政治犯，予以释放。"有一条是："通令全国严禁刑讯。"有一条是："通令军警机关，凡人民团体及言论出版非依法律不得解散封闭扣押没收。"够了，不再多举了。这提案不仅通过，而且经政府通令全国饬遵，但是我们如把随便举出的任何一条，和实际的情形比较比较，便可以断言要研究中国政治，光看白纸上的黑字是不够的。要改善中国政治，光从条文上做工夫更是绝对不够的。

"建议"种种

在国民参政会中，建议是用"提案"的方式来表现，这是大家所知道的。

但是虽都叫做"提案",因内容的不同,所遭的命运也有着很大的差异。大概最能一帆风顺的是"主人"已在做或已决定做的事情,而虽未做而已拟定形式的事情,装上提案的方式,在会中提出来。例如政府已在执行抗战国策,在第一次大会中有人提出《拥护政府长期抗战国策案》,那就无须讨论即可通过。又例如《抗战建国纲领》,原是国民党所已拟定而已经该党通过的,在第一次大会中有三个提案拥护实施这个纲领,也是很顺利地通过的。第一次大会举行于二十七年七月六日,是在徐州失陷以后,又有少数妥协投降分子正在散播毒菌,而国民党政府仍在坚持抗战的时候,拥护长期抗战国策的提案虽只是重申现有的事实,但对于国际及全国的严正表示,却有着它的重要性的。民主政治的积极开展,实为团结全国更为巩固,争取胜利更可加速的基本条件,这自抗战一开始后,凡是没有顽固成见的人,都加以承认的。国民党拟有《抗战建国纲领》,正适合于这个需要。因此这两个提案都是在很热烈的气氛中,一致起立通过的。这表示政府只须能真正反映全国各抗日党派及人民的共同要求,执行领导权是易如反掌的。坚持抗战以贯彻救国,实行民主以巩固团结,始终是全国各抗日党派及人民的共同要求,实毫无疑义的。但是抗战不只是拖,我们必须加强国力作有力的反攻,实行民主不在口头或表面,而在乎实际,这是我们所需加紧努力的。

其次可以风平浪静中通过的是关于比较空洞、八面玲珑、不致得罪任何方面的提案,如《节约运动计划大纲》之类,因为节约的美德,大家省下一点钱,于公于私都不无好处,除举手赞成外,不必开口。尤其是这只是纸上的提案,一般薪水阶级所得的收入不够买米,节约无从下手,固然没有人再忍心说他们未曾切实履行节约,即大人先生们的迫切需要,牛油糖果等等都可由香港乘飞机直达陪都,其他奢侈品更不必说,没有人来管这样的闲事,也就没有切实履行节约的必要。

其次可以不致引起麻烦的提案是关于广泛的开发资源的提案,如开发工业农业之类,多开几个工厂,多辟几处农场,都是好事,对各方面都没有丝毫妨碍。有一次有一位女"陪客"的提案主张妇女统统都应该下乡种田,不但可以解决了妇女的失业,而且还可以大大地发展农业,这当然是莫大的好事,所以不分男女"来宾"或男女"陪客",都高高举着手,因为在两广等处的农村工作妇女,原来就在终年胼手胝足,不受到这类提案的影响,至于在城市中的高贵的太太小姐们,还不是仍然可以穿得花花绿绿,涂的红红白白,乘着闪亮的流线型汽车,招摇过市!

最困难最麻烦的当然是关于改善政治的提案,或指出实际的错误而欲加以纠正或改变的提案,这种提案无法不得罪任何方面,无法八面玲珑。例如《抗战建国纲领》中所规定的各条,都只是原则的说法,所以不致引起任何方面的反对,但是如就其中所规定的任何一条原则之下,举出具体的事实或情形,放在提案里面去,就要引起"陪客"们的激烈反对,或把内容改成完全失了原案的精神甚至相反。像我上次所提及的关于"保障民众团体以卫护民力","改善青年训练以解除青年苦闷而培植救国干部"等案,都在审查会中受到严重的打击,在极困难的情况下勉强通过,而且内容是经过一再修正的,要说成现状并不坏,只是已经进步,再求进步罢了。这的确是一件难事,要求进步不得不指出缺点,指出缺点就往往不免被人指为犯了"攻击政府弱点"的大罪,被人指为"挑剔政府措施",认为"官吏就是政府,攻击某些官吏的措施失当,就是攻击政府,就是挑剔政府措施",犯了反动的嫌疑!这是我亲自在某些"要人"面前领教过的高见,也是亲在参政会审查会中所得到的印象,绝对没有含着一点点"挑剔"的意思。这样的态度如不加以痛改,民主政治是不可能发展的。

"来宾"放炮

国民参政员既然好像"来宾",所以我屡次听到他们在私人谈话之间这样说笑着:"我们既然都是请来的客人,大家还是客客气气罢!"话虽然如此说,但是这样的"来宾"和寻常的客人究竟有些不同,有的时候为着国家大事,受着良心的指挥,不但要起来作激烈紧张的辩论,而且要放出大炮,像热诚爱国正直敢言的陈嘉庚先生在第二次大会中,曾经从三千哩外的新加坡放出一炮直达重庆!据军事家的估计,现在世界上最新发明的大炮所能达到的最远的射程,大概还不到四十哩,而陈先生的这一炮的射程却达到了三千哩,而且这个炮里所装的不是实弹而是纸弹,这才真是一个奇迹!

　　第二次大会已不是在汉口举行,而是在重庆举行了。日期是民国二十七年十月二十八日,当时正在广州失陷(同年十月二十一日)及武汉撤退(同月下旬)的紧张时候,政府仍在坚持抗战,有一部分妥协分子却又在散播毒素,汪精卫和他的虾兵蟹将已在公开讨论"和平"。他们的公开理由是天下没有不结束的战争,战争结束即是和平,中国与日本作战也必有结束的时候,所以"和平"不是不可以谈的。他们还有一种巧妙的烟幕,说"和平"只须看条件,条件如果有利于中国,日本如果允许完全撤兵,允许中国保全主权领土完整,为什么不可以接受"和平"? 当时蒋介石在前方,汪以国防最高会议副主席、中国国民党副总裁及国民参政会议长的资格,在临时首都或隐或现地大放"和平"的烟幕,一大篇一大篇的演词和谈话登在党报上,根据官方"批评官吏就是反对政府"的铁的纪律,我们老百姓看了,于疾首痛心之余,无可奈何,比较认识正确的言论界朋友也有奋然执笔为文,想稍稍加以纠正的,但民意在言论不自由的情况下当然敌不过官意,有许多被检查先生扣留,登载不出。

　　国民参政会第二次大会就在这样乌烟瘴气的氛围中举行,汪"议长"当然是这次大会的主席。开幕之后,霹雳一声,陈嘉庚先生从新加坡来了一个"电报提案"(陈先生也是国民参政员,当时因事未到),内容极简,而意义极大。这个提案的内容只是这寥寥的十一个大字:"官吏谈和平者以汉奸论罪!"这寥寥十一个字,却是几万字的提案所不及其分毫。是古今中外最伟大的一个提案! 依"请帖"上的规定,任何"来宾"要提案,须有十二位"来宾"的联署,这个"电报提案"一到,在会场上不到几秒钟,联署者已超出二十位。于是名炮手陈嘉庚先生的这一炮,轰冬一声正式发了出去!

　　依向例,议长将提案提付讨论时须将提案的题目向全会朗诵一遍,这次当然也不能例外,所以汪"议长"只得向全会高声朗诵道:"官吏谈和平者以汉奸论罪!"于是讨论开始,当时"陪客"中有几位"汪记"朋友当然要起来反对的,就是其他"陪客"居然也有人为"副总裁"起来辩护的,"来宾"中明白实际情形的,受良心的指挥,顾不得"批评官吏就是反对政府"的铁的纪律,奋然起来赞同这个提案的还是不少,结果似乎是加上了"敌人未驱出国土以前"的字样（大意如此，原来字句已记不清），"官吏"二字似乎也省去，终将提案通过。当汪"议长"高声朗诵"官吏谈和平者以汉奸论罪"时，面色突然苍白，在倾听激烈辩论时，神气非常的不安，其所受刺激深矣！

忙得一场空

在国民参政会第二次大会中，除陈嘉庚先生从三千哩外放来一个惊人的大炮外，最惹人注意的事情也许要算"撤销图书杂志原稿审查办法以充分反映舆论及保障出版自由"一案的获得大多数的通过。但是这件事的后果却不是一件喜事，而是一幕悲剧。尤其使人骇异的是"来宾"中的"陪客"刘百闵先生在审查本案时宣言"原稿审查"办法的实行是根据我在第一次大会中的提案！这真是天晓得！我真绝对梦想不到我在第一次大会中的那个提案竟会发生这样的反作用！我得郑重声明，我在第一次大会中的那个提案没有一个字提到什么"原稿审查"，我现在还提出这一点来说，是顺便举出证明参政会的决议案不但通过是一回事，实行是一回事，有的时候还可发生反作用的，真是难乎其为"来宾"了！

因为这件事有关舆论的反映和出版自由的保障，与整个文化运动有重要的关系，所以有较详细讨论的必要。我在以前曾经提及过，在第一次会议中曾提出《具体规定检查书报标准并统一执行案》，这并不是无病的呻吟，在当时有许多机关的人员，宪兵也好，警察也好，卫戍司令部的特务人员也好，党部的特务人员也好，军委会的特务人员也好，都可以随便到各书铺里去随便指那几本书是违禁的，随便拿着就走，没有收条可付，也没有理由可讲。有一次我亲眼看见有一位这样的仁兄到书铺里去指着孙夫人所著的《中国不亡论》为禁书，要拿着就走，店铺里的职员对他说这是孙夫人对外国发表的呼吁国际朋友援助中国抗战文章的译文，他说不管内容援助不援助，他是来执行命令的，结果还是被他掠夺而去！这只是一个随手拈来的例子，诸如此类的事情很多。我在第一次大会中，所以有那个提案，就是要想纠正这种混乱的情形，但是据说却成了"原稿审查"的根据，你看冤不冤！

今日并没有人主张言论出版漫无条件的自由（《抗战建国纲领》即为共

同遵守的原则），图书杂志与新闻消息有别，既有政府公布的原则以资遵循，又有法律以绳其后，出版后的图书杂志已不致有重大谬误，即偶有微细失检之处，亦可按现有的出版法及其关于言论出版的现行法规，在出版后加以纠正或禁止，不应因噎废食，使整个出版事业增加困难。

因此图书杂志原稿审查办法于二十七年七月底公布以后，即引起全国出版界及编著人的注意，商务、中华、开明、世界、生活等十余家书店联合具文吁请有关当局要求撤销该项决定。记者一方面以编著人的身份，一方面受全国最大出版家的嘱托，在双重感觉与认识下，在参政会第二次大会中提出了"撤销图书杂志原稿审查办法以充分反映舆论及保障出版自由"一案。我在这个时候还未认清"表面骨子脱节"的中国政治，以为提案如得通过就有希望，所以用尽全付力量促成这个提案的"成功"。每一个提案原来只须二十位"来宾"联署就够了，我费了几天的功夫奔走接洽，居然得到七十余位"来宾"的联署，其中还有若干"陪客"，真够兴奋！我当时认为肯联署的人，即使有不很热心的，在会场上也应该不致起来反对罢（后来知道联署本案的"陪客"大受"主人"的责备）。这一提案在审查会及大会中都引起非常激烈的辩论，我虽在审查会中费了很大的力气争论，但在审查会中，"撤销"二字终被改为"改善"二字，这和原案的精神完全不符，所以我不得不准备在大会中作最后的力争（因为审查会的修正必须经大会通过）。在审查辩论时，"陪客"刘百闵先生说图书杂志原稿审查办法是王云五先生向政府请求的（刘先生当时系在中央党部主持审查的事），我不能相信，但觉得这一点太关重要，立刻打电报到香港去问王先生（王先生也是"来宾"之一，惟该次未到），在最后关头（指大会）的最后几分钟，接到王先生的回电如下："国民参政会秘书处即转邹韬奋先生：渝冬电敬悉。图书杂志原稿审查，弟去年绝未向政府请求举办。反之，力子先生初长中宣部时，曾以应否恢复检查见商，弟详举窒碍情形，力劝不可，兹当交通梗滞之时，如欲审查原稿，更无异禁止一切新刊物，或使新刊物绝迹于内地，窒碍尤多，务望先生等坚持撤销。幸甚！王云五江。"

我得到了这个电报，拍案叫绝，即在大会辩论时公开宣布，又得罗隆基诸先生等桴鼓相应，竟恢复"撤销"字样，得到大多数的通过，震动了全会场。但是如今想来,通过有什么用?结果还不是忙得一场空!

晴天霹雳的宪政运动

在中国近代革命运动史上,第一个最鲜明提出民主政治的口号来的是孙中山先生,他的一生,可以说是始终不变地为民主政治而艰苦奋斗,他曾经这样的指示我们:"三民主义是民族主义,民权主义,民生主义。和美国总统林肯所说的民有,民治,民享是相通的。人民必须能够治,才能够享,不能够治,便不能够享;就是民有都是假的……我们现在来讲民治,就是要把机器给予人民,让他们自己去驾驶、驰骋,这种机械是什么呢?就是宪法。"

在中国以往的历史上不是没有过"宪法",但是真能代表民意的宪法,有了宪法真能切实执行的却没有,所以到了今天,民主政治还是在提倡的时代!

宪政运动是争取、巩固和发展民主政治的运动。自抗战以来,有些人认为民主政治是不需要的,打仗就打仗好了。为什么要这劳什子怪讨厌的民主政治呢?有些却认为我们是在长期抗战中,我们的国力是在抗战过程中继续不断生长起来的,我们的最后胜利是要依靠这种生长起来的力量,所以我们的内部的政治改革和对外的抗战在本质上是有着密切关系,而不能截然地把它们分开的,结论是抗战期间更迫切需要民主政治的建立和发展。民国二十八年九月九日举行的国民参政会第四次大会中,来了一个晴天霹雳的宪政运动,通过了请政府定期召开国民大会实行宪法案,蒋议长在该次大会闭幕致词中,推为第一个最重要的决议案,郑重指出"提高民权,加强国本,应为最要之务",郑重表示"深信本届会议以此案为最大之贡献",可见没有人能够公然否认上述的第二种意见是完全正确的。

这次大会是在重庆大学举行的,因为该校离城市很远,有许多参政员都在会前搬入该校寄宿舍居住,重过"学生"生活,住在一起,有个最大的好处,就是彼此多有交换意见的机会,大家所商谈的,最重要的当然不外乎关于当前政治问题。尤其是在"来宾"中的在野各抗日党派分子,对于当前政治须有较重要的改革,有着最尖锐的感觉,我们只要听到年高德劭忠诚爱国的张一麐先生在该次大会开幕时,代表全体参政员致词,很沉痛地指出"精神集中,力量集中，除少数丧尽天良之汉奸外，必须以汉贼不两立为目标，断不容于同受三民主义洗礼中，自相残害……默察各地党政军各级人员，对于民众运动往往有所歧视，道路传闻，尚有假借取缔与指导名义，摧残合法组织，箝制正当言论，拘捕热血青年，致为亲者所痛，而为仇者所快。若任其摩擦，勇于私斗，必怯于公战，敌人与汉奸之所喜，即仁人志士之所忧"，便可以想见该次开会前各参政员对于国事的殷忧。大家交换意见及商讨研究的结果，认为如果真正实行宪法，实现民主政治，便可制止危机，使国家走上康庄大道，于是各方面分头起草关于这件事的提案，后来听说"陪客"中也对这件事备有提案在开会时提出，这当然得到各方面的欢迎，因为大家希望由"主人"出来积极领导，那是更可以事半功倍的。于是霹雳一声，关于这一件事有了七个提案提出来，重要的党派差不多都包括在内。

"陪客"方面由孔庚先生领衔提出，内容在各提案中最简单，全文如下：

> 谨按政府遵照中国国民党第五次全国代表大会决议，原已定期召集国民大会，并经积极筹备，嗣以抗战军兴，致陷停顿。惟抗战军事，攸赖长期努力，建国工作，必须同时进展，爰提前大会建议政府，召开国民大会，制定宪法，开始宪政。

这提案短短不到一百字，据我在国民参政会中所见，除了陈嘉庚先生在第二次大会中所提的轰动一时的"官吏谈和平者以汉奸论"的一句话说尽了提案全文以外，这个提案可算是最短的了，但虽短而重要，因为它立于"主人"的地位郑重指出了民主政治的实现不但有关"建国工作"，而且有关"抗战军事"，这实在是非常宝贵的指示。

抗日各党派对宪政的一致要求

在国民参政会第四次大会中，由抗日各党派提出的有关宪政的提案有七个之多，其中有国民党的"陪客"提的，有共产党的"来宾"提的，有青年党、国社党及第三党的"来宾"共同提出的，有救国会派的"来宾"提的，有职业教育

派的"来宾"提的,表现了抗日各党派对于宪政的一致要求。这七个提案的题目如下:

一、请政府遵照中国国民党第五次全国代表大会决议案定期召开国民大会制定宪法开始宪政案(孔参政员庚等提)

二、请政府明令保障各抗日党派合法地位案(陈参政员绍禹等提)

三、请结束党治立施宪政以安定人心发扬民力而利抗战案(左舜生、张君劢、章伯钧诸参政员等提)

四、为决定立国大计解除根本纠纷谨提具五项意见建议政府请求采纳施行案(江参政员恒源等提)

五、建议集中人才办法案(张参政员申府等提)

六、为加紧精诚团结以增强抗战力量而保证最后胜利案(王参政员造时等提)

七、改革政治以应付非常局面案(张君劢、左舜生、章伯钧参政员等提)

这七个提案,在中国民主政治运动史上都占着很重要的位置,值得我们作较详细的介绍和研究。关于国民党的"陪客"提出的一个提案的内容,我在昨天已经说过了,现在接着要谈谈共产党的"来宾"在国民参政会提出的那个提案。

该提案的内容,可分为三个部分:第一部分指出各抗日党派团结的由来和重要性。第二部分指出当前的危机。第三部分建议"公平合理之解决"(该提案原文中语)。

关于第一部分,该提案慎重提出:"在大敌当前之际,我国各抗日党派秉承'兄弟阋墙外御其侮'的伟大民族传统,抛弃内争,共抗外敌……国民参政会选取各党各派领导人物,充任参议员。而此抗日各党派之精诚团结,实为全民族力量统一团结之坚强基础,同时全民族力量之统一团结,实为坚持抗战和复兴民族的基本保证,正因为如此,所以全中华民族及其忠诚友人,莫不珍贵我国各抗日党派的团结事业,而日寇汉奸及一切中华民族的死敌,莫不尽力破坏我各抗日党派的合作。"

关于第二部分,该提案郑重提出:"近半年来(按:国民参政会第四次大会系于民国二十八年九月九日举行),同为抗战最高国策而努力奋斗之我国各党派间,疑虑增多,纠纷时起。因所谓'异党'党籍及思想问题之关系,若干积极抗日分子,受排斥者有之,被屠杀遭暗害者有之,被拘禁或被开除职业或学籍者有之,影响所及,不仅使抗日各党派间,关系日益恶化,而且……使全民族团结胜敌之保证,发生疑问。如果长此下去,势将动摇国本,破坏抗战。而此类不幸现象发生之主要原因,一方面由于日寇汉奸之阴谋挑拨离间,另一方面实由于我政府对于保障各抗日党派合法权利一层,迄今尚无明文发表,因而使日寇汉奸,易售其奸,妥协投降分子,易逞其技。为巩固民族团结,以利坚持抗战国策,惟须使抗日各党派间之关系,得到公平合理之解决。"

关于第三部分,该提案建议办法三项:(一)由国民政府明令保障各抗日党派之合法权利;(二)由国民政府明令取消各种所谓防制异党活动办法,严令禁止借口所谓"异党"党籍或思想问题,而对人民和青年,施行非法压迫之行为(如拘捕、杀害、开除职业或学籍等);(三)在各种抗战工作中,各抗日党派之党员,一律有服务之权利,严禁因党派私见,而摒弃国家有用之人才。

拥护抗战国策的人,为着争取抗战的胜利,必然要主张各抗日党派的精诚团结,在国民参政会中国民党的"陪客"先生们所提出的"开始宪政"案固然是我们所赞成的,因为如果真能实行宪政,对于精诚团结有莫大的裨益。同时共产党的"来宾"先生们所提出的这个"保障各抗日党派合法地位"案,也是我们所赞成的,因为如果真能这样,对于精诚团结也有莫大的裨益。

再谈抗日各党派对宪政的要求

关于抗日各党派对于宪政的一致要求,我和诸位已经谈过国民党的"陪客"先生及共产党的"来宾"先生在国民参政会第四次大会中提案的内容,现在要介绍青年党、国社党和第三党共同提出的提案,该提案由各该党领导人左舜生、张君劢、章伯钧三位"来宾"先生领衔,题为《请结束党治立施宪政以安定人心发扬民力而利抗战案》,内容可分为二部分:第一部分是理由,第二部分是办法。

理由共分五点:第一点着重政治改革,指出:"抗战已逾两年(按:指当时说),就军事论,确有取得最后胜利之希望。但敌人多方误我,最近已移侧重军事之力量,从我经济上政治上加紧进攻,返视我国,此两年以来之政治,虽不无一枝一节之改观,但规模终未树立,人心终有未安,殊无以奠定抗战建国之基础。欲完成此基本工作,要以结束党治立施宪政为第一义。"第二点注重应付敌伪,指出:"以敌人挑拨构煽之故,汪逆精卫等复假借名义,有伪党部之产生,如不毅然结束党治,则汪逆精卫等以伪扰真,内以淆乱国人之视听,外以供残暴敌人之驱使,前途演变,至堪忧虑。"第三点注重宪政与抗战的关系,指出:"吾人抗战已届第二阶段,而世界大战适于此时爆发。环顾当世各国,并无藉口战争而脱离宪政常轨者……甚且变更政党政治之常态,其加入政治以效忠国家者,初不限于在朝之一党。可见借口抗战而谓宪政未可立即施行者,其理由自不成立。"第四点注重政府应对全国国民负责,指出:"抗战以来,所流者全国人民之赤血,所竭者全国人民之脂膏,在现行党政之下,政府仅能对党负责,对全国国民几无责任之可言。名不正则言不顺,以此而求国民之效死恐后,于义终有未安。"第五点注重巩固团结,避免摩擦,指出:"自抗战军兴,国民党不胜其嘤鸣求友之心,党外人心,亦同深兄弟阋墙之惧,以此乃得勉告统一,团结对外。然而藩篱未撤,门户犹存,生于其心,害于其政,平日之防闲既严,随时随地之摩擦不免,履霜坚冰,不仅为抗战时期之损失,实亦建国前途之隐忧。"

办法分三项:(一)由政府授权国民参政会本届大会,推选若干人,组织宪法起草委员会,以制定一可使全国共同遵守之宪法;(二)在国民大会未召集以前,行政院暂对国民参政会负责,省县市政府分别暂对各级临时民意机关负责;(三)于最短期内,颁布宪法,结束党治,全国各党各派一律公开活动,平流并进,永杜纠纷,共维国命。

这个提案中所明白提出的"结束党治"一语,在审查会中引起了非常激烈的辩论,这在以后要谈到,此时姑不详述;在这里所要说明的是所谓"结束党治"很明显地是指国民党一党专政的"党治",而不是指各民主国家里的政党政治"(按:即二党以上的政党政治,即多党制的民主制度)。有一位"陪客"不明白此点,曾在大会中登台大发议论说:"'结束党治'这个名词不通。因为现代各国中,如英美等等,哪一个没有政党,哪一个不是党治?"他这样激昂慷慨滔滔不绝地白费了大会时间一小时以上,真有点上海话所谓"糟糕伊马斯"!

三谈抗日各党派对宪政的要求

抗日各党派在国民参政会的"来宾"对于实施宪政的要求,我们曾经谈过的有国民党"陪客"的提案,有共产党"来宾"的提案,有青年党"来宾"领衔与国社党第三党共同提出的提案。除国民党、共产党及青年党的这三党提案外,国社党的"来宾"自己还有一个提案,由张君劢先生领衔,与青年党、第三党共同提出。该提案的题目为《改革政治以应付非常局面案》。内容提出二个具体的主张:第一,立即结束党治,实行宪政,以求全国政治上之彻底开放。第二,立即成立举国一致之战时行政院,以求全国行政上之全盘改革。

该提案认为这两件事是"今日扶危救急之道"。为什么呢?且听他说来:"国家应付此非常局面,首在收拾人心与集中人才。今日唯一收拾人心之道,即在明示国人'国家为公',所谓国家为公者,即明示国人,国家者全国国民之国家,而非一党一派之国家,政府者全国国民之政府,而非一党一派之政府……而后国事危急,国人当更感休戚相关。中国今日,应结束党治,实现民主,其理由万端,国人知之稔矣……千言万语,综为一点,即扶危救急之道,在明示国人'国家为公',如此方能收拾人心。"

其次,该提案指出实施宪政与集中人才的关系,它说:"以今日之严重局面,虽全国人群策群力,犹恐未必有济。而政府对于人才,目前犹复以党派而划分畛域,因畛域而加歧视,其或投闲置散,其或相抵相消,以其减削抗战建国之力量多多矣。故今日中国唯政治上之彻底开放,人才始有集中之可能,亦唯政治上之彻底开放,人人为国,胜于为党,人人爱国,胜于爱党,而后国家各真材始能真为国用。"

该提案对于收拾人心,集中人才,作了上述的说明,对于成立举国一致之战时行政院,更有这样的解释:"国家在对外作战时期,政府行政机构,必需运用灵敏,人事必需才职相称,而后前方军事,后方政治,始可相辅而行,相得益彰。征诸世界各强国历史,国家每遇对外作战,辄成立举国一致之战时内阁,此无他,必如此始能提高行政效率,发挥整个国力。英国内阁历史,即为具体例证。英国通常时期,均为政党内阁,十九世纪初年拿破仑战争,十九世纪中叶英俄战争,一九一四年之世界大战,英国均成立混合内阁,以应付非常局面。即以此次英德作战而论,战争一旦爆发,英国即亟亟在内阁上为人事与机构之调整。凡此实例,举不胜举……我国行政院两年来在战争上之成绩如何,国人自有公论。社会各方传言,谓抗战两年(按:指当时说),机关化简单为复杂,人才复有用为无用。诚如此言,则人民对后方政治,愤懑哀痛之情,可见一斑矣。言调整机构,叠床架屋,依然如故。言调整人事,滥竽充数,依然如故。事权不统一,职责不分明,兼差累累,包而不办,会议重重,决而不行,如此行政,以应付二十世纪之现代战争,实戛戛乎难矣。然行政之缺憾,岂又限于制度而已哉?中国古训,贤者在位,能者在职,是知今日政治,果欲振刷精神,一新耳目,恢复民信,矫正风气,则人事之更张,实为刻不容缓。"

根据上述理由,该提案提议政府采取两个非常步骤,以应付今日之非常局面,即:第一,立即结束党治,实行宪政。第二,立即成立举国一致之战时行政院。

关于"结束党治"一点,我们在昨天已略有讨论。关于"行政机构"与"人事"之改善,当然不限于行政院,例如接近民众的下层政治机构及"人事",也占着极重要的位置,但是最高级的行政领导机构,就正确有效的领导方面说,实尤其重要,领导行政的机构坚强,各级行政机构都易于着手改善,可是这件事对于中国政治改革上的真正效果,还是要看整个的政治动向与方策,不是随便加入几个人去"画诺"所能奏效。

四谈抗日各党派对宪政的要求

救国会派的"来宾"在国民参政会中除支持其他抗日党派对于要求实施宪政的各种要案外,并由王造时先生等分别提出《建议集中人才办法案》和《为加紧精诚团结以增抗战力量而保证最后胜利案》。

第一案中所指出的主要理由为"国家遭遇大难,必须集中人才,团结一致,合力对外。此乃天经地义,为免覆败,必须遵行。反之,敌人为挫败我,必尽情挑拨离间,拆散我内部,使我自起纠纷,而彼乃收事半功倍之效……我方宜更加团结,更加坚决,集中人才,肃清汉奸,以便抗战早日胜利,更使建国顺利成功"。建议办法四项:(一)用人但问其才不才,不问其党不党。并戒以是否亲故为进退人之标准。(二)承认各党各派之合法存在。今日有党派是事实。党派取消,既不可能,则何不公开承认其存在,而详订合力之办法。如此既免纠纷,又减疑猜。党派纠纷既除,人才集中自易。(三)限制兼差,使人当其职,使人无过忙,亦无过闲。免废人,亦免废事。(四)推进民权主义,实施民主制度。凡百机关,尽力发扬民主精神,使人人得贡献其意见,发挥其才能。

第二案亦指出"敌人利我之分裂,而不利我之统一,利我之摩擦,而不利我之团结,乃利用'以华制华'之阴谋,肆其挑拨离间之毒计,冀我内部发生问题,以便利其侵略野心之实现……我全国人民,深知非团结不足以抗战,非抗战不足以图存,自不至堕入敌人之奸计,惟杜渐防微,不可不慎"。其建议办法三项:(一)本国家至上,民族至上之原则,由各党分别诰诫地方各级党员,不得有摩擦行动,以免增加抗战建国前途之障碍;(二)为集中人才起见,政府用人行政,不宜因党派关系而有所歧视;(三)从速完成地方自治,实行宪政,纳政党政治于民主法制之常轨。

对于要求实施宪政的主要意见,已详见于各党"来宾"先生们的各提案,救国会派的"来宾"对于这些提案,加以副署,予以共同的支持,所以王先生等所提出的上述提案,只是供补充或加强的作用。这两个提案所加强的各点为实施宪政,集中人才,避免摩擦,而尤其具体指出的是"用人但问其才不才,不问其党不党";"不宜因党派关系而有所歧视"。关于这一点,王先生本身就是一个很有趣的例子。

王造时先生在我们朋友里面算是一位最"和平中正"的了,中山大学许校长钦仰王博士的博学,以很大的诚意请他担任该校的法学院院长,王博士慨然答应了,但是因为他"不是本党的同志",被党中主持教育的某要人所反对,以入党为"给与"法学院院长的"代价",王博士不愿做这一笔"买卖",同时中山和某地街上忽然发现法学院"全体同学"名义的拒绝王博士长法学院的标语和传单,反对的主要理由是王造时"不是本党的同志"(此事发生于今年二月上旬)。法学院同学看到"全体同学"名义的传单和标语,大家都非常诧异,于是于二月十三日他们便开了第一次全体学生大会,所有在校及学校附近的同学通通都来参加,大会决议郑重否认以法学院"全体同学"名义发出反对王先生的标语和传单,并决议以留坪全体同学名义电请王先生从速来院,同时请许校长彻查假借"全体同学"名义的分子。三月一日许校长和法学院留坪全体同学同时接到王先生二月十九日从吉安寄到的分别给校长及他们的信。复许校长的信上说:

> 明晨首途赴渝。顷又奉到二月十七日来电。弟原拟如前电所云,入党事俟与中央洽当后到校,盖入党与讲学似不必相提并论。弟之入党问题,中央早在接洽之中。今已不能稍待,弟又诚恐因此贻误院务,妨碍同学学业,谨专此前来辞职。敬请另聘贤明。区区愚诚,希即鉴谅。

复法学院留坪全体同学的信上说:

> 明晨赴渝开会,今日忽又奉到校长二月十七日电及我留坪全体同学签名慰问及催促之电。展读之下,私衷感动不可言状!早拟首途来院,但情形如此,深恐有误院务及我同学之学业,已致函校长辞职。内容如下:(见上)尚望我同学在许校长领导之下,致力于高深学术之研讨,蔚成抗战之柱石,勿以时之辞职而稍有介意,以上慰总理在天之灵,领袖殷切之望,而无负于父老同胞之所期。则时虽不克前来服务,亦永觉与有荣幸⋯⋯

这二封复信的内容,在英文所谓"自我解释"(Explaining),我们不必赘一词,仅为中山大学法学院全体同学惜此一位博学的好院长而已。王博士虽博,他的唯一的"缺点"竟是"不是本党的同志",奈何!奈何!

一个综合的研究

我在以前已经说过,国民参政会第四次大会中关于宪政的提案有七个之多,依例每个提案的提出,至少须有二十人的联署,那末这七个提案的联署人至少就在一百四十人以上,每次大会到的"来宾"和"陪客",在实际上总数不过一百二三十人至四五十人,联署中即有重复者,其所包括人数之多亦可以概见了。关于这七个提案,国民党、共产党、青年党(会同国社党第三党)、国社党(会同青年党第三党)、及救国会派所分别提出的六个提案的内容,我都已扼要地介绍给诸位了。本来还有一个是职业教育派的"来宾"提出的,因为提案人江恒源先生提出时即声明是"秘密"的提案,向例凡由提案人声明是"秘密"的提案,是不得在会外公布的,所以记者有代为守"秘密"的责任,不能在这里介绍,所可言者,其大目标也是要求实施宪政以利抗战建国就是了。

介绍了抗日各党派的"来宾"先生们关于要求实施宪政的六个提案内容之后,我觉得为着更有系统地、更清楚地明了他们的主张起见,尚有作一个综合研究之必要。

这几个提案的内容,在大目标方面虽然都是有关于宪政,但仍可分为两大部分:一部分是直接与宪政有关的,是属于最近将来的,即尚略须经过筹备时间的,还有一部分是间接与宪政有关而重要性却并不轻的,是属于当前的,是有立刻执行必要的。第一部分是关于"召开国会,制定宪法,开始宪政",或称"颁布宪法,结束党治";或称"结束党治,实行宪政"。在我们所介绍的六个提案中,有五个提案明白地提到这件事。

第二部分是在正式宪法尚未制定公布以前,即须切实执行的事情。关于这第二部分,包括有几个问题。第一个值得注意的问题,是"因党派私见"而"屏弃"、"排斥"、"歧视"、"压迫""国家有用之人才"(按:引号中语都是上述各提案中原语)。除了"陪客"提出的一个不到百字的提案外,其余在野各抗日党派的提案没有一个不提到这件事,可见他们对事实有共同的观察,对这件事共同感到其严重性。左舜生、李璜等诸先生曾在大会中向教育部长陈立夫先生提出询问,说中小学教员被迫入党,否则即被解职,是否其他党员即不准许在教育界服务?陈部长答覆,欢迎入党,否认强迫。但据在野各抗日党派的亲历经验,确是强迫。不但中小学,即大学亦在所不免,昨日所谈王造时先生因入党问题,而被迫辞去中山大学法学院院长的职务,便是一个具体的例证。这个作风在实际上并不限于教育界。受到这种不合理作风的被摧残者不仅是真有党派关系的人,有许多人在实际上并没有什么党派关系,只是被人疑心生暗鬼,或有嫉妒倾轧,随便戴上一顶不相干的帽子,饭碗即有打破的危险。明白了这种实际的情形,便可以深刻地知道"用人但问其才不才,不问其党不党"的呼吁,是含着多少沉痛的意味了。这种不合理的作风之亟待纠正,就不必等到正式宪法颁布之后才办得到。

其次引起我们注意的是抗日各党派应得到合法保障的问题,这个问题,我以前在本文里也曾经提出讨论过。有人说各民主国家里的政党要组织就组织,并不要求政府予以合法保障的声明。这完全是打官话!他们并不想到各民主国家里的执政党并没有因为人民中有在野党籍或被疑与任何在野党有关系而打破他的饭碗(这只是举一个例子说,政治的集团当然不是仅仅为党员的吃饭问题)。他们在实际上已有了保障,当然用不着再有什么合法保障的要求。中国的实际情形如何?

其实这不仅仅是关于任何党派的问题,"约法"及"抗战建国纲领"对于人民的"结社"自由,都有合法保障的明白规定。如果我们不是以白纸上黑字为满足的话,这种"民权"中一个重要成分可以随便听任被蹂躏吗?如果只是白纸上的黑字就算了事,那末再来千百次正式宪法的颁布,有什么用呢?(这里也只是举"结社"做个例,当然还有言论、出版、集会及不得违法拘捕处罚等等。)

除了上述二个问题外,还有一个问题,是在正式的民意机关未成立的过渡时间,立即成立举国一致的战时行政院,行政院暂时对国民参政会负责。这三个问题构成他们第二部分的主张。

关于宪政提案的一场舌战

国民参政会第四次大会中关于宪政的提案共有七个,原由审查内政提案的第三审查委员会合并审查。我们知道国民参政会里的审查委员会原分五个,各有专司,在每次大会开幕后由各位"来宾"及"陪客"根据自己的兴趣认定加入哪一个审查委员会,名单在大会中公布。这次宪政提案既归第三审查会审查,第一个可以看出的特征是第三个审查会除原由自己选定加入该审查会的审查委员外,临时"陪客"人数大增,是由别个审查会中纷纷"转移阵地"到第三审查会中去的。

依"来宾""议事规则"所规定,除上述五个审查委员会外,得设特种委员会,审查特种事项的提案。于是"来宾"中有人要求宪政提案应开"扩大会议",除第三审查委员会的委员参加外,全体"来宾"都可以自动参加讨论。后来这个要求实现了,不过审查案的表决权仍属第三审查委员会。

我记得这个"扩大会议"是在一个晚间在重庆大学大礼堂中举行的。晚餐后即开始(大约七八点钟)。你起我立,火并式的舌战,没有一分一秒钟的停止,一直开到深夜三点钟模样,那热烈的情况虽不敢说是绝后,恐怕总可算是空前的。在白天,"来宾"们已经被大会啦,各组审查委员会啦,开得头昏脑胀,但是在那天夜里,大家却不放松。负有特殊任务"转移阵地"的"陪客"先生们,固然不得不硬着头皮到会;积极提出宪政提案的各抗日党派的"来宾"以及热烈拥护宪政无党无派的"来宾"先生们,也都如潮水般地涌进来。那夜的主席是职业教育派的"来宾"黄炎培先生。国民党的"陪客"方面出马参战的有李中襄、许孝炎、陶百川、刘百闵诸先生。共产党的"来宾"方面出马"参战"有陈绍禹、董必武、林祖涵诸先生。青年党的"来宾"方面出马"参战"的有曾左本诸公。国社党的"来宾"方面出马"参战"的有罗隆基、徐傅霖诸先生。第三党临阵的有章伯老的"匹马当先"。此外,如救国会派、职教派、村治派、教授派、东北派等等,都有大将出来"交战数十合"!

抗日各党派,无论是在朝在野,对于要求实施宪政,都各有其提案。照理想来,大家的目标既然相同,似乎不会发生什么相差太远的意见,但在事实上这夜的辩论,在"来宾"和"陪客"之间显然分成了两个阵营。例如关于抗日各党派的合法保障问题,"来宾"们一致认为有必要,"陪客"们却一致大发挥其"不必要论",辩论得异常尖锐化。"陪客"的衮衮诸公本身已得到充分的保障,所以感觉不到"有必要",但在事实上,中国并不止"一个党",现在只有"一个党"得到保障,这问题便不像"陪客"先生们所想象的那样简单了! 记者那天夜里也在"战线"上。我看到济济一堂有着各党派的许多领袖们,同时想到许多为着"防制异党活动办法"而被关在牢狱里或集中营里受罪的无辜青年,悲痛已极。我不禁立起痛陈一番。我说:"我有一个诚恳的要求,要求今夜在这里相聚讨论的各党派的领袖们,勿忘正在此时有着无数的无辜青年正在牢狱里在集中营里宛转呻吟哀号着呵!"我当时又不禁提出这样的严厉的质问:"我今夜张眼四望,明明看见在座的确有各党派的许多领袖,被允许开口共产党,闭口青年党,似乎是允许党派公开存在似的,但同时何以又有许多青年仅仅因党派嫌疑,甚至仅仅因被人陷害,随便被戴上一顶不相干的帽子,就身陷囹圄,呼吁无门。敢问这究竟是怎么一回事? 承认有党派就老实承认有党派,要消灭一切党派就明说要消灭一切党派,否则尽这样扭扭捏捏,真是误尽苍生!"这番话在"陪客"先生们听来,即使心中明知是根据事实,不胜同情,在表面上也不得不悻悻,很不高兴。可是我受良心的督促,却不能不说。随着最爱护青年的教育家陶行知先生立起来举出许多事实,证明我的呼吁的正确。

尖锐达到最高峰的辩论,当然要推"结束党治"这一点了。"来宾"们一致认为有此必要,一定要把这几个字加入决议案,"陪客"们却又一致大发挥其"不必要论",一定不要把这几个字加入决议案,罗隆基和李璜两先生发言最多最激昂,老将徐傅霖先生也挺身而出,大呼:"一党专政不取消,一切都是空谈!"当时空气已紧张到一百二十分。唇枪舌剑,各显身手,好像刀花闪烁,电掣雷鸣。我在上面说过,保留对于这个提案表决权的第三审查会添了不少临时"转移阵地"的"陪客",如付表决,"陪客"是占绝对多数的,所以当时"陪客"有恃无恐,大呼:"付表决! 付表决!"主席势将付表决,大将李璜跳脚突立,大喊:"'表决'是你们的事,毫不相干,敝党要找贵党领袖说话!"于是不敢付表决。

时近深夜三点钟,大家好像还不想睡觉,最后由主席宣布,当将当夜各人意见的记录,汇交第二天第三审查会再行开会时慎重考虑,务使得到合理的结果。于是关于宪政提案的一场舌战,才告结束。

那一夜七、八小时不断的舌战,对于第三审查会诸公不免要留下很深刻的印象,至少写下决议案的时候要稍为审慎一些。

七个提案合并讨论后的决议如左:

甲、治本办法

(一)请政府明令定期召集国民大会,制定宪法,实行宪政。

(二)由议长指定参政员若干人,组织国民参政会宪政期成会,协助政府促成宪政。

乙、治标办法

(一)请政府明令宣布,全国人民,除汉奸外,在法律上,其政治地位一律平等。

(二)为应战时需要,政府行政机构应加充实并改进,借以集中全国各方人才,从事抗战建国工作,争取最后胜利。

这是一个很冠冕堂皇的决议案。诸位如把这个决议案和我在前几天所介绍过的六个提案的内容比较参看一下,便知道中国文字的奥妙。奥妙之处在运用文字的结构,把具体的事实或问题尽量抽象化,变为八面玲珑不着边际的东西。就文字的表面上看来,冠冕堂皇,似乎应有尽有,而戏法人人会变、各有巧妙不同,讲到实行,那却是另一问题。例如"结束党治"是很具体的,但是讳言"结束党治",只空空洞洞地说"实行宪政",便"方便"得多了,又可解释为实行宪政当然要结束党治,但是以后我们在党报和党刊上可以看到许多文章,认为尽管实行宪政,并不结束党治。

"定期召集国民大会,制定宪法,实行宪政",把这几句一口气读下去,令人不胜兴奋之至。因为就字面上说,"国民大会"有了,"宪法"也有了,"宪政"也有了,你眼睛没有花,看得清清楚楚,还有什么其他要求呢?这就是中国文字不胜奥妙之处。但是"定期"二字就够研究,因为定期可快可慢,一年半载是定期,三年五年是定期,八年十年是定期,而且还可改期延期,此中"方便之门"甚多。这决议案是在民国二十八年九月间通过的,现在是民国三十年五月,尚在定期之中。

至于"国民大会"指的是哪一个国民大会,也够研究。有人认为中国打了好几年仗,一切都与战前不同,要真能得到反映民意及适合时代需要的民意机关,应该另来过一个。有人却舍不得五、六年前"选举"的"秽德彰闻",不少已做汉奸的那个"国民大会"。

宪法就是宪法,似乎是很简单的事情了,但是也够研究。有人认为抗战几年后的今日,已发生了不少变化,宪法内容必要能适合当前的人民需要。有人却认为五、六年前写下的"五五宪草"(注:宪草系于民国二十五年五月五日公布,故称"五五宪草"),已尽善尽美,不必有所修改,一听到有人主张要修改,便引起老爷们很大的不高兴。

你一口气读完"治本办法"第一条感到不胜兴奋之际,绝对梦想不到这里面还有许多奥妙之处。你不得不深刻地感到要明白中国的政治,是要就事实上"透视"一番,如仅就文字上看,无论是宣言也好,演辞也好,文字也好,总常在不胜兴奋之中,这对于身体健康也许不无益处,但对于解决政治上的实际问题,却不敢说有什么效果。

所谓"国民参政会宪政期成会"确曾"组织"过,"促成宪政"也是各方面所热烈期望的,但职权没有一定的规定,召集人之一的张君劢先生就屡次叫苦,说他不知道要干什么,态度很消极。大会开过之后,大家一哄而散,该会大概勉强开过一、二次会,大有听其自生自灭之慨!这不是他们不努力,实在觉得无从着手。直到民国二十九年四月间开第五次大会的前几天,他们辛苦了好几天,根据会内外提出的几个意见书,草成《中华民国宪法草案(即"五五宪草")修正草案》,总算没有交白卷。这个草案在第五次大会中曾引起大舌战,但至今还是纸上的草案!

舌战后的"治标办法"

国民参政会第四次大会对于七个宪政提案的决议,分"治本办法"和"治标办法"两项,关于"治本"的二点,我昨天已和诸位谈过,现在要研究"治标"的也有二点:

(一)"请政府明令宣布,全国人民,除汉奸外,在法律上,其政治地位一律平等。"

（二）"为应战时需要，政府行政机构应加充实并改进，借以集中全国各方人才，从事抗战建国工作，争取最后胜利。"

这两条，就文字的表面看来，令人感到何必多此一举，因为这些似乎都是天经地义，千该万该，用不着说的。但是这两条的文字是极力避免"具体"而迁就到"抽象化"或"玲珑化"，和"治本"的那两条有着"异曲同工"之妙。我想诸位还记得，在宪政各提案中，除了"陪客"提的那一个以外，对于"各抗日党派的合法保障"，有着一致的要求，这是一件很具体的事情。但是经过第三审查会里"加工制造"之后，一变而为这样抽象而玲珑的第一条！所谓在法律上其政治地位一律平等也者，其具体的意义就是：不要对于国民党以外的其他抗战党派的人，或甚至仅仅被诬陷与其他抗日党派有关系的人，或对国民党迫令填表入党加以婉谢或尚待考虑的人，加以种种违法的压迫。（这是仅就消极的意义说，如就积极的意义说，各抗日党派当然应得公开存在的合法地位，对于国事有以集体力量积极参加的责任。）如果在字面上这样老实说出来，在"陪客"占支配力量的审查会及大会中，一定休想通过的。成为抽象而玲珑的条文，便人人可以马虎举手，这是中国文字的奥妙！

就是这样抽象而玲珑的第一条，经过一场大舌战，经过第三审查会的一而再再而三的开会审查又审查，经过大会通过，经过最高国防委员会的核示，直至现在将近二年，并没有"明令宣布"。

平心静气地说，"表面和骨子脱节"的政治情况下（即表面上仅管说得天花乱坠，而骨子里却另是一回事），就是"明令公布"了，还不只是一纸具文，有何实效？而且现在的"技术"比通过该案时更"进步"得多。尽管你坚决主张抗战，坚决反对妥协救降的人，只要你为着要加强抗战力量，要求政治改善，对政治有所批评，触及了一部分不肖官僚及党老爷的私利，便可以随意对你诬蔑，便可以随意替你戴"汉奸"的帽子。那末即使有"明令公布"，有什么用？

第二条的"背景"也是很具体的，就是宪政各提案中（"陪客"的提案除外）所一致要求的"为集中人才起见，政府用人行政，不能因党派关系而有所歧视","但问其才不才,不问其党不党";但是经过"加工制造"之后,产生了比第一条更为抽象而玲珑的第二条。因为第一条里还切切实实地说了一句要"明令公布",这至少是一件看得见的行为,做了没有,无所逃于天地之间;第二条则更若茫茫大海,不着边际!就"行政机构应加充实并改进",说"集中全国各方人才",这是再好没有的事情,我们不但该高高举手,而且要热烈鼓掌;但是"充实改进"了几何?"集中"得怎样?这就全看实际的执行,而不是"明令公布"那样简单了。

在现在拜读当时的这个决议案,恍若说梦话,但是在当时我和许多热烈拥护宪政的"来宾"们,都仍然抱着相当的希望。决议案的条文尽管尽"抽象而玲珑"的能事,但是中国有句老话,"为政不在多言,顾力行何如耳"!"主人"果能在实际上容纳各方"来宾"对于国事的意见,在"力行"上做工夫,就在条文上尽管"抽象而玲珑",何害?因此,在第三审查会将这个决议案提交大会的时候,虽"来宾"和"陪客"间对于"结束党治"仍有一番激辩,但付表决时,我也是用足劲儿高高举手者之一。至今追想,未免傻得可笑!

对保障人民权利的再呼吁

在国民参政会第四次大会中,和要求实施宪政提案相呼应的还有两个提案,一个是关于保障人民权利的再呼吁,一个是关于保障文化事业的再呼吁。本文想先谈第一个。

我曾经告诉过诸位,沈老先生在距今三年前(民国二十七年七月)举行的国民参政会第一次大会中,就已提出了保障人民权利案,经大会通过,经国防最高会议核准,并经政府通令在案,但这一切的形式或表面,对实际并不发生任何影响!于是到了第四次大会(民国二十八年九月),沈老先生不得不对保障人民权利案再作呼吁。

这提案的题目是《请政府重申前令切实保障人民权利案》。这提案内容的措辞虽为避免引起"陪客"们在审查时的破坏,极求和婉,但在这和婉文辞的背后所包含的事实却是很严重的。该提案指示:"一般社会民众权利之被侵害者,似仍不减于前,告诉、告发、诉愿之事件,则百不一闻。有时且因告诉、告发、诉愿,而其所谓权利,更受进一步之侵害,主管机关恬然不知负责。依据见闻所及,如任意拘捕至于数月逾年之久,不予审问,或忽然遂无消息;或侥幸释出,而终茫然不知其所以被捕之由,或知之矣,而腐心啮指,申诉无门,畏祸吞声……最近川康视察报告(按:指国民参政会所组织的川康视察团报告),此类事实,言之綦详,一检可得。窃意当不止川省一地为然。夫使人民于被捕后莫知所措,尚不审所犯何罪,与被冤诬而有无可告诉之苦痛;一夫弗获,圣者是忧,是皆为我国民政府领导下所不应有之现象,其有之,则有司者之过也,否则亦必有应负其责者……欲加之罪,则任意假以恶名,既得其情,仍不免徇于私见,所谓主管机关之监督,盖荡然无复有存。人民权利至此,尚何保障可言耶?"

该提案建议"挽救"的办法五项。简单说来,一项是:请政府抄录前案,重行通令全国各地各军政机关认真切实执行。一项是:同时严令各主管机关认真监督所属机关,不得再有违令滥权情事。一项是:凡经中央发觉,或由人民告发、告诉及诉愿者,除依照法令手续应交法院侦讯者外,如为情节重大的事件,应由中央遴派著名廉正人员驰赴查办,不得循例责令原管辖机关查覆,或仍听令自理。一项是:应请中央监察院以时遣派委员,代表中央巡视各地方,随时检举,切实行使其最高之监察权。还有一项是:严禁用"反动嫌疑"、"土匪"、"逃兵"、"汉奸"等名目,任意栽害青年及一般良民。

这个提案经大会通过,决议的内容是"送请政府重申前令,切实办理"。就字面上看来,这似乎是一件可喜的事情;但是可喜不在字面而在实行。上述五项办法,如其能如决议案中所谓"切实办理",未尝不可收到"挽救"之效,否则岂不仍是"等因奉此"的一纸公文在老爷们的桌上转来转去,与人民切身利害有什么相干?

决议案是经大会通过了,但任何人只须真正知道实际情形的,没有不知道人民权利之被侵害,不但没有得到"挽救",而且只有变本加厉。我们在这里要指出的是,在政治未改善的情况下,被侵害者除"腐心啮指,申诉无门,畏祸吞声"之外,没有其他办法。有人说被诬陷侵害者的家属没有出来说话,可见他们都是在平平安安之中。这完全是道地十足的官话!试问在"官吏至上"、"官官相护"的情况之下,哪个家属敢出来说话?出来说话又有什么用?以全国所钦仰的马寅初先生的家属也只有"腐心啮指,申诉无门,畏祸吞声",其他可想而知了!(关于马先生的事,我将另篇论之。)这种情形好像打你一个耳光,不许作声,反过来因为你不敢作声,便十足证明你的耳光没有打!这是老百姓活该,老爷反正都是对的!

老百姓即使天天跪在老爷的面前哀求也是没有用的,必须建立民主政治,使政治踏上民主法治的轨道,而这个"法"必须是真能代表民意的民意机关定出的,而且是有民意机关和舆论起来监督执行的,不是老爷"要怎样办就怎样办"。

对保障文化事业的再呼吁

在国民参政会第四次大会中,和要求实施宪政的提案相呼应的,还有两个提案,一是对保障人民权利的再呼吁,一是对保障文化事业的再呼吁。昨天谈过对保障人民权利的再呼吁,现在要接着谈谈对保障文化事业的再呼吁。

关于后一件事,我在第一次大会中就有过提案,后来出乎意料之外地发生了反作用,钻出一个桎梏文化事业的《图书杂志原稿审查办法》来。我在第二次大会中提出"撤销"这个办法的提案,虽得到了空前的联署,并在大会中得到最大多数的通过,仍然无效。于是不得不在"原稿审查办法"之下,对文化事业所受的种种苦难,力求相当的补救,在第四次大会中提出了这样的一个提案:

改善审查搜查书报办法及实行撤销增加书报寄费,以解救出版界困难而加强抗战文化事业案。

欧美重视文化事业的国家,对于书报印刷品的寄费都特别予以优待,而我国在抗战期间需要大量精神食粮广播的时候,书报印刷品的寄费反而增加了好几倍,后来又有新的增加,所以我曾经在第三次大会中提出撤销再增加这类寄费的提案,经大会通过,遂请政府采择施行。但是最令人头痛的是参政会的提案尽管经大会通过,尽管送请政府采择施行,而在事实上总是在忙煞了写而且印之后，永远留在纸面上！这件事也不能例外。所以在第四次大会中于要求"改善审查书报办法"之外，又附带要求"实行"（这二个字最重要，值得大加密圈！）"撤销增加书报寄费。"

可是为着提案的题目上有了"撤销"二个字，曾闹了一个小小的笑话。我以前曾经谈及，在第二次大会中关于"撤销"图书杂志原稿审查办法的提案，参加联署也有不少的"陪客"，他们后来曾因此事受到"主人"的严厉责备。在第四次大会中的那个提案，在题目上又赫然出现"撤销"二个字（按：指的是撤销增加书报寄费），有一个"陪客"先生遇我请他联署的时候，瞥见"撤销"二个字，有如惊弓之鸟，变色大呼："不来！不来！又是什么撤销！你的撤销最可怕呵！"我笑着说："不要怕，这个撤销不是那个撤销！"他固执着说："无论如何，别的可以，撤销绝对不来！"他不问内容，只怕"撤销"，倒也莫奈何他！

闲话少说，言归正传。吓得那个"陪客"先生变色大呼的提案内容，指出审查书报在事实上有二大缺点："（一）对于审查后应禁之书籍，不将书名及理由通报出版机关或著作人，同时亦不将书目及理由通知各书业机关，于是出版界徒在暗中摸索，无论出版者及代售者，非至书被没收，不知原委，即审查者有违反审查标准之处，在被禁者亦含冤莫白，无从申诉（按此系指在原稿审查办法尚未实行以前的各书审查）；（二）虽经审查通过之后，仍得不到统一的合法保障，往往经首都图书杂志审查委员会准许通过发给审查证，或经内政部审查通过发给注册证，而各地各种机关仍得任意没收。"

关于搜查书报，也指出二大缺点："（一）迄今无统一的检查机关，有时有宪兵团，有时有警察局，有时有党部，有时有便衣密探（注：后来又加上三民主义青年团）。负责审查之机关所认为应禁之书报，对出版者既不通知书名及理由，搜查机关又如此杂乱，故搜查时出版界殊感无可遵循，听便任意取书搜查者纷至沓来，亦无一定标准，今日甲机关认为非禁书，明日乙机关来却认为禁书，甚至有些机关借口检查，将大量书报满载而归，从不发还，亦不宣布审查结果。（衡阳有一个机关的检查老爷居然利用这个机会，把这样'满载而归'的书籍另开一爿小书店大做生意，这个事实后来被发现，在出版界传为笑谈,但却无可奈何。因为在这样'官官相护'、'官吏至上'的情况下——尤其是在无可理喻的党老爷统治下——你敢惹他毫毛,他大权在手,可以给你更大的灾殃。)(二)搜查人员每多超越范围。依照中央规定,搜查书报以售卖者为范围,而实际上对私人卧室,箱箧信件,倾倒查抄,骚扰不堪。搜查机关并得随意拘捕人员,长期囚押,不送法院审讯,有违中央规定及法治精神。"

根据上述理由,该提案建议办法如下:"(一)查禁书报必须由负责机关将理由通知出版者及著作人。如有不合审查标准之处,应给予出版者及著作人以申诉的机会。搜查时须出示负责机关之证明文件及公开颁布之查禁书单。对于未经查禁之书报不得任意取去,禁止阅看。(二)检查书报须有统一机关负责执行,且书报经过合法审查机关之许可通过,给予审查证或注册证后,须予统一的合法保障,各地不得再任意扣留没收。"

这些纠正的办法,谁看了都认为是合理的,所以在审查会审查时,"来宾"们当然一致赞成,"陪客"们也无话可说,在大会里也通过了。决议是:"本案所列办法,送请政府切实改进。"其实这些办法在第一次大会提案中已提及,到第四次大会只是根据新的事实,旧事重提罢了,可是直到现在,哪一点实行过?这是公开的事实,全国的编著界、出版界,乃至整个的文化界,都是有目共睹的!

糟踏纸张,糟踏油墨,罪孽深重!这是我在以往二年半国民参政会所得到的最沉痛的经验。

苦命的宪政运动

根据中山先生的遗教,中国是应该实施宪政的,国民参政会第四次大会中又通过了实施宪政的议案,宪政运动应该是可以交好运了,但是说来奇怪,宪政运动一开始不久就走上了苦命的途程!

但是在最初,我们不明白此中的矛盾,以为国民党领袖既在参政会中认为宪政决议案是该次大会最大的贡献,政府既以实施宪政为号召,民间热烈响应,努力宪政运动是应该没有什么大不了的阻碍。当初并没有料到宪政运动是注定苦命的。

有些人想到实施宪政，只很简单地感到国民大会的召集，宪法的制定及颁布等等，这虽然都是实施宪政的必要部分，但却不是唯一的部分。我们以为实施宪政的工作可以分作三个阶段：第一个是参政会通过决议案起至开始召集国民大会。第二个是从开始召集国民大会至宪法颁布止。第三是在宪法颁布以后的切实执行的阶段。我们如果希望宪政的实施真能获得实际的功效和真正的成功，绝对不能坐待国民大会的自然来到与宪法的自然产生，必须在第二阶段尚未到来，第一阶段刚开始时，推动宪政运动，推动最大多数的民众参加宪政运动。为什么有这种必要呢？中国在这个抗战建国的伟大时代所迫切需要的宪政，是要能够充分反映全国最大多数民众的要求，由此使他们对于国家有更亲切的感觉，增强他们对于抗战建国的努力。因此我们主张在这准备的时期即须积极推动各方面参加宪政运动，希望每一个民众团体及学术团体，每个茶馆，每个民众教育馆，每个大大小小的事业机关，都能举行宪政座谈会，使一般民众都能明白宪政究竟是什么一回事，宪政和抗战建国究竟有什么关系，宪政和他们的切身利害究竟有什么关系，他们所希望的宪政内容究竟怎样。这样深入民间的宪政运动，如能得到良好的领导和开展，在直接方面可以充分反映全国民众的要求，使将来的宪法能反映全国民众实际上的需要。在间接方面也就是实际的政治教育，加强他们对于政治的认识与了解，为实施宪政前途建立巩固的基础。

根据这个原则，国民参政员中有二十五人共同发起召集宪政座谈会。（按：这是民国二十八年十月间的事情，国民参政会第四次大会是在同年九月间举行的。）在重庆银行公会开过三、四次会，到者各界都有，人山人海，会议厅里几无隙地，讨论得非常热烈，并请与"五五宪草"最有关系的立法院院长孙哲生先生和立法委员张知本先生分别到会报告。发起召集的二十五个参政员，各党各派及无党无派的参政员都有，大家尤其注意的是要包括国民党的参政员，每次开会遇有国民党的参政员光临，大家都特别注意要把他推在主席团里（主席团人数五人，李中襄先生有一次到会，即被推加入主席团），这可见大家希望国民党出来积极领导的迫切。初不料如此煞费苦心之中，宪政运动仍不免走上苦命，真是所谓"注定"的了！

这是后话，暂且不提。且说大家最初对于宪政运动都抱有一腔热忱，由于宪政座谈会中屡次到会者的热烈要求，有筹备宪政促进会的发起，由座谈会中公推八十五个筹备员，除座谈会召集人二十五个参政员包括在内外，其中成分也包括国民党员，其他党派，及无党无派的热心宪政运动的社会人士，这应该是在抗战首都全国精诚团结的一个很可珍贵的象征。同时在重庆有三十几个妇女团体所发起的妇女宪政座谈会，有青年各团体代表二十五人发起的青年宪政座谈会，成都、桂林、上海、延安各处都有热烈的响应，纷纷发起宪政座谈会及宪政促进会一类的组织。

这样气象蓬勃的宪政运动应该是交了好运，为什么说是注定的苦命呢？正是因为气象逾蓬勃，苦命的关头来得越快！苦命关头的到来，首先是宪政运动消息及言论在报纸上受到封锁，在国民党的党报刊上看到诬陷宪政运动的"理论"，其次是索性在参政员二十五人所召集宪政座谈会中实行捣乱，在各地方则严禁宪政运动的出现，在各地方报纸上连"宪政"二个字都不许出现！

一幕悲喜剧

一方面好像要宪政，因为中山先生遗教中说要，国民参政会的决议案说要，国民党领袖在国民参政会中屡次说要。但是在另一方面却又好像不要宪政，因为我们在国民党的党报党刊中可以看到满山满谷反对宪政的大作，不是说"抗战与民主，根本是两个不相容的东西"，便是说"实行民主必不利于抗战，要实行抗战必须暂时停止民主"。倘若这反对论是正确的话，那末国民参政会以及国民党六中全会决议实施宪政的提案都是不识时务，变为毫无意义的了。他们并不顾到蒋议长在参政会中一再地说，"为应事变之不测，须提早实行宪政"；"现在我们内省国势，外察环境，要提早实施宪政"。一方面好像要宪政，另一方面又好像不要宪政，宪政运动就在这个夹缝中走上了苦命的途程！

二十五个国民参政员所发起的宪政座谈会开了四、五次之后，有人发起组织宪政促进会，战时首都及各地开始响应，颇有蓬勃气象，于是国民党方面的言论机关放出吓人的"理论",他们说提倡宪政意在反对政府,夺取政权。他们说组织宪政促进会更是反对政府,理由是政府不做的事才用得着人民来促进,政府已经答应要做的事情,便无须人民来促进,否则便是反对政府!照他们的这样逻辑,政府要抗战建国,人民就得放弃抗战建国,否则便是反对政府!他们认为批评国民大会组织法、选举法及"五五宪草"也是反对政府!

发起宪政座谈会的若干参政员(半推半就的"陪客"当然不作声)看到这样的空气,觉得不大好。有一天蒋议长约国民参政会宪政期成会的几位参政员谈话,左舜生先生(也是宪政座谈会发起人之一)便把这种情形面告蒋议长,蒋议长"允加纠正",并表示二点:(一)他希望尽可能提早实施宪政,(二)大家对于实施宪政的办法可加以研究。后来叶楚伧先生(当时任国民党中央党部秘书长)又对人说:"研究可以,最好由少数学者在房间里研究研究,不要发表文章,来什么运动!"宪政座谈会虽然也是在"房间里"举行(在重庆银行公会楼上一个大房间里,不过比较大而已矣),可是并不限于少数学者,也不免带些"运动"的意味,于是乎糟糕!

宪政促进会的筹备员在第四次座谈会中推定,正在积极进行之中,第五次座谈会演出了一幕悲喜剧。每次座谈会的开会时间是自上午八点至十二点,那天早上七点半以前就有大批人"很热心"地先到,一尊尊罗汉似的坐在会议厅的周围。后来开会时间到了,召集人和向来参加的人也都到了,他们到后发现情形有点两样。有人认识新来的"客人"里不少是社会部(当时属中央党部)的职员,向来不参加的,那次忽然大批光临,但是这种座谈会原是公开于民众的,对他们的光临当然不拒绝。开会以后,他们轮流着起立破口大骂,好像放连环炮似的,他人没有开口余地。他们骂的总目的是要打消宪政促进会。他们把宪政促进会痛骂一顿之后,"提议"取消,要付表决,表决后即登报声明否认有组织宪政促进会这回事。最妙的是其中有一位老爷拍案大叫:"登报否认我出钱!"他傲然自负的是他有钱,你能拿他怎样!当时他们声势汹汹,大有打出手,演一幕全武行好戏的气概!可是当时到会的其他的人都顾全大局,无意打太极拳,十分忍耐,只由主席和平地加以解释,说宪政座谈会和宪政促进会是二件事,座谈会每次参加者并不完全相同,是流动性的,故以前发起的宪政促进会不便由后来的座谈会随便取消。但是那批"英雄"仍咆哮不已,顿脚拍案,大叫:"表决!表决!"正在相持之间,十二点到了。银行公会原来说明十二点后该厅另有他用,不能再借,于是那批"英雄"们"无用武之地",只得悻悻然作鸟兽散。第二天报上登出中央社发的消息,说这次座谈会已由多数"表决"否认宪政促进会的组织,其他消息一概被"封锁"。有一、二家"漏网"的报,两种消息都不登。后来听说国民党中的开明分子亦多不以此种举动为然。

其实战时首都的宪政运动,虽"运"而不能"动",尚属幸运。上海热心宪政的人响应中央决议的宪政运动,竟被党老爷诬为与汪勾结,戴上"汉奸"帽子,那更是冤上加冤,比捣乱的办法更为巧妙得多了。

两种倾向

当七个关于宪政的提案在参政会第四次大会的特种委员会中被审查的时候(按:即关于宪政提案的一场舌战),我们在会场中所听到的言论,显然可以看出两种倾向:一种是"来宾"们对结束党治及对抗日各党派的合法保障、主张有此必要,还有一种是"陪客"们大发挥其"不必要论"。

《请政府定期召集国民大会实施宪政案》在参政会第四次大会通过之后,在公布的言论方面也可以看出两种倾向:一种是民间的言论热烈拥护这个决议案,强调抗战时期"要"宪政,还有一种是国民党的党报党刊上的言论,极力强调抗战时期"不要"宪政的"理论"。

但是同时兼任国民党总裁的蒋议长在参政会第四次大会闭幕词中,明明把"实施宪政"案列为第一重要的决议案,而且郑重指出:"中国欲贯彻其绝对作战之必要目的,更须动员全民,加强长期抗战之一切实施……敌阀正百计进攻,我自不容丝毫自满,一切力量皆须发扬,一切缺陷皆须填补……提高民权,加强国本,应为最要之务。"紧接着说:"用是决议请政府召开国民大会,建立宪政规模。"国民党领袖公开把"实施宪政"和"中国欲贯彻其绝对必要之作战目的"及"加强国本,为最要之务"联在一起,这与党老爷们的"不要论"明明是冲突的。怎么办呢?后来"不要论"虽尚不能绝迹,但渐渐蜕变为

"退后论"。于是又显然可以看出两种倾向：一种是热烈拥护实施宪政者对宪政作"进步"的解释和主张，还有一种是心里"不要"宪政而表面上似乎不好意思继续公开反对宪政而对宪政作"退后"的解释和主张。最有趣的表现是这两方面所引用的孙中山先生遗教及国民党领袖言论，也截然各有趋向，分别得清楚明了。例如上述的蒋议长在参政会第四次大会闭幕词中所说的几句拥护宪政的话，你在民间的言论，无论是日报上或刊物上的社论专论，随便都可以看到被引用着，而在国民党的党报党刊上却没有一处寻得出。又例如中山先生对中国应采的民主政治有几句很重要的话，他说："近世各国，所谓民权制度，往往为资产阶级所专有，适成为压迫平民之工具，若国民党之民权主义，则为一般平民所共有，非少数者所得而私也。"这几句话也在民间的言论上很广地被引用着，但是在国民党的党报党刊上也是寻不见的。

国民党的党报党刊上引用得最多的是曲解中山先生遗教中的两段话。一段是中山先生在"民权主义"演讲中反对"一片散沙"的"自由"，引用者的意思是要借此表现人民争取宪法上的自由是不应该的，也就是表示宪政运动是无意义的。照是中山先生所反对的是"一片散沙"的"自由"，而并非根本反对人民在宪法上应有的自由。这有二件事可以证明：一件事是中山先生曾经不满意临时约法，说因为它并没有规定具体的民权，因此他郑重声明：只有"中华民国主权属于国民全体那一条，是兄弟所主张的，其余各条都不是兄弟的意思，兄弟不负那个责任"（见五权宪法演讲）。还有一件事是中山先生所手订的"中国国民党第一次全国代表大会宣言"的"对内政策"，明白规定"确定人民有集会、结社、言论、出版、居住、信仰之完全自由权"。可见要想曲解中山先生反对"一片散沙"的"自由"来反对人民争取宪法上的自由，实在是很可笑的。

国民党的党报党刊上最喜引用的还有一段是中山先生在《孙文学说》一书中说及我国国内革命战争（在当时指的是打倒北洋军阀的战争），不宜"于开战之初即施行宪政"，并提及上次世界大战参战的国家，有"停止宪政行军政"的话。引用者没有或不愿想到当时全国除广州一隅外，都为北洋军阀及其代理人所盘据，非先"用兵力扫除国内之障碍"不可，否则无异赞成北洋军阀的统治,现在是要在国民政府所统辖的广大区域实行宪政,形势完全不同。而且只有像日本帝国主义者那样从事侵略战争,才用得着剥夺人民的权利,以压制人民反战。中国是反抗侵略的国家,人民一致拥护抗战。实行民主政治,只有更加强国力,巩固团结,这也是很显然的。可是在断章取义利用中山先生的话来反对宪政的,却不愿想到这种种的异点,只看到"停止宪政"四个字,不管三七二十一,便乐不可支了!

还有一件事的争执也足以表现"进步"和"退后"的两种倾向,那就是关于国民大会和宪法草案问题。所谓召集国民大会是另来一个真能代表民意的国民大会呢?还是仍然舍不得二、三年前(就当时说,就现在说已是四、五年前了)"秽德彰闻"的国民大会呢?(已有不少的代表参加了傀儡组织。)民间舆论主张前者,国民党的党报党刊主张后者。最初还许稍稍批评,后来说是有关政府法令,连讨论都一概不许,凡有讨论这件事的文章一概被审查老爷扣留。其实,那个"秽德彰闻"的"老会"虽是曾经政府用法令召集的,但政府也未尝不可根据舆情再用法令来一个"新会",这对于政府的威信并无丝毫妨碍的。那个"五五宪草"是民国二十五年公布的,抗战二年多了(亦就当时说),一切情形变化了许多,"旧草"已不能适合新的要求,实在应该废除,至少要加以很大的修改。民间舆论这样主张,而国民党的党报党刊却极力反对。

中山先生的遗教是充满着进步的成分,但是有人一定要替他开倒车。中国是向着进步的大道前进,但是有人一定要拉她向后转。这不是太令人痛心的事情吗?

"必要"和"不必要"的争执,"要"和"不要"的争执,"进步"和"退后"的争执;形式虽有差异,本质却是相同。这是当前中国政治意识的两种倾向。(我本想用"政治思潮"四字,已写了下来,转念"退后"有什么"潮"之可言,还是改写为"政治意识"算了吧。)

对宪政的最后挣扎

国民参政会本来是每三个月开会一次,开会期十天。依"请客"条例第五条的规定,要"国民政府认为有必要时","得延长其会期",但向来都在十天内赶完,没有一次"延长"过。自第四次大会起,把三个月开会一次改为六个月开会一次。当这个消息公布的时候,在野各抗日党派的"来宾"们有一次在聚会中曾对此事有所商议,大家感觉到国事在很紧张急迫的情况中,有许多问题亟待大家商决,把三个月改为六个月似乎不很适当。讨论结果,觉得我们既是由"主人"请来的"来宾",现在"主人"认为没有三个月请一次客的必要,倘若"来宾"们一定要"主人"非三个月请一次客不可,似乎不好意思,只好随"主人"的便吧。

但是大家一方面看到宪政运动走上苦命的途程,一方面看到国共及党派团结问题日趋严重,物价问题亦日趋严重,不免忧虑,鉴于巩固团结及救济经济,在在都与政治的改革,即民主政治的实现,发生密切的关系,所以在民国二十九年四月一日召集的国民参政会第五次大会,大家对于实施宪政又努力来一次推动,由国民参政会宪政期成会提出《中华民国宪法草案("五五宪草")修正草案》。这个修正案根据三个重要的参考材料:一个是教授派的"来宾"提出的"五五宪草修正草案",一个是救国会派的"来宾"提出的"对于'五五宪草'的意见",还有一个是共产党的"来宾"提出的"关于国民大会组织法、选举法及五五宪草的意见"。于此可见大家虽在宪政运动走上苦命的途程中,仍不消极,仍对民主政治作最后的挣扎。

我在这里不想详细讨论这个修正案的整个内容,一则因为篇幅不许,二则因为详细讨论需要另写一本书。但是我要把这次大会辩论最激烈的一点指出,就是该修正案中采用了教授派"来宾"所建议的,在国民大会闭会期间需要设立一个常设机构,名叫"国民议政会"。依草案规定国民大会每三年才由总统召集一次,会期只一个月,故修正案建议在国民大会闭会期间,设国民大会议政会,人数较少,开会较易,每六个月得集会一次。这是教授派"来宾"的建议,其他在野的各抗日党派的"来宾",只感觉到国民大会既须每三年才开会一次,在闭会期间必有不少重要国事需要民意机构处理,故有一个常设机关或常务委员会之类的机构之必要,至于名称及职权如何规定,倒没有什么一定的成见,尽可由大家从长计议。可是这件事却引起了"陪客"们的激烈反对,于是又掀起一番大舌战。有一位"陪客"起来破口大骂,在实际上简直等于表示宪政是不必要的！他的一顿大骂,不但使在野各抗日党派的"来宾"听了为之寒心,即国民党中的开明分子曾经参加旁听席的,也为之摇头叹息,事后告诉记者的一位朋友,表示愤慨。

这位"陪客"对宪政的破口大骂,就他个人说,大家并不重视,但是因为他是"陪客","陪客"在国民参政会中是受"党团"(即国民党在参政会中的党的小组)指挥的,大家把他看作国民党在参政会中的代言人,看到他的失态,听到他的胡说八道,那就不得不对宪政前途冷了半截。

而且还余下未冷的半截,也还保不住！上述的"宪草修正案",是在这次大会第五日提出讨论的,当时因在傍晚,即将休会,只将"宪草修正案"全文逐条宣读,并由宪政期成会召集人张君劢先生出席说明修正案要点后,即由蒋议长宣告当日休会时间已到,本案于第二日大会再行详细讨论,并"郑重"声明,只有大家自由发表意见,才能得到圆满的结果,希望第二日大家多多自由发表意见。不料第二日只有八、九人对"议政会"应否设立的一点发言之后(某"陪客"的破口大骂也包括在内),尚未得到结论,其他各点更未有一句话讨论到,宣告休息十分钟后,再行开会,秘书长王世杰忽然恭恭敬敬双手捧着议长的字条,十分严肃地踱着方步由主席台走到报告台(在主席前面,略低)宣读一遍,即算决议。内容如下：

一、本会宪政期成会草拟之《中华民国宪法草案修正案》,暨其附带建议及反对设置国民大会议政会之意见,并送政府。

前项反对意见,由秘书处征询发言人意见后,予以整理。

二、参政员对于《宪政期成会修正案》其他部分持异议者,如有四十人以上之联署,并于五月十五日以前(按:开会的那一天为二十九年四月六日),送本会秘书处,应由秘书处移送政府。

"宪草修正案"原为国民参政会第五次大会最中心的议案,也是国民参政会宪政期成会的唯一结晶品,这样干脆地结束,在"陪客"们也许以省事为无量幸福,在"来宾"们却好像冷水浇背,不胜寒心。其实寒心大可不必,即使真由"大家自由发表意见","得到圆满的结果",到如今还不是留在纸上吗？

第二届国民参政会的前夜

第二届国民参政会第一次大会定于本年三月一日起在重庆举行。国民参政会的效果和它的职权很有关系,所以大家对于第二届国民参政会的职权颇为注意。第二届的职权,于原有的听取权(听取政府施政报告)、询问权和建议权之外,加了所谓调查权,而且还只能调查政府交与调查的事情。其实在第一届国民参政会中,如川康视察团之类,就已做过调查的工作。因此,关于职权方面可以说是加而不加,人数虽由二百名加为二百四十名,但是"陪客"的成分较前增加得多,"来宾"的力量当然愈缩愈小。尝过第一届参政员滋味的"来宾"们,鉴于以往的重要决议多是决而不行,或至多仅在"等因奉此"中兜圈儿,加上新的客观条件只有比旧的更差,所以都看得很淡,鼓不起劲儿。据罗隆基先生于将开会前由昆明到渝后的报告,在昆明的几位教授参政员,也多感觉到仅仅粉饰场面,实在没有意思,简直懒得再来到会。但是一般的情绪虽不免这样的低落,大家为顾全"团结"的"形式"计,在二月二十日前后,"来宾"们乃陆续到渝,在野各抗日党派的"来宾"们有多次的聚会倾谈,我每次都参加。大家都深深地感觉到政治的"逆流"的可忧,公决在开会前即有联名写一封信给蒋委员长的必要,内容是对于巩固团结及改善政治,在具体办法方面有所建议。经大家多次的商讨,于二月二十四日下午作最后的决定,参加签名者十六人,除国共二党的"来宾"不在内外,其他在野的各抗日党派的"来宾"都在内,记者亦签了名(当时中共的"来宾"已决定不出席,故未参加;国民党方面虽有几位富正义感的前辈参加,但在实际上不是代表"陪客")。

我在这几天的心境是苦痛得利害,一方面国民参政会就要开会,我正追随着各位前辈努力于支持"团结"的"形式",参加应该主持正义的所谓过渡的"民意机关",一方面却眼巴巴地望着硕果仅存的几个"生活"分店被暴风雨似的摧残着,不但违法背理大封其店,而且违法背理大捕其人!"团结"作何解释?"正义"作何解释?"民意"又作何解释?有人说你何妨把这件违法背理的事情,在"民意机关"里力求申诉,但是诸君如不健忘我在以前所报告的参政会中的提案在实际上的效力等于零,便知道这个好意的建议是在开着玩笑！

我一方面仍打算出席第二届国民参政会，连着几天追随诸前辈共商大计，一方面忙着请求中央党部予以最后商谈的机会，勿欺凌太甚，勿逼迫太甚。但是我尽管再三声明"服从法令，接受纠正"的原则，他们却一味敷衍，一味搪塞，毫无诚意，既不能指出我们违背法令之处何在，也不能指出我们应受纠正之处何在，只是一面发出密令做酷烈的摧残，一面满口推诿责任，说他们一点不知道，充满正义感的黄任之先生曾亲自询问过潘公展先生，潘先生仍再三声明中央党部绝无封闭"生活"分店之意，完全出于地方上的误会，误会消除，即可无事！黄先生欣然相告，反而觉得我似在庸人自扰似的！

但是书店一个个又被封闭是事实，忠诚于文化事业的青年干部一个个又锒铛入狱也是事实，我又怎能昧着良心，装作痴聋呢？我那几天真是忍耐又忍耐，万分的忍耐着。我有一、二天实在觉得忍耐不住，我想粉饰场面实在是莫大的罪恶！我向重庆卫戍司令部的稽查处填写表格，请求准许购飞机票（这是在陪都购飞机票必经的手续），以继母在港有病为辞。事后沈老先生劝我还是等到参政会开完了会再说，我又强把出走的意念抑制了下去。我的妻有着稳健的性格，不赞成我在开会前出走，也极力劝我不要过于气愤，我也接受了她的好意。我再忍耐又忍耐，千万分的耐着。

但是暴风雨似的摧残来势越来越凶！贵阳"生活"分店在二月二十日深夜即被封闭，而且全体职工无故被捕，而因为邮电均被封锁，直至二月二十三日接到贵阳的热心读者出于义愤的自动的告急信，才知道此事的残酷经过。被迫到这样的田地，我伤心惨目想到为抗战文化而艰苦奋斗的青年干部遭受到这样冤抑惨遇而无法援救，任何稍稍有心肝的人，没有还能抑制其愤怒的。我愤怒得目瞪口呆，眠食俱废！我不自禁地又想到在这种地狱似的凄惨环境中，再粉饰场面实在是莫大的罪恶！我的稳健的妻看到这种情形，她也知道再留不住我，沈老先生看到这种情形，也知道再留不住我了。

这是二月二十三日的情形，我直至二十三日傍晚才决定辞去国民参政员，不能参加这次的会议。

我的动机绝对不是出于什么泄愤的观念。我十分痛心于违法背理的现象,愿以光明磊落的辞职行动,唤起国人对于政治改革的深刻注意与推进。就这一点说,我的辞职和出走,不是消极而仍是积极的。

临行的一封信

第二届国民参政会定于今年三月一日开幕,国民参政员须于二月二十四日报到。我于二月二十三日傍晚决定辞去国民参政员,飞机票既不可能,决定乘商车走,为便于出走起见,二月二十四日仍到国民参政会报到,领到一大张冠冕堂皇由国府主席及各院院长署名盖章的聘请状,领到一个新制的参政员徽章,抽签抽着了第二十号的议席,还被一位拿好一架大照相机的中央通讯社特派的摄影员坚邀着拍了一张半身照片,他拍后还很客气地追问一句:"邹参政员最近到不到别的地方去?"在他也许是无意中问起,也许是知道了我曾经向重庆卫戍司令部稽查处要求购飞机票,我听了只有笑着对他摇头。

我踏出了国民参政会的大门,匆匆回到家中,已经中午,匆匆吃过午饭,又匆匆出去参加在野各抗日党派的会议,因为那天下午要共同最后决定联名写给蒋委员长的那封重要信。商量定后,依年龄长幼签名,拥有长胡子的大概都签在前面,我也参加了签名。签后当日送出,我回家时已经万家灯火了。

第二日一早有车在南岸出发,我须于当夜(二十四日)四点钟过江赶往南岸,故这一天可说是忙得不可开交。我于会议完毕回家后,即料理行前应该办的一些事情,我拟就了一个辞去国民参政员的电稿(已见前文),并写了一封信留致在野各抗日党派的领袖们,内容如下:

> 衡山先生并转任之、问渔、御秋、君劢、努生、舜生、幼椿、伯钧、漱溟、表方、士观、慧僧、申府诸先生惠鉴:韬奋追随诸先生之后,曾于二三年来在国民参政会中,勉竭驽钝,原冀对于民主政治有所推进,俾于国家民族有所贡献,但二三年来之实际经验,深觉提议等于废纸,会议徒具形式,精神上时感深刻之痛苦,但以顾全大局,希望有徐图挽救之机会,故未忍遽尔言去耳。惟就韬奋参加工作之生活书店言,自前年三、四月后所受之无理压迫,实已至忍无可忍之地

步。本会上届第一次大会通过公布之《抗战建国纲领》，明载在抗战建国期间，于不违反三民主义最高原则及法令范围内，对于言论、出版、集会、结社自由，当予合法之充分保障。此种最低限度之民权，必须在实际上得到合法保障，始有推进政治之可言。生活书店努力抗战建国文化，现在所出杂志八种及书籍千余种，均经政府机关审查通过，毫无违法行为。乃最近又于二月八日至二十一日，不及半个月，成都、桂林、昆明、贵阳等处分店，均无故被封，或勒令停业，十六年之惨淡经营，五十余处分店，至此已全部被毁。贵阳不仅封店，全体同事均无辜被捕。虽屡向中央及地方有关之党政各机关请求纠正，毫无结果。一部分文化事业被违法摧残之事小，民权毫无保障之事大。在此种惨酷压迫之情况下，法治无存，是非不论，韬奋苟犹列身议席，无异自侮。即在会外欲勉守文化岗位，有所努力，亦为事实所不许。故决计远离，暂以尽心于译著，自藏愚拙。临行匆促，未能尽所欲言。最后所愿奉告者，韬奋当仍以国民一分子资格，拥护抗战国策，为民族自由解放而努力奋斗。苟有以造谣毁谤相诬者，敬恳诸先生根据事实，代为辩正，而免于政治压迫之余，复遭莫须有之冤抑。忝在爱末，用敢披沥上陈，诸希鉴察为幸。诸先生为前辈先进，对国家民族尤具无上热诚，必能为全国同胞积极谋福利，再接再厉也。临颖怅惘无任神驰，敬颂公安！

邹韬奋倚装敬启三十、二、二十五晚。

我把这封信匆匆写完之后，于当晚十点钟往访黄任之先生，和他告别，并说明我不得不走的理由。回家后已一点钟，匆匆略睡一、二小时，四点钟即动身。

蒋委员长于三月四日知道我已离渝，嘱王世杰秘书长用主席团名义，电桂林挽留，听说该电五日下午到桂林，我于当日下午二点钟，由桂林起飞，相距大概一、二小时（该电原文我至今未见到）。我当然"感谢"领袖的好意，但我个人进退的事小，而政治作风的改革事大，后一点尤其值得政府的考虑。

最近有朋友自陪都来，据说在重庆平日被派着监视我的二、三位"特务"，因事前未能发觉我已离渝，被拘押起来，至今未被释放，这却是使我感到非常抱歉的一件事，其实怪不得他们，我在陪都时平日光明磊落，事事公开，既无"暴动"阴谋，又无任何其他秘密行动，他们觉得监无可监，视无可视，所以不免松懈了下来。就是我的出走，也是被逼到最后，至二月二十三日傍晚才决定（二十四日深夜四点钟就动身），事出仓卒，我自己也是临时才知道，实在不能怪这几位"特务"仁兄未能事前发觉。所以关于这件事，他们是和我同样受到无妄之灾的！我希望这几位"特务"仁兄早获自由，重见天日，不过同时希望他们出来之后，把工作改换方向，用来对付敌伪，则不胜馨香祷祝之至！

国民参政会上的一个重要插曲

吴玉章

抗日战争爆发后,我于一九三八年三月二十日由法国启程,途经香港回国,共赴国难。同年七月,国民党政府在汉口召开国民参政会,我被"遴选"为国民参政员,六月二十五日,我由重庆飞赴汉口参加会议。

我党被国民党政府"遴选"为参政员的共计七人。除毛泽东同志因事请假外,其余六位都出席了七月六日在汉口开幕的国民参政会第一届第一次会议。当时抗日民族统一战线刚刚建立,举国上下团结抗战的热情空前高涨。到达汉口后,我们与救国会、青年党、国社党、第三党及黄炎培、胡景伊等轮流请客,讨论对于参政会提案,收效颇大。因此我们以区区七人团结出席人数的半数以上。这次参政会有三、四十人是顽固堡垒,有七、八十人是同情我们。故我们提出的提案常常得到四、五十人甚至七、八十人的联署。国民党对在参政会上提案须有二十人联署的规定,也未能难到我们,相反我们团结、抗战、进步的灼见提案大会都通过了。我们在参政会上的威信极高。

在此有件事情极堪注意,在开大会前几天傅斯年、梁实秋等想在参政会提弹劾孔祥熙案,其用意是在去孔拥汪(精卫)。七月一日傅约我去梁实秋家谈话,说孔昏庸无能,且多劣迹,参政会为民意机关,应提出弹劾,想拉我党出面。傅问我意如何,我答我不能代我党发表意见,但我个人觉有三点须考虑:(一)参政会是民众渴望多时的统一战线之萌芽,将来可发展为民意机关,但现在还不是,政府给它的权有限。是否能如国会可以倒阁尚属问题,何况大敌当前更须举国一致,参政会有团结各党派的作用,是大家辛苦得来的,它的任务以团结抗战为第一,不能和政府取对立态度。(二)孔固然不好,但还能随蒋一致抗战,倒孔后又易以何人?如换一人与蒋意见不一致的(如汪精卫)则更坏。(三)今日蒋实为政府之主持人,孔无能力,实不过蒋的代理人,倒孔无异倒蒋,我们拥蒋以其有能力且能决心抗战,应相互信任,才能战胜敌人,倒孔不引起他反感尚不可,何况必致反感?如果闹成僵局,使亲痛仇快,岂不更糟?傅不发脾气,且约四号开一会征求我党意见。我归即告诉我们同志,召开党团会议,大家一致认为我的意见正确。四号我即前往提出我党不赞成此举,一场风波才平,否则首次参政会定要闹出乱子。

我八月八日飞西安,二十二日见到阔别十一年,在南昌起义失败时分别,在抗战高涨时重见的朱总司令,真说不出如何欢欣鼓舞。九月初到延安,见了许多年共同奋斗而未得见面的同志,使人悲喜交集。十月一日我出席我党扩大的六中全会,听了毛主席《论新阶段》的报告,认为此是我们抗战的总方略,是最重要的有历史意义的文献。在大会上我作了一个国际对我抗战的同情和国际宣传的发言。全会推举我和林老、董老为中央委员。

此时武汉已经失守,蒋介石已到重庆。国民参政会一届二次会议在渝召开。六中全会还未开完,我即同王明、博古、林老等赴西安飞渝。参政会后我同博古、林老、董老、王明等六人应蒋之约恳谈有五、六点钟,蒋力劝我们去国民党作强有力的干部,为国家民族共同奋斗,不必要共产党,并说共产党不去,他死不瞑目。辩论很久,他且特别对我说:你是老同盟会员,国民党的老前辈,还是回到国民党来吧!我说:我相信共产党是相信马列主义社会科学的真理,深知只有共产主义才是社会发展的正确道路,不能动摇,如果"二三其德",毫无气节,你也会看不起吧!他玩弄这一手段毫无效果,反使我们知道他反共的决心。此后果有"防止异党活动"的密令。此次参政会有二事值得注意:一为讨论陈嘉庚来电,"官吏谈和平者以汉奸论罪"的提案时,汪精卫派反对,引起一场大闹。此时汪的投降之机已见。二是邹韬奋所提《请撤销图书杂志原稿审查办法案》联署者达七十四人,占出席人数半数以上,大会竟通过了。国民党中央对此大发雷霆,作了一"以后不得党(国民党)的许可党员不得参加联署"的决议。从此以后,国民参政会这个所谓的"民意机关"也就每况愈下了。

国民参政会的一段回忆

许德珩

一九三八年七月上旬,国民党政府决定在武汉召开国民参政会第一次大会。我被推选为参政员,由南昌去汉口参加。大会于七月六日在汉口大戏院举行。汪精卫是国民参政会的议长,张伯苓为副议长,王世杰为秘书长,彭学沛为副秘书长。国民党政府聘请中国共产党毛泽东、林祖涵(伯渠)、吴玉章、董必武、陈绍禹(王明)、秦邦宪、邓颖超七人为国民参政会参政员。除毛泽东同志未出席外,其余六人都出席了大会。汪精卫企图把国民参政会作为他媚外投敌的工具,在会上作了种种表演:暗中主使和公开支持李圣五提出所谓"加强德意外交"的提案,企图得到经过德意向敌谈和的"法律根据";尽力反对共产党员参政员所提出的各种提案,挑拨和破坏国共两党之间的关系;暗中主使他的亲信进行所谓"倒阁运动",企图取得行政院长的位置,以便与敌和谈。他还唆使少数亲信提出所谓感谢"德高望重"的汪议长的议案来抬高自己。

按照规定,国民参政会每三个月开会一次,到了这一年的十月又要召开第二次大会。我于十月十一日离开南昌。走后不久,南昌被日寇占领。及至抵达武汉,武汉正在作撤退的准备,并决定国民参政会第二次大会改在重庆召开。我和陶行知、于毅夫等同船去重庆。船过宜昌时,听到了武汉沦陷的消息,我如迟行一步就有作俘虏的危险。

广州失陷,武汉撤退之后,正面战场上出现了相持局面,敌人对国民党停止了战略性的进攻,而把主要军事力量放在解放区战场上,进行残酷的"扫荡",对国民党则以政治诱降为主,军事打击为辅。这时,汪精卫和他的亲信,就在报刊上散布所谓"和平"的空气。宣扬什么天下没有不结束的战争,战争结束即是和平。中国与日本作战也必须有结束的时候,日本如果完全撤兵,允许中国保全主权领土完整,为什么不可以接受"和平"?汪精卫以国防最高会议副主席、中国国民党副总裁及国民参政会议长的资格,在重庆或隐或现地大放"和平"烟幕,一大篇一大篇的演讲词和谈话登在国民党的报纸上。

国民参政会第二次大会,就是在这样乌烟瘴气的气氛中,一九三八年十月二十八日开幕的。陈嘉庚先生从新加坡拍来了"电报提案"(陈先生也是国民参政员,当时因事未到),内容极简,而意义极大。这个提案的内容只是寥寥十一个大字:"官吏谈和平者以汉奸论罪!"这个"电报提案"一到,不到几分钟,会场上联署者已超出二十名,我也签了名。依惯例,议长将提案付诸讨论时,须将提案的题目向全会朗读一遍,这次当然也不能例外,所以大会主席汪精卫只得向全会朗读:"官吏谈和平者以汉奸论罪!"讨论开始,有几个汪精卫的亲信就起来反对,也有个别人起来为汪辩护。但是,我们在陈嘉庚"电报提案"上联合署名的和明白实际情形的参政员,则奋然而起,对鼓吹"和平"的汉奸言论给予痛斥。结果通过的提案加上了"敌人未驱出国土以前"的字样。当汪精卫朗读到"官吏谈和平者以汉奸论罪"时,面色苍白。陈嘉庚的"电报提案"不啻给了汪精卫一记响亮的耳光。

一九三八年十二月十九日,汪精卫、陈璧君、陶希圣、周佛海、褚民谊、曾仲鸣等飞往河内。二十九日,汪精卫在河内发表"艳电",公开投敌当了汉奸。对这些民族败类,凡有血性的中国人莫不义愤填膺,切齿痛责。一九三九年九月初,在重庆召开了国民参政会第四次大会。会上,绝大多数参政员联署提出声讨汪精卫的提案。我的提案认为:乱臣贼子,人人得而诛之,请追拿汪逆诸汉奸归案法办。得到许多参政员的赞同,并签名联署提出。最后,大会通过决议,通电全国声讨汪逆兆铭及附逆诸汉奸,并否认其一切伪组织与行动,以彰民意。

参政员生活琐记

史 良

我同沈钧儒、邹韬奋、章乃器诸先生因救国会案于一九三六年十一月被捕,直到卢沟桥事变爆发后,一九三七年七月三十一日才释放出来。我在恢复自由以后,就和沈钧儒、章乃器、邹韬奋等一道,到港澳等地宣传抗战。不久,国民参政会成立,我们都担任了第一届国民参政会参政员。为了担任国民参政员,我暂停了自己的律师业务。

那时,国民党公开实行一党"训政",人民的基本权利毫无保障,广大人民要求民主的风浪很高,而国民党却玩弄各种花招,以拖延宪政的实施。国民参政会就是他们的花招之一。这个机构名为"民意机关",实际上只是一种摆设。国民党自己似乎也并不隐讳这一点,它所公开的《国民参政会组织条例》中就明白指出:"国民政府在抗战期间,为集思广益,团结全国力量起见,特设国民参政会。"所以有人说,这是一种请客吃饭,我们只不过是这个饭桌上的客人罢了。那是一九三七年七月的事情。

一九三九年九月,国民参政会举行第四次大会,共产党和各抗日党派的参政员提出了实施宪政的要求,提案有七个之名。救国会除了从原则上支持其他党派的提案精神以外,自身也提了两个提案。第一个提案的题目是集中人才。在办法中明确提出了几条:用人但问其才不才,不问其党不党;承认各党派之合法存在;实施民主,使人人得贡献其意见,发挥其才能。第二个提案的案题是增强团结。办法有三项:不得摩擦;政府用人行政不因党派关系而有所歧视;实施民主法制和政党政治。救国会的提案以及其他有关宪政的提案虽然曾在会议中有过讨论,但是毕竟只不过是一纸空谈。尤其令人气愤的是关于保障人民权利问题,救国会在历次参政会中都要为此呼吁。但呼吁归呼吁,人民权利始终得不到任何的保障。

国民参政会虽然是这么个请客吃饭的地方,但我们还是利用它做了一些有利抗战,有利团结的工作。有两件事在我是印象深刻的。一件是在宪政期成会中关于妇女权利问题的斗争,一件是关于四川一个县长违法乱纪的案件。

宪政期成会是国民参政会内的一个工作机构,由委员二十五人组成。这个机构包括各方面的人士,政治主张不一,在讨论问题时,经常发生尖锐的斗争。有一次,为了宪法草案中关于妇女地位问题,争论得很激烈,我坚持要在国民大会中保证妇女名额不得低于百分之十五,这样才能保证妇女参政,但国民党反动派为了剥夺妇女参政权利,却虚伪地提出了"平等地参加选举"的主张,这个争论后来竟至发展到动武的程度,斗争虽然妇女获胜,但整个宪政运动却被国民党反动派根本破坏了。

关于一个县长违法乱纪案件的经过是这样的:四川有一个县长,他在当地是一个小皇帝,经常欺压人民,无恶不作,有一次为了报复一个地方人士,竟把这位地方人士全家逮捕,非刑吊打,情节极为恶劣,引起当地人民的公愤。我知道这件事以后,就以国民参政员名义写信到当地专员公署,要求予以制裁。这个事件,终于以这个小皇帝的被撤职而告终。但在国民党反动统治下,在蒋介石这个大皇帝的罪恶统治下,欺压人民的小皇帝真不知有多少。这个事件,只不过是国民党罪恶统治中的一个小小的插曲罢了。

抗战开始以后不久,国民党顽固派对人民进步力量愈加仇视,斗争激化起来,我和国民参政会的关系就发生了变化。

一九三九年,国民党顽固派以精神总动员会的名义发出了四个秘密口号,"一个主义,一个党,一个政府,一个领袖",阴谋打击一切进步力量。一九三九年底到一九四〇年初,国民党军队终于发动了对陕甘宁边区人民的武装进攻。一九四一年一月,蒋介石一面强令皖南人民武装新四军北渡长江,一面密调反动军队中途袭击,造成了臭名昭著的皖南事变。事变既发,举国震惊,国民党破坏团结,坚持独裁,反对人民的面目进一步暴露于天下。中共参政员被迫拒绝出席第二届国民参政会的首次会议。我和救国会的其他许多同志,也宣布拒绝出席,对国民党顽固派的倒行逆施,表示坚决抗议。在我拒绝出席国民参政会以后,继续和救国会同志们一道,同全国人民一道,积极参加争取民主,反对独裁,坚持团结,坚持抗战的爱国民主运动。一九四二年国民党召集第三届国民参政会,我和沈钧儒、陶行知、邹韬奋等同时被取消参政员资格,就是说,连请客吃饭也不应酬一番了。我的参政员生活就此终止。

救国会与国民参政会

沙千里

一九三八年七月，国民党声称要实行民主，请各界代表参政，搞了一个国民参政会。沈钧儒、邹韬奋、陶行知、王造时、史良、张申府、刘清扬、罗隆基等，作为救国会方面的人士，被聘请为国民参政员，参加了在汉口召开的第一届国民参政会第一次会议。这一届国民参政员有二百多人，全是由国民党当局聘请的，名单先由国民党中央执行委员会确定，然后由国民党政府公布。邹韬奋当时讽刺地说：这是国民党以主人的身份"请客"。

国民党召开国民参政会是为了打出民主的旗号，欺骗人民群众。国民参政会只是一个空头民主机构，对于会上通过的提案国民党根本不认真执行。尽管如此，它为我们提供了一个与国民党进行斗争的阵地，我们可以利用它作为民主讲坛。当时规定，国民参政员有三权：听取报告权，询问权，建议权即提案权。我们便利用国民参政会的讲台和国民参政员的三权，同国民党展开争取民主，反对独裁，抵制投降的合法斗争。

邹韬奋在会上提出三个提案：一是调整民众团体以发挥民力案。这个提案是针对国民党压制救亡运动，镇压救亡团体而提出的；二是具体规定检查书报标准并统一执行案。这个提案是针对国民党压制出版自由、实行新闻出版检查提出的；三是改善青年训练以解除青年苦闷而培植救国干部案。这个提案的目的是组织和训练青年参加抗日救国活动，它反映了爱国青年的要求。

沈钧儒提出《切实保障人民权利案》。提案要求规定："除法律赋有权限之机关外，绝对不许拘捕禁押审判处罚人民，以保法权统一"；"凡非依法律手续逮捕者应立即移送审判机关"；"通令全国查明现尚羁捕之政治犯，予以释放"；"通令军警机关，凡人民团体及言论出版非依法律不得解散封闭扣押没收"等等,这就是要求国民党开放群众运动,保障人民的出版、集会、结社、言论自由。经过斗争,这个提案被通过。沈钧儒的提案事先同我们商量过,并由我执笔。后来,沈钧儒在参政会上的许多提案大多是由我起草的。我在武汉及重庆期间,一个重要的工作就是协助沈钧儒搞参政会。

沈钧儒的提案虽然在国民参政会上被通过,并通令全国实行,但是,国民党不过是做样子给人民看,并不准备执行。他们对人民群众和人民团体的压制和镇压不但没有缓和而且日益加紧。八、九月间,国民党当局明令规定:民众团体召开会员大会,要在三天前呈请核准;各民主团体不得召集联席会议等。接着,在武汉查封了蚁社、中国青年救国会、中华民族解放先锋队等十四个在群众中有深厚基础,从事实际工作,最有影响的抗日团体。全国各地也有大批抗日救亡团体被无故取缔。我们对国民党压制民众运动的行为予以严厉的批评。

救国会的代表参加国民参政会后,国民党曾施展阴谋诡计,挑拨救国会与中国共产党的关系,进行收买和分化瓦解。蒋介石曾邀请邹韬奋、杜重远两个人谈话,要他们替国民党做事。我们对此早有准备和警惕,使他们的阴谋遭到破产。

这时,救国会内部在历史的转折关头,也有少数人在认识上有错误。例如,章乃器于一九三八年九月一日,在《申报》上发表了一篇题为《少号召,多建议》的文章,认为在全民抗战实现后,我们应当少作政治号召,多作积极的建议,救国会的绝大多数人不同意章乃器的这个观点。在国民党不彻底改变其过去十年的反动政策,继续压制人民的情况下,单是向国民党"建议"是不能解决问题的,必须号召人民群众起来同国民党的错误政策和倒行逆施作坚决地斗争,才能坚持团结,坚持抗战,抵制投降。在抗日民族统一战线内必须坚持又团结又斗争,以斗争求团结的方针。我们对章乃器耐心地进行了说服工作。周恩来同章乃器多次谈话。章乃器逐渐认识到自己的主张是错误的,放弃了他的观点。在重庆,由于意见分歧,章乃器离开了救国会。

在保卫大武汉的战斗中,我们积极支援前线。沈钧儒、邹韬奋等曾代表我们赴江西前线慰劳抗敌将士。

在这段时间里,我们同在武汉的中国共产党代表团、八路军办事处和周恩来副主席保持有密切的接触和联系,许多工作和斗争都是在周恩来的直接领导下进行的。

一九三八年十月,武汉失守,战时首都迁到了重庆。从"七七"事变到武汉沦陷,短短一年多的时间,几乎半个中国被日寇占领。蒋介石退到四川后,保持实力,消极抗战,积极反共,坐山观虎斗,企图借日寇的力量消弱八路军、新四军。在国统区,蒋介石则竭力压迫抗日救亡运动,扼杀民主自由,实行白色恐怖。同时,积极反共,从一九三九年到一九四三年,连续发动了三次反共高潮,妄图以武力消灭八路军、新四军。

从武汉撤退时,救国会的一些成员分散到各地。后来,不少人又陆续到了重庆。李公朴离武汉赴延安。他在延安受到毛泽东同志的三次接见。一九三九年六月,组织了抗战建国教育团离开延安前往华北敌后抗日根据地,先后在晋察冀边区和晋冀鲁豫边区进行教育宣传工作。国民党对李公朴在华北敌后的活动十分仇视,蒋介石曾密电鹿钟麟对抗战建国教育团予以查禁,密电朱怀冰,"如捉到李公朴等,立即就地枪决"。在八路军保护下,国民党顽固派的阴谋没有得逞。一九四一年初,皖南事变时,李公朴来到重庆。

章乃器在武汉失守前也离开了,去了李宗仁的第五战区,后来担任了安徽省财政厅厅长。在国民党统治下,他不可能解决战时地方财政问题。还有一批救国会的人参加了周恩来副主席领导的国民党军委会政治部第三厅组织的抗日宣传队,到各地做战地抗日宣传工作。例如,何惧同志便从蚁社中组织了一些人成立抗宣二队去江西进行抗日宣传工作。皖南事变后,何惧才从江西来到重庆。

我和救国会的大部分成员从武汉直接撤退到重庆,救国会在重庆的骨干有三、四十人,我们经常联系,交换情况,研究对国事的态度,并采取一致的行动。在白色恐怖下,这些活动只能采取隐蔽的方式。

我们在重庆同国民党的斗争,主要是围绕两个问题进行的。第一是,坚持民主,要求开放民众运动,争取人民的民主自由权,反对独裁;第二是,坚持持久抗战,坚持国内团结,反对制造摩擦,反对妥协投降。

救国会的刊物《全民抗战》在重庆继续出版。这个刊物不断揭露日寇对国民党采取诱降阴谋;批评国民党当局的投降议和、镇压民众运动、发动反共高潮的反共活动,斥责和声讨以汪精卫为首的亲日派汉奸的卖国行为;并刊登有关八路军、新四军英勇抗日的消息和通讯。这个刊物曾刊登过李公朴自华北敌后寄来的华北抗日根据地的通讯,以事实驳斥了国民党诬蔑八路军"游而不击"的谎言。国民党对报刊实行严格控制,强迫推行原稿送审制度,成句成段地被删掉,甚至常常整篇被抽去,因此有许多要求抗日,反对投降分裂的主张和意见,很难在报刊上完全表达出来。一九四一年初,《全民抗战》因为刊登反对国民党发动第二次反共高潮的文章,被迫停刊。

一九三九年一月,国民党五中全会通过了《限制异党活动办法》。这一反动法令,对共产党、民众团体、爱国民主人士和人民群众的言论行动实行严格地控制,剥夺了人民群众抗战以来争得的某些民主权利。为了争取民主,保障人权,反对独裁,一九三九年九月,沈钧儒等救国会领导人发动了宪政运动。我们联合一批国民参政员,在国民参政会第一届第四次会议上,提出《请政府定期召开国民大会实行宪法案》。这个提案被通过,从而掀起了宪政运动的高潮。十月间,沈钧儒同各党派的国民参政员发起组织了宪政座谈会。宪政座谈会在重庆银行公会开过几次会,到会的人数很多。沈钧儒与各民主党派共同发起组织宪政促进会。十一月间,沈钧儒还去桂林推动宪政运动。宪政运动在重庆和全国开展起来,在重庆组织有妇女宪政促进会,青年宪政促进会等,全国其他地方也建立了类似的组织。当时,国民党声称要实施宪政,组织人起草了《五五宪法》(草案)。沈钧儒与张友渔、韩幽桐、张申府、钱俊瑞、柳湜和我共七个人,对这个宪法草案提出尖锐批判,共同撰写了《五五宪草》一书。

一九三九年十二月到一九四○年三月,国民党顽固派发动了第一次反共高潮。蒋介石调动嫡系部队进攻陕甘宁边区,阎锡山在山西进攻抗日的新军,中国共产党坚持"人不犯我,我不犯人,人若犯我,我必犯人"的自卫原则,对国民党军队的进攻予以坚决的反击,打退了国民党的进攻。

我们在重庆坚决反对国民党的这种分裂活动。一九四○年一月,沈钧儒为《新华日报》创刊两周年题词："以团结支持抗战,以民主巩固团结,是目前救国的途径。"表达了我们坚持团结,反对内战和独裁的态度和主张。同时,针对美英等国的劝降活动,沈钧儒向《新华日报》记者发表谈话。他说,抗战建国,必须坚持自力更生的原则,不能存幻想,依赖外交来解决中日战争。抗战时期的外交原则,就是一定要利于抗战,一定要能增加抗战力量。

邹韬奋在国民参政会上,为力争图书报刊出版自由,同国民党进行了多次尖锐的斗争,指出他们对图书报刊的审查制度是违背国民参政会上通过的《抗战建国纲领》的,并以大量事实揭露了国民党对新闻出版界和生活书店等进步书店的迫害。邹韬奋还在报刊上发表文章,揭露国民党对爱国民主人士、爱国青年和新闻出版界的迫害。

国民党顽固派对我们的合法斗争十分恼火,但是又没有办法加以制止,于是想尽办法对我们进行诬陷。一九四〇年五月初,国民党参谋总长兼军政部长何应钦在国防最高会议的报告中说,据"情报"沈钧儒、邹韬奋、沙千里将于"七七"在重庆领导暴动,如不成,将于"双十"再暴动。在会上当时便有人表示不相信这个情报,认为此事不可能。我们听到何应钦的诬陷,十分气愤,但一笑置之,不以为然。因为我们心地坦然,无所畏惧。但是,接着又有人告诉我们,军警机关和各级国民党部都接到密令:严加防范。我们的住所也受到更加严密的监视。

我们感到问题严重,认识到这是国民党对我们进行的有组织的陷害,不能置之不理。于是沈钧儒、邹韬奋和我便一块到国民党军事委员会去见何应钦,对他提出质问和抗议。何应钦拿出材料,说有两个自首的学生招供,说我们要在"七七"纪念日组织暴动,如果不成,就改到"双十"纪念日,还说我领导沙坪坝一带的暴动,沈钧儒、邹韬奋领导重庆市内的暴动等等。我们当时要何应钦叫那两个学生出来对质。何应钦不敢叫来。事后知道,这是国民党顽固派有意安排,屈打成招的。

我们向何应钦表示,我们抗日救国的主张和行动是光明磊落的,对这种谣言和诬陷,我们十分坦然,无所畏惧,对何应钦相信这种谣言并且报告最高国防会议表示遗憾。何应钦向我们说,他不相信这个情报,并请我们不必介意。但是,对我们的防范监视并没有停止。双十节前,许多朋友又叮嘱我们多加小心。我们于是写信给何应钦,向他提出质问。国民党对我们三人未敢下手,但是听说有不少爱国青年却受到牵连,强加以参加"暴动"罪被无辜逮捕,甚至被杀害。

我初到重庆时,事情不多,有人介绍我到国际友人路易·艾黎等创办的中国工业合作协会工作。我和十几个人一块进去工作了三四个月的时间。我主要是帮助搞宣传,出了三期杂志。国民党为什么诬陷我领导沙坪坝暴动呢?后来有人告诉我,有一个原因就是因为国民党CC要把中国工业合作协会抢过去,而我当时正在这里工作,国民党是想借迫害我进而迫害国际友人艾黎等。

这期间,国民党在迫害救国会和邹韬奋的同时,加紧对生活书店进行迫害。全国各地的生活书店分支店有许多被查封,不少职工被逮捕。邹韬奋对此多次提出抗议,并直接与国民党当局进行交涉。国民党主管部门却推说,"地方事件",不予处理。在交涉过程中,国民党中统头子徐恩曾诱劝邹韬奋加入国民党,为他们服务,且威胁说,如不然,会遭受捕杀。军统头子戴笠也对邹韬奋进行威胁。邹韬奋临危不惧,都当场顶了回去。接着,国民党中宣部长叶楚伧、副部长潘公展出面同邹韬奋谈判,提出要生活书店与国民党的出版机构合并,否则将生活书店关闭,邹韬奋婉言拒绝,表示自己热爱文化出版事业,愿保持自己的独立立场,不愿意合并。在第一次反共高潮中,重庆的生活书店总店和分店,以及全国其他地方仅存的几家分支店都被严密监视,甚至累及与书店有来往的朋友。

在这种情况下,周恩来副主席指出:可能还会出现更坏的局面,对此要有充分的准备,否则会吃大亏。根据周恩来副主席的指示,邹韬奋对生活书店进行了疏散。一部分工作人员转移到敌后游击区开展文化工作;留下来的人员和财产进行了分散,建立了第二道阵线,长期隐存。公开的挂招牌的生活书店仅保留了一个空架子。果不出所料,国民党继续对生活书店进行迫害。不久,国民党造谣说生活书店接受共产党的津贴,派人到书店查账。接着,国民党又派刘百闵找邹韬奋谈判,再次提出要生活书店与国民党正中书局合并。邹韬奋断然拒绝。刘百闵威胁说,这是蒋委员长的意思,如不接受,后患可虑。

邹韬奋愤然回答:"我认为失去店格,就是灭亡。如其失去店格而灭亡,不如保全店格而灭亡。我的主意已定,宁为玉碎,不为瓦全。"

刘百闵碰了一鼻子灰回去了。邹韬奋还曾写信给蒋介石,抗议国民党查禁进步书店,驳斥国民党对生活书店的诬陷。

一九四〇年十月到一九四一年一月,国民党发动了第二次反共高潮,制造了震惊中外的皖南事变,在国民党统治区也加紧对爱国民主力量的限制和镇压。我们同国民党反共反人民反民主的行径作了坚决的斗争。宋庆龄、何香凝等写信给蒋介石表示抗议。救国会刊物《全民抗战》发表文章反对国民党掀起第二次反共高潮,被迫停刊。生活书店的五十多家分支店这时被封闭的只剩下重庆一家。国民党还扬言要逮捕大多数救国会成员和进步人士。

在这种情况下,邹韬奋在第二届国民参政会第一次会议前夕,流亡香港。邹韬奋到香港后,恢复了《大众生活》杂志,主持成立了救国会海外工作委员会,继续从事抗日救国工作。五月二十九日,邹韬奋、茅盾等九名救国会成员联合发表《我们对于国事的态度和主张》,揭露了日本帝国主义在军事政治和外交等方面的阴谋活动,批判了国民党对外妥协投降,对内摧残爱国人士和文化事业的反动行径,提出改革政治,以克服当前的困难,保证抗战胜利等九项主张。邹韬奋还在《华商报》上连载了《抗战以来》的长文,揭露了国民党抗战以来假抗日、真反共、假民主、真独裁的真相,歌颂了抗战以来人民大众的抗日救国运动。

香港沦陷后,邹韬奋在中国共产党地下组织和游击队的照顾下,几经周折回到上海,很快又转到苏北抗日根据地,从事抗日工作。一九四三年初,他的耳疾恶化,秘密回上海医治,确诊为耳癌。邹韬奋知病情无法挽救,向接近他的共产党员表示:要求加入中国共产党。一九四四年七月二十四日,邹韬奋在上海与世长辞。黄炎培在重庆发起并主持了追悼大会。九月二十八日,中国共产党中央委员会电唁韬奋家属,并接受邹韬奋的请求,追认其为中国共产党正式党员。

邹韬奋离开重庆之际,李公朴来到重庆。当时重庆白色恐怖严重,李公朴又刚从抗日根据地来,更不便于公开活动,于是转赴昆明搞抗日民众运动。李公朴在昆明得到基督教青年会进步人士的帮助,并把基督教青年会作为他开始活动的基地。他组织青年读书会,出版《青年周刊》,从而团结和组织了一批进步的职业青年,一九四二年,他创办北门书屋,后扩展为北门出版社,出版了许多进步书刊。在中国共产党的领导下,李公朴、闻一多等在昆明的进步教授和西南联大等校进步学生一起和国民党顽固派进行了英勇斗争,西南的抗日民主运动日益蓬勃开展。

皖南事变后,国民党在各民主党派间加紧搞挑拨离间,企图各个击破。周恩来副主席针对这种情况,提出团结起来,以对付国民党日益加强的压力,保持民主党派的存在。一九四一年三月,中国民主政团同盟成立。沈钧儒是这个组织的发起人之一。由于民主政团同盟内部对于救国会参加同盟的问题意见不一致,有的党派说救国会是共产党的外围组织,不同意救国会参加。因而,当时救国会没有参加。但我们发表声明,支持民主政团同盟的主张,并在行动上与它完全配合。一九四二年初,我们参加进去了。这样民主政团同盟形成三党三派(青年党、民社党、第三党、救国会、职业教育社派、乡村建设派)的同盟。虽然有人说我们替中国共产党说话,但我们并不因此改变我们的态度。我们坚持在同盟内部贯彻中国共产党的主张,促进同盟向中国共产党靠拢。

我们在重庆的斗争,仍然采取合法斗争的形式。

针对国民党的法西斯统治,我们借痛斥德意日法西斯来批判醉心搞法西斯的蒋介石。一九四一年六月,重庆各界举办了纪念高尔基的晚会,会上通过了中国文化界致苏联科学界的公开信,表示赞同苏联科学界发表的《反对德国法西斯宣言》,提出扑灭文化与科学上最凶恶的敌人法西斯强盗。我们许多人都参加了这个会,积极支持这一公开信。八月一日,沈钧儒为《新华日报》反侵略专刊题词:"坚决彻底消灭法西斯轴心德意日三强盗。"

以蒋介石为首的四大家族,在抗日战争中,大发国难财,大量发行通货,使物价上涨,钞票贬值。国统区经济问题十分严重,民不聊生。针对这种情况,我们不断揭露国民党顽固派的经济政策,指出这种政策给人民造成了严重的灾难。沈钧儒在一九四一年十一月二十六日国民参政会第二次会议上,提出经济提案,主张紧缩通货,安定物价。这个提案反映了广大人民群众的要求,得到广泛的支持。由于救国会成员在国民参政会上同国民党进行了坚决斗争,使国民党十分恼恨。一九四二年七月,国民参政会第三届会议时,国民党取消了沈钧儒、史良、陶行知、邹韬奋等人的参政员资格。

张澜在国民参政会上

吕光光

一九三七年七月七日卢沟桥事件爆发,在中国共产党抗日民族统一战线的推动下,建立了第二次国共合作,领导全国各族人民,开展了对日抗战。

国民党政府当局为了吸取全国各界共商抗日救亡之长策,于一九三七年八月成立了国防最高会议。一九三八年四月一日经国民党临时全国代表大会决议设置国民参政会。四月十二日国民政府公布《国民参政会组织条例》,遴选各界知名人士二百人为国民参政会第一届参政员。四川四人,为张澜与邵从恩、谢健、胡景伊。

张澜早在民国初年当选过国会众议员,对于议会斗争有所历练。现在,国难当头,如何献身祖国以尽匹夫之责,则使张澜朝乾夕惕,不敢自闲。正当他闻抗日鼙鼓而思报效的时候,事有凑巧,一九三八年五月下旬,中国共产党的领导人董必武、林伯渠、陈绍禹(王明)三位参政员从延安赴汉口,不远千里迂道成都,专程过访张澜,使他在参政会诞生之前,就获得与中共方面的参政员共商国是的机会。并就开好参政会,促进团结御敌工作,谈得极为融洽。

一九三八年七月六日,国民参政会第一届第一次大会在汉口开幕。九日,蒋介石亲临大会讲话,声称:"中国之最后胜利,即在目前。吾人应铲除对汉口防务焦急之心理。马当与湖口虽告失陷,惟武汉之防御异常巩固,当足予来者以一大打击。"又称:"本人从不说谎。任何计划一经决定,势所必行,亦无半途而废以欺骗民众者。"蒋介石的讲话内容固不止此;惟有这两点很能说明问题:对危城武汉不作有效的保卫部署,以为豪语足以退敌;自诩"从不说谎",而这两点恰巧证明都在说谎。远道而来的张澜对参政会抱有颇大的希望,希望它作中流之砥柱,挽狂澜于既倒。不料蒋介石的讲话,徒然增加了他对国事的殷忧。

张澜并没有失望。会议期间他会晤了好友吴玉章,熟悉了董必武、林伯渠、陈绍禹,结识了秦邦宪、邓颖超同志。特别是通过吴玉章的引见,他拜会了周恩来副主席。周恩来把中共的抗日民族统一战线的理论,结合当前的实际,给张澜详为阐述。周恩来强调中国的抗战必须是持久的,当前的军事形势虽然险恶,而一城一池的得失却无害于大局。物质筑成的城池,没有攻不破的;筑于人民心中的城池,是任何力量也攻不破的。国民参政会现在能多少反映一些民意,对于今后中国一切抗日力量的团结,自会作出一定的贡献。参政会成立的本身,足以证明抗日民族统一战线业已形成一种力量。抗日前途尽管曲折和艰难,只要各方面都能团结对敌,相信自己的力量,最后的胜利是一定属于我国的。

以天下为己任的张澜,面对军事失利和投降危机,把希望寄托在中共方面,更加拥护中共团结抗日的主张,并同周恩来充分交换了意见。周恩来鉴于张澜在西南地区素孚众望,殷切期望他能在西南地区协助中共开展统战工作,广为团结西南的军政界、文教界、实业界和其他社会上层人士于中共的抗日民族统一战线的大旗之下。为此,周恩来告知张澜:现已指定八路军驻渝办事处主任周怡和在成都的中共川康特委书记罗世文,同他建立密切的联系。当中共南方局随着战局恶化而转移重庆时,周恩来又亲晤张澜,商请将其老友鲜英先生在重庆上清寺的特园,作为中共同各界人士活动的场所。张澜每到重庆即下榻于特园,所有中共去重庆活动的领导人,都在特园同他商讨过国事,以致特园长期高朋满座,被董必武誉为"民主之家"。

武汉沦陷,国民政府西迁重庆。同年十月二十八日,国民参政会第二次大会在重庆召开。针对议长汪精卫曾于七月下旬公开发表接受"和平调停"而与敌妥协的谈话,张澜严词责问,使汪精卫狼狈不堪。其后,蒋介石为了控制四川,进而控制西康,即以国民政府监察院院长的重要职务许于张澜。他却表示愿以在野的参政员身份,致力于抗日救亡大业,予以拒绝。十二月十八日,汪精卫飞离重庆,二十九日在香港发表"艳电",公开叛国投敌,国民党迟迟不予声讨。张澜立即发表宣言,公开声讨汪逆。国民党新闻检查机关将他的宣言稿扣留,幸有《新蜀报》独家登载。讨汪的浪潮,随即在国民党统治区涌现。

一九三九年一月二十一日,国民党在重庆召开五届五中全会,决定蒋介石继任国民参政会议长。会议通过《整理党务决议案》,设立"防共委员会",秘密发布《限制异党活动办法》等法西斯法令。二月十二日,国民参政会第三次大会在重庆召开。蒋介石在会上提出"国民精神总动员"的口号,即所谓"国家至上,民族至上;军事第一,胜利第一;意志集中,力量集中",为发动第一次反共高潮作舆论准备。对此,张澜说得好:国民党的副总裁汪精卫连民族的观念都没有,还谈什么"至上"?国民党的军队在日寇面前一败涂地,还谈什么"第一"?国民党本身就勾心斗角,还谈什么"集中"?对症的药方只有"反求诸己",一切请国民党自己先行作起。会后,当张澜得悉国民党在五中全会上的反共决议、办法等等时,往见蒋介石,并当面质问蒋介石说:"共产党抗日,为什么你们不同意?"问得蒋介石无言以对。

三月五日,国民参政会组织川康建设视察团,并设川康建设期成会,张澜被推为(川)北路视察组的组长,随即赴川北各县视察。他在视察中勤求民隐,受到川北人民的热烈欢迎;深切轸念民瘼,写下了二十多首纪事诗。他的《由巴中赴仪陇》一诗云:

连年荒旱幸今丰,谷贱难堪捐税重。
数处来陈增叹息,不知何语慰乡农。

在《通江、苍溪、广元所见》一诗又云:

裁锦绣罗丽绝伦,纷纷装束斗时新。
谁知川北贫家女,尚有经冬无裤人。

张澜视察回到重庆时,国民党制造了湖南"平江惨案",并严密封锁消息。当董必武告知此事于张澜时,他痛恨国民党继续屠杀共产党人,便由他出面邀请各界人士至特园,请董老专门报告"平江惨案"的经过。这样,既突破了国民党的封锁消息，更激发了广大人民的义愤，逐渐认识国民党在抗日期间所干的罪恶勾当。从此以后，张澜在参政会的会内会外，对于国民党的一党专政，蒋介石的个人独裁，排斥异己，荼毒人民，推行"限共、防共、溶共"政策，公开揭露，严加抨击，甚至当着蒋介石的面加以谴责。

国民参政会第四次大会在重庆召开的前夕，一九三九年九月二日，重庆《新华日报》的记者专访张澜，叩询他对参政会这次大会的意见。据《新华日报》次日的报道，张澜首先说："我个人对参政会有一种见解：我想开会时间是那样短，需要解决的问题又是那样繁杂，因此，提案和讨论应该着重当时几个与民族国家最有关的中心问题，不要把注意力分散在零零碎碎、无关大局的问题上去。至于这次参政会，正当国际上处于动荡局面，国内政治、财政都发生许多亟待解决的问题。我们可以说，这时正是中国需要艰苦奋斗的时候。"

在谈到这次参政会的重要性时，张澜说："第一个要密切注意的是外交问题。基本上我们要依靠自力更生，是不成问题的了。但是，在目前这种千变万化的国际形势之下，中国的外交到底怎样走和走到哪里去呢？很明显的，我们一方面应联络美英法等强大的民主国家，另方面应更加巩固与加强对拥护和平的社会主义国家苏联的关系，获得它们的巨大同情与援助，把敌寇从国际关系中孤立起来。自然，国内的精诚团结与国共合作，将是巩固这种外交政策的基本力量。目前，我们必须明朗确定外交方针，以免在这动荡的国际环境中误蹈陷坑，而影响抗战。"

对于政治问题和财政问题，张澜指出："在政治方面，总觉得未达到应有的配合。首先，我觉得各级政治机构，应适应抗战需要，愈简单愈好，这样才能增加工作效率。其次，必须严厉革除过去的贪污腐化与敷衍塞责的不良现象。我们只有毫不讲情面，选用真正的人才，来负起非常时期的任务。在选用人才中，又必须大公无私，不存党派成见，这样才能广揽全国人才，拯救国家与民族于危急关头。说到这里，又想到英日谈判所引起的中国财政问题来了。只要有计划，认真不苟地作去，并没有克服不了的困难。要争取全部财政金融上的自主性，要禁绝一切自由外汇而且执行审查外汇，要防备各种统制受奸商或其他只图私利的分子所操纵。'国家至上'，在财政政策方面，更不能脱离这些原则。"

对于反对汪精卫和民众运动问题,张澜强调:"汪逆本身,已经是臭得令人作呕了,还有什么值得谈呢?我们除了用电报去打击他外,重要的是另外两个问题:第一,要展开反对妥协投降的谬论,要和受了汪逆影响的分子,作思想上的斗争。第二,我们还要同汪逆作政治上的斗争,要用国内的政治改进,来粉碎汪逆造谣离间的政治欺骗。说到民众运动,首先要解决民主问题。人民有了充分的民主自由,政府有了巩固的民主力量,民众不动是不可能的。再进一步,就是巩固团结,消除派别的成见,相信民众的伟大力量。不是惧怕群众运动,而是大胆地、积极地开展民众运动,造成全国四万万人民的无比巨大的反对敌寇侵略的力量,来置敌寇于死地。"

最后,张澜斩钉截铁地提出两点结论:"我衷心希望这次参政会诸公,在目前紧急时期,要挺身起来,对各种有关存亡的问题,毫无顾虑地提出来说,要不然,就对不起国家和民众。第二,希望全国加强巩固精诚团结,共御外侮,来迅速地争取神圣抗战的最后胜利。"

国民参政会的这次大会,推定张澜等二十五人为驻会委员,旋又推定他为参政会川北办事处主任,驻节阆中。他认为这是国民党虚设机构以装饰民主,迄未予以重视。相反,对于中共倡导的宪政运动,他却积极支持。同年十月,参政员梁漱溟先生发起组织统一建国同志会,为"结合各方热心国事之上层人士,共就事实,探讨国事政策,以求意见之统一,促成行动之团结"。张澜、沈钧儒、黄炎培等参政员积极参加。这就成为参政会外,一个独立于国民党和共产党的第三者的政治组织。它的活动仅仅是座谈的形式以"探讨国事政策",作用也就很有限。

为镇压中共在川康的抗日活动,一九四〇年三月,国民党特务重演希特勒"国会纵火案"故伎,在成都制造"抢米事件",借此残杀共产党员朱亚凡等,并逮捕了中共川康特委罗世文、车耀先等重要干部。为此,董必武特派潘梓年从重庆专程到成都,请张澜设法营救。他多方奔走,终因蒋介石蓄谋杀害共产党人,向地方势力施加压力,竟使他的奔走无效。

当张澜察觉蒋介石阴谋借"抢米事件"扩大镇压时,力劝邓锡侯、潘文华不要上蒋介石的当,尽力保释在特务查封《时事新刊》和《大声周刊》时被捕的中共党员。张澜又致信蒋介石,警告蒋介石不要破坏团结,动摇后方,危害国本。张澜趁国民参政会第五次大会于四月在重庆召开,深责蒋介石诛锄异己,自坏长城。这样才使国民党特务的暴行,暂时有所收敛。

参政会上的斗争,需要有参政会外的实力作后盾。中共及其在渝的领导人,随时给予张澜的种种支持,使他的方向更加明确,斗争更加自觉。鉴于蒋介石消极抗日,积极反共,无时无刻不想消灭西南地方势力,张澜大力促成西南地区的龙云、刘文辉、潘文华等军政首脑向进步方面转化,支持中共的团结抗日主张,增进抗日民族统一战线的发展,壮大了共产党的声势。蒋介石的强大反动势力终不能突破西南地方势力的联合抵制,更使西南地区成为巩固的抗日大后方,为民主运动的开展提供了有利的条件。

一九四一年一月,蒋介石发动第二次反共高潮,制造了震惊中外的皖南事变,抗日民族统一战线面临破裂的危险。国共两党以外的部分参政员,为集合民主力量以利于调解国共之间的摩擦,制止国民党的倒行逆施,坚持团结,共御外侮,在统一建国同志会的基础上,由职教社的黄炎培、乡建派的梁漱溟、青年党的左舜生、国社党的张君劢、第三党的章伯钧和无党派的张澜等十七位参政员,于三月十九日在重庆特园秘密成立中国民主政团同盟。

当时,国民参政会第二届第一次大会刚于三月一日在重庆召开。会上,国民党军政部长何应钦发表反共军事报告,大肆诬蔑新四军以混淆听闻。蒋介石也在会上作了所谓"中共七参政员不出席参政会之说明",强调"统一"军令。在召开这次大会之前的二月二十七日,蒋介石特约张澜、沈钧儒、黄炎培、张君劢、左舜生、褚辅成六参政员,商谈关于要求中共参政员出席这次参政会的问题。张澜、沈钧儒等往访周恩来,转达同蒋晤谈的经过。周恩来表示须向延安方面请示。次日,张澜、沈钧儒等向蒋回复了同周恩来商洽的经过。张澜、沈钧儒等的这次调停,终因蒋介石坚持反动立场而徒劳往返。尽管这次参政会仍选张澜为驻会委员,他对此已无兴趣,只得另辟蹊径,遂有民主政团同盟的诞生。

蒋介石和国民党当局,根本不容许中国有民盟这样的政治力量的出现,立即下令查处,妄图扼杀民盟于摇篮之中。国民党立法院长孙科,甚至诬蔑民盟为"第五纵队"。此时,适值国民参政会派遣初任民盟主席的黄炎培赴南洋劝募公债,黄炎培遂辞主席职务。蒋介石获悉盟内拟推张君劢继任民盟主席时,又令交通部长张嘉璈出面,以重金收买乃兄张君劢,促其远走云南。

在此情况下,盟内各政团一致推举张澜出任民盟主席。当时,张澜处境十分困难,由于周恩来的敦劝,张澜乃受命于危难之际,慨然以身许于中国的民主革命事业,致使难产达半年之久的民主政团同盟,终于在一九四一年十一月十六日即国民参政会第二届第二次大会开幕的前一天,由张澜冒着被迫害的危害,举行盛大茶会,邀请国共两党的代表和参政会中的部分民主人士,公开宣告了中国民主政团同盟的成立。

在这次参政会上,张澜提出了《实行民主,以加强抗战力量,树立建国基础案》,要求国民党结束训政,成立战时正式民意机关,不得强迫公务人员加入国民党,国民党党务经费不能由国库开支,保障人民各种自由,取消特务组织,严禁官吏垄断、投机等十项主张。在这件提案上签置的原顺序为:张澜、张一麐、张君劢、左舜生、罗隆基、李璜、陈启天、常乃德、余家菊、杨赓陶、董必武、光升、沈钧儒、王造时、史良、陶行知、冷遹、黄炎培、江恒源、刘王立明、谢冰心、晏阳初、邓颖超,共二十三人。他的这件提案,反映了包括共产党参政员的极其广泛的民意。

蒋介石见到以张澜为首的这件提案,势将动摇国民党的反动统治,拍案大骂张澜等人说:"把我当成宣统了!"立即指示大会不讨论这件提案,并下令特务加强对张澜的监视。在对他进行威胁的同时,蒋介石又要参政会继续推选他为驻会委员。张澜对此弃如敝屣,拒绝参加参政会的活动,包括该会召开的大会,长达两年之久,以示抗议。与此相反,在周恩来的勉励和帮助下,张澜领导民盟与中共密切合作,坚持抗战、反对投降,坚持团结、反对分裂,使民盟成为无愧于中共期许的"民主运动的生力军"。

张澜痛恨蒋介石的法西斯暴政,不满浇漓世道,在一九四二年春回到家乡南充,完成《说仁说义》一书。同年七月二十七日,国民政府公布第三届参政员名单时,照旧遴选张澜为参政员。他却漠然置之,拒绝出席参政会的大小会议。一九四三年三月蒋介石的《中国之命运》一书出笼,九月国民党召开五届十一中全会被迫作出"实施宪政"的决议,张澜写了《中国需要真正民主政治》小册子,揭露国民党混淆历史和所谓"实施宪政"的骗局,强调中国需要真正的民主。

在国民参政会第三届第二次大会召开之前,蒋介石命张群敦请张澜赴会。张澜说:"前年我向参政会提出的提案,蒋先生指示不予讨论;现在,还要我去做啥子哟?"张群当即转告他,蒋介石保证今后重视他的意见。他鉴于中共参政员已经回到参政会了,这才重新回到该会来,并给蒋写了一信,内云:"现在一切民意机关的代表,都是由(国民党)党部和政府指定或圈定,于是只有党意、官意,而无真正民意之表现。"又云:"如非认真而且彻底做到民主,使军队国家化,专用之于国防,则此问题将无法解决。甲要一党专政,因而训练党军,以图巩固其政权,即不能禁乙之训练军队,与之对抗。必须实行民主,不以国家政权垄断于一党。"

大会召开前夕,蒋介石约请张澜、黄炎培、梁漱溟等交换意见。张澜直言相告,要蒋立即结束训政,还政于民。蒋介石在第二天的大会上却说:"训政还是需要的。昨天,张表老(张澜字表方,时人皆作此敬称)不就'训'了我一顿吗?"接着,何应钦在会上作军事报告,对中共和八路军肆行诬蔑。董必武据实驳斥何应钦时,遭到CC分子王普涵等的捣乱,使大会无法进行。张澜抗议国民党这种"强凌弱、众暴寡"的行为,当面斥责蒋介石:"竟对国家大事,毫无诚意!"于是散发了他带至会场的《中国需要真正民主政治》,引起强烈的反应。蒋介石告诫张澜"不要上共产党的当";他却说国民党的"一切举措,徒示人以非诚"。他写的小册子随即被国民党列为"禁书",不准发行,却得到中共的支持,大加翻印,在国内广为传播。

一九四四年一月十三日,张澜、邵从恩等成立成都市民主宪政促进会。二十一日,张澜发表谈话,宣称:"今天急切需要者,为保障人民基本权利的实现。只有从这一点着手,民主宪政才能成功。"他批评国民党的独裁统治说:"某一党获得政权之后,就高唱'以党治国',实行一党专政,视国家为一党之私有……党权竟致超过国权……党既以国家为其一党之私,独裁者更以党与国家为其一人之私。党治行,民治亡,迨为必然的结果。"他提出实现真正民主政治的五个条件:(一)国家的主权应在全体人民手里,而不是在一个人或一个党的手里;(二)民众的事,直接的或间接的由民众处理;(三)民众代表,应由民众自己选举,不得由党派和政府圈定;(四)地方人民及其代表参与中央政治者,应能自由行使选举、罢免、创制、复决四权;(五)制定宪法,颁行宪政。

在六月二十六日召开的民主宪政促进会上,张澜又对国事提出十项主张,包括切实实行民主,尊重人民各种自由;给予各级民意机关以必要的权力,切实改革征兵、征粮、征税等弊端;实施全民动员,组织人民,武装人民,以保国家复兴的基础等项。

国民参政会第三届第三次大会召开的前夕,九月三日,重庆各大报的记者访问了张澜。中共的《新华日报》记者写了《张澜先生谈:只有民主是中国唯一的道路》的专题报导,指出目前国事的主张,说得很简洁明显。今天的问题在于:(一)如何集中全国人才。要政治清白有为,必须集中全国英才,不存党派畛域。(二)民意必须自由反映。今天多的是党意与官意,民意太微弱了。(三)党争必须和平解决。所有这三点,归根结蒂,关键是在民主。只有民主是中国唯一的道路,只有实行民主才是国家和人民之福。

张澜应《大公报》的记者访问,亦称:"我国当前急务,第一在如何使人才集中;第二在如何使民意表现;第三在如何使党争停息。此三点乃我国今日最大之缺陷……一言以蔽之,即迅速实行民主政治。此不仅为解决当前国是之锁钥,亦系战后争取国际平等、求得国内和平之前提。"

这次参政会上,张治中、林伯渠分别代表国共两党,报告了在西安谈判的经过。林伯渠的报告要求改组国民党一党专政的独裁政府,召开国是会议,成立民主联合政府。张澜又以实际行动,积极响应中共的号召。在其后召开的由民主政团同盟改组为中国民主同盟的全国代表会议上,张澜强调民意必须自由反映,党争必须和平解决,关键是实行民主。他亲自吸收龙云、刘文辉、潘文华等云南、西康、四川的军政首脑秘密入盟,使民盟在经济和实力方面有所倚重,以利于民盟在西南地区的活动。在他的影响下,西南的文化界、教育界、新闻界、实业界的许多知名人士,大力支持民盟的活动,乃至加入民盟的组织。为了工作方便,一些共产党员也加入民盟,不少同志还参加了各级领导机构,成为中坚力量。西南地区的民主运动,也就随之高涨。

国民党军队在抗日前线一溃千里,对后方的统治却更加残酷。十月七日,中共成都地下组织约集四川、燕京、金陵、齐鲁、华西五所大学十二个学生团体,在华西坝举行国是座谈会,邀请张澜讲演。在会场的四周,张贴着青年学生们提出的数十个问题,诸如"政府对西南战局有何部署?""失职将领如何处罚?""实施宪政,当局何以至今并未有何具体表现?""目前中国政府以一党专政,能否解决当前危机?"等等。

张澜说:"为什么你们会提出这样许许多多的问题呢? 反面就是不民主。"他指出:"这十几年来,我们的政治是什么政治? 是一党专政的党治。因此就生出种种困难,时局万分危险……这十几年来,国家的政治叫做'以党治国'。只有党权,而无民权,只有党意,而无民意。必须立即实行民主,全国才能团结,人才才能集中,政治才能革新。扫除一党专政的腐化政治,才能挽救国家的危局。"他强调:"什么叫实行民主政治? 质言之,就是要放弃一党专政的统治,国家的事要以真正大多数的民意为依归。民主政治的开步走,就是组织联合政府。至于联合政府的内容、性质,你们知识分子就要起来喊! 喊! 喊! 那么,它的内容,就自然有了!"

张澜的呼吁,产生了极大的效果,当即在同月十八日,五所大学的地下党员成立民主青年协会(简称民协),使成都的学生运动有了统一的领导,大力推进了学运的蓬勃发展。

一九四五年元旦,蒋介石发表《新年文告》,用所谓"召开国民大会",来抵制建立联合政府的浪潮。张澜洞察其奸,坚决反对由国民党召开一党包办的"国民大会"。一月二十四日,周恩来由延安飞临重庆,向国民政府、国民党和民盟提议召开党派会议,作为国是会议的预备会,他极表支持。由于国民党孤行己意,并阴谋并吞八路军、新四军,致使周恩来同国民党的谈判仍无结果。他痛恨国民党与民为敌,发为《有感》七律一首,诗云:

党权官化气飞扬,民怨何堪遍后方。
谁见轩乘能使鹤,不知牢补任亡羊。
连年血战驱饥卒,万里陆沉痛旧疆。
且漫四强夸胜利,国家前路尚茫茫。

同年七月七日,国民参政会第四届第一次大会在重庆召开。会前,国民党一仍旧惯,遴选张澜为参政员。

鉴于国民党在五月份举行的六全大会上的种种反动表演,包括扬言要在十一月十二日召开"国民大会",中共参政员拒绝出席参政会。与中共参政员同进退的张澜,为民主革命有守有为,从此同参政会彻底决裂。继之而起的,是他别开生面,百折不挠,坚持旧政治协商会议路线,坚决反对"国民大会",写下了我国现代史上的新篇章。

张澜如"凤愈飘翔而高举"(《楚词·九辩》);国民参政会则声息式微,名存实亡。

陈嘉庚在一届二次国民参政会上的电报提案

肖 用

陈嘉庚先生是二十世纪二十年代东南亚最大的企业家,是著名的倾资办学的社会公益事业家,是一位伟大的爱国主义者和坚强的民主斗士。早为国人敬仰,历受政府奖励。一九三八年十月,正当抗日战争的困难时刻,汪精卫等投降派在重庆大肆散布和谈空气,制造投降谬论,准备叛国出逃,陈嘉庚先生从新加坡连电重庆国民党当局,严斥汪贼,力挽时局,给人们留下深刻印象。特别是他在一届二次国民参政会前夕发来的"电报提案",直骂汪精卫为"汉奸国贼",痛快淋漓,掷地有声。一九四一年,邹韬奋先生在香港《华商报》上连载《抗战以来》一文,其中以《"来宾"放炮》为题,列举提案内容"官吏谈和平者以汉奸论罪"十一个字,称赞它是"古今中外最伟大的一个提案"。

近年来,为纪念抗日战争胜利四十周年和纪念陈嘉庚先生诞辰一百周年,出版了不少纪念陈嘉庚先生的专书、画册,发表了数十篇研究陈嘉庚先生的学术论文、回忆文章。对陈嘉庚先生通过"电报提案"痛斥汪精卫卖国投降的壮举,众口称颂,但对"电报提案"的具体内容和时间先后则说法不一。

一种是邹韬奋先生在《"来宾"放炮》中列举的原电"官吏谈和平者以汉奸论罪"十一个字。

一种是陈嘉庚先生应福建新闻社之请亲笔书写的"在敌寇未退出国土以前,公务人员任何人谈和平条件者以汉奸国贼论",刊登在文史出版社编印的《陈嘉庚画册》上。该书编者在注释中说,这个提案后来缩减为"敌未出国土前言和即汉奸"十一个字。

一种是福建人民出版社出版的《陈嘉庚年谱》说原电为"敌人未退出我国以前,公务员谈和平便是汉奸国贼",后来改成"敌未出国土前言和即汉奸"十一个字。这个材料的来源可能是陈嘉庚的《南侨回忆录》中《提案攻汪贼》一书,但作者未注明出处。

另外还有一些说法。然而,尽管各家对"电报提案"的内容各说不一,时间先后各异,但有一点是共同的,即皆认为有个"十一字提案"。查其来源,盖出自邹韬奋先生《"来宾"放炮》一文。

陈嘉庚先生在国民参政会上用"电报提案"同汪精卫进行的斗争,是他生平的伟业之一,应该载诸史册,流芳百代,但对事实真相,特别是提案的时间、内容则需要弄清。这对于陈嘉庚先生的研究很有必要,同时,也可从这一侧面看出抗日战争时期,坚持抗战的爱国志士,同投降卖国的汉奸国贼的斗争。

一

抗日战争全面爆发之后,国共两党实现了第二次合作。中国共产党和其他抗日党派强烈要求实行抗日民主,进行全面抗战。一九三七年八月,国民政府在南京成立了国防参议会,邀请中共及其他抗日党派、无党派人士的少数代表参加。一九三八年,国民政府将国防参议会扩大为国民参政会,由各省市代表、蒙古西藏代表、华侨代表、各重要文化团体或经济团体代表四部分共二百人组成。由国民党副总裁、国防最高会议副主席汪精卫任议长。参政员以国民党为主,容纳了中共和其他党派方面的代表。陈嘉庚先生作为经济界"努力国事,信望久著"的代表,被遴选为第一届国民参政员。七月六日,国民参政会第一届第一次会议在武汉隆重开幕。它成为全国人民团结抗战的象征,对于掀起全面抗战的高潮,发挥了积极作用。

与此同时,全球各地的一千多万华侨也掀起了一个轰轰烈烈的反日爱国运动。在南洋的英荷美法各属以及暹罗、缅甸华侨纷纷组织起来,抗议日军侵华暴行,捐款支援祖国抗战,对日进行经济制裁。当时,陈嘉庚先生住在新加坡,因为股份有限公司"收盘"而闲居在家,他一面注视着时局的发展,一面着手拟订新加坡以至全马来亚的筹赈工作计划,动员南洋华侨,捐款支援抗战。南洋各地侨领李清泉、庄西言等人也纷纷要求陈嘉庚先生出面组织南洋华侨救亡总机关,领导南洋各属的抗日筹赈运动。陈先生毅然担此重任,出面筹备南洋各属华侨筹赈祖国难民会代表大会。因此,没有回国出席一届一次参政会。

一九三八年夏,日军猛攻武汉,失守已成定局,国民参政会也由武汉迁往重庆。为坚定全国人民的抗战信心,参政会决定于十月二十八日召开一届二次会议。十月一日,参政会秘书处电请陈嘉庚先生回国出席会议。然而,此时也正是陈先生最为忙碌的时候,无暇回国。就在这年十月十日,来自香港地区、菲律宾、爪哇、苏门答腊、西里伯斯、婆罗洲、安南、暹罗、缅甸、马来亚等地四十五埠的华侨代表,齐集新加坡,召开了南洋各属华侨筹赈祖国难民会代表大会,会议决定组织南洋各属华侨筹赈祖国难民总会(简称南侨总会),选举陈嘉庚先生为总会主席。从而在全南洋八百万华侨中,打破地域、帮群、血缘、行业的界限,成立了一个团结南洋华侨,领导全南洋抗日救亡筹赈运动的领导机关,陈嘉庚先生也成为八百万南洋华侨共同推戴的领袖。这一事件在国内外都产生了重大影响。国民党总裁蒋介石、副总裁及国民参政会议长汪精卫、国民政府主席林森、行政院长孔祥熙、蒋介石夫人宋美龄,以及各省政府主席、各战区司令长官、政府部门等,纷纷致电祝贺。南侨总会的建立,标志着南洋华侨的抗日爱国运动进入了一个新阶段。

二

南侨总会的工作方针有四,而第一条就是"抱定抗战必胜的信念"。陈嘉庚先生一待总会初具规模,立刻就把注意力转向国内政治领域。

抗战以来,国内就存在着一股以汪精卫为代表的妥协投降的暗流。随着日本侵略的步步深入,汪派势力也逐步公开抬头。当南京失守,政府迁到武汉时,汪派分子就开始露骨地宣传"亡国论",在一九三八年七月召开的一届一次参政会上遭到大多数参政员的痛斥。会后,汪精卫到了重庆,更是公开大放"和平"烟幕,制造投降谬论。他在接见路透社、海通社记者时鼓吹,中日"和平"只是早迟而已,"吾人愿随时和平","如日本提出议和条件,不妨害中国国家之生存,吾人可接受之为讨论之基础……一切视日方所提之条件而定"。与此同时,国民党党报上的"和平"言论连篇累牍,骤然剧增。汪精卫又召集汪派分子统一思想,策划逃离重庆,叛国投降。当时,日军已兵临武汉、广州城下,身为国民党主持后方工作最高领导人汪精卫的这些言论和行动,对国内政局产生了重大影响。加之外电盛传汪精卫已与日本议和,蒋介石即将辞职,更加剧了形势的恶化,稍有良知的中国人无不痛心疾首。但当时由于国民党政府当局对报刊舆论的控制,所有斥汪言论,无法刊出,一段时间,重庆笼罩在妥协投降的乌烟瘴气之中。

陈嘉庚与汪精卫素有私谊,陈曾打算聘汪为厦门大学校长。陈先生在致力于组建南侨总会,从事抗日救亡筹赈运动期间,虽早已风闻汪精卫"言和"之事,非但根本不信,而且予以反驳。直到一九三八年十月中旬,当他将注意力转向国内政坛时,才发现妥协投降确已成为一股逆流,因此,决定向汪精卫本人调查此事。十月二十二日,他从新加坡向重庆的汪精卫发出了"养电",电称:

> 敌暂时得意,终必失败。路透社电传先生谈和平条件,侨众难免误会,谓无抗战到底决心。实则和平绝不可能,何若严加拒绝,较为振奋人心也。

陈先生是满心希望汪的回电能证实"言和"之事,确系谣传。即使汪精卫对抗战前途稍有动摇,他也希望这封"养电"能促使汪精卫改弦易辙。

但此时的汪精卫已非昔比。他深知陈嘉庚是南洋华侨拥戴的领袖,威望很高。蒋介石都在争取他的支持。而就在"养电"发出的前一天(十月二十一日),华北汉奸王克敏手下的江朝宗、池尚同(原集美校长)、王大贞(福建泉州人)等二十一人,也曾联名致电陈嘉庚,鼓吹对日和谈,希望他能赞同"中日亲善",竭力拉拢。汪精卫决定利用他和陈嘉庚的交情,动员陈与他携手合作,因此于十月二十三日("漾电")立即回电陈嘉庚,大谈抵抗侵略与不拒绝和谈并不矛盾的投降理论,鼓吹接受以无害于中国的独立生存为条件的"和平",最后表白自己绝无屈服之意。电称:

> 养电诵悉,深感先生主持正义爱护友谊之盛意。中国为抵抗侵略而战,故对外向无拒绝和平之表示。去岁比京会议,主张调停,中国接受,而日本拒绝,国际遂决定日本为祸首,而援助中国。今岁国联大会,援引第十七条主张,以和平方法解决纠纷,中国接受而日本拒绝,国联遂决定对于日本实行第十六条之经济制裁。凡此皆证明日本为戎首,中国为抵抗侵略,故能博世界之同情与援助。盖抵抗侵略与不拒绝和平,并非矛盾,实乃一贯。和平条件如无害于中国之独立生存,何必拒绝?否则,中国自无接受之理。中国之立场如此,决心如此,光明正大,绝无丝毫屈服之意,侨胞误会,尚祈开示为荷。

汪精卫回电之快,出乎陈嘉庚预料,而内容之荒唐,更使陈嘉庚震惊。堂堂党国二号领袖,才事隔三月,就把在参政会上"抗战到底"的闭幕词抛到九霄云外,而侈谈"和平",把一派投降理论讲得头头是道。中国抗战,前途何在!? 为了进一步证实汪精卫的投降活动,陈嘉庚于十月二十四日向孔祥熙、宋子文连发两封相同内容的"敬电":

> 电传甚炽,现已与日寇议和平条件,蒋委员长将辞职,影响筹款至大,是否事实,乞速电示。

然而,国内反应冷淡,孔祥熙回电仅"谣言不可信,盼相机纠正",寥寥数字。

十月下旬,武汉、广州相继失守,抗战局势到了紧急关头。而后方中心的重庆,妥协投降势力却占了上风,国家危亡,民族危亡。陈嘉庚决定以八百万南洋华侨为后盾,发起攻势,轰开这种沉闷的局面,以阻止国内妥协投降逆流的发展。

十月二十五日,他发出致汪精卫的"有电",驳斥"漾电"的投降理论:

漾电敬悉。比京会议,国联大会,诸代表居在客位,任何时可以发表和平意见,但无论诚伪虚实,均不致影响抗战力量,动摇我抗战决心,若先生居重要主位,则绝对不同,一言兴邦一言丧邦,关系至大,倘或失误,不特南侨无可谅解,恐举国上下,皆不能谅解。昨日路透电谣传,和平将实现,蒋公将下野,世界观听为之淆乱,可不警惧耶。万望接纳老友忠告,严杜妥协之门,公私幸甚。

"有电"发出,陈嘉庚感到对汪精卫主和野心声讨不够。次日(十月二十六日),他又收到国内提供的汪精卫投降活动情报,阅后义愤非常。遂马上拟成"宥电",力数现在主和将给国家民族带来的深重灾难,痛斥汪精卫如秦桧、张昭之流,翻云覆雨,警告汪精卫好自为之。电称:

有电计达。顷接国内可靠消息,先生主和甚力,事虽绝不能成,难免发生摩擦,淆乱观听。今日国难愈深,民气愈盛,宁为玉碎,不为瓦全,坚持抗战,终必胜利,中途妥协,实等自杀,孰利孰害,彰彰明甚。若言和平,试问谁肯服从,势必各省分裂,无法统摄,不特和平莫得实现,而外侮内乱,将更不堪设想,坐享渔利,惟有敌人。

呜呼,秦桧阴谋、张昭降计,岂不各有理由,其如事实何哉!先生长参政会,犹记通过《拥护最高领袖抗战到底之议决案》否?态度骤变,信用何在,二次之会,又何必开。海外全侨,除汉奸外,不但无人同意中途和平谈判,抑且闻讯痛极而怒,料国内群情,亦必如是。万乞俯顺众意,宣布继续抗战到底,拒绝中途妥协,以保令誉,而免后悔。不胜迫切待命之至。

十月二十五日、二十六日陈嘉庚致汪精卫的"有"、"宥"两电,是他整个攻势的第一个行动。十月二十七日,他采取了第二个行动,发出了致蒋介石的"感电"。他希望蒋介石在汪精卫主和的情况下,不要妥协,实践其抗战到底的宣言。他说:

汪先生谬谈和平，公必被误，万乞坚决实践庐山宣言，贯彻焦土、全面、长期抗战三大策略，宁为玉碎，不为瓦全，以博最后胜利。国内外同胞，咸抱此旨，拥护我公。若中途妥协，即等自杀，秦桧、张昭，无世不有，幸公明察之。

这两个行动是对汪、蒋私人而言的，如若不被理睬，就达不到目的，岂不前功尽弃。因此，陈嘉庚决定采取第三个重大行动，将他致汪、孔、宋、蒋，以及汪的回电共七封电报公诸于世（即"养"、"漾"、"敬"、"敬"、"有"、"宥"、"感"七电），借用国际国内舆论的力量，来阻止汪派活动。七封电报由新加坡各日报公开发表以后，国际舆论和南洋华侨为之震动，纷纷对此发表评论，认为中国政局将发生重大变化。然而，国内的反应仍旧冷淡，交给重庆某报的"有"、"宥"两电在汪派分子的控制下不予登载，重庆似乎无动于衷，汪派分子好不得意。

对此，陈嘉庚先生早有预料。为了冲破汪精卫的禁锢，他在采取上述三大行动的同时，又采取了一个冀图陷汪精卫于绝境的举动。十月二十五日，他向重庆国民参政会秘书处发去了一封电报，对不能出席十月二十八日召开的一届二次参政会向秘书处请假，同时提出了三个提案。原电全文如下：

重庆　参政会
议长、秘书[长]公鉴：
　　东电（十月一日，参政会请陈回国开会之电——作者注）悉。庚因事未能赴会，甚歉。
　　兹有提案三宗，乞代征求参政员足数同意，并提请公决。
　　一、日寇未退出我国土之前，凡公务员对任何人谈和平条件，概以汉奸国贼论；
　　二、大中学校在抗战期间，禁放暑假；
　　三、长衣马褂，限期废除，以振我民族雄武精神。
　　　　　　　　　　　　　　　陈嘉庚叩　有（十月二十五日）

陈先生的这一举动,用意深刻。他估计到汪派会在重庆报刊上封锁他的言论,但他身为国民参政员,有向大会提出提案的权利,只要够联署人数,任何人不得压制。因此,此电一可在参政会上将汪精卫的投降嘴脸公诸于世,大白于天下,又可直接让汪精卫在会上难堪,以吐不快。可谓一箭双雕,一石三鸟。

三

在重庆,一届二次国民参政会正在紧张筹备。十月二十六日上午,国民参政会秘书处收到陈嘉庚的电报提案,当即以"收文第713号"的形式摘报秘书长王世杰。王批示:"列报第四次会议(电复:已报告议长及大会)。"交议事组审议。

一届二次参政会是在武汉、广州失守,抗战进入严重困难,妥协投降势力极其猖獗的背景下召开的。十月二十八日大会开幕之日,毛泽东致电大会指出,要"驱逐日本军阀出中国,奠定抗战最后胜利基础,首在坚持抗战,坚持久战,坚持举国上下精诚团结之民族统一战线"。它代表了全国军民的一致要求,坚持团结抗战,反对妥协投降,成为与会参政员共同关心的重大问题。

当时在国民政府内部,蒋介石是抗战派的象征,而汪精卫则是妥协投降派的代表。坚持抗战、反对妥协的斗争,就表现为拥蒋反汪两个方面。广大参政员鉴于当时汪精卫的投降面孔还未最后暴露,他仍是国民参政会议长,故并未公开点名批判,而代之以"民族败类"、"叛徒"、"汉奸国贼"一类的名词。

在提交大会讨论审议的近百件提案中,最引人注目的是两件,一件是中共参政员陈绍禹、秦邦宪、林祖涵、吴玉章、董必武、邓颖超提出的《拥护蒋委员长和国民政府,加紧民族团结,坚持持久战,争取最后胜利案》(简称共产党提案),另一件就是陈嘉庚先生的"电报提案"(简称陈嘉庚提案)。共产党提案痛斥了汉奸亲日派妥协投降的无耻谰言,重申"蒋委员长为领导抗战建国的民族领袖,国民政府为领导抗战建国的最高行政机关,我全国军民一致信任和拥护"。提案强调指出:"任何人如果有妥协投降的阴谋活动即等于民族的败类和叛徒。全民族应群起而攻之。"光明磊落,旗帜鲜明,刚一提出,就赢得了与会绝大多数参政员的赞同,有六十七人联署,创造了国民参政会历史上提案联署人数的最高纪录,很快获得通过。而陈嘉庚提案,因为直斥议长汪精卫投降要害,言词犀利,锋芒毕露,寥寥几句,一语中的。但汪精卫既不敢隐匿不报,又不甘心原文通过,于是怂恿爪牙,背着陈嘉庚和与会参政员先作了一番"修正"。

在会前,他们将原电三个提案砍去两个,只剩第一个,并在文字上作了手脚,将原文"日寇未退出我国土之前,凡公务员对任何人谈和平条件,概以汉奸国贼论"中的"条件"二字删去,陈嘉庚的提案就由"三十字"变成了"二十八字":

　　日寇未退出我国土之前,凡公务员对任何人谈和平,概以汉奸国贼论。

作为第二十九号提案交大会审议。在一般人看来,似乎无伤大雅。其实大有文章。这"条件"二字恰恰是针对汪精卫的。因为汪精卫的投降理论之一就是"和平"只须看"条件","条件"如有利于中国,为什么不能接受"和平"呢?所以,这次"修正",就模糊了陈嘉庚提案的针对性。

陈嘉庚先生轻财爱国,正直敢言,早为人知。尽管被汪派分子作了手脚,但他的提案仍有习习锋芒,振聋发聩,道出了人们久压心中的愤怒,因而立即得到中共和其他参政员的支持和拥护,几分钟内有许德珩等二十位参政员联署(按规定,任何提案均须有十二位参政员联署,方为有效),因而成为正式提案列入议程。

十月三十一日,第三审查委员会举行会议,讨论内政方面的提案。根据国民参政会议事规则,讨论提案之前,须先由议长宣读提案题目。陈嘉庚提案的题目也就是内容,所以尽管汪精卫心虚嘴软,但也无法回避,只得战战兢兢地向与会人士朗读一遍,当念到"汉奸国贼"几字时,"面色突变苍白"(邹韬奋先生语),后来神色又十分不安,皆因刺激太深所至。讨论时,梁实秋等对陈嘉庚提案群起围攻,一致反对。有的还挖苦说,如通过了此案,我们的外交官都得辞职,企图转移视线。另一些妥协派人物也竭力为汪精卫辩护,提出"修正"意见。而相当一批正直的参政员,也顾不得"批评官吏就是反对政府"的官方纪律,利用国民参政会的合法讲坛,奋起批驳投降论调,赞同陈嘉庚提案。观点对立,辩论激烈。

由于有汪精卫坐镇,由汪派分子控制会场,会议决定"修正"陈嘉庚提案。他们首先就砍去了最令汪精卫胆颤心惊的"汉奸国贼",把"二十八字"变成了"二十一字",即:

日寇未退出我国土前,凡公务员对任何人不得言和。

这种修改并不令汪精卫满意,因为"日寇未退出我国土前"这个时间状语限制了汪精卫这个国家"公务员"的"和平"言论,因此,命令再作修改,"二十一字"又变成了"九字",即:

公务员不得谈和平案。

这下基本上令汪精卫满意了。

由于受共产党、陈嘉庚两个提案的影响,广大参政员纷纷要求本次参政会通过一项决议,坚定全国上下坚持抗战、反对妥协的信心。因此,胡景伊等四十四人、张一麐等四十一人、王造时等六十六人分别提出了三项临时动议,表示拥护蒋介石持久抗战宣言,要求参政会发表抗战到底宣言,以防日寇汉奸反间而安定人心。会议决定于十一月一日将共产党和陈嘉庚的两个提案,以及胡景伊、张一麐、王造时等人的三个临时动议,合并讨论,通过一个总的决议案。会前,大会秘书处起草了一份决议草案,分送与会参政员讨论。陈嘉庚提案以"公务员不得谈和平案"九字,载诸其间。

十一月一日下午,参政会在国民政府军委会礼堂举行大会。除正、副议长汪精卫、张伯苓及一二二名参政员出席会议外,国民政府行政院长孔祥熙、司法院长居正,监察院长于右任,经济部长翁文灏,国民党中央委员邹鲁、陈公博、邵力子、王法勤等也出席了会议。会议最后在讨论共产党、陈嘉庚、胡景伊、张一麐、王造时五案和决议案时,又爆发了激烈的争论。焦点是陈嘉庚提案。大多数人认为,这种修改不伦不类,含糊不清,形同儿戏,表示反对。一些汪派分子也认为"公务员"一词也于汪精卫不利。因为,当时的政府官员又称以"公务员",这个词专指国家工作人员。提案中保留"公务员"一词不是和汪精卫过不去吗?因而也提出修改。最后大会主要根据汪派的意见再次修改了陈嘉庚提案,去掉了"公务员"一词,将"谈和平"改为"言和",不得已恢复了时间状语"日寇未退出我国土前",陈嘉庚提案由"九字"变成了"十四字"。

> 日寇未退出我国土前,不得言和案。

最后与其他四项提案合并在决议案中"鼓掌通过"。

按照《国民参政会组织条例》,参政会的任何决议都须经国防最高会议通过后,才能交有关部门执行。因此,当天大会之后,参政会秘书处便立即将大会对五项提案的决议送请国防最高会议批复。第二天(十一月二日)《中央日报》公布此项决议时,陈嘉庚提案又有修改,由"十四字"增为"十九字":

> 在日寇未退出我国土之前,公务员不得言和案

这"十九字"就作为国民参政会的正式文献记录在案。

经过这番"修正",提案变得模棱两可,磨去了原案的锋芒,歪曲了陈嘉庚先生的原意,尽管获得通过,但已黯然失色。对此,汪精卫是心中有愧的。参政会秘书长王世杰在十月二十六日就批示电复陈嘉庚:提案已报告议长和大会,并列入第四次会议。但此电并未发出,直到十一月一日,陈嘉庚提案通过之后,参政会才给他发去了一封电报,电文是:

新加坡

陈嘉庚先生：

有电（十月二十五日）悉，已报告大会，特复。

国民参政会　东（十一月一日）

这封电报既不谈对陈嘉庚提案的修改，又不谈大会讨论通过的情况，更不谈收电人"汪议长"的态度，只以"已报告大会"五个字搪塞。明眼人一见便知，汪精卫要对陈嘉庚封锁消息。因为参政会十一月六日才能结束，他怕陈嘉庚知道消息后，从三千里外的新加坡向重庆再轰一炮，让他下不了台。而过了十一月六日，会议一散，陈嘉庚纵有十份电报，汪精卫也混得过去。果然，一个多月后，汪精卫就逃离重庆，叛国投敌了。

四

这就是陈嘉庚先生用"电报提案"斥责汪精卫事件的经过。我们可以看出：

一、陈嘉庚先生是在一届二次国民参政会开会之前，一九三八年十月二十五日向参政会发去"电报提案"的，而不是在会议之中。原电是三个提案，只是由于汪派分子的删改才变成了一个提案。

二、陈嘉庚先生斥汪的提案原文是"三十字"，经汪派分子的私下删改变成了"二十八字"后列入大会议程。在会上几经修正，由"二十八字"变为"二十一字修、"九字"，以"十四字"经大会通过，以"十九字"正式公布。

三、邹韬奋"十一字提案"的说法恐是记忆失误。陈嘉庚在《南侨回忆录》中关于提案后来被修改成"十一字"的说法，也只是根据"友人来函"中提供的并不十分可靠的材料写成的，不是第一手资料。（见《南侨回忆录》第六十九页）

四、陈嘉庚先生为福建新闻社手书的提案条幅，不论是字数还是内容，与他当年的原电是基本一致的，只是个别文字略有不同。但为保持历史原貌，今后在引用时还是以提案原电中的"三十字"和最后正式公布的"十九字"

为好。

　　事情已过去四十八年了。回顾往事,翻阅当年的这些珍贵档案,使人更加敬仰陈嘉庚先生的热诚爱国、正直敢言,更加痛恨汪精卫之流的卑鄙无耻、投降卖国。

六参政员延安去来

金 城

国民党政府设立的包括全国各抗日党派领袖及无党派知名人士参加的国民参政会,成立于一九三八年七月。我党方面的毛泽东、林伯渠、吴玉章、董必武、陈绍禹、秦邦宪、邓颖超七人被国民党当局遴选为该会参政员。虽然国民参政会是个毫无权力的附属于国民党政府的咨询性质的机构,但它多少还是一个可以说话和宣传政见的地方,所以除毛主席外,我党的参政员都出席过国民参政会议。一九四一年皖南事变以后,我党为表示对国民党顽固派的抗议,曾拒绝出席国民参政会的二届一次大会。

一九四四年九月,在国民参政会三届三次大会上,林伯渠代表中国共产党首次提出结束国民党一党专政,召开各党派参加的国是会议,建立民主联合政府、改组失败主义的军事统帅部的政治主张。接着,十月十日,周恩来同志发表了《如何解决》的重要讲话,进一步具体阐明中国共产党为建立民主联合政府的主张和实施步骤。十一月和一九四五年一月,周恩来专为建立联合政府一事,两次到重庆同国民党谈判。

党的主张,抓住了解决中国抗战问题的症结,打中了国民党反动统治的要害,反映了人民的愿望,得到了各阶层爱国人士的积极响应。重庆各界代表冯玉祥、沈钧儒、黄炎培、邵力子、覃振等五百多人集会,愤怒批评国民党的误国政策,要求改组政府。宋庆龄、张澜、郭沫若发起追悼民主战士邹韬奋大会,向国民党的独裁统治展开了斗争。十月十日,民主政团同盟改名民主同盟,发表了《对抗战最后阶段的政治主张》,要求"立即结束一党专政,建立各党各派之联合政权,实行民主政治"。

这时美国政府的对华政策又是怎样的呢?

自一九四四年中,国民党的正面战场又一次大溃败以后,美国朝野对蒋介石的失望和责难越来越强烈，对共产党领导下的敌后战场的胜利寄予希望。因此，这年六月，中外记者团访问了我抗日根据地及前方战场；八月，美军派观察组长驻延安联络；史迪威将军一再表示对八路军的支持。

可是，当英美联军开辟了欧洲第二战场，反法西斯战争的胜利成为定局以后，美国的对华政策又发生变化。它一方面明知国民党政府腐败无能而仍坚持扶持蒋介石，以便战后进一步控制中国；另一方面又慑于共产党和人民群众的力量和民主运动的高涨，不得不搞国共两党的调和。一九四四年九月赫尔利来华，曾以貌似公正的姿态，奔走于延安和重庆之间，同毛主席、周恩来同志分别会谈，表示支持我党的成立民主联合政府的主张，企图迫使蒋介石作出政治上的某些让步。

然而，代表着大地主大资产阶级利益的国民党，拒不接受共产党和各民主党派、爱国人士的意见，顽固坚持其反共、反人民的独裁政策。一九四五年五月，国民党召开六大，玩弄召开一党包办的"国民大会"的把戏，用以抵制我党和民主党派建立民主联合政府的主张，中断了国共两党的商谈，并积极准备反共反人民的内战。

在这种形式下，我党于一九四五年六月十六日发表声明，宣布不参加即将召开的国民参政会，并坚决反对国民党六大决定的、国民党一手包办的、分裂人民准备内战的"国民大会"。

国共两党的尖锐对立和斗争，引起一部分民主人士深深的忧虑。一些人对国民党政府还抱有幻想，希望我党作出不应有的让步，以求国共两党能通过商谈解决矛盾，团结抗战。这时候，国民参政会中的褚辅成、黄炎培、冷遹、王云五、傅斯年、左舜生、章伯钧七位参政员，于六月二日公电延安毛泽东、周恩来，申述了他们的愿望。

> 延安，毛泽东、周恩来先生惠鉴：
> 　　团结问题之政治解决，久为国人所渴望。自商谈停顿，参政会同仁深为焦虑。目前经辅成等一度集商，一致希望继续商谈。先请王若飞先生电闻，计达左右。现同仁鉴于国际国内一般情形，惟有

从速完成团结,俾抗战胜利早临,即建国新奠实基。于此敬掬公意,伫候明教。

毛主席、周副主席收到七参政员的电报后,为了进一步阐明我党的政治主张,争取更多的民主人士,揭露国民党独裁、内战政策,于六月十八日复电褚辅成等七位参政员,邀请他们来延安商谈国是,电文说:"……倘因人民渴望团结,诸公热心呼吁,促使当局醒悟,放弃一党专政,召开党派会议,商组联合政府,并立即实行最迫切的民主改革,则敝党无不乐于商谈。诸公专临延安赐教,不胜欢迎之至,何日启程,乞先电示。扫榻以待,不尽欲言。"

复电发出后,延安各有关部门特别是我们交际处,立即投入准备接待七参政员的工作。

根据重庆八路军办事处的介绍和我们掌握的资料,了解到这七位参政员大都是旧知识分子或党派领袖,同民族资产阶级、小资产阶级有着广泛的联系,在社会上有地位、有影响;政治立场上属中间派;平均年龄高达六十岁,因此,对他们的迎接招待,必须规格高,热情周全。

我们交际处特地准备了适合老人清淡口味而又营养丰富的食品,如牛奶、鸡蛋、小米粥、白面馒头、白塔油等等。又考虑到陕北的气候,虽已至六月,早晚仍有些寒冷,就集中了许多厚棉被褥,每张床上都铺垫了厚厚几层。当时著名教育家黄齐生先生正住在交际处,他热情积极地帮助交际处做七位参政员的工作。

六月二十七日,褚辅成等七位参政员晋见蒋介石,面陈他们的条件、政治主张:(一)由政府迅速召集政治会议;(二)国民大会交政治会议解决;(三)会议前,政府先自动实现若干改善政治之措施。蒋介石表示,对前两条无成见,可以商谈。于是七位参政员决定立即去延安。

六月二十九日,中央得到王若飞同志的报告,说七参政员将于七月一日乘飞机来延安。

七月一日这天中午,党中央和边区政府领导同志毛泽东、朱德、林伯渠、吴玉章、周恩来、邓颖超、秦邦宪、张闻天、林彪、叶剑英、徐特立、李富春、杨尚昆、谢觉哉等都到飞机场迎接。

下午一时,一架运输机在天空中出现了。它盘旋两圈之后,从远处逆着延河从东向西直线飞下,安稳地落在机场上。舱门打开,只见六位身穿长衫或西装的老人一边频频招手,一边依次走下飞机。毛主席等领导同志迎上前去与他们热烈握手,亲切问候。

原来说的七位参政员来延,怎么走下飞机的只有六个人呢?原来,他们之中的王云五先生,在临启程的头天晚上突然称病,未能成行,因而只有六位参政员到达延安。

褚辅成一行在毛主席等领导人的陪同下,先乘车到王家坪第十八集团军总司令部共进午餐,接着,就来到交际处休息。

黄炎培在他后来写的《延安五日记》中回忆说:"出延安城南门,到达陕甘宁边区招待所,地名瓦窑湾,每人一间卧房,凡是你所想到需要的,都替你预备着。"

我记得黄炎培那时面容圆而微胖,穿一身浅色中山装,虽然年已六十七岁,但神采飞扬,精力旺盛,像五十多岁的人。他是上海人,年轻时曾中秀才及举人,上海南洋大学毕业后,赴日本学教育,曾由蔡元培介绍参加同盟会,并负责在上海活动。辛亥革命胜利,他曾出任江苏省教育司司长,后又与张謇、马相伯等组织江苏省教育会,学生甚众。一九二一年及一九二二年北洋军阀政府的梁士诒、颜惠庆前后组阁时,曾聘请黄为教育总长,黄炎培均拒绝,以示不能与彼同流合污。

一九一七年,黄炎培赴美考察后,回国创立了中华职业教育社。开办中华职业学校,为民族资产阶级培养企业管理、科学技术和各种业务人才。该社团结了不少有自由主义色彩的金融、工商资本家及文化教育界人士,逐渐在政治生活中形成一个政治派别——职教派。该社创办的杂志《生活》周刊,由邹韬奋主编以后,影响很大。"九一八"事变以后,《生活》脱离了该社,独立出版。

抗战以后,黄炎培即任国民参政会参政员,多次参加调停国共关系。一九四四年九月,黄炎培联合张志让、褚辅成、王云五、冷遹及工业界等三十人签名,发表《民主与胜利献言》,主张实施宪政,首行约法等。一九四五年一月,他又会同各界人士六十人,发表《为转捩当前局势献言》,对党派问题亦谓政府应允许各党派公开,并与之切实合作。二月二十八日黄炎培写了《致国民党诸友好的公开信》,认为入党与否及加入何党应有自由,将来中国国民党须同各党派合作,但仍由国民党居领导地位。结论是,要抗战建国成功,须有"三大合作"——各党派与国民党合作,各地方与中央合作,全国民众与政府合作。足见黄先生当时虽然不满国民党一党专政和强迫一切公务人员必须加入国民党的办法,但对独裁统治者的幻想仍很深。因而可以说他是一个中间派。

黄炎培与黄齐生在大后方共过事,在国民党压迫黄齐生时,黄炎培曾帮助过黄齐生,所以黄炎培来到延安,就得到了黄齐生的热情帮助。黄齐生介绍他同延安各方面人士广泛接触,了解情况。在同来的几位参政员中,他是最活跃、最认真,所以也是收获最大的一个。

十分有趣的是,黄炎培在我们摆的丰盛的宴席上,对鸡鸭鱼肉从不着筷,只吃点素菜。却又不忌鸡蛋和肉汤。我感到十分奇怪,问他为什么不吃荤。黄先生笑笑回答说,我不吃荤倒不是什么宗教信仰,主要是由于我的性格。我一九一七年夏天游新加坡海滨,亲眼看到捕鱼人出海归来,船上满载活鱼,渔夫一一将鱼破腹,挖掉内脏,投入另一空船,鱼儿跳跃几次才死去。人类为了果口腹,这样地残杀生物,使我感触很深,立下了素食的志愿。——原来黄先生还是个感情很丰富的人呢!

褚辅成是个瘦弱的老头,当时已七十四高龄。他身穿长衫,说话操着浓重的浙江嘉兴口音。他早年毕业于日本东洋大学高等警政科,参加过同盟会。辛亥革命时任同盟会浙江支部部长,后任国民党参议。第一届国会任众议院议员,属于浙江陶成章派,反对陈其美。二次革命时,褚辅成反对袁世凯,被捕入狱。袁死后,他才恢复自由,参加北京国会斗争,反对中央集权,军人跋扈。一九一七年七月,褚辅成南下参加西南护法国会,任副议长,拥护孙中山,反对政学系。一九二一年,北京国会复活,他再来北京,当选众议院副议长。一九二三年曹锟贿选,褚辅成首先与吕复南下反曹。一九二五年大革命时,他是联省自治派,曾一度向右。一九二七年任浙江省政务委员会主席,兼民政厅厅长。蒋介石叛变革命,搞"清党"时,褚辅成被诬有"共党"嫌疑,被捕入狱,旋即释放。此后一度消极,从事教育活动。抗战后,任历届国民参政员。

褚老先生是国民党元老中的正统派,为人正派刚直,比较开明,政治立场上可称中间派。所遗憾的是,他毕竟年纪大了,经过乘坐飞机和到达延安时紧张的应酬,他疲乏不堪,第二天就感觉不适,除参加几次正式会谈外,他个人没有怎么活动。

六位参政员中,唯一同我从前就认识的,就是章伯钧。章伯钧,五十一岁,安徽桐城人。大革命前曾任安徽宣城中学校长。后留学德国,与朱德相识,遂加入共产党,与邓演达亦接近。大革命时回国参加武汉政府,任国民革命军总政治部宣传科科长。武汉"清共"后,参加南昌暴动,随叶挺、贺龙军南下潮汕,失败回沪,此时他认为国民党是太右了,而共产党的政策是"超时代的政策",于是脱离共产党,拥护邓演达,在柏林组织第三党,即中国国民党临时行动委员会,任中央委员。一九三一年邓演达死后,章伯钧在港粤一带活动,坚持反蒋。一九三三年,他参与发动福建事变,被推为人民大会主席团成员。失败后仍坚持抗战、联共、反蒋的主张。一九三五年章伯钧首先响应我党《八一宣言》,将第三党改名为中华民族解放行动委员会,发表组织反日阵线宣言。抗战时,他坚持同国民党顽固派作斗争。一九四一年冬各抗战党派联合组成民主同盟,章伯钧任组织委员会主委。数年来,为争取民主、反对独裁,不屈不挠,可谓小资产阶级民主派的进步分子。

我和章伯钧的第一次会面,是一九三六年两广事变的时候。那时,我从广东北海到广西梧州,向李济深报告重建的十九路军在北海的情况及宣侠父和我的打算,在"戎墟"李济深的公馆碰上了章伯钧。章伯钧作为中华民族解放行动委员会的领导人,在广西、香港、澳门等地活动。他同我讨论起中国时局的问题,章伯钧说:"中国的希望之所在,一要靠红军的胜利,二要靠各党各派的团结合作,和你我这些有民族热血的青年人。"

这次章伯钧到延安,我们重又相逢。我俩在一起畅谈分别后的情况之后,他对我着重声明说:"我过去也参加过共产党,后来脱离了,但是我没有忘记同党的关系。现在我虽然还不准备要求恢复党组织关系,但我要为党尽力的心愿从未改变。抗战开始,我在重庆就向周恩来先生正式表示,如果贵党对国事有何主张,需要各党派表态支持,则不必事先征求我的意见,尽管将我的名字签上。"

冷遹又高又瘦,亦着长衫,时年六十四岁,江苏镇江人。他是安徽武备学堂毕业的,一九一七年参加护法运动,曾任大元帅府江苏陆军第三师师长、两广参议厅厅长、广东政府内务次长等职。抗战后任历届参政会参政员,并是中华职业教育社的领导人之一。他同黄炎培、江问渔朝夕相处,有"江苏三老"之称,在江苏绅士中有相当声望,是较为右倾保守的民主人士。他在延期间说话很谨慎,经常同黄炎培一道出去参观。

傅斯年是个矮胖子,穿西服,一副学者派头。他是山东聊城人,时年五十一岁。这位"五四"新文化运动的活跃分子,毕业于北京大学,留学德国柏林大学、英国伦敦大学。回国后,历任北京大学史学系教授、广州国立中山大学文史科主任、北平图书馆馆长、国立中央博物院筹备主任、国立中央研究院总干事兼社会科学研究所所长、中国史学会理事,还被国民党聘为三青团中央评议员。

傅斯年在中国学术界享有一定声望,他治学认真,重考证,但博而不专,持历史唯心主义观点。在政治上,他同国民党接近,因而得到国民党的信任重用,但他对国民党的贪污腐化颇不满,一九四四年九月国民参政会开会时,对国民党的腐败政治有所揭发,并提出"贪污要绝对禁止,惩罚贪污要从大官做起"。他却认为国民党的腐败可以改革,"要变不要乱",主张"新自由主义",反对"布尔塞维克的革命方法"。对国共两党的问题,他认为中共不应坚持联合政府的主张,可先参加国民党政府,足见傅斯年是中间派中的右翼分子。此人性格固执孤傲,在延期间活动也不太多。

最出我意料的是左舜生。我知道他是中国青年党领袖,而中国青年党被称为醒狮派,是代表腐朽、没落的封建地主阶级利益的党派。他们早年的口号是"内除国贼",亦即反共;"外抗强权",亦即反苏。这样一个名为"青年"党实质老朽的老年党,其领导人必是封建遗老式人物,加上他的名字"舜生",使我想象他必是近乎身穿长袍马褂,手拿水烟壶,满口迂腐之词的老头。谁知一见面令我吃了一惊。原来,左舜生的内容与形式很不一致,他竟是西服革履,俨然一中年学者或教授。

左舜生当时五十二岁,湖南长沙人。早年曾留学法国,"五四"以后是少年中国学会中的国家主义派。一九二四年,国家主义派演变为中国青年党,出版《醒狮》杂志,继续宣传"国家主义"。大革命时期,该党曾与东北军阀勾结,残害进步力量。抗战爆发后,左舜生被聘为国民参政会参政员,在参政会第一届第三次大会上,曾大肆攻击晋察冀边区。一九三八年底,在所谓"和平空气"正浓时,他也曾有过"和平"妥协的言论。一九四〇年以后,左舜生政治态度渐转开明。一九四一年民主政团同盟成立时,他为负责人之一,一九四四年五月为民主同盟主编《民宪》半月刊,主张民主团结,来延前他的言论较为激进,表示国民党一党专政不打破,民主同盟决不参加国民党的政务委员会,并反对国民党一手包办"国民大会"。左舜生来延安是以民盟代理主席的身份来的。

观其一贯的言行,可看出左舜生是个善于"观风转舵"的政客。在当时,他的立场属于中间偏右。

六参政员在到延安的第二天下午,即同我党代表毛泽东、朱德、周恩来、林伯渠、刘少奇、张闻天、任弼时、王若飞举行正式的会谈。

会谈的气氛坦率、自然、诚恳。双方各抒己见,畅所欲言,共商国是,十分融洽。六参政员谈了他们来延安的目的、对国际国内的形势的看法、对国共两党团结问题的建议等等,当他们谈到国共双方商谈的门没有关闭时,毛主席风趣地接过话题说,双方的门没有关,但门外有一块绊脚的大石头挡住了,这块大石头就是"国民大会"。关于"国民大会",六参政员的看法到是同我党十分接近。对其他重要问题的看法,他们六人间却各有差别。

第三天下午(七月三日),毛主席和我党的七位代表来到交际处,在山坡下向东的大会客室里同六参政员继续会谈。这次谈话的时间特别长,涉及的领域非常多,双方仍是各抒己见,不涉辩论,尽大家所想自由发言。结果推定由我方把会谈意见综合成文写出来,明日共同审阅定稿。

七月四日下午,双方第三次会聚,在热烈和谐的气氛中,由毛主席拿出由我方整理的会谈的综合纪要,每人分送一份。

会谈纪要的主要内容如下:

来延六参政员和中共方面同意下列两点:

一、停止国民大会进行。

二、从速召开政治会议。

中共方面之建议:

为着团结全国各党派及无党派代表人物,共商国是,以便在民主基础上动员、统一与扩大全中国人民的一切抗日力量,配合同盟国,最后打败日本侵略者,建立独立、自由、民主、统一与富强的新中国起见,并在国民政府停止进行不能代表全国民意的国民大会之条件下,中国共产党同意由国民政府召开民主的政治会议,并提议在召开前须确定下列各点:

(一)政治会议之组织由中国国民党、中国共产党、中国民主同盟三方各自推出同数之代表及由三方面各自推出三分之一(其数等于每一方面代表数)并经他方面同意之无党派代表人士共同组成之。

(二)政治会议之性质:公开、平等、自由、一致、有权。

(三)政治会议应议之事项:(1)关于民主改革之紧急措施;(2)关于结束一党专政与建立民主的联合政府;(3)关于民主的施政纲领;(4)关于将来国民大会之召集。

(四)政治会议召开以前,释放政治犯。

(五)为使政治会议顺利进行起见,在政治会议召开前,应由各方面先作预备性质的协商,以便商定上述四点及具体内容。

这个文件体现了我党的求同存异精神。它既包含了我党与六参政员的共同观点——反对国民党企图召开真独裁、假民主的"国民大会",争取召集有民主实质的政治会议,又明确申述了我党的立场和五项不可缺少的具体建议,为各民主党派和一切爱国民主人士指明了以后共同争取抗战最后胜利与实现民主建国的正确方向和步骤。

毛主席逐条逐句地向六参政员解释了文件中我党的建议书,并郑重其事地交给六参政员,请他们代交给国民党当局。

正式的会谈就此结束。六参政员来延安要办的主要事情很圆满地办成了。

六参政员的"副目的"(黄炎培语)是要参观延安。

在交际处的安排下,他们利用会谈以外的时间,阅读了《陕甘宁边区政府施政纲领》,会见了"三三制"政权的李鼎铭副主席,柳湜、贺连成、霍子乐等正、副厅长,分头参观了延安市容、供销合作社、供应总店、信用合作社、银行、延安大学、光华农场、日本工农学校以及宝塔山等名胜古迹。对经济方面的减租减息,变工队、扎工队的互助方式,货币流通,商品贸易,机关供给制,工农业生产状况等,进行了详细的考察,访问了劳动英雄。在文化、教育、卫生、社会风气方面,也都一一调查研究。延安的上下一致、同心同德的精神面貌,夜不闭户、路不拾遗的社会风气,特别是蒸蒸日上的各项事业的发展气势,给他们留下了良好的印象。

在六位先生逗留延安的五日之中,几乎每天晚上都有盛大的宴席招待和群众大会、文艺晚会慰问。我党、政、军高级领导干部轮流出席作陪。国民党顽固派一贯宣传共产党人是一群杀人放火、共产公妻的"土匪",不知有多么可怕!但当六参政员同共产党干部接触时,却感到他们个个稳重、朴实、谦逊、诚恳。说起话来很有见地,学识不浅。使他们感到在共产党人中间,真如古人所说"如坐春风中"了。

六位先生特别是黄炎培,还同当时在延安的、从前有过共事关系或师生之谊、现已参加革命的老朋友,包括吴玉章、陈毅、陈云、张仲实、张曙时、范文澜、丁玲、陈学昭等会了面。这些老朋友们畅谈解放区的知识分子政策,以及他们参加革命后所发生的变化、取得的成就,给六参政员很深的感触。

七月五日,六参政员的访问结束了。中午,重庆来的飞机降临延安机场,接褚辅成一行返渝。毛主席、朱德、周恩来等到机场送行。六参政员带着各自不同的感想和认识，告别延安，飞回重庆。

六参政员的延安之行，所产生的效果是十分良好的。这是我党统一战线政策的一个很大成功。通过我党中央负责同志同六参政员的面谈，和延安各方人士对六参政员的接待，双方增强了相互了解，扩大了我党在民主党派中的政治影响，并找到了民主建国的共同点。六参政员回重庆之后集体面见蒋介石，陈述了他们同我党的谈判情况，并将我党写的《会谈纪要》交给了蒋。这无疑是对蒋介石的独裁反共政策是一个打击，对蒋管区的爱国民主运动是一个鼓舞。

从六参政员访延后的表现来看，他们的政治思想及对我党的认识都有程度不同的进步。他们在抗战胜利后，都参加了重庆召开的旧政协。但在蒋介石凭借美帝国主义的援助，发动反共反人民的全面内战时期，他们的政治立场又发生了很大的变化和分化。黄炎培、章伯钧、冷遹三人后来响应我党的"五一"号召，参加了新政协会议，新中国成立后，三人都在中央人民政府或全国政协中任职。

褚辅成死于解放前，晚节尚好。只有左舜生、傅斯年转向了反革命，成为蒋家王朝的殉葬品。

延安之行对于黄炎培来说，又有着格外重要的意义。可以说，延安的五日行成为黄炎培一生中的一个最大转折点。在去延安之前，黄先生对中国共产党和解放区没有太多的认识，只是抱着促进国共两党恢复商谈的心愿而来到延安的。及至身临其境，才从解放区铁一般的事实中认识了真理。他回重庆后，用很短的时间写成了《延安归来》一书，详细地记载了亲眼所见的中国共产党施政政策和解放区的成就，给国民党反动派的种种造谣诬蔑以当头一棒。这本书由中华职业教育社国讯书店出版发行，印十几万册，在大后方和香港、上海敌占区产生了巨大的政治影响。（当时黄炎培将《延安归来》寄给我十本，嘱我自己留一本外，分赠延安的中央领导，我照办了。）从这以后，黄炎培模糊的思想逐渐澄清。一九四五年十二月，他与施复亮、胡厥文、章乃器、杨蕴玉等联合，以工商界人士为主另外成立了民主建国会。在一次又一次的事实教育下，他终于找到并走上了中国共产党指引的正确道路。

国民参政会的收场

邹树文

国民参政会第四届三次会议,是国民参政会的最后一次会议,于一九四七年五月二十一日至六月二日在南京召开。

自从国民党一手包办的"制宪国大"闭幕以后,国民参政会、立法院、监察院都分别增加了一些国民参政员、立法委员、监察委员的名额。原因是,"制宪国大"的任务主要在炮制一部宪法,宪法通过以后,它的使命即告结束。然后重"选"国大代表,召开"行宪国大"。

由于参加"制宪国大"的代表都有相当背景和特殊来历,而"行宪国大"代表名额有限,因此内部争夺十分激烈。为了安插那些没有当上国大代表而又没有"公职"的人,于是,就扩大国民参政会等机关的名额,使大家都相安无事,皆大欢喜。国民参政会参政员由第三届的二四〇人增加为二九〇人。我就是在这种情况下被"遴选"上的。

四届三次会议开了十三天,除小组会外,共开大会十九次。当时国共和谈已经破裂,蒋介石忙于当"总统",大打内战,对国民参政会这个所谓民意机关已经不感兴趣。但是,参政员仍然利用这个"民意"讲坛,提了四五五件提案。这样多的提案在短短的十来天里,根本无法仔细审查,只能敷衍行事,有时一次大会就通过一百多件。

记得在提案中最引人注目的是"关于和平统一问题"的二十三件,经过审查,合并作了一个决议,决议草稿当然是出自"内定"。我参加了审查小组,在某天吃过晚饭之后,我们有三、四十个人挤在一个屋里,由小组召集人把草稿念了一遍,交大家传观。决议内容不外是冠冕堂皇地讲了一些希望国共两党恢复和谈之类的话。我和许多参政员提出在决议第二条中加上"双方"二字,全文改为"请中共迅派代表来京,与政府双方无条件恢复和谈"。有些人却坚决反对,认为这样抬高了中共的地位。于是围绕"双方"二字发生了争执,最后被迫同意加上。

本来"制宪国大"的召开,早把政协决议撕毁,全面内战已经打响,这个决议按照修正后的条文通过,实际已无丝毫作用,对和平亦无任何保障。但我们考虑到,既然要中共迅派代表来京与政府谈判,连"双方"二字都不能用,还成什么话。这件事情在我的记忆里,至今印象很深。

会议于六月二日下午闭幕。这天上午,大会秘书处通知我在下午会议闭幕会上代表全体参政员致答词。我在讲话中再次提出:"甚盼政府与中共双方体察全国人民苦战望治之心情,与本会主席暨全体参政员于最短期内力争和平之实现。"这时国民党政府当局早已无心于此,在闭幕会上一个政府官员都没出席,只由主席团主席林虎作了一段休会演词,会议就此草草收场,以后国民参政会也没有再召开过了。

国民参政会日记[①]

黄炎培

一九三七年

十二月十八日　今年自八月十三日淞沪战事发生，应国民政府国防参议会之聘，一方为上海抗敌后援会主席团之一主席，兼以上海市地方协会总秘书地位，集合同志为无名义之协助。余则往来于京沪间凡九次，末次以十一月七日离沪时，沪陆路已不通矣。十六日偕参议会多数同人由京赴鄂。

国防参议会在特三区管理局开会。午，梁漱溟、李幼椿、左舜生、晏阳初、沈衡山、杨赓陶、翟菊农在海军青年会聚餐。

一九三八年

二月十四日　九时出席国防参议会，仍假汉口商业银行举行，余报告湘粤桂政治状况。十时半渡江，应蒋介石委员长之邀，偕御秋、问渔至省府官邸谒见，余陈述：（一）湘省大规模发动知识分子；（二）粤省人民受空袭不改常态；（三）政局一国三公现象；（四）香港、安南购物机关急待调整；（五）桂省人民抗战热烈的表示；（六）后方工作特重生产，前方——已失各省重游击。

三月七日　九时国防参议会，余报告第五战区动员民众近况。二时与幼椿、舜生长谈。

六月十七日　午后三时，国防参议会第六十四次会，今日已发表国民参政会名单，凡国防参议（除国立北京大学校长蒋梦麟外）皆与焉，定七月一日开幕，参议会今日结束。此会去年八月十七日第一次会。

六月二十九日　各党聚餐会，被推参政会整理议案者五人，林祖涵、罗努

[①]本文根据《黄炎培日记》（未刊稿）摘编而成，题目是编者加的。——编者

生、曾慕韩、沈衡山及余。新出席者史良、邓颖超、林隐青等。

七月一日　罗钧任、沈衡山、褚慧僧、林伯渠、罗努生、曾慕韩、江问渔共商参政会提案问题。

七月三日　夜,参政员陈博生、王亚明、秦邦宪、马乘风、陶希圣、陈绍禹、刘百闵邀四十余人谈话,被推主席,商建议案问题。

七月六日　国民参政会开幕式,时间上午九时,会场汉口两仪街二十号,议长汪精卫致开幕词。副议长张伯苓致词,颇多失礼,闻者不满。蒋介石委员长致词分三点,中一点认本会为民主政治之起点,张一麐代表参政会会员致词尤失体。会毕,被推代张另拟一篇交报端发表。是会到一百四十九人。

三时继续(第一次)开会,通过各项审查会名单,余被推第五审查会(教育文化)召集人,听行政院院长孔祥熙、军政部长何敬之报告。

七月七日　九时参政会第二次会,内政部长何键报告,外交部长王宠惠报告。

三时第三次会,陈立夫部长报告教育,孔祥熙报告财政。王云五问:如报告一年间共支出十五万万元,收入仅一万万余元,用何法弥补?今后又如何?陈绍禹问:中国人存款外国银行多少?其最大的户名为谁?……

七月八日　九时第四次会议,交通部长张公权报告,经济部长翁咏霓报告。三时审查会第一次会,余为主席,审查邹韬奋提改善青年训练案。

是夜草提案揭发政府与社会间积弊,恐提出会场,因众人刺激,发生不快之感,乃备函径送蒋介石委员长。此案及函稿草至夜三时半毕始就枕。

七月九日　三时过江,应蒋委员长邀赴茶会,席间蒋演说,战事绝对有把握。茶毕,余即面陈昨函及案。

七月十日　三时第三次审查会,审查邹韬奋所提改善青年训练案,政治部第二厅厅长杜心如出席报告甚详,此案结果保留。续审查教育部交议案,至七时始毕。

七月十三日　九时第八次大会,张岳军答复关于抗战前途胜利之询问,通过审查报告若干案,内两案:(一)钟荣光等请派飞机制止广州轰炸案,(二)李圣五注意德意邦交案,皆争执甚力。第二案国共两党几闹翻。

七月十五日　九时第十一次大会选举驻会委员二十五人,余因先自声明须往西南旅行,不能驻会辞选。通过大会宣言。三时行休会式。

七月十八日　访董必武中路八十三号长谈。

七月十九日　下午一时十分,偕问渔至武昌飞机场坐中国航空公司机飞渝,同行张表方、邵明叔、李幼椿等,四时降重庆。

十一月一日　……赴国民参政会秘书处(行营)报到。出席第五次会议,听经济部长报告。讨论各组审查报告。晤见同会诸君,皆大喜。通过拥护蒋委员长长期继续抗战案。

十一月二日　晨八时审查委员会,余此次加入第四审查会(经济财政),召集人林祖涵、陈豹隐、杨端六。

十一月五日　八时,全体审查会讨论张君劢案、陈绍禹案、梁漱溟案。余对梁案登台发言,大意以参政会发言凡三种:(一)对国际;(二)对民众;(三)家里人说话。第三种须说老实话,"抗战必胜,建国必成"。不是虚骄之气所能做到,须有合理的计划,政府当面对此须有切实报告。因决定明晨续会。

十一月六日　闭会式,汪议长演说极激昂壮烈,张一麐参政员演说。余被选为驻会委员。

十一月十二日　陈绍禹、董必武深谈。

十二月二十三日　参政会驻会委员会议长汪精卫先生忽然不别而去,副议长张伯苓主席,军委会政治部长陈诚报告军事,过去及未来甚详。

一九三九年

一月一日　王公敢来,带到港报及汪精卫向中央提议接受日近卫宣言送港报稿。精卫此举,时局又起一大波澜。

一月三日　草宣言反对汪精卫接受近卫声明主张。余首列,张澜、梁漱溟、冷遹、江恒源同具名,送各报馆。

一月四日　昨宣言送各报后,竟被检查处扣留,不允登载,但《新蜀报》独已登载。

一月五日　瞰江饭店聚餐,到者褚慧僧、冷御秋、江问渔、李幼椿、曾慕韩、左舜生、章伯钧,余与漱溟、衡山为主人。君劢、季鸾、表方未到。

假永年春在渝参政员茶话会,定对汪宣言。

一月六日　三时参政会驻会委员会何敬之部长报告军政近况极详……对汪案主不发表意见。

一月十四日　在渝参政员谈话会假银行公会举行,通过对汪案表示态度。得周恩来信。

一月二十一日　午后,在渝参政员茶话会,余与曾慕韩、董必武被推起草欢迎蒋委员长兼任参议会议长电。

二月十二日　七时半,赴国民参政会第三届大会开会式。八时仪式开始,新议长蒋公致词。参议员代表年长者胡元倓读余前日所起草之欢迎词。副议长张伯苓致词,甚失当。此君总是如此,真无如之何。

二月十七日　三时第四次大会,通过各审查会报告,议长提川康建设案,褚辅成、林祖涵各提拥护抗战国策案,皆通过。

二月十七日　审查会第四天,余为主席,遇到一件困难事。共产党董必武提一案——加强民权主义的实施——颇责政府施政失当,要求对各党派予以法律上保障。国民党员大反对,余居中调停,修正通过。董失望,告假不到会。

三时,第五次大会,伯苓主席慌乱,致会场大哗。余所提团结民心案通过;所提改善兵役案送政府参考。

访董必武其家——机房街七十号,商提案事。手写修正案,夜二时后始睡。

二月十九日　八时,审查会第五天,董必武案结果不能圆满,董又拂衣而走。问题在国民党政策不许他党活动,在法律上有地位,故对董案"予各党派以法律上的保护"绝不放松。今日审查全了,余稍感劳苦。

七月二十一日　参政会通告:国防最高委员会拟定,经中执会通过,(一)本届参政员任期自本年七月一日起延长一年;(二)参政会每六个月开会一次,会期十日,国民政府有必要时,得召开临时会或延长其会期;(三)第四次大会召集时期依前项修正定之。

八月八日　聚餐会仍在表方家举行,幼椿、衡山、必武为主人,到者尚有韬奋、隐青、伯钧、问渔,共九人。余提第四届参政会重要议题为何,应下慎重之考虑。余提六题:党派合作,一也;财政金融,二也;民众工作,三也;后方游击工作之整理,五也;禁烟,六也;衡山、必武更提出继续抗战主张之普遍贯彻一题,汪精卫声讨一题,待下次决定。(注:原文缺"四也"。)

八月十二日　午,蒋议长在参政会招餐,被招者川康视察团团员、期成会会员,驻会参政员,余报告南路组视察所得要点——兵匪烟循环连锁为恶。

八月十五日　午,张表方为主人,召集聚餐会,到者分担起草题:(一)党派摩擦(幼椿);(二)文化问题(韬奋);(三)地方行政机构(问渔);(四)财政及金融(慧僧);(五)游击问题(任);(六)民众问题(必武)。至国策问题,讨汪问题,参政会弹劾权问题,国际问题,均待续议,表方、伯钧、御秋亦未之议。

八月十七日　夜,草公电揭破汪精卫受敌嗾使,宣言施行宪政、各党各派团结等狡计,继续本年一月三日江电讨汪。

八月二十二日　午,林隐青、冷御秋为主人,张表方家聚餐,商提实行保障人权案。

九月九日　上午十时,国民参政会第四届大会开幕式,参政员到者一百二十八人,蒋中正议长主席。礼毕,议长致词。副议长张伯苓致词。会员中推张一麐致词。

九月十五日　上午八时半第三次审查会,审查张君劢等、左舜生等、江恒源等、张申府等、孔庚等、王造时等、陈绍禹等七案,皆关于请政府结束党治,施行宪政及用人不问党派,免除党派摩擦等事,请各提案人出席说明。自十时至十二时未有结果,定今晚继扩大讨论。夜八时半,扩大审查会审查七案,仍是余主席,发言者三十八人。自二时半计亘六小时之久。其间争辩甚烈,屡濒破裂,卒以全场一致通过下列二条:

甲、治本办法:(一)请政府明令定期召集国民大会,制定宪法,实行宪政。(二)由议长指定参政员若干人,组织国民参政会宪政期成会,协助政府促进宪政。

(杂录:参政会审查七种关于宪政提案各党争辩时,每以某党对不起某党互讦,江问渔起言:诸君何为此言?只宜说大家对不起国民耳。咸以为名言。)

九月十六日　上午八时半,第四次审查会再讨论七案,以全场一致通过下列二条:

乙、治标办法:(一)请政府明令宣布全国人民除汉奸外,在法律上其政治地位一律平等。(二)为因应战时需要,政府行政机构应加充实并改进,借以集中全国各方人才,从事抗战建国工作,争取最后胜利。

下午三时,议长主席,余说明七案审查之经过与其重要意义,是建国之根基,是民治的起点,全场鼓掌。审查报告通过。主席宣告此案交政府切实执行。

(杂感:余为参政员,自己认定两大任务:(一)助成政府与民众合作;(二)助成各党派间合作。余以两年来之周旋,政府及各党派对我都还不至歧视。此次第四届大会为内政审查会主席,审查七个关于宪政提案,各党代表争论虽烈,而卒获圆满结果。在余总算对参政会尽了一分心,但观今后如何耳。)

九月十七日　午后三时,大会全部议案完了,余以第三审查会召集人资格说明对内政报告之审查意见,主张当局应根据上届报告继续说明施行状况,勿单说个人主张。余仍被推驻会。晚八时半,闭会词起草会与左舜生、邹韬奋将张季鸾草案讨论定稿。

九月十八日　下午三时参政会闭会式。议长在宣读闭会词前致词,谓本届议案最重要为通过川康建设方案,及组织宪政期成会促成宪政两事。即提出期成会委员名单:张君劢、张澜、周炳琳、杭立武、史良、陶孟和、周览、李中襄、章士钊、黄炎培、左舜生、李璜、董必武、许孝炎、罗隆基、傅斯年、罗文干、钱端升、褚辅成,召集人黄炎培、张君劢、周览,全体通过。(期成会会员名额副议长决定二十五名,增推梁上栋、胡兆祥、王家桢、章伯钧、马亮、李永新。十月十七日秘书处通知。)

此数日间,希特勒电我蒋议长,希望在德苏日意合作之下,和平解决中日战事。此电事后知之。

九月二十日　三时,宪政期成会第一次会在油市街四号国民参政会举行,余主席,公决:(一)本议决案在政府未表示接受以前先为假设的研究;(二)请政府明令最好在双十节;(三)公布宪法期间,以速为宜,至迟不过参政员现任期满九个月;(四)明令发表以后,再召集本会公定进行程序表。

九月二十一日　午,蒋议长招餐……余偕更生述昨宪政期成会议决若干点。

十月十八日　五时,潘大逵、熊子骏、张秀熟、章友江招餐潘宅老玉沙街五十二号,同席二十一人,发起宪政座谈会。余报告参政会及期成会之经过。漱溟仍述彼所坚持之一套主张,而以宪政为不足希望,实则彼所主张,即是宪政之一部(有人评漱溟为"意必固我"四字俱全)。

一九四〇年

三月二十日　上午九时,宪政期成会第三届会,到者张君劢、周炳琳、张澜、杭立武、史良、陶孟和、李中襄、章士钊、左舜生、李璜、董必武、许孝炎、罗隆基、罗文干、梁上栋、胡兆祥、章伯钧、马良、王家桢、李永新,余为主席。共二十一人报告,议定工作方式,各提案人说明毕,明日续会。

三月二十一日　上午九时,宪政期成会第二天会,讨论宪草第一章总纲了,第二章人民之权利义务及半,是日轮及周枚荪(炳琳)主席。

三月二十二日　九时,宪政期成会第三天,张君劢主席,讨论宪法至第三章未完。三时宪政期成会续开会,讨论至国民大会章未完。

三月二十八日　到君劢家,偕君劢及周枚荪、张表方、钱端升、李幼椿、褚慧僧、罗钧任、罗努生、左舜生同应蒋公召入谒,谈宪政问题。余述连日讨论宪法之经过,同人发言皆极精采。表方与余兼谈及川政,幼椿谈及党务。蒋公态度极恳切开朗。

三月二十九日　九时,宪政期成会第九天会,至中午宪法讨论完了。

午,统一建国同志会会餐在康宁路三号,卫玉始出席。三时,参政会驻会委员会邵明叔报告川康建设期成会经过,张君劢、周枚荪及余报告宪政期成会讨论宪法经过。

三月三十日　九时,宪政期成会第十天会,宪法草案完全通过,共八章一三八条。关于宪政促成建议两点,均当场通过,余担任草报告,君劢草说明。夜,国讯同志会第一组会讨论重要之理论及对外公开问题,会员训练问题。汪兆铭在南京组织伪政府。

三月三十一日　九时,胡文澜(景伊)、邵明叔、张表方、褚慧僧、陈豹隐共商物价飞涨之救济办法,预备提案,听到不少精要的报告。豹隐为经济专家,据说主计局最近统计结果:一无一地不涨价;二无一物不涨价;三土产涨价高于外来货物。因此推定:(一)问题是一般的;(二)一般民众对法币的信念有变化;(三)生产力减少。

四月一日　十时,国民参政会第五届大会开会式,参政员到者一百四十五人,超过历届。议长蒋中正主席致词,副议长张伯苓致词,参政员梁上栋致词。

起草声讨汪精卫南京伪组织临时动议案。

四月五日　八时,参政会第二天审查会,余为主席。有梁漱溟等提案五起,皆指共产军与中央军摩擦事,当场仅由主席表明此数案之重要,幸未曾剧烈辩论。结果请议长组织特种委员会讨论解决。

午后三时,第五次会议,议长主席。此五案提出后,余登台为简短之说明,略谓同人念本会组织条例第一条,因求团结全国力量,才有本会,故解决此事之纠纷,可云抗战期中唯一不幸事件。同人咸期以严正、公平、切实的态度,协助政府解决。卒将审查报告通过。次提出宪政期成会修正宪革,孙科以立法院长说明《五五宪草》,张君劢说明期成会草案。

四月九日　九时,审查梁漱溟等五案,特种委员会第一次会议决两条:(一)一切军队,无论何种番号,一律服从最高统帅之命令,绝不得自由行动。(二)如有军队怀疑于邻近军队之行动者,应将事实报告上级长官,听候最高统帅之处置,在未奉命之前,不得自由行动。

四月十日　九时第九次会议,议案全了,余仍被选为常驻会员。三时大会闭幕。

四月十三日　午,到乡建学会,偕梁漱溟、李幼椿招一部分参政员便餐,到者左舜生、沈衡山、邹韬奋、罗隆基、周士观、张申府、张表方、杨赓陶、章伯钧,商定统建会以周士观南岸弹子石操场坝子巷三十六号(玉皇观)为通讯处。

四月十四日　与问渔、御秋研究国共问题。

三时,特种委员会第二次会,决议文附,此会算得了小小结果。

国民参政会审查梁参政员漱溟等五案特种委员会第二次会议记录

　　时间　二十九年四月十四日

　　出席者　张伯苓　黄炎培(以上召集人)　张君劢　傅斯年　褚辅成　林　虎　左舜生　李中襄　许孝炎　秦邦宪　毛泽东(未到)

　　秦参政员报告与何参谋总长接洽情形,所有区域之划分,职权之隶属,军队之改编,防线之划定,均在具体商讨中。

　　基于以上报告及各种文件,本委员会以一致之主张建议如下:

　　一、对于地方政治制度及其职权,必须经中央正式订定公布,以举统一之实。此事希望中央从速解决。

　　二、民众运动应绝对遵守《抗战建国纲领》之规定,服从国家法令。所有政治性防制办法,应予一律撤销,以收团结之效(外传《防止异党活动办法》,嗣知未经领袖批准,特补述于此)。

　　三、关于货币,希望中央就地方需要予以相当数量之供给,同时取消局部施行之通货,以免紊乱币制。

　　四、经济抗战,应命令各方严切执行,绝对不使敌货流通。

　　右之决议,请召集人面陈议长核定施行。本委员会休会,遇有必要,再行召集。

四月十八日　四时半,偕张伯苓副议长、王雷艇秘书长见蒋议长,面陈特种委员会两次议案,并说明经过。因畅谈共党问题及处置方法。

六月十三日　周恩来嘱徐冰来约期谈话。

六月十四日　周恩来来长谈:德之目的在倒英霸权,传对法愿和,条件甚宽,虽阿尔沙斯、劳连并不索还。日对法安南不久将发动,但以内部矛盾之故,只须承认对我不假道通货便了事,西南断交通是意中事。苏援华中央政府,绝不援任何政团。我语以中共最好:(一)在与国民党利害不冲突、国民同情不减损之下求成长。(二)以所有实力尽量容纳友党及至敌党;以所有实力为国家民族,表现切实伟大的贡献。九时半至午餐后一时半去。

六月二十三日　上午十时,参政会一部分同人借会餐聚谈,主人周士观,到者余与左舜生、沈衡山、章乃器、章伯钧、邹韬奋、张申府、杨赓陶。谈国际大局问题,国共合作问题,宪政问题。到秘书处请陈议长,愿谒见。

七月一日　十时谒议长于军事委员会,谈三刻钟,与左舜生同。见告:(一)美对远东不放松,日本仍无出路;(二)西南交通即使断绝,无论经济上军需上,一年以内绝对无问题;(三)余递外交方针意见,认为见解都对的,不久将有宣言发表。日本外相东亚门罗主义不敢正式发表,可见气馁;(四)舜生陈述内政意见,余谓只须有具体办法慰国人,希望不必定开全代会议,即令舜生草具体办法;(五)谈及中共问题,问见过共产党最近递到意见书否,答未见,即说待嘱王雪艇秘书长送阅。希望诸位以公正人资格参与……

十月四日　晨八时,参政会驻会委员会王亮畴外交部长报告最近国际动荡情形。

十月三十一日　访沈衡山、章伯钧家,与周恩来、左舜生、秦博古、邹韬奋、张申府谈时事。

余之为国民参政会参政员,到今日任期告满。自问三大目的:(一)助成民众与政府合作;(二)助成地方与中央合作;(三)助成各党各派、无党无派间合作。虽二年来不断努力,而所得甚微,尤其是第三项使我痛心。

十一月二十九日　午,蒋委员长招餐,听郭斌佳、张忠绂、王芃生报告国际情势,苏与德日远,与英美日近。餐毕偕伯苓、君劢、幼椿、舜生别座深谈:(一)共党问题;(二)经济问题;(三)川康建设问题;(四)参政会问题。

十二月二十四日　梁漱溟、左舜生来。本日报端发表新参政员名单,余仍被选。因与君劢、漱溟、舜生商新组织问题。余以为吾辈调解国共,必须有第三者明确的立场和主张。

下午三时,再至君劢家,与三人续商组织问题,至夜餐后散。

十二月二十五日　八时,再赴君劢家,与君劢、舜生、漱溟续商前题。午后二时散。

偕君劢、舜生、漱溟、衡山、韬奋、申府、恩来到伯钧家会谈。

夜,与问渔、卫玉、御秋商前题。

十二月二十七日　九时,偕御秋、问渔到君劢家,与君劢、漱溟商前题。

一九四一年

一月十八日　报载皖南新四军为中央军解决。午,董必武来共餐深谈。沈衡山、邹韬奋来,授以对新四军之态度。

一月十九日　左舜生来深谈时局。夜七时为新四军事召集谈话会。

一月二十三日　午,一心会餐,列者余与伯钧、舜生、韬奋、衡山、士观、申府、公朴。

一月二十四日　草上议长书:(一)对新四军事件之意见;(二)对参政会意见。议长招餐,听取外交报告。餐毕,面递意见书。

一月三十一日　梁漱溟来长谈。

二月二日　晨,左舜生来共早餐。御秋、问渔、漱溟会谈大局,午餐后散。

二月五日　舜生、御秋、问渔会同续商大局问题。

二月十日　午,至玉皇观,周士观招餐,同席周恩来、沈衡山、邹韬奋、章伯钧、张申府、左舜生,商大局问题。

二月十八日　下午四时,偕御秋、问渔到君劢家,谈参政会前途。

二月二十一日　张君劢、李幼椿、左舜生来长谈。

二月二十二日　三时到沈衡山家,与衡山、君劢、舜生、幼椿、漱溟、伯钧、表方、努生、韬奋、士观谈参政会提案建议问题。夜,漱溟、舜生、努生来,问渔、御秋共谈。

二月二十四日　下午三时,衡山、表方、慧僧、君劢、舜生、努生、幼椿、士观、韬奋、赓陶、漱溟会商各签字于漱溟所草意见书,待陈蒋。

韬奋来谈,为贵阳生活书店电吴达铨主席请释该店职员,同时被封闭各地生活书店十几处,韬奋即夜出亡,大哭握别。

二月二十七日　八时到君劢家。十一时,因二十四日会商上蒋委员长意见书,报经委员长,于十四人中指定余及君劢、表方、慧僧、衡山、舜生,即相偕进见,谈组织特种委员会事,甚洽。出,偕至君劢家会商,即招周恩来共谈。

为组织委员会与劝止共党参政员不出席事,偕慧僧、衡山、舜生、努生、漱溟与恩来、必武谈至夜半始返。

二月二十八日　为前问题再集商君劢家,岳军亦到。十一时再进见委员长,偕见者慧僧、君劢、舜生、衡山,委员长对特种委员会完全同意,嘱起草规程,并拟议人选,容纳各党各派,内包中共。惟对中共参政员出席问题,如决定不出席,惟有根本决裂。既出,偕舜生、漱溟、衡山至曾家岩五十号,告周、董、邓,认为此是分水岭关头,促其最后注意。退至君劢家接洽。

下午六时五分,电话问周、董,延安尚无回电。八时后集君劢家,草委员会要点及拟议人选。是日下午,国民党召集党员为参政员者提出主席五人候补——蒋委员长、张伯苓、张君劢、左舜生、周恩来,如共党不出席,则改选吴贻芳。再至周、董处,以此告之,约夜间有电来通知我。守至夜半无消息,漱溟与余同卧室。

三月一日　上午八时,国民参政会第二届第一次大会在重庆浮图关国民大会堂举行。上午一时半,电问仍无消息。七时,周、董来,以上午即须选主席团而延安迄无复电,皆惶急。九时至浮图关大会场,与雪艇商,由余与君劢等提议,请将选举展至明晨。在八时顷,余与漱溟、舜生、衡山衔委员长命,以委员长名义劝之出席。取得复函,以个人不能作主为词。及议决展期,复偕君劢于十一时半转达周等,作最后之劝告。余乃忽感发热头胀大疲乏,即卧。三时,复抱病至君劢家,与君劢、舜生、衡山、漱溟、钧任、努生商此事万一决裂后如何应付。疲甚,乃回家。

夜半复电周、董,仍无复。

三月二日　今晨热退爽健。六时半复电周、董,答不久即有复。七时电话,即有函送来,嘱在家稍待。七时二十分,送到周、董、邓函,提出新十二条,在未接受未得保障以前不出席。八时即须开会,乃急赴浮图关,此事遂告一段落。我认为此是中共政策改变之故。否则条件亦已优厚,在往时求之不得了。在我算做了一番试探工作。

八时,参政会预备会议,选举主席团。结果当选者:(一)蒋中正,(二)张伯苓,(三)张君劢,(四)左舜生,(五)吴贻芳。出席百八十余人,国民党一百零几席,此依其预定名单选出,但余尚约七十票。诸参政员以余努力调解中共事不成,纷纷向余慰问。续听王部长外交报告,翁部长经济报告。

三月三日　八时大会。秘书长报告参政员毛泽东等七人提出十二条不出席等,余报告努力经过之事实。蒋主席未发一言,最得体。陈部长教育报告,谷部长社会报告。

午,蒋委员长招共便餐,蒋夫人、岳军、雪艇同餐,与蒋夫人谈甚畅。此次进见,乃由余请君劢、舜生、御秋同进见。余乃畅陈对此次努力无成之看法:今后应重订方针,必须加强团结,充实力量,争取民心,避免冲突;对各党派态度;对青年态度;全国教育会议拉人入会;方刚被压迫辗转各大学间事;宪政问题;生活书店与邹韬奋出亡事;国讯同志会立案事。稍觉畅所欲言,但反应如何,未可知也。

三月九日　上午下午均大会,中间讨论张季鸾所草大会宣言稿提出于大会。王雪艇见告委员长命将被封停业之生活书店启封。

三月十三日　午,十五人一心会餐。十四人中减邹韬奋,加李幼椿、董必武、伯钧、申府、表方、衡山、努生、士观、赓陶、漱溟、御秋、问渔、慧僧、君劢、舜生及余,讨论国共问题。董必武对委员会问题,仍愿进行。因推定君劢、舜生、慧僧、漱溟及余见蒋委员长。

三月十七日　参政会秘书处与雷儆寰谈期成会事,与王雪艇谈中共事与生活书店事。

三月二十日　蒋委员长招全体驻会委员餐。餐毕,余偕慧僧、君劢、舜生、漱溟陈述继续接洽中共问题,仍请组织特别委员会,并陈所拟组织规条。委员长赞成,嘱与中共接洽。临行面陈关于十八师近况报告密件。

三月二十一日　电话告周恩来,昨午见蒋委员长,其经过良好情形。

三月二十二日　以与中共诸君有约,乃坐轿至曾家岩五十号,偕周恩来、董必武到张君劢家,五人共谈,详述关于委员会问题与领袖谈洽经过。周、董二人坚持须在参政会以外。乃嘱其开具意见。

三月二十七日　下午二时,周恩来、董必武及君劢、舜生、漱溟、伯钧来,周、董述延安电对委员会之主张:(一)名称各党派委员会;(二)不隶属于政府等共七点。此为委员长蒋绝不同意处。即电话王雪艇秘书长转达,并声明此事拟即告一段落。

十一月十五日　与张岳军深谈如何在本届参政会中各党各派圆满合作问题。

夜,岳军招餐其家,慧僧、御秋、君劢、舜生、幼椿、努生、铁城、雪艇及余,谈如何使参政会获圆满结果。

十一月十七日　晨九时,国民参政会第二届参政员第二次大会开幕,出席参政员一百七十三人。蒋主席致开会词,次林主席森致词,由王秘书长雪艇宣读,末公推张一麐致答词,说及对民主政治意见。中共参政员董必武至此因力劝而出席。

十一月十八日　晨八时续会,蒋主席,听取财政次长俞鸿钧财政报告。末对物价上涨,认为于纸币发行增加无关,颇受参政员多人质问。余提出关于香港广东银行汇款吞没嫌疑案。

十一月十九日　以全日之力,成提案一通——如何减除民众苦痛加强抗建心力案。

十一月二十日　午到左舜生家,与君劢、舜生、幼椿、表方等商提案情形,餐。

十一月二十五日　下午,张澜、张君劢、左舜生等二十三人(余与联署)提实现民主以加强抗战力量树立建国基础案。(一)结束训政;(二)成立战时正式民意机关;(三)不以国库供党费;(四)勿强迫入党;(五)勿在文化机关推行党务;(六)保障人民种种自由;(七)停止特务机关活动;(八)取消县镇乡代表考试制;(九)禁官吏垄断投机;(十)军队中停止党团组织。经主席团决定,予以保留。另提案四条:(一)加紧促进地方自治,抗战终了时,即召开国民大会,制定宪法,实施宪政;(二)充实战时民意机关;(三)明令各机关选贤与能;(四)维护人民一切合法自由。以上四事,均请政府施行,以促进民治,加强抗战力量。于全场和悦的空气中通过。

余所提减免民众痛苦案登台说明:(一)望大家读一遍;(二)民众准备吃苦,但不愿吃不必要之苦;(三)痛苦不能断定谁造成,但减免是吾辈责任;(四)痛苦不予减免,是大乱之源;(五)政府负责设施,社会唤起舆论;(六)抗战使民族得一生路,今后赞助政府确立民权制度,一方解除民生疾苦,才是实现三民主义。

十一月二十六日　十时,国民参政会第二届第一次大会闭会式,蒋主席致词极诚恳,录要如下:民二十四年前赣战未结,过此才准备抗战,仅一年半,所以有今日,乃中华民族到危难时,举国一致表现其特殊之爱国心故也。明年重要施政:(一)统一收支;(二)田赋征实物;(三)新县制;(四)县议会,皆望赞助。宪政是国父遗教,是既定国策,越早越好,若可行不行,则政府将不打自倒,望赞助、监督、督促。学校机关劝人入党是好意,入党是国民义务。宪政实行后,当然是多党制,但训政时则否。各党派只要不违反三民主义,政府定扶助之。如果大家合作,要加无数力量……

十二月十七日　午,雪艇、岳军就参政会秘书处招餐,余等面递意见书,并商参会决议案四条实施办法。到者表方、君劢、舜生、慧僧、幼椿、必武、恩来、造时等。

十二月十九日　八时,参政会驻会委员会军政部何部长出席报告,余述东方大局前途之严重,提出若干点:(一)如何合组最高指挥部;(二)如何急援新加坡、仰光;(三)如何预防敌窜粤桂。答复未得要领。

午,岳军、雪艇再邀餐。表方、慧僧、舜生、御秋、恩来、必武、造时,续谈四条实施法。余慷慨说政治机构之混乱,前途之危急。

十二月十六日　九时,驻会委员会财政次长俞鸿钧报告。褚慧僧揭发涪陵存土外运,由财政部发给封条,且有空白护照一百张情事。

一九四二年

三月十一日　蒋公召午餐,在座皆驻会参政员。餐毕征求对参政会意见,左舜生主张少改变,余主张名额勿过多,多则效能反低。

一九四三年

二月十八日 九时到参政会,召集在渝委员谈话会,到者四十二人,莫柳忱主席、冷御秋、王云五先后报告在渝、昆限价经过。会员对政府所管理之物价先自涨价,多发言表示不满。

十五时,参政会在军委会举行庆祝中美、中英新约成立,蒋委员长亲出席,莫主席致词,并授祝词,蒋答词。十六时,偕冷、邓赴市府听取会报……建议:(一)设一中央及市府物价会商机关;(二)限量分售六要点。

政治日趋黑腐,今日之会分三幕,上午叫嚣愤骂,不负实责;下午粉饰升平,不求实际;傍晚市府之会,补苴罅漏,无关大体。尽补苴,尽罅漏,但我辈只有尽罅漏,尽补苴。

七月十三日 蒋委员长召餐,同席参政员十四人,询对于政治外交意见。余答:自抗战以来,无论在朝在野,都在要好,但有等人公不敌私,致各地干犯法纪者仍不少,而以官吏为尤多。惟有以人民监督官吏,以人民监督人民。川省县参议会成立以来,各地颇有良好影响。建国从民治下手,自是康庄大道。即论青年,看一切事总容易些,如果导使参加实地工作,以后方知办事并不十分容易,思想自然渐趋纯熟。一面不禁止他们说,一面领导他们做,是为对青年最好方法。委员长答:宪政自应提前办理。餐毕,提出宪政问题,希望统一军政与实施宪政同时办理,令驻会参政员讨论。末又询余对赴英答访团人选意见,余答应以认识国内政治较多较确,兼国际知名者为当。

九月十八日 九时,国民参政会第三届第二次大会,莫德惠主席致词,蒋主席致词,今日为"九一八"第十二周年,收复东北为期不远,强调实施宪政。褚辅成答词多语病。

九月十九日 参政会第二次会议,主席团蒋主席以兼国府主席函辞,余及张伯苓、莫德惠、李璜、吴贻芳,投票补选三人。财政次长俞鸿钧代表孔兼部长报告,询问案甚多,且要求孔自出席,以待面询。

九月二十一日　第六次会议，军事何应钦报告，余询问关于军官待遇问题。军人待遇太薄，虽数度加给仍不够，现时物价高涨下生活，爱国人一心抗敌，不计酬报，但吾人闻之心实不安。不肖军官风纪败坏，此亦其一原因。社会为公务员呼吁，奈何不为军人呼吁，愿政府尽可能重加考虑。报告中涉及十八集团军与国军冲突状甚详，致中共参政员董必武于质问时大加申辩。其后起而对辩者数人，实违反议事规则。江庸新为议长，无能制止，秩序颇乱，董必武旋拂衣退席。

九月二十五日　下午第八次会议，蒋主席出席宣示内政外交方针及要点：(内政)(一)宪政将在参政会组设宪政实施筹备会；(二)经济组设一经济期成会或策进会；(三)中共问题，过去虽有误会，但是家里的事，不计较，过去便过去了，只望今后和衷共济。政府决无不利共党之意，决无取消共党之意，但望共党恪守二十六年宣言。国内事大家须忍耐，政府须反省，虽有诬蔑诋毁不计较，只是对既死的抗战将士不可侮蔑的，秦启荣为国牺牲，还侮蔑他是不对的。吾人对死者无以为报，复忍毁他人格么？(外交)某国单独讲和没有的，抗战是死拼到底的。我所主张乃成立一四国经济机构。我领土收复外，决不求得一寸土，但甲午以来失地要收复的，台湾、琉球都要收回的。朝鲜、泰国都要助他们独立，使亚洲民族皆得独立。外交要自立，切不可求人。要人家尊重我，靠什么？靠民族道德。我们要建立真正民主国家的基础。政府须尊重此两会，两会须监督政府，批评政府，永久作民主国家的基础。余发言揭出若干要点，大得会场同情。

九月二十六日　上午第九次会议，通过政府三十三年施政方针审查意见联合报告等。偕问渔访董必武未晤。

傍晚，偕御秋、问渔再访董必武畅谈，本届参政会不出席了，如组织协议机关，或可出席。

十月二日　午张君劢、左舜生、章伯钧招餐特园。

晚王雪艇招餐参政会，同席张君劢、左舜生、李幼椿、褚慧僧、邵力子、周枚荪、雷儆寰共九人，商讨关于宪政实施筹备会种种问题。多数意见主张：(一)隶属于国民政府；(二)任务若干点；(三)人数不超过三十五人；(四)蒋委员长为会长;(五)召集人三人;(六)常务会员不超过十五人;(七)五院院长为当然委员或名誉委员;(八)中共须参加,其人选以可能到会者为宜;(九)所有会员均由蒋主席指定。

十月十日　走访邵力子,内定宪政实施筹备会名单无章伯钧,舜生、表方皆表不满,有不应选意,深谈。

十月十一日　访幼椿、舜生谈宪政实施筹备问题。

十月二十日　报端发表宪政实施协进会组织规则及会员名单,余被指为常务会员兼召集人(余二人孙科、王世杰),经济建设策进会组织大纲及常务委员名单,余仍被指为经济动员组驻会常务会员,余二人为冷遹、许孝炎。

十月二十九日　午到舜生家餐,君劢、伯钧、衡山共谈宪政会问题。

十月三十日　访董必武谈宪政会事。

十一月一日　夜,以宪政实施协进会召集人正副秘书长名义邀餐,详谈是会进行要项,宪草研究问题,国民大会代表问题,言论开放问题。到者孔祥熙、孙科、吴铁城、张厉生、熊式辉、梁寒操、褚辅成、张君劢、王云五、左舜生、莫德惠、董必武、傅斯年、王世杰、邵力子、雷儆寰。

十一月四日　晚至参政会访王雪艇,到邵力子家访力子,均商谈宪政协进会事:(一)言论开放问题;(二)秘书人选问题。

十一月五日　午,邀左舜生、董必武、章伯钧、沈衡山、冷御秋会餐,商谈宪政协进会问题,孟真、慧僧、君劢、云五未到。

十一月十二日　十时,宪政实施协进会在军事委员会开成立会,蒋主席致词,对于促成民意机关,宪草研究运动,言论自由开放,皆主早办,恰合人民期望。出席会员三十六人,余被指为常务会员兼召集人。午,会餐,蒋主席领餐。餐毕接开全体会,孙科一案,褚辅成一案,孙科、黄炎培、王世杰一案,李璜、左舜生、陈启天、张志让一案,钱端升一案,王造时两案,王云五一案,内除关于国大选举一点保留缓议,关于改进司法,关于实行提审法,关于江苏省参议会,均通过外,余交常会。

十一月十六日　午,招诸友餐,到者邵力子、左舜生、褚慧僧、冷御秋、刘任平、张志让、杨卫玉、董必武、张君劢、王造时,未到者傅孟真、沈衡山、章伯钧,商谈协会事。

晚,宪政协进会第一次常务会员会,孙哲生主席,到者王世杰、王云五、褚辅成、左舜生、董必武、张君劢、傅斯年、莫德惠及余,仅吴铁城病未到,通过办事细则,决定分设三组。第一组关于宪法草案研究事项,孙科、王宠惠(召集人)、张君劢、吴经熊、朱家骅、林彬、张志让、李中襄、陈布雷、陈启天。第二组关于民意机关事项,王世杰、吴铁城(召集人)、莫德惠、褚辅成、张厉生、洪兰友、董必武。第三组关于宪政有关法令实施状况事项,黄炎培、许孝炎(召集人)、王云五、江一平、梁寒操、左舜生、傅斯年,并决定各提案处理方法。

十一月二十二日 午后宪政协进会第三组开会,余主席,对战时新闻检查先听李中襄(战时新闻检查局副局长)、梁寒操(宣传部长)报告,次讨论,定下次续议,到者左舜生、张君劢、梁寒操、江一平、傅斯年,列席张君劢、李中襄、邵力子、雷震。

十一月二十三日 到参政会参加宪政协进第一组,孙哲生主席,讨论宪草研究问题。

夜,张志让来,与卫玉三人商发起《宪政月刊》。

十一月二十五日 九时,宪政协进会第三组会,余主席,中央图书杂志审查委员会副主任印维廉报告审查工作之困难,接下讨论新闻检查问题。梁寒操主局部废止事前检查,进于全面废止,此君极开明。结果就余所提意见(废止事前检查与改善两项并提)参入梁意,推邵整理下届提出。雷儆寰时时以委员长意如何如何压人,邵力子驳之,谓委员长不是这意。

午,偕张志让到钱新之所商宪政出版问题,新之主组织一宪政出版股份有限公司,定期开会发起。

十一月二十九日 到参政会与张志让、祝公健商《宪政月刊》预算。

午,偕钱新之、张志让邀友发起宪政出版股份有限公司,到者康心如、杜月笙、刘攻芸、王志莘、卢作孚、潘仰山、吴羹梅、章剑慧……

十一月三十日 到参政会,宪政协进会第三组第三次会,余主席,决定:(一)对于新闻检查;(甲)对于新闻检查问题之意见;(乙)对于战时新闻禁载标准之意见。(二)对于图书杂志审查:(甲)对于战时审查图书杂志取缔标准草案之修正意见;(乙)主张由图书杂志审查委员会邀请各方专家组织评议会,凡作家对于审查其作品有不服时,得声请该会复审。本组工作告一结束。

十二月二日　张志让来举行第一次《宪政月刊》联席会议,尚有卫玉、公健、北鸥,向建夏借五万元。

十二月七日　第二次宪政月刊会议。始在参政会三楼工作写成《宪政月刊》志趣书。

十二月十一日　第三次《宪政月刊》会议,到者志让、卫玉、北鸥、公健及公健之新同事尚丁。

十二月十二日　为《宪政月刊》作文:《我所身亲的吾国最初及最近期宪政运动》,《中华民国宪法草案比较研讨资料》(第一章)。

十二月十八日　宪政协进会第三组会,许孝炎主席,对于图书杂志审查问题讨论结果,余任起草。

十二月二十日　参加宪政协进会第三组会议,关于提高参政会职权事,吴铁城、莫德惠、张厉生及余。

十二月二十五日　到参政会,与邵力子斟酌宪政协进会第三组关于图书杂志审查问题之意见报告书稿,尽量揭出事前审查之困难,主张事后审查而改善其办法。

十二月二十八日　宪政实施协进会第三次常务会员会议,孙哲生主席,到者吴铁城、傅斯年、左舜生、莫柳忱、董必武。(一)通过第二组审查报告,关于提高参政会权限之建议三条。(二)对张君劢来函加以讨论后,由召集人据以答复。(三)通过第三组报告,关于图书杂志审查问题之意见。

一九四四年

一月三十日　十时,宪政实施协进会第二次全体会议在军委会举行,孙科主席,至者三十五人,余所提切实奉行训政时期约法案,惹起热烈之讨论,卒通过办法,交常会整理后送请政府办理。

下午续开会,余主席,连上午两案凡通过十案,邵明叔、李幼椿自成都到,略报告近况。夜,秘书处会餐,搭坐董必武车以归。

二月四日 九时第四次常务会员会,孙科主席,讨论关于第二次全体会交议各案,对余所提实行约法案,当场修正通过;对张君劢人民之基本权利案讨论颇多。孙科述蒋主席多次公开表示宪法成立,国民党还政于民,退为普通政党,斯时中国一定采行多党制,外间不必怀疑云云。余谓国民党不但须认识多党,并且须培养多党,否则国民大会选举,各小党如何能当选呢?此案交三小组联席讨论。

二月六日 午后,左舜生、王造时、沈衡山、张志让、冷御秋来共谈宪政前途。草意见书——《对于张君劢人民基本权利三项保障案处理方法之意见》,提出于协进会三小组联席会议。因告假,故提意见书。

三月二十一日 夜,力疾赴嘉陵新村六号吴铁城家宪政协进小组会议,讨论君劢所提政治结社自由问题,到者铁城、君劢、左舜生、董必武、莫德惠及余(以上常会指定者)、孙哲生、李中襄、洪兰友、邵力子、雷儆寰。讨论间,哲生对三民主义解释,谓有时间性,如民族主义,此次大战后宜扩大为世界主义,否则将继续惹起世界战争。本问题咸认为只有国共问题,宜先将国共症结所在坦直提出。遂论及党与军划分问题,哲生主张国民党亦将军队与党划分,必武谓中共早有此主张。此点遂获全场一致,余待下次讨论。

四月二十一日 参政会驻会委员会何敬之军政报告。余提三点:(一)敌太平洋有无活动现象;(二)缅敌是否增兵;(三)平汉路能稳定否。

五月二日 宪政实施协进会第六次常务会员会议,余主席,决定十月间作五五宪草汇集研究,在此时间以前,皆得送递研讨意见。

五月十二日 参政会第十五次驻会委员会,秦景阳次长报告经济部行政状况,中有论及物价,谓可保证不会崩溃。余驳斥之。

五月二十二日 午,王雪艇、邵力子招餐参政会,同席林伯渠(祖涵)、董必武、王若飞(安顺人黄齐生之甥)。

六月九日 九时,参政会驻会委员会第十七次会议,孔兼部长报告财政状况。上年三十二年度核定收支三百六十二亿,追加一百八十九亿,实支五百五十二亿,除收入作抵外,国库实支出五百〇二亿。此数内除收入一百九十一亿外,计借债三百六十亿,占百分之六十。本年度核定收支七百九十五亿,内军费四百六十四亿,占百分之六十,四月底止实支出四百三十亿,收入一百七十亿。余提询:(一)通货问题到适当时期当局宜有断然处置,答有;(二)物价问题如循此不变,三个月六个月后将生绝大困难,须用全力禁再上涨;(三)财政问题,工业最苦征税,宜加体恤,工商界并非乐于造假账,乃使之不得不造假账,非改正不可。增加收入宜从农村有田者与多田者身上着想;(四)用人勿以身家殷实者使莞收税,以此为标准,事实反应殊令失望,还以注意操守为宜。

末为秘书处附设合作社舞弊案,余与江庸将收得来信传观后,经邵秘书长说明经过,待继续查办。

六月十四日 九时,冒雨坐人力车至军事委员会,出席宪政实施协进会第三次全体会议,余所提关于滥用职权捕押久禁情事整肃改善法案通过。

午,蒋主席设餐招待,餐后主席报告时事,"……经济是一问题,过去财政与经济政策未能配合,本届全会已公决定为方针。至各方民主潮流之高涨,是抗战七八年来一种收获,惟不宜借此攻击政府。除此一点外,民主潮流越高越好,请大家发表意见"。余答"最近社会情形,物价不已上涨是一危机。欲平抑不易,守现状当不难。工业甚危,工业不如商,商不如农,佃农不如自耕农,自耕农不如田主,更不如大田主。财政应分别取舍轻重。宪致运动热闹限于陪都,以有领袖主持于上,敢说敢写,内地则不然。以成都之开明,而茶酒肆尚有'莫谈国事'之禁条。此余于二三月间游成都亲见之(主席大惊异,问成都何地,答老南门内)。学校青年尤感消沉。江问渔先生从湄潭来信亦谓然。盖因地方官吏觉开放易召麻烦,宁使禁勿谈论,此盖官吏怕负责任之普通心理。距中央愈远,愈遭禁抑,希望领袖发表训话时,开放此不成文之禁令"等语,领袖大以为然。张伯苓、莫德惠、左舜生、胡政之、王云五、江庸、张志让继续发言,合座甚感畅快。

六月二十四日 九时,宪政实施协进会第七次常务会员会,孙科主席,讨论。(一)王造时提迅速健全临时民意机关人选并提高其职权案:第一点,女性参议员公决设至少百分之十女性名额,第二点,弹劾权我提出行政人员如有违法渎职事件,经调查属实,得提请上级该管机关查办。未决,交小组会议。(二)

张君劢提扩大国民参政会职权案,分别赞否,并交小组会议。(三)张志让保障言论自由案,修正送施行时参考。(四)报告分区考察规则通过人选。

九月三日　草参政会提案——《重订国际贸易政策调整组织案》。午后参政会茶话会,余发言须知无不言,言无不尽。

九月五日　国民参政会第三届第三次召集,上午九时假军事委员会行开幕式,到一百七十三人,张伯苓主席致词,蒋主席致词——战争胜利有把握,强调统一之必要。林虎答词。

九月七日　参政会第三天,上午财政俞鸿钧代部长报告。余询问:(一)侨汇宜调整;(二)贪污肃清须从上级做起,举若干事实。下午财政答覆询问,俞愿将盐务积弊彻查报告案撤回,重付彻查。军政何敬之答覆询问,续有询问关于河南不战失陷事,过七时始了。

九月八日　参政会第四天,内政周部长钟岳报告,余询问:(一)贪污,从前是黑的,现在是白的,白而兼黑的;(二)模范县长官声越好,民生越苦,建设越漂亮,民脂民膏越干枯。交通曾部长养甫报告,余询问:(一)关于綦江铁路,答全长八十公里,筑路基四十里,用去十四万万元。(二)严惩贪污问题:(1)货运;(2)航票黑市须每张四五万元;(3)邮包欲领须纳贿。答当照办。(三)招商局解散工人事,答确的。

贪污问题,现时如人身血中毒,四肢百脉皆毒菌。

九月九日　参政会第五天,社会行政报告。谷正纲部长殊不识相,参杂许多肤浅的理论,极琐细的数字,占了两时一刻。休息后,继以询问,亦甚剧烈。

下午外交宋子文报告最简当。

九月十一日　十七时,蒋主席召赴茶会,被召者七十人,垂询意见,余答以此次大会特别热烈,足见热诚,"政通人和",于此颇有希望。就各方报告种种现象归纳起来,想到法律效力尚嫌不够,今后必须强调法治云云。

九月十四日　晨七时半,各组审查会召集人联席会议,讨论审查政府交议卅四年度施政方针总报告,余被推起草人。下午第十二次大会讨论各案,余所提彻查中国茶叶公司颟顸诳报并严办职员舞弊案通过,送请政府彻查严办。

夜,草审查三十四年度施政方针总报告。

九月十五日　上午第十三次大会,讨论各案,林祖涵报告中共问题商谈经过,听者咸感满意。

午后第十四次大会,张治中报告中共问题商谈经过,远不如林祖涵之简当。继发起此举之王云五、胡霖(政之)发言,末由主席团提出办法,推冷遹、王云五、胡霖、傅斯年、陶孟和组织陕北考察团,前往延安考察。续讨论各案。

九月十六日　上午第十五次大会,通过各案。十时三刻休息后,蒋主席莅会报告军事、外交、经济、政治一年来经过。于军事说明豫湘两役失职军官处罚之理由,于外交说明开罗会议未发表部分之实况,于政治对十八集团军处理,宣告允编十师不妨增为十二师,但须服从军令。末盛道本届参政会之态度与精神,实系划时代之气象,扩大职权业已于今日宣布初步预算及调查权;即实施宪政,亦在考虑提前举行,表示十分敬佩兴奋。

九月十八日　参政会第十八次大会通过临时提案。选举驻会委员会委员,额定二十五名,余以四十五票末名当选。事后知道王世杰、雷儆寰因余在驻会委员会席上揭发参政会秘书处贪污案,主张送法院究办,因此弄些花样,使余以末名当选。当余揭发之前,儆寰扬言,谁敢说话,使他下次不当选。

十二月二十六日　上午十时,宪政实施协进会第一组讨论宪章研讨意见征集后处理方法,到者仅孙哲生、林彬、孔庚及余,未能正式开会。余提出先解决政治,后解决宪法,此宪法才是全国的宪法。哲生发表对于大局的主张:国民党宣言至某月某日国民党训政结束,以后由各党共同训政,将国防最高委员会开放,让各党参加,但要求三点:(一)服从三民主义;(二)拥护蒋委员长;(三)承认国民党是多数党。一切由改组后之国防最高委员会解决。内政既合作,然后调整外交,从打开中苏僵局入手。众赞成。

一九四五年

一月二十七日　到参政会与王雪艇、邵力子及御秋长谈中共问题。余声明是中国民主同盟盟员,且是发起人。

二月八日　夜,假参政会招餐,到者孙哲生、周恩来、王雪艇、邵力子(早退)、左舜生、李幼椿、沈衡山、张申府、章伯钧、王昆仑、王若飞、雷儆寰、吴铁城(未到)谈国共团结问题,定下次由雪艇作主人。

国共问题,雪艇、恩来二人迭次谈判,实有眉目,而不愿宣布。余为联:"不求甚解,乐观厥成。"

二月二十日　宪政实施协进会第一组会议研讨各方对宪草意见,孙科主席。研讨:(一)三民主义共和国依原草;(二)领土改概括式;(三)国都删;(四)非依法律字样依原草;(五)国民大会代表补职业代表;(六)县市各一代表如原草。以下关于国民代表种种未决。

二月二十三日　参政会驻委会听取外交报告,关于克里米亚会议颇多值得注意之消息。社会部长谷正纲报告最近施政情形及救济黔桂难民情形。

三月一日　宪政实施协进会常务会员全体会,蒋会长出席,余致词关于国共问题商谈之经过。余面递《致国民党诸友好书》。

三月二十三日　参政会驻委会听交通俞飞鹏部长报告,余提《请尽法惩治前川北盐务管理局工长蒋守一大贪污案》通过,送政府彻查严办。

四月七日　午,张文白、王雪艇、邵力子、雷儆寰招餐参政会,为董必武饯行,席后中共要求随带六人问题。慧僧及余等提出继续协商问题。

五月四日　参政会驻会委员会内政部张厉生部长报告,余提出陪都秩序问题:(一)费巩失踪案;(二)《新蜀报》被武装占领案;(三)中华职专女教员劫婚案。三者皆特务所为,如此横行,成何世界,答容彻查。

五月二十五日　褚慧僧就参政会邀餐,同席王若飞、左舜生、章伯钧、王云五、冷御秋、傅斯年、王雪艇、邵力子、雷儆寰,提出恢复国共商谈办法,待询取蒋主席意旨。

六月一日　午,蒋主席在其官邸邀餐,同被邀者褚慧僧、冷遹、傅斯年、王云五,陪席王雪艇、邵力子、雷儆寰。餐前座谈,为五月二十五日慧僧发起促成继续商谈之国共问题,商定由同人同电延安。蒋表示空空洞洞,无成见,诸君意如何,当照办。餐后辞出,到中央研究院会商,由傅斯年与余起草电稿。

六月二日　到嘉庐一号褚慧僧寓,与御秋、伯钧、舜生商定致延安电稿:

延安毛泽东、周恩来：团结问题之政治解决，为全国国人所渴望。近辅成集同人会商，一致希望继续商谈，托王若飞转达，计鉴及。兹鉴于国际国内一般情势，惟有从速恢复新谈，促成团结，不惟抗战得早获胜利，建国新猷，亦基于此。敬掬公意，伫盼明教。褚辅成、黄炎培、冷遹、王云五、傅斯年、左舜生、章伯钧。

六月六日　一日所草致延安电，今日发出。力子示张文白来函报告如此。

六月十六日　至参政会，邵力子邀午餐。与力子、雪艇、御秋、儆寰商谈时局。余问如中共不出席参政会，亦不来商谈，则国民大会问题如何，雪艇未有答。

六月十八日　国共团结问题，自六日电延安后，今日尚无复。儆寰电话催问消息，既而王若飞电话约谈。午后十五时若飞来，首述复电已于十六日发出，因中共第七次代表大会自四月二十四日开幕后，至六月十一日才闭幕，故答复稍迟，今先口述大意；（甲）对七月七日中央召集之参政会不出席，其理由：（一）中央未接受联合政府一贯主张，亦未实行释放爱国政治犯等具体条件；（二）参政会事，亦未于事前询取意见，仅用请客或开名单，名额亦不称；（三）十一月十二日召集国民大会事，亦未于事前询取意见云云，大意如此。（乙）对吾人复电大意，如政府表示愿接受联合政府之议，则当继续商谈，否则不愿继续。

电招儆寰来，以上语告之，并告御秋。

六月二十一日　晚，孙哲生招餐其家，同席褚慧僧、冷御秋、王云五、章伯钧、邵力子（白健生在座为述共产军近况，先退）共商中共问题。力子交到毛泽东、周恩来已巧复电，大意国民党如放弃一党专政，召开党派会议，商组联合政府，实行民主改革，则无不乐于商谈，并欢迎赴延安云云。即席草公函（一）致力子，请代陈蒋主席，指示方针；（二）致甫自旧金山归来之宋子文，请示期面谈。

六月二十五日　御秋、衡山、申府、伯钧、敬武来共谈中共问题，申府、敬武二十三日见美大使谈话情形。

午,参政会会餐,舜生、慧僧、云五、力子、雪艇、儆寰商中共问题。

六月二十六日　十时,与褚慧僧、冷御秋、王云五、左舜生、章伯钧、傅孟真七人会商于国府路三○九号中央研究院,对团结问题,公定意见三条:(一)由政府迅速召集政治会议;(二)国民大会交政治会议解决;(三)会议以前,政府先自动实现若干改善政治之措施。由舜生起草,作书致蒋主席,交由邵力子代陈,俟同意后,偕赴延安,午餐后散。

六月二十七日　褚慧僧、冷御秋、王云五、傅斯年、左舜生、章伯钧六人再聚于中央研究院,王世杰、邵力子亦到,世杰力言昨函如送领袖必大遭拂怒。众意如此,延安行作罢是了。

十时,七人同访美大使赫尔利,谈一小时半,表示以后只须双方愿意他参加,他还可以如前努力。

辞出后七人会商,准备散伙。余不以为然,撞壁须撞到壁,今壁尚未见,仅凭旁人预测势将撞壁,便放手了,岂为合理。力主下午见蒋主席,而陈函中意,而暂不递函。

下午十六时半,七人见蒋主席,雪艇、力子陪坐,慧僧代表述公意:(一)政府召集政治会议;(二)国民大会问题交政治会议解决。蒋答:余无成见,国家的事,只须于国有益,都可以商谈的。国民大会问题,倘以国民党员在参政会居多数,而借此解决问题,国民党不该做,也不做的。遂决定去延安,七月一日行。

六月二十九日　得通知,准一日晨八时启程赴延安。整理行李。

六月三十日　十时,赴延安七人在参政会会商。午餐王若飞亦到。

偕御秋访问渔谈。出席王若飞召集之谈话会于七星岗星庐。

共张志让细谈。

七月一日　先二日决定今晨飞延安。至九龙坡机场,乃得王云五信,知彼昨忽寒热,体温高至一○三度,不能行,仅褚辅成、冷遹、左舜生、章伯钧、傅斯年同行,先练习降落伞使用法。

九时三十分起飞,机从晴明天空中北行,白云朵朵,现出消闲恣态,沿着一曲一折之嘉陵江直线前进,十一时既过,机升高至八千五百公尺,则秦岭山脉来矣,自重庆至延安,空程四百五十英里,每小时一百二十里。

过西安竟不及觉,既抵延安上空,从万山之隙直飞而下降地。少顷,欢迎者成群而来,毛泽东(润之)、朱德(玉阶)、林祖涵(伯渠)、吴玉章、周恩来、邓颖超、秦博古(邦宪)、张闻天、林彪、叶剑英、徐特立、李富春、谢觉哉、杨尚昆等。毛说前曾见过,尚是在上海江苏省教育会欢迎杜威博士会场中。

坐十人坐位之汽车至王家坪第十八集团军总司令部小憩。餐后仍乘车过延安城,车渡延水至南门外区公署交际组主办之招待所,周到之设备,出人意外。

七月二日　下午,访毛主席于其宅杨家岭,六人述来意后,畅述意见,毛亦畅所欲言。同座周恩来、朱德、林祖涵、刘少奇、任弼时、王若飞、张闻天,约明日继谈。

晚,中国共产党中央党部招餐,共六席,余同席为贺龙、陈毅、陈云、陆定一、朱德,并见彭德怀、刘伯承、聂荣臻、高岗等。

七月三日　午后十五时,毛主席等约来续谈,久候不至。傍晚,乃知伯钧、舜生二人被恩来邀往与毛长谈,至不及来。

晚,陕甘宁边区参议会议长高岗、副议长谢觉哉,主席林祖涵、副主席李鼎铭(养病半山窑洞,特上访谈,其人精于医、易、算学),民厅长刘景范,财厅长南汉宸(山西),教厅长柳湜(《生活》旧友),建厅长高自立,延安大学校长周扬,保安处长周兴、汪雨湘(安徽,民元同席临时教育会议),劳动英雄吴满有,同桌柳湜、南汉宸、杨秀峰(北高师毕业,大学教授,打游击,现晋豫鲁冀边区主席,耳聋)等。

二十时,毛主席、周恩来、朱德、林祖涵来招待所,与我等六人续谈。结果:一、共同商定两点:(一)国民大会停止进行;(二)从速召开政治会议。二、中共提出各点:政治会议组织,政治会议性质,政治会议应议之事项。第二部分不加商讨,由中共明日下午提出意见。至二十三时半散。

七月四日　到毛泽东家,为第三次正式商谈。出示文件。

七月五日　午十二时到机场,毛泽东、朱德、刘少奇、周恩来、张闻天、秦博古、吴玉章、陈毅等送上机。十二时五十分起飞,三时半大雨中抵重庆。

七月六日　九时,与御老至嘉庐商谈,偕至参政会商谈,皆为延安问题。

十一时至参政会报到,领取坐位第十三号牌。下午十四时,出席民主同盟各区分部之欢迎会。

七月七日　第四届国民参政会第一次大会开幕。上午九时,赴军事委员会礼堂出席开幕礼。下午陈诚报告军事。

下午十七时见蒋主席,报告延安商谈结果,主席略有询问,末将带来之谈话纪要交雪艇令研究。

下午十九时,应张表方之约,至特园长谈。

开幕礼例有参政员一人答词,公推周炳琳担任,言词率直,政府对之不满。礼毕,票选主席团七人,发给国民党员当选名单,周炳琳原在内,临时易以王云五(张、莫、王世杰、李、吴、江、王)。

七月九日　国民参政会开会第三天。上午听外交次长吴国桢报告,十时半至交通银行,与新之、御秋长谈。下午教育部长朱家骅报告,余因延安行五人会商报告问题,下午未出席。

下午十五时到参政会,与舜生等商定具一报告书于参政会主席团。

十八时　写《延安五日记》。余口述,张乃璇笔录(未完)。

七月十日　国民参政会开会第四天。上午兵役部长鹿钟麟报告,下午交通部长俞飞鹏报告。司法行政部长谢冠生报告。

是午,延安行五人由王雪艇、邵力子邀餐,商进行问题。

下午十八时,续写《延安五日记》第一日完稿。

七月十一日　国民参政会开会第五天。上午内政报告,下午农林、粮食部长徐堪报告。内政部长张厉生报告后,余提出关于费巩失踪询问案。农林部长盛世才自知不容于参政会,托病函请次长钱天鹤出席,于是会场大闹,卒由行政院函令钱报告,乃始接受。

余等延安行报告,今日提送主席团。夜,续写《延安五日记》。

七月十二日　国民参政会开会第六天。社会部长谷正纲报告,军政部长答复询问。

下午休息,草余与御秋、问渔三人不参加国民大会专题讨论之意见书。

徐冰、王炳南来。

七月十三日　国民参政会开会第七天。全日审查会,余被指为第五组教育文化审查会第一召集人。上午余主席,下午胡健中主席。

夜,续写《延安五日记》。

七月十四日　国民参政会开会第八天。上午八时举行第十一次会议,讨论有关国民大会各项提案,讨论要点:(一)国民大会应否如期召开;(二)过去所选代表是否有效;(三)国民大会职权仅为制宪,抑兼行宪。

上午余未出席。余等主张国民大会,必须在全国和谐之空气中进行,对国大各问题,不主张有硬性决定。

下午,大会讨论审查报告,乃出席。政府提出三十五年度施政方针报告,熊式辉出席说明。

七月十六日　国民参政会开会第十天,上午继续审查提案完了,下午召开第十三次会议。

草第二意见书致国民大会问题审查会。

七月十七日　国民参政会开会第十一天。上午继续提案,下午召开大会。

午王云五、雷儆寰来。提出主席团所拟国民大会问题结果征求同意,并商请余与御秋出席。

七月十八日　国民参政会开会第十二天。下午国民大会问题审查会开会,审查员三十人,余出席并说明意见。主席团提出所预拟之审查报告,经修正后通过。

七月十九日　国民参政会开会第十三天。上午提出国民大会问题之审查报告,主席王世杰说明后,余登台说明对此报告表示赞同,并请大家破除成见表示赞同。结果以起立赞成一百八十七人对于全场一百九十六人之绝大多数通过。大意:会期意见不一,请政府酌定。代表问题,请政府妥定办法,务使大会有极完满之代表性。宪法制定,应即实施。大会召集前,继续求取统一团结;并保障人民各项自由,承认各政党。

七月二十日　国民参政会开会第十四天,上下午大会。上午行政院长宋子文报告内政外交,下午通过三十五年度施政方针审查报告(余就大会意见补充成稿)。选举驻会委员全额三十一人,余与焉。本届参政员广为二百九十人,提案共四百六十九件。晚闭会。

七月二十三日　午,蒋主席招餐,同席参政会主席团,延安行五人(章伯钧未被邀)及张表方。餐后主席说,此次参政会对国民大会问题圆满解决,继续努力。

七月二十四日　《延安归来答客问》脱稿,《延安五日记》已成三之二,分别付《宪政》、《国讯》发表。此两稿连同诗两首并印专册,取名《延安归来》。

七月三十一日　访力子于参政会秘书处。政府对中共愿继续商谈,但送来条件,尚在考虑。对十一月十二日召集国民大会,不致坚决进行,但尚在求得两全办法。对国共武力冲突,据云从二十六日起,已加制止,大约不至扩大。

八月十日　《延安归来》出版,分赠参会驻会同人。

夜八时,喧传日本乃真投降,一时远近欢呼,爆竹之声迸发,是夜辗转不能成寐。自"七七"以来,八年又三十二天,自"九一八"以来十四年不足三十八天,中间残杀中国同胞,此数年更残杀我盟国同胞,不知多多少少。天网恢恢,元恶终归殄灭,而死者岂可复生。以我一人论,十四年来之努力,徒为抗敌救国耳。今日者,故妻何在,长子何在?读少陵闻官军收河南北诗,感不绝心。忽然想到刘湛恩,忽然想起张在森,以此终夜不能自制。刘湛恩、张在森何止千万。

八月十一日　参政会举行游行,大车三辆,国旗、爆竹、欢呼,夹道民众鼓掌,儿童尤狂。参政会同人有拥抱接吻者,道旁挑水夫数十人举扁担相舞。至国民政府,蒋主席出见,对之致敬鼓掌良久良久。主席致词:抗战得有今天,是全国一心一德所致,我惭愧没有贡献。

八月十三日　下午,参政会在渝同人茶话会。

八月十七日　参政会驻委会讨论复员问题,余与奚玉书、冷御秋合提参政员协助政府复员工作案通过。

午,参政会邀南京市市长马超俊(星樵)、副市长马元放、秘书长陈祖平、工务局长张剑鸣、上海市长钱大钧(慕尹)、警察局长宣铁吾会餐。我发言:(一)争取民心;(二)简化法令。

八月二十一日　午,邵力子招餐参政会,同席张岳军、王雪艇、张表方、王云五及延安去五人。岳军征求对中共问题之意见,我说:蒋主席仅发电邀毛来渝,虽见恳切,尚不够,必须在日本签和约后,主办数事:言论解放了,身体自由了,特务取消了,政治犯释放了,各党承认合法了,一面立即宣布召集政治会议。抗战之初,数度邀集会议会谈,今结束了,胜利了,难道不应有一度召集。况国防最高委员会非改组不可,《抗战建国纲领》非重订不可,何不自动为之。再隔一星期、一旬无所表示,大好机会又逸去矣!

八月二十四日　晚,参政会驻会委员会在军委会举行。王雪艇外长报告中苏友好条约订立之经过及其意义——计约文五种,附件六种。我发言:(一)条约大体为协力防止日本再度侵略,是于东亚保持长期和平上有益处的;(二)旅顺口协定军事设备及管理归苏,仅行政归我,且军委会苏三人,我二人,是问题;(三)外蒙独立,我不反对,因为我以鞭长莫及,不能与外蒙民众以自由与幸福,而又不让他们自谋,未免不公道。但何以入中苏条约?(四)须多多宣传,使一般人士释疑。其他各点未及详细研究,不敢说。会毕会餐,蒋主席询取对中苏条约意见,我答如前。

八月二十八日　为《国讯》、《宪政》草联合宣言,未脱稿,悉毛泽东将到,未及终午餐,偕御秋赴特园,搭车至九龙坡飞机场。

十五时三十分,毛泽东、周恩来、王若飞、赫尔利、张治中自延安飞到,握迎为礼。

八月三十一日　夜,参政会秘书处招毛泽东餐,参加之。

九月十九日　参政会驻会委员会善后救济总署署长蒋廷黻报告,余提出治黄问题。通过请逮捕德王等案,讨论惩治汉奸新条例草案,被推研究员五人之一。

九月二十五日　午,张岳军、张文白、邵力子招餐参政会,同席周恩来、王若飞、张表方、左舜生、沈衡山、章伯钧、罗努生、张申府,国共报告商谈到现阶段,军队略有眉目,共占七分之一,缩到二十师。国大未有结果,待交政治会议,政权待续商。余主一面续商,一面着手组织政治会议。

九月三十日　夜,恩来、若飞、文白、岳军、力子招餐参政会,在座慕韩、舜生、表方、衡山、伯钧、申府、云五、努生、孟真,共商政治会议组织等问题。

十月二十六日　参政会驻会委员会俞鸿钧财长报告财政状况,余提财政政策三点:(一)用积极方针打开财政僵局;(二)勿过违反社会自然调节原则;(三)因民之利。

十一月九日　参政会驻会委员会交通部长报告,通过请政府制止军事冲突案,是日争辩甚烈。

十一月十二日　午后,参政会在渝参政员茶话会,王云五主席,胡政之、梁漱溟、曾慕韩发言后,周恩来报告国共商谈近况,孔庚发问,恩来答复,孔庚斥为狡猾,致大闹,吴蕴初面交提案。

十一月二十三日　参政会驻委会陈军政部长诚报告,我提问:(一)士兵最少每月所得薪饷额;(二)如何使士兵爱护民众;(三)江苏纷乱状况,王主席电请发部队及饷。

十二月六日　草参驻会提案:《请政府特派大员助查昆明学生及教员因反对内战在校开会惨遭伤害究明凶犯依法严惩以重人道而伸国法案》。

十二月七日　参政会第十一次驻委会。外交部王世杰部长报告,余提出莫洛托夫外交报告关于满洲是新的苏维埃领土之质问,答已由《大公报》向苏联大使馆问译文有无错误。我提案(见昨)通过。

十二月二十五日　午后参政会驻委员临时会,初次审议政府交议三十五年度国家总预算,财政部俞部长鸿钧、行政院蒋秘书长梦麟出席说明。我问现发行额,俞部长答如下……此为力争得来之初步审议权。

一九四六年

一月十日　中外属望之政治协商会议,上午十时在国民政府大礼堂开幕。会员三十八人。我以中国民主同盟代表之一出席。

一月十一日　上午,参政会驻委会开会,司法行政部谢冠生部长报告。

余提质问三点:(一)关于人民自由;(二)关于汉奸;(三)贺坡光案。

一月二十一日　参政会驻委会开会,我偕冷遹、褚辅成提苏浙战后民不堪命请制止搜括案。又偕傅斯年提请查询苏外长红军节报告与中苏协约歧异案。

三月二十日　上午九时,国民参政会第四届第二次大会在军事委员会大礼堂开幕。主席团莫德惠主席致词,蒋主席致词,参政员何基鸿答词。

三月二十二日　上午大会,行政院长宋子文政治报告,攻击甚烈,我提出伪币截止兑换期口头询问案。

三月二十三日　上午大会,邵力子政治协商会议报告,张岳军停止军事冲突等报告。有抨击者,陶百川、许德珩持正论,力子答覆简而有力。

三月二十六日　大会,教育部长朱家骅报告,余提出关于大学教授生活问题询问案。午后大会,内政张厉生报告。

三月二十七日　第四审查会上午举行,余为第二名召集人。

三月二十九日　才赴审查会,御秋拉往民盟访表方等,谈参政会加入国大事。余交国大提名单于梁漱溟,与表方谈《联合日报》事。

三月三十日　上午四时起身,五时餐毕,上观音岩坐参政会汽车至珊瑚坝机场码头,步行下至机场,九时半始起飞,从此吾离重庆了。下午四时半抵上海龙华机场。

五月二十八日　晨七时,启程赴京,维钧夫人同行。张君劢、梁漱溟、沈衡山、章伯钧坐九时半一班,余因过镇须晤冷御秋,提早一班行。

五月三十一日　午,参政会邵、雷招餐。午后赴中共办事处,与周恩来等长谈。取得《停战文献》一册。

六月十八日　四时,第三方面同人,就参政会招待政府代表,到者雪艇、力子、铁城、厉生、哲生、儆寰,由柳忱主席。雪艇报告政府对中共问题早于两年前决定采用政治解决等语。漱溟详述上午中共代表所述突变情形,咸表惊异。约分头访求其中缘故。铁城说,千不该,万不该,国民党最不该。一不该,较场口;二不该,二中全会;三不该,东北纠纷,致把政协议案搁起。如果当时打铁趁热,立即将政府改组,则一切没有问题,中枢下令执行,便不得有异议了。此痛快语,殊出同人意外。

六月十九日　到凤颐村第三方面同人会谈,莫柳忱、王云五、曾慕韩、陈启天、余家菊皆到,推梁、莫、陈访中共,商谈最后决定权问题;推柳忱明日下午参政会茶会,提出展延停战期限问题。

六月二十日　民盟同人会谈。

写上蒋主席辞参政员书,待相当时用之。

四时,第二次假参政会茶话会,到者民盟同人外,莫柳忱、王云五、郭沫若、傅孟真、曾慕韩、陈启天、余家菊、王雪艇、邵力子、吴铁城、陈立夫、孙哲生、雷儆寰,谈至末节,请政府代表将公意展延停战期限之请求,转陈蒋主席。

六月二十四日　午后四时,第三方面就参政会茶会,邀政府代表,到者张厉生、邵力子,仍由莫德惠主席,由我介绍黄延芳、盛丕华、张㧡伯、包达三之略历,各自说明来意,及马、阎、雷被殴经过,申明不拟向法院起诉,但希望政府惩办暴徒。此意一提出,政府代表惊异之下,皆表感动。

十月二十一日　九时,从龙华上机飞京,同行者君劢、衡山、努生、伯钧、幼椿、舜生、慕韩、叔明、修平、景陶、政之、沫若、维汉及我共十四人。周恩来另坐美军机行。

十时抵京,至参政会小憩,即赴国民政府谒蒋主席。寒暄后,主席问恩来有何新意见,答在沪曾数度非正式商谈,待来京续谈。主席说,我原定昨天飞台湾视察,为诸位来,改为今天,相见后即行,希望早日商得办法,一切托孙院长代表主持,即辞出。

一九四七年

五月十一日　十时,民盟会谈参政会出席问题。

五月十三日　三时,参政会同人联谊会在建国西路六一九弄一号朱惠清家举行,多主张呼吁和平。

民盟常会决各参政员出席,提案呼吁和平。

五月十七日　参政员联谊会再开会,听取河北何基鸿、山西潘连茹、东北侯天民等报告。

五月二十日　十时，国民参政会第四届第三次大会开幕，在国民大会堂举行。主席张伯苓致词，有从远景看中国颇有进步语。蒋主席致词，有屡次劝中共和好，中共不应云云，未提及中共愿和谈，政府不应。仪式于简单潦草中完毕。

下午停开大会。梁漱溟到，偕往秘书处，则知午间请愿学生被军警殴伤者甚多，乃至中大附设医院慰问。我从事教育四十六年，眼见学生受伤状，为之流泪。

五月二十一日　上午大会，行政院长张群报告。下午口头询问行政院长者多起，余提关于民众痛苦及学潮问题。章伯钧自沪到。

五月二十二日　上午大会，外交部王部长世杰报告。马歇尔将日俘、日侨三百万遣送回国，值得纪念。下午未赴会，起草下面提案备民盟五人（我之外张澜、梁漱溟、章伯钧、韩兆鹗）签名——《政治解决党争以停止内战恢复和平案》。

与褚慧僧、邵明叔、梁漱溟、江问渔商和平问题。午与胡政之及漱溟、问渔商上题，会同讨论提案。

五月二十三日　上午大会，财政部俞部长鸿钧报告。下午口头询问财政。

五月二十四日　大会，农林部长左舜生报告。

午，张岳军招餐院长官邸，餐毕漱溟三人共谈关于民盟，关于和平，关于学潮。岳言：（一）我是没有办法才上台的，国民党关系四十年，蒋关系四十年；（二）蒋不是不要和平，但必须要是非。吾说，蒋先生有是非，毛先生亦有是非，奈何；（三）同盟盟员杜斌丞等被捕事，约查复。

下午，三时三刻，凯旋车回沪，同车章笃臣、左舜生。

五月二十五日　十时，访表方、笃义谈。

集社同事报告参政会经过。

五月二十八日　早车赴京，七时车行，下午一时五十五分到，老陆（宗林，曾在缅甸作战，是民盟忠实友好）以车来迎，仍住蓝家庄十五号。

三时大会，提出关于和平各案，余以提案人资格发言：内战已痛苦，到美苏在我国发动第三次大战时还要痛苦,枪炮是他们的,血肉是吾们的。政协是解决内战的配尼西林,去其不宜有的因素,而予其因素,历史非不可重演。

夜,蒋主席宴全体参政员于励志社,与邻座王雪艇、吴达铨畅谈,但风月耳。蒋致词:现政治、经济、军事皆临极危,但最要在明是非。中共区人民还要苦,何以不向他们诉苦,而责我征兵征粮。军警制止学潮,是奉令,不能以昆明事件比。七十四师长张灵甫殉职,是光荣。中共虽暂胜,必为我灭。

五月二十九日　审查会,余被任为第三审查会第二召集人(一、萧一山,二、许绍棣),审查教育文化类提案,在香铺营文化大会堂举行。

午,至交行晤毛和源、许静仁、钱新之,蒋态度如此,江一平等原拟今夜九时在交行商和平进行问题,今可取消了,留字述我意。

午后审查会,我为主席。

询张岳军院长、邵力子秘书长,雷儆寰副秘书长,为发现卡车载学生至国民大会堂,列队贴标语,"打倒共产党","打倒民主同盟"。

五月三十日　审查会,我关于职业教育提案通过了。

午,沈嗣庄、王宜农(甘肃新绥公司)招餐蜀中饭店,同座伯钧、努生、卓儒。

五月三十一日　审查会昨已全了,大会提出各审查报告。

午,许德珩招餐大三元,同座褚慧僧、江问渔、章伯钧、王造时、程希孟七人,会商和平案,学潮案处理意见,拟有和平案议决文草案。

大会教育审查报告全了,余所提关于职校案通过。

八时,关于和平案特种审查会,余发言。又有人主张讨伐,结果设小组起草,明夜八时再会,余发言主张加入"依照政协决议"字样未通过。

是晚收到中共广播:(一)和谈可以,但谁是对手;(二)参政会有好人,但为恶人控制。

六月一日　大会。午,力子、儆寰招餐,一到即行。

下午大会,与本强长谈。梁漱溟自沪来。

夜,关于和平提案第二次审查会通过办法三条。与漱溟、伯钧、努生、卓儒谈。

六月二日　上午大会。访丘心荣其家,访朱骝先教育部。

午后大会,和平问题审查会报告于偷关漏税中通过。

有人质问清查团,清查接收敌伪财产,何以无报告。大噪之下,七团每团一人报告,或说舞弊者是军政大员,或说是党国要人,坚不肯说姓名。大众哗称"党政军一塌糊涂",就用极草率仪式散会,此草率为从来所未有。

六月六日　下午偕问渔向职教社同人报告参政会经过。

六月九日　写致国民参政会邵力子秘书长、雷儆寰副秘书长函,为驻会委员指补及民盟备受诬蔑与压迫事:

力子、儆寰先生钧鉴:

大会闭幕之日,承语以当选驻会委员中,有数人愿辞不应选,拟从次多数中指定数人补缺,其中一人为炎,征炎同意。当以驻会委员产生于参政会之互选,规定于组织条例第十三条,今由辞选人指补,迹近私相授受,决非心之所安,法之所许,当场奉复。翌日(六月三日)承力子兄电话见告,此事正在另商办法,将由次多数名次在前者一律辞选,俾炎等递补,问炎意见,当答以递补与指补不同,法律问题自可不生云。五日报载驻会委员全部名单,炎培名列次多数第九。乃阅八日《大公报》"参政会驻会委员许孝炎、陈博生、江一平辞职,由董必武、黄炎培、胡霖递补,俟驻会委员十三日开首次会议时发表"。以仍是指补而非递补。果尔,炎培硁硁之性不敢承也。特先申明,务求鉴谅。原创此议者之用意,无非以董先生属中共,胡先生为社会贤达,而炎培则系民盟一分子,参加驻会委员会,或能有助于和平方案之进行。董、胡两先生不具论,如炎培者,追随诸君子后奔走和平,亦已有年,今后如获继续效力之机会,而无背于民盟之旨趣者,虽赴汤蹈火,其何敢辞。虽非驻会,苟得一纸通告,尽可趋前列席商讨,不必定为驻会委员也。二公当谅斯言。抑炎培尤欲言者,民盟在今日蒙诟遭尤,至矣极矣。西安盟员杜斌丞等被捕于前,陪都盟员范朴斋等被捕于后,重庆被捕盟员至卅余人之多,皆以莫须有之罪名,累求释放而不得。工潮发生,不曰中共,即曰民盟;学潮发生,不曰中共,即曰民盟。昨更捏造民盟答覆盟员语,一片谰言,竟诬民盟自称中共如能在军事上支持,民盟即可抬头云,可笑已极。(江恒源先生虽亦热心于和平、民主,却非盟员。)民盟同人历年调解党争,苦心为国,虽受尽污蔑与压迫,岂所计及。惟一方又以炎培为民盟一分子,欲引而进之,责其自效。二公知我,试为炎培设身处地,其将何说之辞。率臆直陈,幸恕饫缕,敬颂勋祺。

六月二十日 得参政会通知递补驻会委员。

六月二十八日 参政员联谊会参加座谈。

七月十一日 九时,参政会驻会委员会第二次会,国防部白健生部长报告军事现况,仗是打不下去了。士兵每人每月饷一万五千元,上将五十万元,依物价皆不能过活,失士气,失民气,主练民兵。潘朝栋提议,请政府励行总动员令,余痛驳之,主张由提案人撤回。经多人反对终撤回。参政会条例第一句,团结全国力量,不能赞成战争。大会通过和平方案,驻委会无权违反。我本次多数第九,经十余人让出递补驻委,全为我民盟或可为和平助力,我安能主张战争。

七月二十五日 参政会驻会委员会听取财政俞部长鸿钧报告。法币发行现达九万余亿,每月加一万亿(俞部长报告)。

九月五日 参政会驻会委员听内政部长张厉生报告。

十月二十八日 晨七时,偕维钧、必信携当当赴京,为与政府商洽解决民盟问题。下午二时到下关,笃义、大能夫妇以两汽车来迎。途次见报载,内政部发言人称民盟为非法团体。

访邵力子于其宅,道来意,问近况。

至司徒雷登大使官邸,与傅泾波、罗努生、叶笃义谈两小时,至参政会,假力子办公室与努生、笃义又谈两小时。

十月二十九日 至参政会晤邵力子,则见报载民盟参加叛乱真相文件。努生、韩兆鹗来。与岳军通电话,撤退警察已转知。

三时至参政会晤努生等。晚报发表美国对民盟被迫之反响。

十月三十日　晨九时访吴铁城其家,彼对政府下令解散民盟有难色,嘱与岳军商之。对警探包围梅园称不知道,无问题;对昨报载文件稿未阅。谈半小时。

访岳军正开会,约下午二时半。到参政会与雷儆寰长谈,谓政府下令解散恐困难。

十月三十一日　九时半,仍由叶茂孙来偕维钧携当当车至参政会,与儆寰略谈(河南参政员某君略谈),与努生略谈。

到参政会与努生商谈准备,岳军改约六时去谈。

六时到岳军邸长谈,见告军警会商结果:(一)政府不再下解散令;(二)民盟自行结束;(三)罗说民盟一千多人在政府索名单;(四)房屋分别接收,必要者可缓收;(五)盟员个人住所不干扰(朱葆三路可另定借用办法);(六)罗的处置法。余提议几点待续谈。约明午去会餐续谈。

十一月一日　晨偕维钧至参政会,与努生等就昨谈结果,由努生草拟双方公表文件。

午,独赴岳军官邸餐(岳军夫妇陪),餐毕以文件交阅,岳军以政府认民盟为非法团体后,即不拟对等商谈公表文件,乃商定由余备函致岳军,由岳答覆,付之公表。至其内容,余要求:(一)必须公告盟员免除登记;(二)盟员有违反行为,须依法处理。

三时到参政会,余就午会商结果,草一函致岳军,先复叙岳公面示各点后,提出四点,其二三四各点希望函覆。此函当晚送达,此往来函备公表。约明晨九时或下午三时电话请示续谈时间。

十一月二日　下午到参政会,岳军未得通话。询力子两日经过。

十一月三日　午后至参政会晤力子、儆寰,告以略有成就。长电上海集益里,询岳军,就一日稿修正。

夜九时,岳军又招往谈,乃又大变:(一)取消换函;(二)不允努生明日同赴沪,皆以某方为梗。余议将束往函叙入总部解散内,准明晨八时半脱稿送到,努生事明日偕努生面商。即夜起草完了,大能录副。

十一月四日　七时到参政会,与努生等公阅昨夜稿。八时半至官邸,偕努生、笃义往,岳军接稿,约定十二时顷电话覆,努生去沪事恳商结果,亦待十二时覆。

十二时得岳军电话,昨稿修正认可,努生见允去沪,此事乃始圆满解决。

一九四八年

四月三日　为《国讯》作文——《不堪回忆的参政会》。

附：

不堪回忆的参政会

黄炎培

国民参政会长眠了,从民纪二十七年七月六日,在汉口两仪街二十号,举行第一届第一次大会起,经过十年,四届改组,十三次大会,至三十六年五月二十日在南京国府路三百五十五号,举行第四届第三次即末次大会,我是在这长距离中间始终参与的一人,所有十三次大会重要文件,我都保存,它的行动,大都留有记录,他日还想排比整理,作为对日抗战史中间一部分的实录。现在我只报告一段事实,聊给一般人对长眠地下的参政会,从一种怀念资料,也许是在全国兵荒马乱,而又欲罢不能的时候,所乐于倾听而又不胜叹惜者。

参政会中间,有一部分人始终愿为国共团结问题努力,我也是其中的一人。他们认定对日抗战,非全国团结不可,尤以《国民参政会组织条例》第一条,说明在抗战期间,为团结全国力量而设参政会,因此,他们对国共团结,认为是先天的,唯一的使命,无法推辞的。

参政会关于国共团结问题的经过,前前后后,可以写一本相当大的册子,我现在仅仅叙述中间的一段。

在三十四年上半年,参政员忙的是研讨宪章,末了一次研讨会,我起立发言,这份宪章,有值得极端重视的一点,就是必须在全国和谐一致的空气中产生,否则酿成纠纷,反为宪政施行的障碍。参政员褚辅成起言,我的主张也是这样。隔几天,褚招我和冷遹、左舜生、章伯钧、傅斯年、王云五提商这问题进行方法,这是五月二十五日的事。六月二日,电延安毛泽东、周恩来,主张恢复商谈,促成团结,盼复。同月二十六日复称,如果当局愿意,吾们是乐于商谈的,并欢迎我们到延安去。那时候,政府正在进行召集国民大会问题,曾于三月一日国府公布十一月十二日召开国民大会,吾们认为如果在商谈没有恢复之前,国民大会问题,尽管一步步进行;那末,国民大会,可能被人认为是某方面的国民大会,所通过的宪法,可能被人认为是某方面的宪法,那就僵了。若一面尽管进行国民大会问题,恐于商谈的进行上,也将受到影响。因此,我们七个人一致主张两点:(一)从速恢复商谈;(二)把国民大会问题的进行展缓些。主张既定,共同去见蒋主席,主席很希望我们到延安去一趟,就决定去延安。

到七月初,六个参政员(王云五没有去),去延安,交换意见的结果,大致都同意。毛泽东还认为双方商谈之门,并没有关闭,只为了门外有一块绊脚石。是什么?就是国民大会问题。最后提出两点,作为向政府共同的建议:(一)国民大会停止进行;(二)从速召开政治会议解决一切(此即后来政治协商会议的初基)。

六人回渝以后,接着参政会于七月七日举行第四届第一次大会。此会以国民大会问题为中心,关于这问题的提案有二十四件,登台发言的,有三十六人之多。我与冷遹、江恒源用书面声明,大意是国民大会唯一先决条件,即必须在全国和谐之空气中进行,则一切问题,庶可迎刃而解。盖国民大会责在制定宪法,树立中华民国百年大计,如各方主张,尤其是有组织者之意见,尚未融通,而遽欲仓猝召集,仓猝制定,则其后患将不堪设想。欲完统一,而适召纠纷,以善意而获恶果,以百年大计而演成百年大害,在此存亡生死千钧一发之间,不敢苟同时论。旋付审查会,经过极详尽的讨论,制成一案。内容要点:其一、国大问题,参照各参政员提案,斟酌法律与事实,妥定办法,务使国民大会具有全国极完满的代表性;其二、国大召集以前,从速采取可能之政治步骤发挥协调精神,求取全国之统一团结。

此案提出于十九日大会,经我与胡健中、左舜生、傅斯年、徐炳昶、吴望伋先后登台说明,结果付表决,出席一百九十六人,以起立赞成者一百八十七人之绝大多数通过。

阅三星期而抗战胜利,又数月而政治协商会议召开。今者全力争取团结统一的国民参政会寿终正寝的明日,在全国极不和谐的空气中产生的国大开幕,而战云且已由辽沈进展河淮,及于江汉,看看现在,想想当初,还有什么话可说呢!

第四部分
附　录

国民参政会——战时中央民意机构

马起华[①]

国民参政会和抗战都是史无前例的,前者在抗战时期甚为突出,在我国宪政史上亦有其特殊的意义,值得注意和研讨。

一、国民参政会的产生

"国民参政会"一词出现于民国二十一年。该年四月七日在洛阳举行的国难会议,曾决议设立国民代表会。同年十二月十九日四届三中全会易名为国民参政会,定于二十二年内召集。并议决《国民参政会组织法》二十二条及《国民参政会选举法》原则九项。到了二十二年,由于如果召集国民大会后,是否仍须召集国民参政会,发生了疑义,于是召开国民参政会一事便停下来了。此后数年间,大家不再提起此事。

二十六年全面抗战发生之后,政府为了集中意见,团结御侮,特成立国防参议会,选聘各在野党领袖及若干独立政治主张人士共二十四人为成员。二十七年三月临全大会有一项决议是:"决定将国防参议会结束,另设国民参政会,为战时最高民意机关。"大会所通过的《抗战建国纲领》中规定:"组织国民参政机关,团结全国力量,集中全国之思虑与识见,以利国策之决定与推行。"

大会另有一项决议说:"在非常时期,应设一国民参政会,其职权及组织

[①] 马起华,中国台湾"国立"政治大学三民主义研究所教授。本文是他撰写的《抗战时期中的宪政运动》中的一部分。原文刊登在台湾1980年10月出版的《近代中国》总第19期。附表一《国民政府组织系统表》,附表二《国民参政会组织形态表》,摘自作者《抗战时期的政治建设》一文。原文刊登在台湾1983年6月出版的《近代中国》总第35期。

方法,交中央执行委员会讨论,妥定法规。"这是国民参政会的由来,但它不是二十一年拟设立而未成为事实的那个"国民参政会"。

同年四月七日,五届四中全会决议:

(一)《国民参政会组织条例》修正通过,仍交常务委员会整理文字。

(二)各省市应出参政员名额表,交常务委员会。①

六月十六日,中常会修正通过上项组织条例,并通过参政员名单,任命汪兆铭、张伯苓为正、副议长。

国民参政会第一届第一次大会便于二十七年七月六日在汉口举行了历史性的开幕式。这一届参政员共二百人,男一九〇,女一〇,平均年龄为五十岁,职业以教育界之五九人,政界之五四人,及党务之三七人为最多。

国民参政会到三十七年三月二十八日结束为止,历时九年八个月又二十三天,总共四届,十三次会。

二、参政员

国民参政会参政员的任期,前后不同。依照二十七年四月十二日公布、六月二十一日修正的《国民参政会组织条例》第八条的规定:"国民参政会参政员之任期为一年,国民政府认为必要时得延长之。"延长既有弹性,延长多久,要看情形而定,以后均依此办理。第二届参政员任期,起于三十年三月一日即第一次大会召集之日,由三十一年二月二十八日延长至七月二十一日,共计一年五个月。第三届参政员任期起于三十一年十月二十二日,延长至三十四年四月二十三日,共为两年七个月。第四届参政员任期起于三十四年七月七日,延长至三十七年三月二十八日,合计两年九个月。

由于任期延长有弹性,所以各届参政员任期长短不一。惟因参政员蝉联的很多,因而可收驾轻就熟累积经验之效。

其次,参政员的资格,分为一般的和特殊的。一般资格是所有参政员共

---

① 《中国国民党历次会议宣言及重要决议案汇编》第3册,党史会庋藏民三十年九月版,第904页。

同具备的,那就是具有中华民国国籍之男子或女子,年满三十岁,而非现任官吏者。

特别资格是必须具备下列(甲)(乙)(丙)(丁)四项资格之一:

(甲)曾在各省市(指行政院直辖市而言)公私机关或团体服务三年以上著有信望之人员。并已有各该省市籍贯者为原则(三十一年三月十六日国府公布修正组织条例改为"各省市参政员不以具有各该省市籍贯者为限")。

(乙)曾在蒙古、西藏地方公私机关或团体服务著有信望,或熟谙各该地方政治社会情形,信望久著之人员。

(丙)曾在海外侨民居留地工作三年以上著有信望,或熟谙侨民生活情形,信望久著之人员。

(丁)曾在各重要文化团体或经济团体服务三年以上,著有信望,或努力国事,信望久著之人员(见《国民参政会组织条例》第二及第三条)。

从这些资格看来,无论那一地区或行业产生的参政员,都必须"著有信望"(信用和名望);这种人多半是有相当成就名气或领导地位。

参政员名额到后来有所增加。第一届只有二百人,第二及第三届二四〇人,第四届由二九〇人加到三六二人。以第一届而言,各省市八八人,蒙古四人,西藏二人,海外侨民六人,各团体一百人;以最后也是最多人数的一届分配方式来说,各省二二七人,蒙古五人,西藏三人,海外侨民八人,各团体一一九人。增加幅度最大的是占最大比例的各省市名额,由最初的八八人加到最后的二二七人。

至于参政员产生方式,也是前后不同。第一届系由中国国民党遴选;二十八年因各省市临时参议会成立,于是各省市参政员由省市临时参议会票选。二十七年六月二十一日修正的《国民参政会组织条例》所规定的这样产生方式是这样的:

省市参政员,由各省市政府及省市党部联席会议,按其本省市应出参政员名额,加倍提出候选人,国防最高会议亦得提出同额候选人。在敌军完全占之省市,由国防最高会议按照各该省市应出名额,加倍提出候选人。

蒙藏及海外侨民参政员,分别由蒙藏委员会及侨务委员会按照应出参政员名额加倍提出候选人。

各团体参政员由国防最高会议按照应出参政员名额加倍提出候选人。

依照上面方式推出的候选人,由国防最高会议汇送中国国民党中央执行委员会,提付国民参政员参政会资格审议会(委员九人,由中执委指定)审议。审议会审议完毕时,以其结果报告中国国民党中央执行委员会。后者接受报告后,按照各项应出参政员名额,提出中央执行委员会会议决定。

二十八年起,由于部分省市临时参议会次第成立,于是此项参政员,有的由临时参议会选举,有的仍为遴选。审查方式亦略有变更。兹以二十九年十二月二十四日修正公布的《国民参政会组织条例》所规定的,引述如下:"省市参政员,由各省市临时参议会以无记名速记投票法选举,以得票较多者当选,如在休会期间且距例会期间尚远,不能于国民参政会召集期限前完成上项选举者,得以通讯方式选举。临时参议会尚未成立的省市,由各省市政府会同各该省市党部,按照本省市应出参政员名额,加倍提出候选人,送请国防最高委员会汇提中国国民党中央执行委员会选定。"

"蒙藏及海外侨民参政员,分别由蒙藏委员会及侨务委员会,按照应出参政员名额,加倍提出候选人,送请国防最高委员会汇提中国国民党中央执行委员会选定。"

"各团体参政员,由国防最高委员会按照应出参政员名额,加倍提出候选人,提请中国国民党中央执行委员会选定。"

以上各项参政员都由国防最高委员会设置的国民参政会参政员资格审查委员会(委员九至十一人)审定其候选人资格。

由上可知,参政员的选举是间接选举,至于遴选则国防最高委员会和中国国民党中央执行委员会都扮演了重要的或决定性的角色。

第一届参政员均由遴选产生,第二届至第四届兼采选举与遴选两种方式。无论以哪种方式产生,都力求网罗各党派、无党无派及社会贤达(即现在所谓的精英 elites),力求其具有代表性,以便集中意志,共赴国难。以第一届参政员来说,中国国民党籍的只有五分之二,其他五分之三之非国民党人,都是在社会上、学术上、经济上有地位有力量的人士和各党派的领袖。自第二届起,各省市参政员人数愈来愈多(自第一届至第四届的人数分别是八八,九〇,一六四,一九九,及二二七),各团体参政员人数在第三及第四届时大为减少(自第一届至第四届的人数分别是一〇〇,一三八,六〇,七五,及一一九)。也就是由选举产生的参政员比例愈来愈大,而由遴选产生的比例则愈来愈少。由于中国国民党在各省市较其他党派有群众基础,因而当选的人数较多,从而其他党派的人数也就相对减少了。自从第二届起,总名额虽然增加了,但非国民党籍的参政员人数反而减少,因而引起党外人士的不满,于是酝酿成立统一建国会,到了三十一年,正式定名为中国政团同盟。

国民参政会为了扩大民主基础,不得不注意选举,而注意选举则无法使非国民党籍人士或无党无派人士获得满意的当选人数比例,这是无可如何的矛盾。行宪后经由直接民选的国大代表和立法委员,以及经由地方议会间接选举的监察委员,也是中国国民党占绝大多数,总不能说这是不民主。

不过,从各届参政员名单阵容来看,无论出于选举或遴选产生的,大都是极为卓越的人士,堪称一时之选。

三、国民参政会的任务

国民参政会是为达成抗战建国的基本,最高国策的民意机构。其《组织条例》第一条规定:"国民政府在抗战时期(三十六年三月一日修正为'在宪法实施以前'),为集思广益,团结全国力量起见,特设国民参政会。"

集思广益,团结全国力量,才能达到抗战必胜、建国必成的目的。

国民政府林主席森在国民参政会第一届第一次大会开幕式(二十七年七月六日)中致训词说:"国民参政会为抗战时期之人民参政机关,其最大使命,为集思广益,团结全国力量;其最大目的,在完成抗战建国之任务。"

"国民参政会产生于国家之非常时期,应以非常之精神与毅力,肩荷非常之职责,以为国家民族建立非常之事功,藉救国家民族之危亡,而跻国家民族于自由平等之域,俾在中华民族奋斗史上,创造一页最光荣之纪录……"①

蒋委员长也在同一开幕式中致词说:"现在我们抗战已经周年了,以前一般人士对这项抗战有许多批评,大抵以为过去我们只做到军事的动员,而没有发动全国的力量,使全国民众动员来参加抗战。这是在国内常听到的一种说法。现在参政会成立,各位先生都是全国各地方团体所信任敬佩的领导者,今后可以一定给全国民众和前方将士以更大的鼓舞和安慰,以加强抗战的力量和必胜的信心。在国外方面,尤其是我们的敌人——日本帝国主义者——他们还是以为中国就只有一部分军事力量在抵抗他的进攻,其余社会上和政治上都是和从前一样,还是彼此不相团结,完全说不上发动现在时代国家的整个战争。所以他们敢于来侵略我们,压迫我们,认为这次战争,他们一定可以打败中国,并吞中国。但是自从我们发动全面战争以来,他们这种亡我国家,灭我种族的阴谋,已全被我们揭穿,无法得逞。尤其是我们国民参政会在今天开幕,这一个集中全国各阶级各团体最有道德学问经验的贤才聚会一堂,竭其智力,从行政上表示举国一致协助政府抗战的事实,更是给侵略的敌寇以极严重的打击。"

"此次国民参政会成立,最重大的意义和唯一的目的,就是要集中全民族的力量,对侵略的势力作殊死的斗争,以求得抗战的胜利和建国和成功。"

"这个国民参政会实在是抗战建国的国民参政会。我们是为抗战而来开会,为建国而来开会。我们集会开议和一切工作,一定要助成抗战的胜利,促进建国的成功。我们必须以一致有效的努力,尽量发挥我们的力量,来达到此目的。我们要达到此目的,第一个必须完成的任务,就是要加强团结,巩固统一。能团结统一,虽是一个弱小的国家,亦可以抵抗外来的侵略。否则就是怎么样大的国家,亦将被人侵略,甚至灭亡。所以我们在抗战建国时期,万事莫急于加强团结,巩固统一。希望各位先生尽心尽力,团结全国的精神,统

---

① 国民参政会史料编纂委员会编:《国民参政会史料》,兴台印刷厂1962年版,第16页。

一全国的意志,合全国四万万人之心为一心,合四万万人之体为一体,集结整个国家全部的力量,来迅速完成抗战建国的大业。各位以后无论提案、讨论、决议,必须以积极达成这个任务为唯一目的。"①

参政员庄西言于第一届第五次大会休会式(二十九年四月二十日)中致词说:"本会适应于抗战建国的需要而成立。我们同人都以国家为前提,大家都能捐除前嫌,抛开一切党派关系,集思广益,共谋国是,专力对外,这实在是我们中国空前未有的一种现象。我们开了五次会,我们团结一致的精神,一次比一次加强,这可说是过去二年我们最大的成功。"②

由此可见"加强团结,巩固统一"乃是国民参政会第一项重要目的与任务。

其次,由于抗战建国同时并行,而所要建之国是民主的国家,这样的国家,即使不能在抗战时期完全建立起来,至少也要打下基础,或力求促进政治的民主。这是代表人民的国民参政会应该负起的责任。换言之,推进民主政治是国民参政会第二项重要目的与任务。

蒋委员长在国民参政会第一届第一次大会(二十七年七月六日)开幕式中告诉参政员说:"国民参政会不是一个临时的会议,而要乘此抗战时期,赖参政会各位先生的努力,为国家建立一个永久的真正的民主政治的基础。我们要如何才能建立真正民主政治的基础呢?首先就希望各位能树立民主政治的楷模。"

"尤其在此整个民族存亡绝续之交,我们的真正的民主自由,决不是讲个人或少数人的自由,而是要牺牲我们个人和少数人的自由,以求得整个国家民族的自由。可以说,我们要求得自由,更是要认清国家与个人地位所在,和时代环境的需要,使法律有效,抗战有利,以建立我们民主政治的楷模,奠定整个民族自由的基础;也必须有真正的民主,才能完成这次国民参政会的使命。"

"我们国民参政会当然不是议会,但要以从前议会的民主政治失败为戒,

---

① 国民参政会史料编纂委员会编:《国民参政会史料》,兴台印刷厂1962年版,第17页。
② 国民参政会史料编纂委员会编:《国民参政会史料》,兴台印刷厂1962年版,第165—166页。

以期树立一个真正的民主政治的基础,这亦是贵会建国的一个重要的责任。"①

国民参政会主席张伯苓在第四届第一次大会开幕式(三十四年七月七日)中致词说:"政府已公布本年十一月十二日召集国民大会,结束训政,开始宪政,此后中国政治将进入民主正途,于国家未来之命运,关系至为重大。惟是国民大会之职权、代表之资格、宪法草案,以及其他一切有关宪政实施事宜,均有待我国人审慎检讨周密规划。"②

参政员仇鳌也在本次大会闭幕式(三十四年七月二十二日)中致词说:"本会同仁一致承认,改革政治的一条大路即是民主政治。昨天本会通过有关建立民主政治的国民大会案,我们希望这种民主精神,自中央推及至省县,乃至于乡镇保甲,必须做到这一步,我们的民主政治才有基础。"

"我们以为民主政治的基础,一定要在地方做起,希望政府努力促成……这一工作,政府要努力,我们同仁也要努力。一方面督促政府,一方面帮助政府,同向这条大道迈进。"③

国民参政会对于"加强团结,巩固统一"及"促进民主政治"两大任务的达成,是它始终一贯努力的目标,这可从其主席莫德惠在该会结束惜别茶话会(三十七年三月二十八日)中所说的话看出来:"回忆本会,自二十七年七月间,召集于汉口。在这十年的期间,同仁们认定了时代的使命,对于抗战建国的工作,能够精诚团结,号召国人,奠定了抗战的基础,并能集中力量,协助政府,争取到最后的胜利。"

"国民参政会的表现,贯彻始终者,厥有三点:第一是拥护抗战,第二是协助建国,第三是促成民主。"④

---

①国民参政会史料编纂委员会编:《国民参政会史料》,兴台印刷厂1962年版,第17—18页。
②国民参政会史料编纂委员会编:《国民参政会史料》,兴台印刷厂1962年版,第456页。
③国民参政会史料编纂委员会编:《国民参政会史料》,兴台印刷厂1962年版,第462页。
④国民参政会史料编纂委员会编:《国民参政会史料》,兴台印刷厂1962年版,第624页。

四、国民参政会的职权

《国民参政会组织条例》对于国民参政会的职权,有明确的规定。不过此项《组织条例》曾经六次修正,其中两次修正增添了国民参政会的职权。初期只有提案权、审议权、建议权和询问权。二十九年十二月修正条例,增添了调查权;三十三年九月修正条例,增添了预算权。也就是国民参政会后半期共有六种职权。这六种职权也是民主国家国会的主要职权。

(甲)提案权:国民参政会所审议案来源有二:一由政府交议,二由参政会提案。后者是参政员的提案权。此项提案权为《组织条例》所无,而由《国民参政会议事规则》所规定者。提案极为广泛,"凡与抗战建国有关之事项,均得提出为议案,但其内容不得抵触三民主义"(《规则》第十六条)。参政员的提案,都应详具理由,并应由参政员二十人(三十四年改为五人)之联署提出。除了正式提案外,参政员得以书面提出临时动议,但须有参政员四十人的联署。临时动议由主席于议事日程所列各案议毕后提付会议讨论(参见同上第十七、十八、十九条),不必经过审查程序。

由于可以提案的事项很多,由于参政员可以自由提案,因此每次大会,都有许多提案,而参政员所提的案都较政府交议事项超出太多。不过政府交议事项往往都很重大,而参政员的提案不一定是大事。由于提案数量众多,有时大会来不及全部议毕,此类未议毕之案,便照审查意见送达政府。[①]

在国民参政会十三次大会中,共有提案二七二三件之多,其中政府交议者二四件。兹将各次提案件数列表:(见附表三)

其次,政府交议案和参政员临时动议案,往往都是很重要的。交议案如第一届第一次大会,政府交议的《改善各级行政机构案》第三届第二次大会,政府交议的《民国三十三年度国家施政方针案》,都牵涉甚广,影响很大。临时动议案,如第一届第二次大会,胡参政员景伊等四十四人临时动议:《拥护蒋委员长持久抗战宣言案》;王参政员造时等六十四人临时动议:《参政会应

[①] 国民参政会史料编纂委员会编:《国民参政会史料》,兴台印刷厂1962年版,第3页。

发表宣言拥护蒋委员长告全国国民书,号召全国同胞一致奋起,继续抗战,以争取最后胜利案》;第四届第三次大会,肖参政员一山等临时紧急动议:《拟请组织特种委员会,制定具体和平方案,并由大会电告中共参政员来京,共商国是案》。

从附表看来,参政员的提案件数,愈到后来愈多。所提案件,第一届第一次大会保留十件,第一届第二次大会保留十件,第二届第一次大会保留三件,第四届第一次大会有七案因送到过迟,未及讨论,经主席团决定迳送政府核办,其余二六六六案均经大会决议通过。综观参政员的提案,有的十分重要,例如第四届第一次大会,有十三件提案系关于国民大会的组成、职权和召开者。

(乙)审议权:国民参政会对于政府重要方针的审议权,起初叫做决议,后来叫做议决。依照三十三年九月十六日修正公布的《组织条例》第六条规定:"在抗战期间,政府对内对外之重要方针,于实施前,应提交国民参政会议决。前项决议案经国防最高委员会通过后,依其性质交主管机关制定法律,或颁布命令行之。遇有紧急特殊情形,国防最高委员会委员长得依国防最高委员会组织条例,以命令为便宜之措施,不受本条例第一、二项之限制。"

这是国民参政会的议决权。不过,议决之后,还要国防最高委员会通过,是则国民参政会的决议,便不是最后确定的;而且由于国防最高委员会委员长有紧急命令权,于是政府的重要方针,事前得不必提交国民参政会议决,即使议决之后,亦可不交主管机关于制定法令施行。

不过,国民参政会却审议过不少政府重要方针。例如民国二十七年七月十一日第一届第一次大会审议通过政府交议的《节约运动计划大纲》,三十一年十月二十八日第三届第一次大会第六次会审议通过国家总动员会议决定实施的《加强管物价制方案》,及三十四年七月第四届第一次大会审议通过政府交议的《三十五年国家施政方针草案》等,都是对于抗战有重大关系的。国民参政会的审议,并非完全照案通过,往往添加了不少意见。例如上述事例,该会对于整军提出三点意见:(一)精兵主义必须实行,必须取得各地民众之同情而密切与之合作;政府各部门行政,必须念及军事第一,一切实施须以军事为中心,而严密配合。对于宪政的实施,主张保障各种基本自由,授予各级民意机关制定地方单行法规、审核地方预算及接受人民请愿之实权,并建议地方自治已具规模的县市从速举行县市长民选。对于战后国家财政与社会经济,建议制成整套计划,付诸施行。建议政府订定有效政策,以改善农民生活。对于重订战后教育新计划,则建议平均发展,注重品质,不宜偏重数量。决议文最后提出附带条件说:"此项方案标明草案,俟经正式制定,希望连同国家总预算送交驻会委员会审议,或当继续有贡献,敬以附录。"[①]

(丙)建议权:建议权是国民参政会极为广泛的权力,只要和抗战建国、国计民生有关系,参政员认为有提出建议案的必要者,都可建议。历次修正《组织条例》都千篇一律地规定:"国民参政会得提出建议案于政府。"

建议案经向政府提出,和国民参政会对等的政府是中央政府,也就是此项建议案经向中央政府而不向地方政府提出。建议案的拘束力,端看该案的价值与可行性,以及政府对于该案的态度而定,政府并无必须照办的法定责任。

有的建议案是很重要的,例如第二届第二次大会,主席团提:"促进民治加强抗战力量,要点有:(一)抗战终了后,即召开国民大会制定宪法;(二)增强战时民意机关与职权;(三)延揽各方人才,实践天下为公之遗训;(四)人民合法自由予以保障。"[②]又如第三届第三次大会,参政员王云五及胡霖向主席团建议:"商请政府派员到会报告关于中共问题商谈之概略。"经主席团决定:"关于政府与中共代表商谈之经过情形,应请政府指定商谈之代表一人,出席本会报告,并请林参政员祖涵(亦为中共参政员)出席报告。"大会于聆听张治中及林祖涵之报告后,由主席团提议:"请大会决议,(一)组织延安视察团赴延安视察,并于返渝后向政府提出关于加强全国统一团结之建议;(二)推荐冷参政员遹、胡参政员霖、王参政员云五、傅参政员斯年、陶参政员孟和为视察团团员。"[③]这不仅是参政会的一件大事,也是抗战时期的一件

[①]国民参政会史料编纂委员会编:《国民参政会史料》,兴台印刷厂1962年版,第3页。
[②]国民参政会史料编纂委员会编:《国民参政会史料》,兴台印刷厂1962年版,第257页。
[③]国民参政会史料编纂委员会编:《国民参政会史料》,兴台印刷厂1962年版,第388页。

大事。

（丁）询问权：询问权是参政会一项十分重要的权力，是参政员问政最有效的一种方式。此项权力在历次修正的国民参政会组织条例中都是这样规定的。

"国民参政会有听取政府施政报告，暨向政府提出询问案之权。"

此项报告及询问，不能完全看作政府和参政会的关系，也应看作代表政府的首长和参政员的关系。所以《国民参政会议事规则》规定："政府之施政报告，由主管机关长官以书面或口头为之。""参政员对于政府有询问时，须有参政员五人之联署，以书面向主席提出，主席通知主管机关长官，定期答复。参政员对于政府之施政报告如有疑义，得于主管机关长官报告后经主席之许可，为简单之口头询问。"

有询问便有答复。依照《议事规则》的规定："参政员之询问事项，除因国家有不便宣答之重大理由者外，主管机关长官应为书面或口头之答复。"参政员通常在主管机关长官施政报告后提出询问案，然后由该主管长官即席口头答复，或由秘书处送请该主管长官定期口头答复或书面答复。提出询问案颇能表现参政员问政的才华和胆识，但也是对于主管长官应答能力的一个考验。

有些询问案很引人注意。例如第一届第三次大会第三次会议，财政部长孔祥熙作财政报告后，参政员钱端升、周览、陈博生、张忠绂、傅斯年等五人询问："请问财政部长，伪联合准备银行所发行之伪币，据调查所得，已有若干？此项伪币流于华北五省及江、浙二省各为若干？我方能否用外交或其他方法使在沦陷区内（尤其在上海）外国银行商得各该行之同意，拒绝以伪币为交易媒介？如售卖外汇及存款等等，关于此点，英外次十四日答 Sirpitrick Hanuon 之询问已有何研究及对策？"

孔部长未当场口头答复改用书面答复说："查伪联合准备银行发行伪钞，据调查报告，截至现在约九千余万元，多数流通于华北五省，江、浙两地尚少侵入。虽伪组织希图以种种方法抑贬法币，推行伪钞；但以人民信仰法币，故伪钞价值始终在法币之下。在伪钞发行之初，本部即已咨请外交部照会各国使馆通告侨商对于伪币不得收受行使。近又咨请外交部照会英大使馆，依照施行法币时英皇颁布之命令,禁止侨商一律不收受伪钞,所有售卖外汇存款自均包括在内。同时并向英、法各国同样照会。故最近英大使、法代办先后赴津,与各该国侨商交换意见。两使俱有决不放弃法币必须维持之表示。再通告侨商,不得收受伪钞。至英外次答复 Sirpitrick Hanuon 之询问,与英皇命令不符,似有错误。如果属实,政府当续提抗议,予以纠正。"

此种书面答复,四平八稳,无懈可击,颇能维持财政部的立场。有的询问词锋十分犀利,使人难以招架,有参政员询问粮食部长徐堪说:"平价米内不仅有矿物如灰砂,且有动物如蛀虫甲虫;并且因仓储管理不善,米多潮湿霉腐,于是便形成了所谓八宝饭。请问徐部长,你是否吃这种八宝饭?你的感想如何?你有没有能力和信心去改善?若没有办法,最好另让贤能。"

三十二年九月二十八日,第三届第二次大会时,由于粮食部致参政员的书面答复,措词失态,会场群情愤激,引起轩然大波。参政员马毅说那是蔑视参政会。高惜冰提议退回全部书面答复。傅斯年说:"请主席团以大会名义将徐部长失态情形报告蒋主席!"许德珩说:"此事关系重大,小则粮食部失言,大则关系中国今后民主建设问题。"孔庚大叫:"在闭会之前,没有结果,我们不闭会!"最后表决请徐部长出席答复。下午徐部长亲来参政会道歉,答复书自行撤回,重行修改。[①] 一场风波始告平息。

还有一次,农林部长沈鸿烈答复询问时,因天热挥汗,答复难题,感到窘急,声音在播音器内愈来愈弱,人已摇摇欲倒,竟在发言台上不支,翻身栽下台来。幸亏会场干事一跃上前将他抱起送往医院救治,没有发生悲剧。

询问和答询的紧张热烈,于此可见一斑了。

(戊)调查权:国民参政会起初没有调查权,二十九年十二月二十四日修正公布的《组织条例》才添加的:"国民参政会得组织调查委员会,调查政府委托考察事项。前项调查结果,得由国民参政会(或由国民参政会授权于调查委员会)提请政府核办。"(第九条)

三十三年九月十六日修正公布的《组织条例》,加了下面的规定:"国民

[①]《时事新报》1943 年 9 月 28 日。

参政会或其驻会委员会,对于政府某种施政事项之真相认为有调查之必要时,得提请政府调查,向国民参政会或其驻会委员会报告,国民参政会或其驻会委员会于听取报告后,得提出建议请政府核办。"(第十条)

国民参政会在抗战期间做得有声有色,引人注意的调查行动组织计有军风纪调查团、川康建设视察团、延安视察团,以及为调查财政部贸易委员会工作而组织的特种审查委员会等。这些调查活动,对于探求真相,了解事实而提出建议改善意见,大都有显著的绩效。

(己)预算权:国民参政会起初没有审核预算权,三十三年九月十六日修正公布的《组织条例》增列了此项权力:"政府编制国家总预算,应于决定前,提交国民参政会或其驻会委员会作初步之审议。"(第七条)

但因三十五年度国家总预算尚未编定,所以三十四年七月间举行的第四届第一次大会便来不及提出讨论,以后也没有初审过国家总预算。

不过,从国民参政会大会关于政府财政报告的决议文中,却可看出它对于政府预算及其执行有过问的情形。例如第四届第一次大会的决议文中说:"关于三十四年度国家总预算之内容及其执行情形,显有预算过于悬隔之事实,殊于理财原理相背,应即从下半年起,努力从事开源节流之工作,以资补救。为达此项目的,政府何妨采用美国议会拨款委员会之精神,成立一专门审核巨款支出为职责之机构。"又说:"关于平衡收支,大会认为应从调节通货与稳定货价两者入手,特别注意其配合联系。"

第二届第二次大会决议文中说:"本年度收支差额,据报告称'以债款收入编列总预算者,约占总收入百分之二十六强,以接收敌伪产业编列总预算收入者,约占百分之二十四强'。两者差额之总和应为百分之五十以上。且接收敌伪产业之收入,照现在政府处理敌伪财产政策,是否有此收入,尚多疑问,故政府之财政计划宜力求增加正常收入,以求财政上之确实平衡。"又说:"本年度预算执行之结果,实未敢信其恰合预算之所期……惟望政府妥善运用,仍应力恃平衡观点,以期财政之早复常轨。故为财政计,必须另行开辟财源。"①

---

① 国民参政会史料编纂委员会编:《国民参政会史料》,兴台印刷厂1962年版,第467页,第528页,第529页。

五、国民参政会的性质

民主国家的国会或立法机关,性质有四:代表民意,统一立法,议事公开,言论自由。[①] 国民参政会具备了后两项性质,不全具备前两项性质。

以代表民意来说,民意代表必由民选,而参政员不是民选的。起初采遴选方式,由各省市政府、各省市党部、国防最高会议及蒙藏、侨务两委员会推荐候选人,再由国防最高会议汇送依法代行国民大会政权的国民党中央执行委员会审查及决定名单。二十九年起兼采选举和遴选两种方式,统称为"选定"。选举是由已经成立省市临时参议会间接票选,其他仍由遴选产生。无论采取那种方式都不是直接民选。

次就统一立法言,我国在抗战时期的立法权为治权的一种,由作为治权机关之一的立法院行使。就是说,立法院统一行使立法权,虽然也不代表民意。而依照《国民参政会组织条例》的规定,参政会并无立法权。《国民参政会议事规则》规定参政员有提案权,但所提的不是法律案,处理程序,不是立法程序,所通过的也不是法案。依照《组织条例》的规定,国民参政会所作的决议案,须经国防最高委员会通过后,依其性质交主管机关制定法律,或颁布命令行之。可见制定法律之权不在国民参政会,或者说,国民参政会不是制定法律的机关。

不过,国民参政会却具有立法机关的两项特质:议事公开和言论自由。

"国民参政会之会议公开之,但有必要时,得由主席宣布开秘密会。"(《议事规则》第五条)这就是议事公开。依此,国民参政会开会时新闻记者可以现场采访和公开报导,大众媒体可以刊载播报会议的种种活动,参政会亦应随时发布其文件和议案。不过,人民可否旁听,并未明定,亦无旁听情事。

"参政员在会场内得自由发表言论,不受会外之干涉,但在会场外发表其笔记或言论者,受一般法律之限制。"(同上,第六条)这是参政员的言论自

[①] 马起华:《政治制度》,台湾商务印书馆 1977 年版,第 681—683 页。

由。至于在会场外发表的笔记或言论,是否和参政会有关,都是个人行为,当由本人自行负法律上的责任。

国民参政会未具定立法机关的四项要件,因而不是议会(或国会)。总统蒋公于二十七年七月六日在国民参政会开幕典礼上致词说:"民国成立已二十七年,回忆这二十七年的历史,我们国家虽亦曾有议会,但还没有成功为真正民主宪政的国家,而且因为过去发生种种的流弊,反致国家于纷乱衰弱,所以到现在就要受敌人如此侵略压迫的耻辱!我们的国民参政会,当然不是议会。但要以从前议会的民主政治失败为戒,以期树立一个真正的民主政治的基础。"[①]

国民参政会不但不是国会,也不是立法机关。不过,由于参政员或为各党各派的代表,或为各种团体的代表,或为无党无派的社会贤达,而且还明确排除了现任官吏,因而参政会乃是各部分各阶层人民的代表,也就是代表大部分的民意。

次就参政会的职权言,如前所述,有提案、审议、建议、询问、调查及初审预算等权。这些权力,大部有代表民意来监督政府的作用。在那时候,抗战建国乃是全体军民的行为准则,也是全国民意的共同取向,因而参政员在行使职权以监督政府时,使在消极方面不可违背,在积极方面必须支持抗战建国纲领的目标原则与要求。即如参政员的提案,必须和抗战建国有关,对于政府的政策和作为,有违背《抗战建国纲领》者,参政员得询问之。而三民主义为抗战建国的最高指导原则,无论民族、民权或民生问题,都和国家安全、人民福乐有关系,亦当为民意的所在,所以参政员行使职权,不可抵触三民主义。此外,参政员在会内的言论和作为,大都能反映各地区民众的意见。

可以这样说,国民参政会是我国在抗战时期的准中央民意机构。"准"者,因为它不是由民选所产生的,又是非常时期的产物,不能以平时和西方中央民意机构的尺度来衡量。它也不代表全国人民行使四种政权,因而不能代替国民大会。但是,如果抗战时期已成立了国民大会,则国民参政会便没有

[①]《蒋总统思想言论集》卷十四,(台北)"中央"文物供应部1966年版,第232页。

设置的必要,因为国民大会更能代表全国民意,并可行使参政会大部分的职权。反之,由于国民大会因抗战发生而无法如期召开,为了博访周咨,集思广益,团结民众心力,以利抗战建国大业之进行起见,才设立国民参政会,作为非常时期和过渡时期的中央民意机构。[①] 事实上,国民参政会不但促进了我国的民主宪政,也为抗战后的国民大会做了不少铺路工作。

[①] 徐乃力博士认为国民参政会系中国的战时国会。见薛光前主编:《八年对日抗战中之国民政府——一九三七年至一九四五年》(上),台湾商务印书馆1978年版,第311—353页。

附表一：国民政府组织系统表

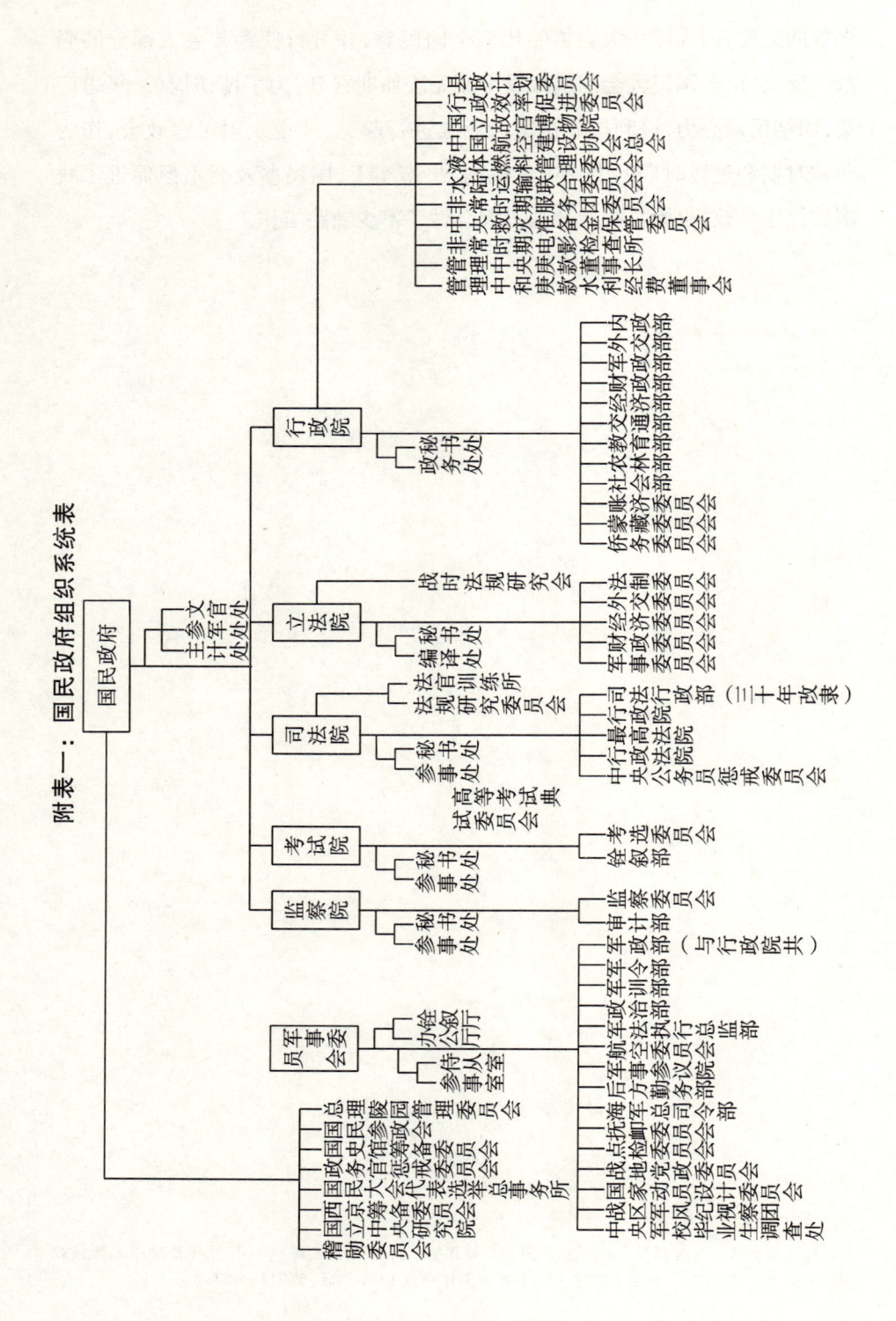

国民政府
├─ 主计处
├─ 参军处
├─ 文官处
├─ 行政院
│   ├─ 政务处
│   ├─ 秘书处
│   ├─ 内政部
│   ├─ 外交部
│   ├─ 军政部
│   ├─ 财政部
│   ├─ 经济部
│   ├─ 教育部
│   ├─ 交通部
│   ├─ 农林部
│   ├─ 社会部
│   ├─ 赈济委员会
│   ├─ 蒙藏委员会
│   ├─ 侨务委员会
│   ├─ 水利委员会
│   ├─ 管理中英庚款董事会
│   ├─ 管理中美庚款董事会
│   ├─ 非常时期救济委员会
│   ├─ 中央赈灾准备金保管委员会
│   ├─ 水陆运输联运管理委员会
│   ├─ 液体燃料管理委员会
│   ├─ 中国国立航空建设协进会
│   ├─ 中国国立故宫博物院
│   ├─ 县政计划委员会
│   ├─ 经济事业检查长所总会
├─ 立法院
│   ├─ 秘书处
│   ├─ 编译处
│   ├─ 法规研究会
│   ├─ 战时法制委员会
│   ├─ 外交委员会
│   ├─ 经济委员会
│   ├─ 财政委员会
│   ├─ 军事委员会
├─ 司法院
│   ├─ 秘书处
│   ├─ 参事处
│   ├─ 法规研究委员会
│   ├─ 法官训练所
│   ├─ 中央公务员惩戒委员会
│   ├─ 最高法院
│   ├─ 行政法院
│   ├─ 司法行政部（三十年改表）
├─ 考试院
│   ├─ 秘书处
│   ├─ 参事处
│   ├─ 高等考试典试委员会
│   ├─ 考选委员会
│   ├─ 铨叙部
├─ 监察院
│   ├─ 秘书处
│   ├─ 参事处
│   ├─ 监察委员会
│   ├─ 审计部（与行政院共）
├─ 军事委员会
│   ├─ 办公厅
│   ├─ 铨叙厅
│   ├─ 侍从室
│   ├─ 参事室
│   ├─ 军令部
│   ├─ 军政部
│   ├─ 军训部
│   ├─ 政治部
│   ├─ 航空委员会
│   ├─ 后方勤务部
│   ├─ 抗战建国委员会
│   ├─ 海军总司令部
│   ├─ 军法执行总监部
│   ├─ 军事参议院
│   ├─ 战地党政委员会
│   ├─ 中央点检委员会
│   ├─ 中央军校校阅委员会
│   ├─ 军风纪巡察团
│   ├─ 军纪视察委员会
│   ├─ 毕业学生调查处
├─ 稽勋委员会
├─ 国民大会代表选举总事务所
├─ 西京筹备委员会
├─ 立法院宪政实施协进会
├─ 中央设计局
├─ 国民政府国史馆筹备委员会
├─ 国父陵园管理委员会
├─ 总理陵园管理委员会

附表二：国民参政会组织形态表

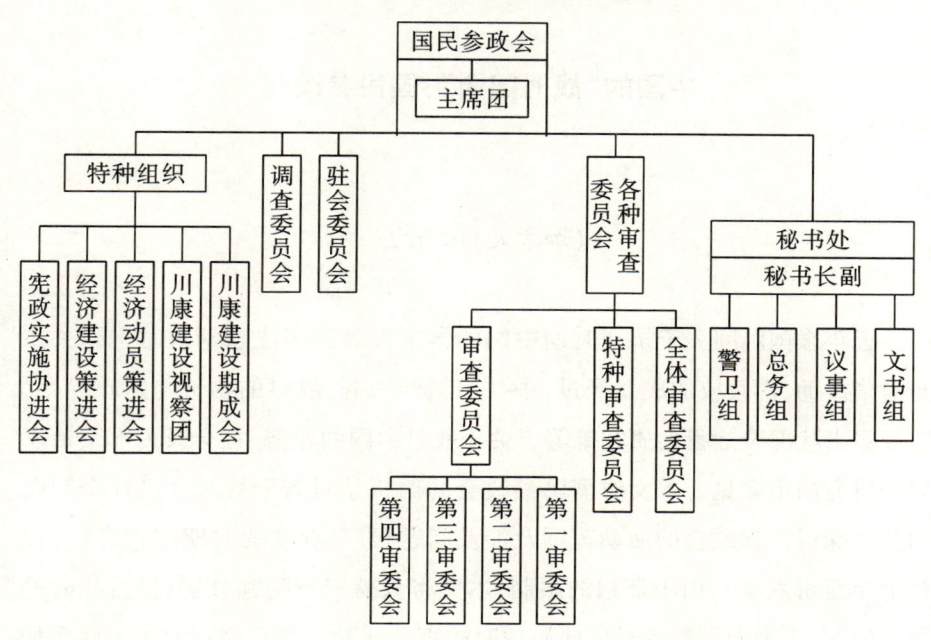

```
                    国民参政会
                       │
                     主席团
        ┌──────────┬───┴────┬──────────┐
     特种组织    调查委员会  驻会委员会  各种审查    秘书处
        │                            委员会    秘书长副
   ┌──┬─┴─┬──┐                        │
  宪  经  经  川  川                    ┌────┼────┐
  政  济  济  康  康                   审查  特种  全体   警 总 议 文
  实  建  动  建  建                   委员  审查  审查   卫 务 事 书
  施  设  员  设  设                   会    委员  委员   组 组 组 组
  协  策  策  视  期                         会    会
  进  进  进  察  成
  会  会  会  团  会                 ┌──┬──┬──┐
                                   第  第  第  第
                                   四  三  二  一
                                   审  审  审  审
                                   委  委  委  委
                                   会  会  会  会
```

附表三：国民参政会历届提案、决议统计表

区别 \ 届次 案件数	第一届 一	二	三	四	五	第二届 一	二	第三届 一	二	三	第四届 一	二	三	合计 一三
参政员提案数	121	93	83	82	78	155	115	255	179	200	422	436	480	2699
政府交议案数	9		13							2				24
合　计	130	93	96	82	78	155	115	255	179	202	422	436	480	2723
决议案数	120	80	96	82	78	152	115	255	179	202	415	436	480	2666

中国的"战时国会":国民参政会

(加拿大)徐乃力[①]

近年来国际间关于抗战时期中国的学术性著作多注意到战时国际关系与对华援助,伪政权的成立经过,中共力量的兴起,战时的物价与财政问题,以及军事状况及战役的研究等等。关于战时中国的经济、社会及内部政治发展的研究尚不多见。本文对国民参政会的剖析是对若干战时政经社会问题的初步探讨。参政会的活动范围及涉及问题很广,存在的时期亦相当长(民廿七年至卅六年),由于篇幅的限制,本文将只就三项问题分别讨论:战时的团结问题,人力及资源动员问题及战时的宪政活动。参政会对此三项问题均深深涉及,但所作贡献颇不相同。关于时间方面,虽然参政会到民卅六年夏才正式结束,其主要功能及效用已随抗战胜利而终止,所以本文的讨论亦限于抗战时期。在未讨论上列三项问题之先,特将参政会的缘起、成立、功能、权力及参政员的任命简述于下。

一、国民参政会的缘起及成立

国民参政会的名称第一次出现在民廿一年十二月召开的中国国民党第四届中执会第三次会议。日本在东北的侵略及在上海的战事激起了国内的抗日情绪,各界要求全国团结共赴国难。国民党中央为了顺应民心,加速训政的推行,采纳是年四月"国难会议"的建议,决定定期召集国民参政会,并拟

[①] 本文为加拿大新勃朗司维克大学(Univrersity of New Brunswick, Canada)徐乃力教授,1976年4月于美国圣若望大学亚洲研究中心和伊利诺大学亚洲研究所在纽约联合主办的"战时中国——一九三七年至一九四五年"讨论会上提交的论文。原文用英文写成,此系中文摘译本,刊登在薛光前主编的《八年对日抗战中之国民政府——一九三七年至一九四五年》上。——编者

于廿四年三月召开国民大会,实行宪政。①

但中央对此决议并未推行。直到廿四年十一月党的第五次全国代表大会及十二月的五届中执会才议决宣布《宪法草案》,并定于下年度选举及召集国民大会,原属于训政时期的咨询机构国民参政会即再未提及。② 此一决议显然未得到党外人士的谅解及支持,而国民大会代表之选举亦延时过久,直到抗战爆发时选举尚未全部完成,国民大会之召集即无限期搁置。③

至于国民参政会在廿七年的正式成立,全属战时环境的需要,与早年筹议中的参政会并无直接关联。民廿年日本军方制造了满洲事变,作为侵占东北的借口,接着又步步渗入东蒙及冀北。这一连串的侵略行动激起了中国民间的抗日情操,学生不断举行游行示威,要求抗日;商界及工人亦屡以罢市、罢工、不买卖日货相呼应。甚至于政府的高级人员中亦有对日采取强硬态度的要求,但当时政府的核心人物如蒋中正及汪兆铭(廿年一月至廿四年十一月担任行政院长)均坚持"攘外必先安内"的政策,冀求于短时期内先将共党问题解决,以增强中央的军政力量。一群黄埔出身的中上级军官组织了复兴社,希望加强集权统治的方法"重燃国民党内的革命精神",将全国军民坚强团结在领袖的领导之下。④ 在同一时期"新生活运动"亦广为推行,其目标是倡导道德及生活的革新,希望造成社会改革及军事化。⑤ 此两种运动显然未能得到多数民众的热烈响应与支持,主要是因为它们对社会福利及经济改革的忽略,及顺应政府政策压制抗日运动。可想象到当时民心特别是知识青年对南京中央的政策往往失望不满,而容易受到中共当时呼吁"停止内战,成立抗日统一阵线"的影响。至少中共的宣传在"长征"以后逐渐渗透打动了当时奉命"剿共"的东北军官兵,促成了廿五年十二月的西安事变。此一事变为

---

①四届中执会决议案见 *The China Year Book*,1933(Shanghai,1934),pp. 254-255。陶希圣:《由国民代表会到国民参政会》,独立评论第三十三号。

②见高荫祖编:《中华民国大事记》,台北世界书局民国版,第412—413页。

③《战时中华志》(*China Handbook*,1937—1945,New York:Mocmillan 1947),第118页。

④Lloyd E. Eastman, The Abortive Revolution. China Under Nationa list Rule, 1927-1937 (Harvard, 1974), p. 83.

⑤A. Dirlik, "The Ideological Foundation of the New Life Movement: A Study in Counterrevolution", *Journal of Asian Studies*, 34:4 (August, 1975), pp. 945-980.

中国政局变化的转捩点,终至导向内战的停止及全国抗日的实现。①

其实在西安事变以前,南京对日本的态度已逐步强硬,可能反映了政府日趋巩固的地位及领导人信心的加强。此一趋势自然受到国内舆论的欢迎,亦可以解释为何国人对于蒋委员长在西安事变中个人安全的极端关心。为了进一步促进国内团结,蒋氏在廿六年六、七月曾先后邀请政、经、学、教各界人士在庐山交换意见。"庐山谈话会"可说是执政党首次表示与党外人士的妥协,会后似已初步决定扩大政府的基础以容纳党外人士。自八月开始,战火延及上海,全面抗战已成事实,国内的团结更加重要,于是政府正式与其他党派(中共、青年党、国社党)达成协议,促成抗日联合阵线。② 同时国防最高会议成立于南京,选聘了廿四位大部分为党外的知名人士组成了国防参议会,作为战时政策的咨询。③

此一安排虽是政府的初步让步,究不能代表统一阵线的成立。党外人士继续要求政府扩大基础,以达真正团结抗日。政府方面在原则上亦同意此要求,只是因为长江下游战局的逆转而延迟,直到廿七年初撤退至武汉后始与其他党派及独立人士达成协议。是年三月至四月举行的国民党临时全代会决议成立国民参政会,作为战时最高民意机关。此决议案再经稍后召开的国民党中执会通过,并同时制定参政会组织法及初步决定参政员名单。④

参政会在廿七年春夏的成立与召开反映了国民党开明政策的高潮。促成此一趋向的主要原因是当时的军事及国际形势。经过了八个月的顽强抵抗,中国在军事上损失巨大。中央训练与装备精良的部队在上海保卫战牺牲甚重,华北及长江下游的重要城镇又均陷于日军占领。企盼中的西方列强的干涉或调停俱成泡影。除了苏联的部分援助以外,中国在外交形势上甚为孤立,而苏联的正式立场是维持中立,不愿直接牵入中日战争。此种在军事及

---

① Tien-wei Wu(吴天蔚),*The Sian Incident: A Pivotal Point in Modern Chinese History*(Ann Arbor Michigan,1976).
② 《战时中华志》,第66—67页,第73—74页。
③ 陶希圣:《记左舜生先生》,《传记文学》第十五卷第五期,1969年5月;左舜生:《回忆录》,美国哥伦比亚大学东亚研究所藏手抄本,1965年3月。
④ Kwei Chung-Shu(ed.),*The Chinese Year Book* 1938-1939(Shanghai,1939),pp. 336-338. 345-346;国民参政会史料编纂委员会编:《国民参政会史料》,兴台头印刷厂,1962年版,第1页。

外交上的暗淡展望使得政府领袖更觉得内部团结及全民支持的重要,于是对内政策趋于宽容。

二、参政会的职权及参政员的构成

参政会第一届首次大会举行时,国内的情况有利于其发展成为"战时国会"。在致开幕词时议长汪兆铭及军事委员会蒋委员长均表示希望参政会为中国的团结统一及民主政治奠立基石。[①] 在成立之初参政会被授予三项重要权力:(一)"政府对内对外之重要施政方针,于实施前应提交国民参政会决议";(二)"参政会得提出建议案于政府";(三)"参政会有听取政府施政报告,及向政府提出询问案之权"。嗣后又增加两项权力:(一)"参政会得组织调查委员会,调查政府委托考察事项。前项调查结果,得由参政会提请政府核办";(二)"政府编制国家总预算,应于决定前提交参政会或其驻会委员会作初步之审议"。[②] 如果此五项权力不受其他限制,则参政会极有可能发展成为正式的国会。但在实际运用上参政会的权力受到多方面的限制,其地位及扮演的角色几全操之于战时政府领袖的意向。

首先一项是参政会并无立法权,该权是由立法院所有。参政会的决议案对政府并无约束力,仅当作"建议案"分发至各部会作咨询、参考,采纳与否全由各都会首长裁决。再则政府可自行解释何为"重要施政方针",何为不重要,因此并无义务要将其施政方针提交参政会决议。此外同一条款又说明"……遇有紧急特殊情形,国防最高委员会委员长得依国防最高委员会组织条例,以命令为便宜之措施",不必交由参政会决议。

其次参政会组织的调查委员会并不享有国会调查委员会的权力与地位,而只是"调查政府委托考察事项"。调查委员会的报告先向参政会提出,经议决后当作建议案呈送政府,采纳与否又全取决于政府。至于参政会审议国家总预算之权只是具文而已。此一条款迟至卅四年夏后始添入,当时抗战已将

---

①国民参政会史料编纂委员会编:《国民参政会史料》,兴台印刷厂1962年版,第13—18页。
②《国民参政会组织条例》及修正条例,公布日期为1938年6月21日,1942年3月16日及1944年9月16日;国民参政会史料编纂委员会编:《国民参政会史料》,兴台印刷厂1962年版,第4—5页,第293页,第450页。

结束,参政会只能"审议",而无权否决或更改。又中国战时国家预算之编制极复杂,不规则,通常均由最高领袖裁决而不受任何约束。

最后的限制是时间。参政会《组织条例》虽规定"每三个月开会一次,会期十日",但受各种条件限制,在廿七年至卅年间平均每年开会两次,卅年以后每年只开会一次。开会次数的稀少,及会期的短促,是限制参政会发展的一大因素。参政会每次开会,均无足够的时间讨论每一议案,往往很多建议案,都是匆促通过,而不能充分讨论。①

总之,参政会所具有的权力中只有听取政府施政报告及询问权,以及调查受委托考察事项等权力稍为具体。参政会较有成绩表现的,也在这两项权力的施用方面。此外,参政会除了正式授予的权力以外,亦扮演了一项政治角色——调和政府与中共之间的关系,以维持战时的团结。涉及此一政治事项时往往属于小党派或无党派的"独立"参政员特别积极。为了合作及增强影响力,这些参政员于廿八年组成了国家建设同盟。此为以后形成第三势力的民主同盟的前身。当国共关系恶化时,建设同盟调停愈力。因为同盟的大多数会员同时亦是参政员,所以参政会在无形中,成为各方默认的政治调停场所。

参政会在九年间共举行了四届十三次大会,参政员的人数由最初的二百人增加到最后一次大会的三百六十二人。参政员的任期为一年,但政府认为必要时得予延长一年。现任政府官吏不得为参政员,然而参政会的主席团不受此限制。在第一届会议期间,有八十八名参政员,是由各省市遴选。在民主选举的程序未完备之前,此一项选出的参政员大多数为国民党籍。蒙藏地区及海外侨民各遴选六名,所选出者亦多与执政党有密切关系。值得注意的是第四项共一百名参政员是由"曾在各重要文化团体或经济团体服务三年以上,著有信望;或努力国事,信望久著之人员"中遴选。② 照规定此项参政员由国防最高会议推荐,而由国民党中执会审议通过。但实际上此项参政员人选问题几经商榷,政府方面作了相当让步,接受各党派的提名人选,亦包括了不

---

① 见附表《国民参政会历届会期、地点及参政员出席人数》。
② 国民参政会史料编纂委员会编:《国民参政会史料》,兴台印刷厂1962年版,第13—18页。

少有名望的独立人士。所以第一届参政员的名单中或许有半数以上不属于国民党籍。[1] 诚如当时任参政会秘书长的王世杰所说："参政会不愧为全国各地区及民众团体的代言人。"[2]

属于各小党派及无党派的独立人士虽然背景及政见,彼此很不相同,但在参政会具有几项共同利益。第一、他们都支持政府的全面抗战政策,因此对于任何不利于此政策的发展均极关心。第二、为了战时的团结,他们全力支持国民政府及蒋委员长的领导。但是他们绝大多数赞成政治民主化及对民权的保障。在参政会中,他们往往自认为代表国内"沉默的大众"的意见及利益。

三、参政会与战时团结问题

参政会在会议期间所讨论的问题中,当以存亡所系的团结抗日问题为参政员所最关心。抗战初期日本军方制造了华北、华中的傀儡政权,但对于中国的团结抗日政策不能产生瓦解作用,廿六年十一、十二月间德国斡旋和平,亦归失败。参政会首次大会在廿七年夏举行时,一致通过大会宣言谴责日本侵略,中国为自卫存亡、正义和平而战;严斥日本以中国行将赤化之恶意造谣中伤,并制造汉奸政权;呼吁全国军民团结奋斗,为主权独立抗战到底。[3]

对中国战时团结之第一大危机,发生于廿七年底国民党副总裁汪兆铭之出走及对日求和。先时日本近卫文麿内阁发表对华声明,倡议建设"东亚新秩序",由"日、华、满三国政治、经济、文化相提携"。近卫的新"对华和平政策"口气较缓和,未提领土割让及赔款等苛刻条件。汪氏当已预知近卫新政策之内容,又对抗战前途悲观,且不甘居人之下,决定孤注一掷,由重庆经昆明而于十二月廿一日潜飞河内。一周以后,汪氏自河内发表通电,主张停止

---

[1] 李璜：《我的回忆》,美国哥伦比亚大学东亚研究所藏手抄本,1968 年,第 435 页。
[2] Wang Shih-Chieh, "Consolidation of Democracy: The Peoples Political Council", *China Quarterly*, IV: 1 (Winter, 1938-1939).
[3] 国民参政会史料编纂委员会编：《国民参政会史料》,兴台印刷厂 1962 年版,第 11—13 页。

抗战,以日本之新条件为基础举行谈判,恢复和平。①

以其个人在党内之历史及地位,汪氏之突然出走自然影响民心。但在其意向尚未十分明朗化之前,重庆方面只能谨慎处理。国民党中常会议决撤除汪氏一切职务,并开除其党籍。蒋委员长发表演说,驳斥近卫声明为吞灭中国之烟幕。廿八年二月参政会第三次大会开会时通过决议支持政府长期抗战国策及蒋氏驳斥近卫的声明。② 汪氏之出走,对参政会本身虽无严重影响,因仅三位参政员追随汪氏,但汪氏具有参政会议长之身份,难免损及参政会之声誉。故副议长张伯苓对外界公开声明,澄清了参政会反对汪氏求和举动之事实。③

参政员所更关心的,是汪氏的行动对团结抗战的不良影响。事实的发展证明只有极少数党政人员追随了汪氏,而且汪集团与日本方面的谈判遇到困难,进展迟缓。汪氏出走十五个月以后双方才正式签约成立南京伪组织,而日本久所期盼的中国地方军事将领会变节与南京伪政权合作之一发展大致失败,重庆政府并无瓦解的征象。参政会第一届第五次大会开会时正逢南京伪政权成立,大会一致通过发电声讨伪组织,谴责汪兆铭叛国降敌,并号召全国军民继续抗战到底,勿受敌寇叛逆动摇。④

虽然政府及参政会均表示坚定的继续抗战的立场,大后方的人民人心已不安,同时生活上也感受到了沉重的压力。三年的苦战牺牲与国土的丧失,带来了百货腾涨与经济上的危机。汪氏伪政权成立于南京,同样袭用国民党及政府的名号、组织,采取了继承"大亚洲主义"的反共、联日、反西方帝国主义的政策,混淆人民的视听,向重庆政府造成公开的挑战。对于抗战的前途蒙上了一层阴影,亦更损及国共的合作关系。中共在争取民心的政治心理战方面,往往以此为借口,往往使重庆难以应付。其实在汪氏变节投敌之前,中

---

① 汪氏之出走及以后筹组南京伪政权之经过散见于金雄白(朱子家)、龚德柏及陶希圣之著作。英文近著亦多,以 John H. Boyle, *China and Japan at War*, 1937-1945; *The Politics of Collaboration* (Stanford, 1972) 最为详尽清晰。
② 国民参政会史料编纂委员会编:《国民参政会史料》,兴台印刷厂 1962 年版,第 84—85 页。
③ 国民参政会史料编纂委员会编:《国民参政会史料》,兴台印刷厂 1962 年版,第 192—193 页。
④ 香港《大公报》1939 年 9 月 6 日。

国战时团结问题,已因共产党的力量迅速膨胀而产生裂痕。

先时国民政府"剿共"政策之改变,主要是由日本不断侵略,激起国内民心抗日的压力造成。全面抗战开始后不久,抗日联合阵线即组成,中共中央宣言服从国民政府,参加抗战。① 政府方面亦放松对内的控制,采取了民主宽容的政策。廿七年四月国民党全代会颁布的抗战建国纲领及七月国民参政会的召开均循此一路线。至少到廿七年底,此一政策无大改变。但是表面上的和谐团结终不能消弭国共两党间的矛盾与疑惧。第二次的两党合作远不如十三年第一次合作彻底。首先共产党员并未加入国民党,或担任中央政府的重要职位。再则红军虽然表面上为政府收编,给予国军番号,参加抗战阵容。在实质上八路军及新四军几完全保持独立行动,双方对于抗日联合阵线的性质亦有基本上不同的认识。国府认为联合阵线是在国难期间全国一致拥护政府的具体表现,因此所有的党派团体均应全心支持政府,不得有贰心。中共则将联合阵线当作其革命夺权过程中战略上的暂时退却,并非放弃其政治、社会革命的目的,对于联合阵线宗旨的接受也是有条件的,因此对于其党、军活动的独立性决不放弃。② 双方在廿六年的合作是在日本侵略,国家独立存亡受严重威胁下不得不行,并非真正情愿。

战局的发展到了廿七年以后呈现了胶着状态,而无和平的征象。在这段时期国府受到了日军攻击侵占的影响,军经力量大为削弱;而同一时期的中共则因本身组织、训练的严密,及对以弱攻强的游击战吸取的经验,有效地渗透敌后,在广大的华北农村建立游击基地,扩充势力。在这种力量消长竞争的情况下,国共军政单位之间的恶感与摩擦势所难免。从廿八年初开始,双方的武装冲突频频发生于山东、河北、山西各省。蒋委员长于该年六月召见中共代表周恩来、叶剑英,要求约束共军,解决各地纠纷。③ 显然此种谈判并无效果,中共的势力继续扩充,而双方的关系更加恶化,重庆开始军事封锁中

---

① 《中国共产党赴国难宣言》(1937年9月22日),包括四条,见《战时中华志》,第67页;国防研究院:《抗日战史》,第35页。
② 双方对于统一阵线的解释见蒋中正:《苏俄在中国》(英文本),第81—82页;《毛泽东全集》(英文本)II,第23—29页,第35—45页。
③ 《中华民国大事记》,第456页。

共总部所在的陕甘宁边区。

此一情况的发展,严重影响到战时的团结与抗战力量,引起了很多参政员的关心。最初建议采取行动的是参政员梁漱溟。梁氏因早年在山东推行村治运动,对华北农村状况较熟悉。彼于廿八年的春夏访问华北乡间的游击区,亲自体验到国共冲突的严重性,归来后即在参政会力倡调停纷争,维持团结。得到了政府方面的同意,一群隶属小党及无党派的参政员于十一月组成了中国建设同盟,要求国共双方设法在参政会中解决彼此的纠纷。参政会在廿九年四月举行的第五次大会通过成立特别小组协助调解国共的纷争以维持战时的团结。①

参政会对于此项事务的努力以及国共军方关于共军活动地区的直接洽商似已获得某些进展,但卅年初突然发生了"新四军事件"(皖南事变),其严重性几导至再燃内战之火。② 终因国内外舆论的强烈反应及当时国际局势的晦暗不明,濒临公开决裂的关系得稍予挽回,然已使抗日联合阵线产生了难以弥补的裂痕。随着国共关系的恶化,政府加强对内的政治控制,出版物的检查日趋严格,其他政党的活动亦遭公然禁止。第二届参政会在这种气氛之下召开(卅年三月一日),又受到共党籍的参政员因"新四军事件"而杯葛会议,自然对于国内政局的发展异常关心。在大会召开前夕,很多参政员已积极进行调停,在开会期间此问题尤为各方瞩目。大会通过决议案切盼共党参政员出席会议,并希望一切政治问题,均循正当途径和和平解决。舆论的反应,及参政会的努力,终使国共双方的态度稍为缓和。蒋委员长于三月六日在参政会的演说,解释了政府的立场在维持纪纲,以期团结御侮,全国国民应一致抗战,铲除伪逆,政府不会再有"剿共"的军事行动,并希望参政会代表民意,作解决双方纠纷的建议。③ 中共籍的参政员董必武及邓颖超亦恢复出席下次大会。

---

①见国民参政会第一届第五次大会第五次会议的记录。
②关于战时共军势力发展及对新四军事件(皖南事变)的详细分析见 Chalmers A. Johnson, *Peasant Nationalism and Communist Power* (Stanford, 1962), Chapter 5。
③国民参政会史料编纂委员会编:《国民参政会史料》,兴台印刷厂 1962 年版,第 224—228 页,第 231—232 页,第 243 页。

参政会的调停虽未能完全生效,但国共直接交涉得以恢复。因涉及问题主要为军事性,政府方面由军政部长何应钦主持,中共则先后由叶剑英及林彪代表。此项交涉始终因军队编制、防区、边区政府的地位等问题双方相持不下,而无大进展。但是卅年及卅一年间日本占领军在华北、华中的"清乡运动"削弱了中共的力量,也间接地减少国共军事冲突的机会。到了卅二年春天以后中共重建游击区军力,双方的军事关系再趋紧张。在同一段时期内国府与非国民党籍的参政员之间的关系亦日形恶化。各小党派人士对重庆的政策,日益不满,组成了中国民主政团同盟,俨然以国共之外的"第三势力"自居,希望能促成宪政,并调和国共之间的纷争。

虽然,国共关系再趋紧张,参政会对调停的努力似有进展。卅二年九月蒋主席(是年新任国府主席)及国民党的中执会均公开表示"中共的问题是政治问题,当寻求政治解决的途径"①。参政会第三届第二次大会通过决议案,拥护政府对中共寻求政治解决的方针,并要求中共当局作同样努力以维持团结,完成抗战。② 卅三年五月开始国共双方正式公开谈判,政府代表为张治中、王世杰,中共代表为林祖涵。此一历时四个多月的谈判细节,因经双方代表在参政会同届第三次大会上公开报告,故成为国共交涉中最为人熟知的一段。双方借参政会为报告的会场,似乎表示对参政会的重视及对谈判的诚意,可说是参政员对团结抗战所作努力的一项小胜利。③

但是国共双方对于共军编制、军权、政权及党的合法性诸问题立场,仍然距离遥远,并无很快解决的迹象。隶属民盟以及独立性的参政员,一再发表言论,表示关切,希望双方能在抗战结束以前,达成协议,否则一旦敌人的压力消失,双方和平解决的希望,就更渺茫。④ 参政会的主席团于聆听双方报告以后,向大会建议组织延安视察团,以进一步调和双方意见,并推荐政治立场较独立的冷遹、胡霖、王云五、傅斯年及陶孟和五参政员为团员,当经大会以

---

① 《战时中华志》,第27—68页。
② 国民参政会史料编纂委员会编:《国民参政会史料》,兴台印刷厂1962年版,第359页。
③ 关于双方在参政会报告的全文,第398—410页。
④ 张君劢:《国共公开报告之后》,《民宪》1944年9月;王云五、胡霖的类似意见,见国民参政会史料编纂委员会编:《国民参政会史料》,兴台印刷厂1962年版,第410—412页。

绝大多数通过。① 但是视察之成行,受到军事失利及外交紧张的影响而延迟,嗣后美国罗斯福总统派赫尔利专使来华,其主要使命之一即为调停政府与中共的纠纷。② 在赫尔利的调停期间,有时亦借重参政员组成的视察团为辅。卅四年七月一日,由六参政员组成之代表团,经政府安排,飞延安访问,携回中共的意见书,为双方高阶层会议铺路。

八月十日日本投降,不久毛泽东被邀由赫尔利陪同来重庆面洽各项政军问题。几经榷商后双方同意由政府决定日期召开全国政治协商会议,以求统筹解决和平建国方案。政协会议终于卅五年一月间举行,关于政协之种种已超出本文讨论范围以外,但至少从两件事实上可以证明政协与参政会之密切关系。第一是政协会议议程上的重要问题几全是在参政会上多年来所讨论、研究的问题。特别是关于国民大会及宪政施行的问题,政协所讨论的,往往以参政会所通过的草案为蓝本。其次是政协会议代表的构成在全体卅八名代表中,除去七位是政府首长以外,其余泰半为参政员。所以政协实在可看作为参政会的特别委员会以谋解决战后的紧急政治问题。

四、参政会与战时人力、资源的动员

抗战时期人力、资源动员的问题几与团结的问题同样重要。中国受了战局逆转的影响,廿七年以后国内经济问题日益严重。战时生产局虽从京沪地区抢救了一些工厂设备内迁,但是战时内地的工业生产受到资源缺乏、设备落后、交通闭塞的影响而不振。对外的贸易更受到日本破坏、占领及封锁而大为减少,加上政府军费的支出迅速增加,造成了通货膨胀。廿九年又逢四川省农作歉收,引起商人投机囤积,米价腾涨;政府又对于物价管制缺乏有效政策,于是通货上涨急速加剧,抗战四年内生活指数上涨了一百倍以上。

受到物资缺乏及通货膨胀影响最大的即是薪水阶级,特别是军人、政府官吏及学校教师,因为他们的薪水调整远落在生活指数之下。在军队里高级

---

①国民参政会史料编纂委员会编:《国民参政会史料》,兴台印刷厂1962年版,第388页。
②周开庆:《四川与对日抗战》,台湾商务印书馆1971年版,第268—269页。Young Arthur N., *China's Wartime Finance and Inflation*,1937-1945(Harvard,1965),pp.299-310.

军官往往可以"吃空额"、"克扣军饷"以求中饱,下级军官及士兵只能全靠微薄的薪饷及实物配给。通货膨胀的结果,士兵们往往不得温饱,增加了疾病及逃亡的人数,严重影响到军队的纪律士气及作战效率。纪律的败坏又必然影响到军民的关系及整个抗战的前途。当政府的财经政策未能改善情况时,参政员愈来愈关心此类问题。自廿九年以后在参政会的讨论事项中以财经问题最多,所通过的决议案,亦以此类占最多数。决议案大概可依性质分为五类:

(一)对于政府贱价征粮,以供军食政策的批评,希望能统一办法,减少弊端,以纾民困。

(二)对于政府管制物价政策之批评,希望能合理推行,顾及物品之成本及合法利润,勿使小商人无辜受损。

(三)对战时政府专卖政策之批评,希望能改善制度,整饬人事,以提高战时生产。

(四)对于鼓励手工业及其他地方工业生产办法之建议。

(五)要求政府发展西南及西北地区的交通。[1] 究竟此类决议案是否经政府有关部门采用推行,自属疑问,但有史料证明至少某些参政会的决议案,确实由政府机关采用。大致而言,政府对于参政会决议案中有关财政、经济、教育事项者比较合作,而军事、政治及行政方面的决议案则很难受到采用。[2] 通常在参政会财政经济组及物价委员会开会时,政府的有关部会首长(财政、经济、交通、内政四部)常常被邀列席。其目的在调和双方意见,使参政会对此类问题的决议案,易被采纳推行。

参政会对于战时经济有两项贡献:一是组织视察团作实况调查,以拟定建设方案供政府采用;二是成立特种委员会检讨经济建设问题,推出具体对策。廿八年二月参政会一届第三次大会中,由蒋议长提议组成了廿九个会员的川康建设期成会,再由期成会组织川康视察团,花费了两个多月的时间,分

---

[1] 见各次大会讨论决议案。其案件总数及财经案所占比数见《国民参政会史料》,第203页,第257页,第291—292页,第345页,第387页,第447—448页,第505—506页。
[2] 见《参政会决议案及行政院办理情形报告表》,1939年至1944年,党史会保存资料。

组实地视察了川康两省近百县区。视察团任务完成后,做成详尽报告,关于地方行政、兵役、治安、民生、经济建设、地方教育、少数民族等问题提出了二百多条意见。该报告于参政会第四次大会时提出,经大会讨论通过为《川康建设方案》提交政府。① 此方案受到蒋议长的推崇与重视,而川康建设期成会不久就改组成为长期性的经济动员策进会,工作范围由川康二省扩大至后方其他地区,设立分区办事处,宗旨在"辅助国家总动员及战时经济法令之实施并协助推动其各级业务,以期切实管制物价,巩固经济基础"②。至卅年九月参政会三届二次大会时,再改组为经济建设策进会,职权及人员组织再予扩大,包括"调查各项有关经济建设资料,研究设计具体方案,并建议政府督促实施"③。当同届第三次大会于卅三年九月召开时,国府蒋主席在致开幕词时,公开指明是年国民党十二中全会所通过的"加强管制物价方案紧急措施案"是大部分采取参政会经济建设策进会的建议。④

战时中国农村人民,受到物价腾涨的影响,虽不如城市居民那样迫切与直接,对于兵役及工役的荷负,则农村人民远为沉重。根据官方公布的数字,抗战八年中政府一共征集了一千四百余万壮丁作为补充及扩大战时的军力。虽然战时政府控制地区的人口,至少有五千万及龄壮丁,然而兵源问题日益严重,主要的困难是中国的落后农村经济及人力动员制度之缺乏。⑤ 统筹全国兵役制度的机构迟至卅三年十一月始升等成立为兵役部。在此以前,兵役的征召,均以每省县分配名额行之,只要每年各地征召之壮丁能足额,在征召的方法实施方面,政府不大追究过问。因此在壮丁征集过程中,造成了种种贪污舞弊及草菅壮丁人命的黑暗现象。富家子可以纳金缓役或买丁代替或贿赂征集人员以求脱免,农村穷家子弟就成为壮丁征召的主要对象,往往严重影响农家生活。

---

①国民参政会史料编纂委员会编:《国民参政会史料》,兴台印刷厂1962年版,第112—129页。
②国民参政会史料编纂委员会编:《国民参政会史料》,兴台印刷厂1962年版,第292页、第294—295页。
③国民参政会史料编纂委员会编:《国民参政会史料》,兴台印刷厂1962年版,第346—351页。
④国民参政会史料编纂委员会编:《国民参政会史料》,兴台印刷厂1962年版,第390—394页。
⑤许高阳:《国防年鉴》,香港中美图书公司1969年版,第34—38页。F. F. Liu, *A Military History of Modern*, *China*, 1924-1949 (Princeton, 1956), pp. 135-136.

壮丁在此种情形之下被征召以后,常被当作犯人看待以防脱逃。又因管理及补给条件的不足,监管人员的虐待,壮丁常常衣食不足,瘦饿致病者又乏医药看护,因此逃亡及病死者数字惊人,造成战时人力动员的大损耗。即使壮丁到达了驻防单位成为补充兵以后,其物质生活情况亦无甚改善,因此军队中的病兵及逃亡率始终很高。农民自然对于征兵深感怨望,尤其是在地方观念浓厚及有武装农民组织的县区,乡民往往以武力抗拒。抗战后期川、黔、甘、陕甚至福建等省不少地方民变均与"抗兵、抗粮"有关。[1]

除了征兵以外,农村人民又受到工役征召的负担。战时很多军事性的工事建筑,工程浩大,往往动员数十万民工历时数月或经年,其较为著名的如湘桂铁路及滇缅公路的修建。另外在四川、广西、湖南各地修建军用机场以供美军机作为轰炸日本的基地,亦每每动员大量民工。[2] 在接近前线地区以及军队调动经过地区,人民常被军队非法"拉夫",权充挑夫或供其他役使。凡此种种,均造成乡民莫大负担。加以军用粮食所需日亟,政府自卅年下半年实行田赋征收实物。虽然军粮因此而得充裕,后方农民所受之精神、物质压力,实已达最大限度。

许多参政员对于兵工役在地方上的施行有切身经验,自然对此情形甚表关切。在抗战的前期,他们的注意力是在地方负责人员推行役政时所产生的流弊,对于制度本身尚未直接批评。但战事延长日久以后,兵源需求愈亟,而兵役施行之问题亦愈趋严重,参政员开始批评征兵制度规章的漏洞与不妥处。卅年三月参政会二届一次大会时决议请政府废止《纳金缓役办法》。嗣后两次大会中陆续通过近十件决议案,均是希望政府修正《兵役法》令及加强兵役推行方面。[3]

参政会对于兵役问题不断的批评,提高了政府对此方面的注意。卅年十

---

[1] 周开庆:《四川与对日抗战》,台湾商务印书馆1971年版,第243—244页;黄炎培:《蜀道》,上海开明书局1948年版,第48页;戴玄之:《红枪会》,台北,1973年版,第209—210页。
[2] 战时铁路及公路的修建见凌鸿员先生的文章;四川民工及机场的修建见周开庆:《四川与对日抗战》,台湾商务印书馆1971年版,第258—266页。
[3] 国民参政会史料编纂委员会编:《国民参政会史料》,兴台印刷厂1962年版,第243页,第282—283及第329—330页。

二月政府颁布了《加强国民总动员实施纲领》，卅一年十月在重庆召开了全国兵役会议，检讨兵役制度规章，其后果是在卅二年三月十五日颁布的《新兵役法》。对于兵役制度的大规模整顿，终于实现。卅三年十一月成立了兵役部，此后对兵役的实施比较公允，而对于新兵的福利与训练亦提高许多。虽然此一兵役制度的大改革，与政府在卅三年的对日军事连串失利及美方人员的建议有关，参政会督促努力之功，亦不可没。

五、参政会及宪政运动

除了关于战时团结及人力、资源动员问题以外，参政会与宪政运动关系更深。隶属各小党及一些无党派的参政员对此问题尤为关心。虽然中山先生民权主义的理想，最后是要实行民主宪政，南京时期的国民政府却是一直实行"训政时期"的一党专政，对于异党未能容忍，订定出版法，实行出版物的严密检查及对基本民权的限制。廿四年的五全大会虽宣布了宪法草案，并着手进行国民大会的选举，但在政治控制未放松，选举程序未民主化之前，这一选举自非公允。抗战的爆发始大大改变了国内的政治情况。国难当前，急需团结一致，政府对内的政治控制开始放松，在一致抗战的大前提下，采取了开明的政策，其高潮为廿七年春政府所颁布的《抗战建国纲领》及国民参政会的召开。

参政会在廿七至廿八年的头三次大会期间，除了保障民权、出版自由及推行地方自治决议案以外，对于宪政运动并无特别的要求，主要是因为当时政府的较开明政策及对战局发展的极端关心。但是在第四次大会（廿八年九月）中，参政员对于宪政运动有异乎寻常的关心，通过了七件有关宪政及民权的决议案。造成这一情况的主要因素，是军政形势的变化及政府对内政治控制的加强。共产党参政员陈绍禹等所提为"请政府明令保障各抗日党派合法地位"。另有五件提案，为隶属各小党的参政员所提。其要点为要求：

（一）结束党治，立施宪政。

（二）停止对于异党的排斥，使抗日各党派得享平等合法的地位与权利。

（三）立即成立举国一致之战时行政院，以求全国行政上之全盘改革。

另一件提案,为国民党籍的参政员孔庚等所提,要求政府遵照五全大会决议案召集国民大会制定宪法。① 此等提案在参政会中轰动一时,引起了激烈的辩论。经过往返商讨,参政会将七案合并讨论,决议分为两部分:

(一)治本部分:请政府定期召集国民大会制定宪法;又由议长指定参政员若干人组成宪政期成会协助政府促成宪政。

(二)治标部分:请政府明令宣布全国人民在法律上政治地位一律平等。又政府行政机构应充实改进,以集中全国人才抗战建国,争取最后胜利。②

政府对于此等决议案采取了保留的态度,显然政府首长与非国民党的参政员之间,关于国民大会的构成、召开日期及宪法的内容等重要问题,仍有重大的歧见。政府方面希望筹议中的国民大会以廿五年至廿六年选出的代表为基础,而各小党参政员坚决反对。他们指出战前的选举本欠公允,又经几年战事影响,人事全非,旧选的代表何能代表民意而对政府民主化的过程作出贡献?③ 双方对此一问题始终不肯让步,在卅四年七月参政会四届一次大会中曾发生尖锐争执。为了此问题,在参政会中特别设立的国民大会问题审查委员会对此争端亦无法调和,只能建议政府取协调的精神,尊重各方意见,斟酌情形决定,务使国民大会具有完满的代表性。④ 这一在参政会中无法解决的问题,即留待战后的政治协商会议,继续商谈。

关于宪法方面,参政会曾由议长建议在廿八年成立了有廿五个委员的宪政期成会,协助制宪。期成会的委员多属小党或无党派,其中不乏当时知名的法学界人士。鉴于抗战时期的种种实际困难,期成会的委员难有面商机会。但各委员在参政会第五次大会之前,连续会议十日,作成了详尽的报告书,向参政会提出。其中包括对宪法草案("五五宪草")的修正草案及说明

---

① 七提案之内容扼要见国民参政会史料编纂委员会编:《国民参政会史料》,兴台印刷厂1962年版,第139页。
② 关于此等提案在参政会讨论之详情及作成决议案之经过见邹韬奋:《韬奋文集》第三册,三联书店1959年版,第233—244页。
③ 邹韬奋:《韬奋文集》第三册,三联书店1959年版,第241页。
④ 国民参政会史料编纂委员会编:《国民参政会史料》,兴台印刷厂1962年版,第477—478页。

书,以及对实施宪政的建议两条。当经参政会于讨论后通过为决议案。① 期成会所提的"宪草修正案"与原来的"五五宪草",有一项大差别,即政府行政部门的权力,受到了较多的限制,而国民大会及其休会期间的议政会的职权扩大。此一改变显然不受政府首长所喜,因而参政会的宪政决议案,遭受到政府无限期的搁置。② 此后的三年中,因为国共关系的恶化及太平洋战争的爆发,吸引了参政员的注意力,宪政问题未在参政会中提及。到了卅二年九月参政会三届二次大会开会时,蒋主席致词,提到党的十一中全会决议,于战事结束后一年内召集国民大会,制颁宪法。因此希望参政员协助政府推进工作,达成宪治。③ 参政会对于此一来自政府首长的宣告,自表欢迎,但鉴于以往的努力未得任何效果,此次采取谨慎态度,直到大会第九次会议时才通过组织宪政实施协进会。

此次成立的协进会与四年前的参政会宪政期成会有两项重要的不同:第一,协进会是在国防最高委员会的名下成立,其会员(卅五至四十九人)除参政会的主席团为当然会员外,其余由国防最高委员会委员长在党中央委员及其他参政员中指任,并由国防最高委员会委员长担任会长。第二,协进会的任务在组织规则中明确规定,纯为咨询性质,可考察实况,提出报告,沟通政府与民间意见。④ 在此后两年的存在期间,协进会的会员举行多次会议,研讨宪法草案,考察地方自治实施情况,对于"五五宪草"尽少修改,仅提出意见书,大都保留宪草原文。但是到抗战胜利为止,关于宪政的实施仍无具体结果。很多参政员了解到此一重大问题不可能在参政会中解决,宪政的实施成为战后急需解决的复杂军政问题中之一环,应由政治协商会议取决。故宪政实施协进会的工作亦于卅五年春自然结束。⑤

---

①国民参政会史料编纂委员会编:《国民参政会史料》,兴台印刷厂1962年版,第166—180页,第193—194页。
②"期成会"对宪草的讨论与修正,及政府对建议书的反应等,钱端升曾有详细讨论。见Chien Tuan-Shen, *The Government and Politics of China* (Harvard,1950), p.308.
③国民参政会史料编纂委员会编:《国民参政会史料》,兴台印刷厂1962年版,第353—355页。
④国民参政会史料编纂委员会编:《国民参政会史料》,兴台印刷厂1962年版,第351页。Chion, *Government and Politics*,第309页。
⑤国民参政会史料编纂委员会编:《国民参政会史料》,兴台印刷厂1962年版,第518—520页。

六、结　论

根据廿七年三月国民党临全会的决议,制定抗战建国纲领,组织国民参政会"团结全国力量,集中全国之思虑及识见,以利国策之决定与实行"。毫无疑问,参政会在团结全国、支持政府抗战到底的政策方面有积极的贡献。自其成立至抗战结束的七年间,参政会从未在此一问题上有过迟疑,作为战时唯一的"民意机构",对于这一重要国策的推行,助益良多。

自廿八年以后国家的团结受到了中共势力膨胀及国共关系恶化的影响,产生裂痕。很多参政员耽心此一发展对于战局的不利。具有武装力量的两党矛头向内必然损及抵抗外敌的力量与决心,关系到国家的独立存亡。另一个连贯的问题是随着政治情况的变化,政府对内的政策亦由抗战初期的宽容精神变为加强控制,一些政治上较中立的参政员于是出面调解,促成了双方直接交涉,但是在交涉尚未达到具体成果的时候即发生了皖南事变,国共濒临决裂的边缘。终因各方舆论的压力及当时国际局势的不利,双方悬崖勒马,大规模的军事冲突总算未继续,甚至于不久恢复了直接交涉。可是两年多的交涉仍是一无进展,而地方上的武装冲突到了卅二年又趋严重。再经过某些参政员的努力奔走,终使中共及政府均同意派出正式代表谈判。不久美国政府派专使来华,其主要任务之一即调停中国的内争。在美国调停期间,参政会亦从旁协助,终于促成了战后在重庆的高阶层会谈,及政治协商会议的召开,其目的在求彻底解决政军各项问题。

参政会尤其是一部分"中立性"的参政员对于这一问题尽了最大的努力出面调解,想说服双方采协调精神团结合作,他们认为中共的力量,并非单纯武力可以解决,而且内战紧接着抗战而爆发,人民流离失所,如何再能忍受?可是他们的见解显然未被对立的两党领袖们接受。中共的领导人知道他们的政军力量在华北、华中日益增强,而政府的力量及声望在逐渐低落,因此在谈判过程中不断提高身价,欲取得有利地位。政府的首长们对很多问题又坚持不肯让步,往往将要求政治民主、经济改革的"自由人士"与主张武力夺取政权以推行社会革命的共产党看作一类。两党互不相让的政策与态度,使得和平解决内争的希望破灭。中共固然相信"枪膛里出政权",政府的许多军事将领亦有同样的看法。尤其是远征军在缅甸的胜利,打通了滇缅公路,使得美国军援物资能由陆路直接到达后方以后,很多政府首长认为装备精良又占数目上优势的国军足以消灭共军。在双方不肯让步,皆愿诉之于武力解决的态度下,参政会向双方领袖的和平呼吁完全失效。既无力改变局面,其对于和平的努力到了卅五年终究失败。但是参政会在抗战之初的成立,是为了促进战时团结,群策群力。至少在抗战期间,参政会尽力防止政府与中共的公开决裂,大体上达到了促进战时团结的任务。

至于在经济及社会问题方面,参政会的贡献较为具体。在政府要求下曾派出视察团考察四川、西康各地,做成详尽报告,对经济发展、地方行政及社会改革均有建议,成为政府政策推行的参考。参政会又协助政府推行物价控制的政策及帮助对征粮政策之改进。经参政会不断的质询及建议,政府终于对征兵制度亦加改革。简言之,参政会在这些方面能有具体贡献,主要取决于政府首长的态度。战时人民的生活受到物质缺乏、通货上涨、重税、兵工役的负担等影响,其艰苦情况人所共知。参政会中人才济济,如能对此种情况的改进有好的建议,政府采用后可健全制度,增强力量与效能,自所乐为。

参政会牵涉很深的另一件事务为政府的民主化。抗战的开始使政府采取了较开明的政策,参政会的成立即是此种精神的副产品。虽然不是真正民选的议会,参政会具有了代议制议会的雏形,报章记载甚至于政府首长均常称之为"战时国会"。很多参政员亦有此抱负,希望对于民主宪政的发展有所贡献。但是在这一方面的努力大致是失望的。参政会虽然屡次通过决议案要求政府保障民权,实行法治,及早推行宪政,此等决议均遭政府搁置不顾。到了卅三年的后半期,各小党派的参政员意会到国民党无意自动改变集权专政,认为惟有施用政治压力才能使执政党让步。于是他们唯一的选择是究竟愿意与中共以及其他与中央有对立性的势力结合,以促成"联合政府"的实现,抑或满意于在国民党集权的政府中作象征性的参加?不少的"民主人士"决定选择第一条路,而将他们自己以及中国政治前途的希望寄托在国共之间各种争端的和平解决。当此一解决未能实现,他们对中国政府民主化的努力即全归失败。

　　回顾过去几十年的历史,可知国府在大陆的失败并不应主要归因于南京时期的政策对重要经济社会问题的忽略。日本的侵略战争虽对中国极尽蹂躏、破坏,亦同时激起了中国人民前所未有的爱国热忱及抵抗的决心。在国难当前的时候,人民决定同甘苦,一致拥护政府,希望在政府的领导之下艰苦奋斗,摧毁强敌,建立一个和平、自由、强盛的新中国。在这种心理下,抗战初期国府享受到举国人民的支持,参政会自不例外。这一"战时国会"汇集了当时全国人才的精英,不少深思熟虑、敢言敢为的人士,亦大体上能反映战时的民心。可是抗战的八年亦可说是国府在大陆的最后机会,其未能顺应民心,在抗敌的同时推行急要的政治、经济、社会的革新,使其失去了影响中国历史发展的领导地位。

附表：国民参政会历届会期、地点及参政员出席人数

届次	日期	地点	参政员总数 I	II	III	IV	总计	实际出席人数
第一届								
一次大会	二十七年七月六日至十五日	汉口	88	6	6	100	200	146
二次大会	二十七年十月二十八日至十一月六日	重庆					194①	140
三次大会	二十八年二月十二日至二十一日	重庆					194	146
四次大会	二十八年九月九日至十八日	重庆					193	141
五次大会	二十九年四月一日至十日	重庆					190	145
第二届								
一次大会	三十年三月一日至十日	重庆	90	6	6	138	240(241)②	203
二次大会	三十年十一月十七日至三十日	重庆					229	173
第三届								
一次大会	三十一年十月二十二日至三十一日	重庆	164	8	8	60	240	218
二次大会	三十二年九月十八日至二十七日	重庆					240	191
三次大会	三十三年九月五日至十八日③	重庆					226	186
第四届								
一次大会	三十四年六月七日至二十日	重庆	199	8	8	75	290	238
二次大会	三十五年三月二十日至四月二日	重庆					282	234
三次大会	三十六年五月二十日至六月二日	南京	227	8	8	119	362	302

注：①参政员总数因病故、辞职及除名而减少。

②在大会开会时期增加参政员一名。

③大会开会日期由十日延长至十四日。